쟌 모리스의
50년간의 세계여행
2

A WRITER'S WORLD: TRAVELS 1950-2000
Jan Morris

Copyright © 2003 by Jan Morris
Korean translation copyright © 2011 by Euan Y-M Park
All rights reserved

Korean translation rights arranged with A P Watt Limited, London
through Eric Yang Agency, Seoul
이 책의 한국어판 저작권은 에릭양 에이전시를 통해 저자와 독점 계약한 도서출판 바람구두에 있습니다.
한국에서 저작권법의 보호를 받는 저작물이므로 무단 전재와 복제를 금합니다.

일러두기

본문 중의 모든 ( ) 안 내용은 쟌 모리스의 것이고, [ ] 안 내용은 역자 박유안이 설명을 돕기 위해 덧붙인 것입니다. 각주의 경우 역자가 덧붙인 주해는 그 끝에다 [역주]라고 밝혔습니다.
본문 중의 모든 사진은 원본에 없는 것들로서, 바람구두에서 편집하며 첨가한 것들입니다. 사진을 제공해준 김수련(@kuippo01), Movana Chen, 김효선, The Times, Amtrak, EMSA Jena, Swedish Tourist Board 등께 감사드립니다.

쟌 모리스의 50년간의 세계여행 2 _성전환부터 9.11까지

초판1쇄 | 2011년 6월 20일
지은이 | 쟌 모리스
옮긴이 | 박유안(@euanpark)
디자인 | 김여진, 최윤선

펴낸곳 | 도서출판 바람구두
주소 | 121-842 서울시 마포구 동교로 155-3
전화 | 02-335-6452
블로그 | blog.naver.com/gardo67
이메일 | gardo@paran.com

ISBN-13(2권) | 978-89-93404-09-8 (03900)
ISBN-13(세트) | 978-89-93404-07-4 (03900)

_ 바람구두를 출판사 이름으로 쓸 수 있도록 흔쾌히 동의해주신 '바람구두연방의 문화
  망명지' 운영자께 감사드립니다.
_ 잘못 만들어진 책은 구입하신 서점에서 바꾸어 드립니다.

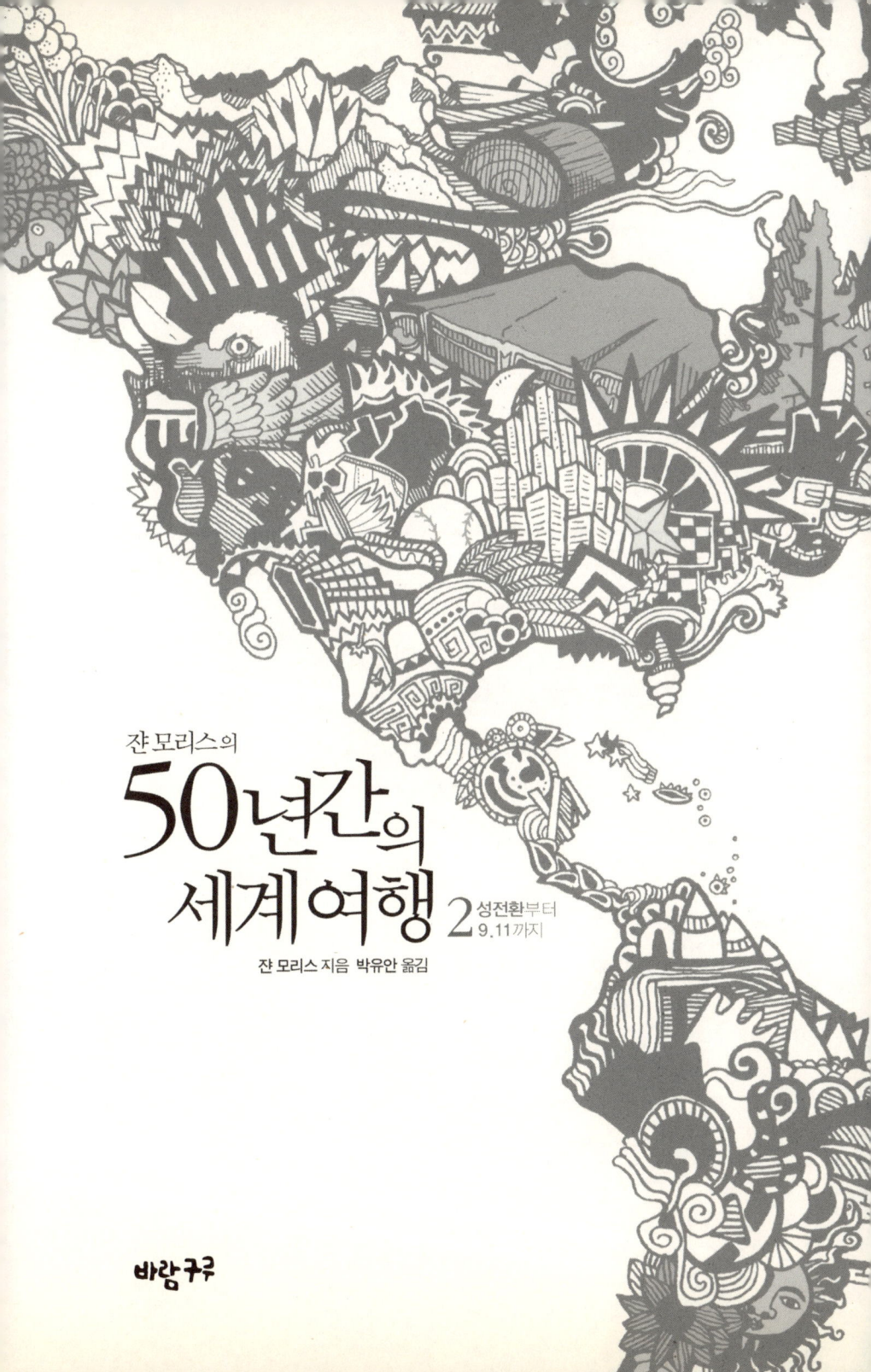

차례

3부-1970년대

ch 18 카사블랑카에서 성전환을 하다 … 10

ch 19 런던, 1975 … 16

ch 20 미국, 영광의 시대는 저물고 … 43

ch 21 남아공의 흑인과 백인 … 90

4부-1980년대

ch 22 난데없는 그리움에 떠밀려, 가상의 장소들로 가다 … 112

ch 23 시드니, 1983 … 141

ch 24 오 캐나다! … 170

ch 25 저기 중국이 서 있었다 … 212

ch 26 빈, 1983 … 240

ch.27 아울라드바, 아르헨티나의 웨일스 … 257

ch.28 베를린, 1989 … 263

5부-1990년대

ch.29 급류 속의 유럽 … 280

ch.30 미국의 빛과 그늘 … 361

ch.31 시드니, 1995 … 387

ch.32 홍콩의 끝 … 393

에필로그 너무나 오래도록 원하던 바를 이루다 … 398

찾아보기 … 404

3부 _ 1970년대

The 1970s

전 세계적으로 보아 1970년대의 운명은 특히 들쭉날쭉했다. 유럽에서 냉전은 비참한 지경으로 치달아 각 나라들을 쪼개어 놓았지만, 1978년에 조인된 브뤼셀 협정은 대륙을 하나로 통일하고자 한 공식적이고 거창한 진일보였다. 아시아에서는 양 진영의 이데올로기 대립이 비등점을 넘어섰다. 그래서 베트남전쟁에 뛰어들었던 미국과 몇몇 동맹국들은 파국적 결과를 감내해야 했다. 하지만 일본, 한국, 홍콩, 싱가포르에서는 놀라운 산업 발전의 기운이 한창 꿈틀대기 시작했다. 아프리카는 한마디로 어수선했으니, 걸핏하면 군사적 충돌이 벌어졌고, 기아, 질병, 인종 갈등도 끊이질 않았다. 아프리카는 옛 제국들에 의해 버림받은 대륙으로서 그렇게 신음했다. 중동은 예전과 다름없이 일촉즉발 불안한 상태였다.

내게 있어 1970년대는 참으로 행복했다. 직업적으로는 내 문학 프로젝트 가운데 최고의 야심작인 『팍스 브리타니카』 3부작 작업에 매달린 시기였다. 개인적으로는 생애 내내 나를 괴롭히던 성적 딜레마의 해결책에 다다른 시기였다. 여전히 여러 잡지의 원고 청탁을 받기도 했지만, 기사든 기행문이든 내가 쓰는 글들이 갈수록 개인적 인상 위주로 바뀌고 있음을 깨달았다. 아마도 세계 곳곳에서 벌어지는 일들이 더 이상 예전처럼 딱 부러져 보이지 않기 때문이 아닐까?

ch 18
카사블랑카에서 성전환을 하다

> 1974년은 『수수께끼』라는 책을 펴낸 해이다. 나는 평생을 두고 내가 잘못된 성性을 타고 났다고 굳게 믿었다. 이 책은 나의 그런 확신과 그에 따른 성전환 이야기를 담은 책이다. 성전환 과정은 호르몬 치료를 받던 십 몇 년 동안 서서히 벌어졌으며, 그 절정이 모로코의 카사블랑카에 위치한 닥터 B의 수술실에서 외과수술을 받은 1972년이었다. 물론 그 책은 아주 개인적인 내용이었다. 하지만 한편으로는 '허용의 시대'Permissive Age(훗날 사람들은 당시를 이렇게 불렀는데, 대개는 조롱의 뜻이 담긴 표현으로 쓰였다)에 막 생겨나던 한층 자유로운 성윤리의 징후로서, 즉 아주 사회적인 측면에서 의미심장한 저작으로 읽히기도 했다. 닥터 B의 병원 주소도 모른 채 카사블랑카에 갔던 나는 거기 도착한 뒤 전화번호부를 뒤져 전화를 했고 다음 날 오후에 병원으로 오라는 얘기를 들었다. 그래서 카사블랑카 시내 이곳저곳을 기웃거릴 시간 여유가 있었던 것.

    카사블랑카란 도시는 '로맨틱'과는 거리가 멀다. 거만한 프랑스 식민주의 스타일에 흠뻑 젖은 이 도시는 대개 모던한데다 시끄럽고 지저분하다. 그렇지만 거기서 내가 곧 경험하게 될 일은 그때나 지금이나 어느 정도 '로맨틱'하다고 느껴질 만치 내게는 큰 충격이었다. 그건 진정 마법사를 만나러 간 거나 다름없었다. 그날 밤 번쩍대는 거리를 누비며 나는 마치 동화 속 주인공처럼 곧 다른 모습으로 탈바꿈할 것임을 잘 알고 있었다. 미운 오리새끼가 백조로? 부엌떼기 여종이 새색시로? 아니, 그런 것과는 비교도 할 수 없을 대단한 변신이지! 남자에서 여자로 바뀌는 거니까! 남자의 눈으로 보는 마지막 도시, 그게 바로 카사블랑카였다. 업무지구는 성채의 담벼락과 멀리 떨어져 있었고, 택시도 낙타나 마차 같진 않았다. 그런데도 간간이 정갈한 아랍 음악이 들려왔고 내 삶에 깊이 배인 톡 쏘는 아랍의 향기도 느껴졌다. 그래서 내게는 그곳이 동화의 도시, 불사조와 판타지의 도시 같아 보였다. 길한 징조가 퍼지고 달이 기울어 제자리에 올 때면 어김없이 성스러운 변화가 벌어질 것 같은…

아침에는 영국영사관에 전화했다. 내 성을 바꾸는 도중에 나는 죽을지도 모른다고 생각했고, 그 경우 영사 양반이 내 친지들에게 그 사실을 알리도록 해두었던 것. 그는 놀라는 기색 없이, 만사가 술술 잘 풀리라는 기원의 말로 대꾸했다. (…중략…) 병원은 내가 상상했던 모습이 아니었다. 장터의 뿌연 연기 속 어떤 곳을 그렸으나, 실은 그 번쩍대는 도시에서도 가장 모던한 곳이었던 것. 출입구 하나는 넓은 큰길 쪽으로, 다른 하나는 조용한 주거지의 뒷골목 쪽으로 나 있었다. 그곳의 일상적인 진료과목은 산부인과였다. 건성으로 〈엘르〉와 〈파리 매치〉를 훑으면서 대기실에서 기다리노라니 아기 낳는 소리가 들려왔다. 마지막 안간힘을 쓰는 산모들의 고함 소리부터, 근심에 찬 예비아빠들의 안달하는 발자국 소리까지. 순간 완벽한 침묵이 흐르기도 했다. 닥터 B가 옆방에서 누군가의 운명을 저울질하는 순간이었으리라. 복도 끝 어딘가 고통에 차 내뱉는 여인들의 아랍어 절규가 터져 나오기도 했다. 드디어 접수원이 내 이름을 불렀다. 어두운 방으로 안내되어 가니 가지런히 정돈된 책꽂이를 배경으로 그 거장 선생이 앉아 있었다.

그는 심할 만큼 미남이었다. 크지 않은 키에 짙은 피부는 강렬한 인상을 풍겼는데, 옷차림도 해변에 놀러나가려는 사람 꼴이었다. 짙은 청색의 목 트인 셔츠, 스포츠 바지, 게임용 신발 차림에 그야말로 구릿빛 피부였던 것. 마치 맘은 이미 생트로페즈에 가 있다는 듯 멍청한 웃음을 지으며 그는 나를 맞았다. 그는 "뭘 어떻게 해 드릴까요"라고 물었고,

나는 "당신이 더 잘 아시잖아요"라고 되물었다. "아. 그렇겠네요. 수술을 원하시는군요. 좋습니다. 한번 볼까요?" 그가 내 아랫도리를 살폈다. 가슴을 움켜쥐기도 했다. "좋네요. 아주 좋아요." 그러면서 운동선수였냐고 묻기도 했다. "좋아요. 이따 저녁 때 오세요. 그때 뭘 해드릴 수 있을지 보도록 합시다. 얼마인지는 아시죠? 참, 그 문제는 접수원과 얘기하시면 되겠네요. 그럼, 이따 저녁때 뵙죠!"

나는 모든 비용을 선불로 지불했다. 문제가 생기더라도 닥터 B는 모든 책임에서 면제된다는 서류에 서명도 했다. 1시간 뒤, 아직 기운이 남았을 때였기에 옷가방과 그날 아침 〈타임스〉 신문을 쥐고서 나는 복도와 계단을 거쳐 병원의 내실 쪽으로 올라갔다. 직원을 따라 한 발 한 발 옮길 때마다 분위기가 무르익는 느낌이었다. 각 방마다 두터운 커튼이 드리워져 있었는데, 벨벳같이 촉촉한 감촉에 육감적인 기운이 물씬 풍겼다. 어떤 인물의 흉상이 보였던 것 같기도 하다. 강한 향수 내음도 느껴졌다. 그리고서 내 눈을 채운 것은 이 후미지고 침침한 골방 어딘가에서 내게 다가온 한 인물의 모습이었다. 그 골방은 틀림없이 이슬람 나라의 규방에서나 접할 법한 매혹으로 가득했고, 그 인물 또한 한눈에도 이슬람 나라의 궁중 여인 '오달리스크'를 연상시켰다. 바로 마담 B였다. 그녀는 하얗고 긴 옷에 허리께 장식 술 끈을 둘렀던 듯하다. 마치 터키식 카프탄caftan 드레스의 화려함을 간호사복의 위생학과 교묘하게 결합시킨 듯한 옷차림이었다. 금발의 그녀는 주도면밀하게 신비로운 기운의 소유자였다. 그녀는 마치 꿈꾸는 듯한 말투로 내가 여행자수표들을 일일이 다 서명했는지 확인했다. "엄청난 돈이었죠." 난 조심스레 그렇게 대꾸했다. "엄청나고 말구요! 그 돈으로 뭘 얻으실 건지 아시죠? 대단한 의사선생님 아니냐구요. 그야말로 엄청난 선생님이시죠." 뽀얀 팔을 사제처럼 뻗으며 그녀는 연극 대사를 읊듯 물었다. "이 대단한 의사선생님께서 수술해주시지 않으면 당신이 뭘 어쩌시겠어요!" 내 대꾸는 무덤덤했다. "잉글랜드로 돌아가서 거기서 수술해야겠죠." 그녀가 서둘러 내 말을 잘랐다. 그리고는 부리나케 나를 자기 응접실로 데리고 들어가더니, 구석의 옹색한 문짝 하나를 열었다. 거기서 아래층으로 원형계단이 나 있었고, 거길 내려가니 또 순간 분위기가 바뀌었다. 내실 쪽은 은은하게 반짝거리는 분위기에 샤넬 향수 내음이 풍겼는데, 그 아래 복도로 접어드니 그야말로 엄격한 병원 풍경이 펼쳐진 것. "꼭 터키 후궁들의 거처에 있다가 환관들의 구역으로 접어드는 것 같군." 그렇게 중얼거리고서는 그저 괜찮은 비유다 싶어서 흡족했던 기억이다.

꽃무늬 에나멜 판 위에 방 번호가 매겨져 있었다. 전체적인 색조는 분홍색 계통이었다. 복도에는 리본과 쿠션 장식의 신생아 침대가 보였다. 허나 삼엄한 분위기가 그곳이 수술실임을 상기시킨다. 얌전하게 닫힌 문을 가리키며 마담 B는 거기가 수술실이라고 말했다. 그러면서 섬뜩하게 덧붙인다. "지금도 미국인 한 명이 수술을 받고 있는 중이죠. 내 남편은 늘 바쁘답니다." 그녀가 5호실 문을 열었다. 복도 맨 끝 방이었다. 포근하면서도 쌀쌀맞게 잘 자라는 인사도 건넸다. 아마도 돈 얘기 때문에 기분이 상한 모양이었다. 나는 그렇게 운명의 손에 맡겨졌다.

바야흐로 밤이 깊었고 방은 을씨년스러웠다. 희미한 조명에, 바닥은 그다지 꼼꼼하게 깨끗하질 않았고, 세면대에서는 더운 물이 나오지 않았다. 창밖에서는 자동차 소음이 어렴풋이 들렸고, 바로 아래 골목의 소음은 더 또렷이 들려왔다. 병실 안은 영원의 정적 속에 깊이 가라앉아 있었다. 나는 마치 갇힌 몸처럼 다른 모든 생명체들로부터 격리된 듯했다. 그도 그럴 것이 초인종은 작동하지 않았고 같은 층에 다른 환자도 하나 없었기 때문이다. 방문자는 없었다. 정적 속의 침대에 걸터앉아 나는 태연스레 〈타임스〉의 낱말 퍼즐을 풀었다. 이런 분위기가 사람을 가라앉게 하고 심지어 겁먹게 만드는 것으로 들릴지 모르지만, 내 맘속에는 추호의 서글픔이나 두려움, 후회나 우유부단함도 없었다. 내 통제력

밖의 어떤 강력한 힘이 나를 카사블랑카의 이 병원 5호실로 이끌었으며, 비록 달아나고 싶다 해도 그럴 방도가 없었던 것이다.

밤늦게 간호사 두 명이 들어왔다. 한 명은 프랑스인, 다른 이는 아랍인이었다. 조금 있다 수술 할 예정이라고 말했다. 준비용 주사를 놓기 위해 왔다고 설명한 뒤, 그 동안 은밀한 부분을 직접 면도하라고 얘기했다. "면도기 있으시죠? 옷을 벗고 직접 깎으세요. 저희는 기다리겠습니다." 그들은 탁자에 앉아 다리를 흔들었다. 한 명은 피하皮下 주사를, 다른 이는 소독용 대야를 들고 있었다. 나는 옷을 벗었다. 두 여자가 이따금씩 서로 잡담하며 비꼬는 듯한 눈길로 지켜보는 가운데 나는 모로코 비누 한 조각과 차가운 수돗물로 그곳의 털을 밀었다. 그 희미한 불빛 아래에서 나는 참으로 비참한 심정이었다. 마치 스포트라이트를 받는 듯한 방 한가운데에서 벌거벗은 채 끙끙대며 면도하느라 애쓰는 내 모습과 거기서 다리를 흔들며 지켜보던 그 여인들의 윤곽은 지금도 눈에 선하다.

마침내 면도가 끝나자 그들은 나를 침대에 눕히고서 주사를 놓았다. "이제 한숨 주무세요. 수술은 좀 있다 할 겁니다." 하지만 그 둘이 사라지자 나는 침대에서 일어났다. 약 기운이 퍼지는지 몸이 짐짓 떨렸다. 거울 앞에 서서 나는 거울 속의 나에게 작별인사를 건넸다. 우리는 다시 만나지 못할 거고, 나는 그 거울 속의 다른 나의 눈을 마지막으로 오래도록 들여다보고 행운의 윙크를 던지고 싶었다. 그렇게 마지막 인사를 나누는데, 창밖에서 어느 거리의 악사가 플루트로 연주하는 고운 아르페지오가 들려왔다. 계속 반복되던 그 연주는 아주 부드럽고 즐거운 가락이었다. 저 아래 길거리에서 달콤하게 작아지던 그 플루트 소리…. 천사들이 날아가는군, 나는 그렇게 중얼거리며 비틀비틀 침대로 돌아와 까무룩 잠에 빠졌다.

다시 눈을 뜨니 온통 칠흑 같은 어둠이었고 아무 소리도 들리지 않았다. 번쩍 정신이 들었건만, 내 몸 상태가 어떤지 알아보려고 억지로 몸을 움직이려고 해도 어쩐 일인지 손가락 하나 까딱 할 수 없었다. 양팔이 침대에 묶여 있었던 것이다. 두 팔은 활짝 펼쳐진 채 침대에 칭칭 동여매인 것 같았고, 다리 쪽은 아예 아무런 감각이 없었다. 용을 써서 고개를 들어봐도 워낙 두터운 어둠 탓에 아무것도 보이질 않았다. 이게 무덤 속은 아닐까. 병원 안에 생명체의 기미라곤 전혀 없었다. 목이 터져라 고함을 질러도 아무도 듣지 못하리라. 순간 뭔가 크게 잘못 되어 내가 정말 죽어버린 건 아닌가 싶었다. 하지만 그건 아니었다. 숨쉬기에도 문제가 없었고, 정신도 말짱했다. 뭔가 복부근육을 꽉 조여맨 느낌이 드는 게 하체가 온통 붕대로 감겨 있거나 어떤 통 속에 들어가 있는 듯했다. 그래, 살았구나. 카사블랑카에서 성전환을 하고서도 나는 거뜬히 숨을 쉬고 있었다.

> 나는 늘 내 수수께끼가 정신의 문제라고 생각했고, 남들도 모든 게 마음의 장난이라고 단정해 내게 얘기했다. 하지만 30여 년 뒤, 여섯 명의 트랜스젠더 남성의 뇌를 해부한 연구 결과를 발표한 네덜란드 과학자들에 따르면, 그들 모두에게 있어 뇌의 맨 아래 부분인 시상하부의 특정 부위가 일반 남성들에 비해 엄청나게 작았으며, 심지어 대부분의 여성들보다도 더 작았다는 것. 그렇다면 그 모든 게 심리학적 요인보다는 물리적 요인에 따른 결과일 수도 있다는 것이다. 허나 나는 아직도 거기엔 뭔가 신비로운 작용이 있다는 설명이 더 좋다.

ch 19
런던, 1975

> 잉글랜드의 오랜 수도 런던은 내게 늘 정체불명의 그 무엇이었다. 특히 덧없이 흘러가던 1970년대의 나날들에는 그 묘연함이 더했던 듯하다. 〈롤링스톤〉에 실은 이 에세이는 런던의 윤곽을 그려보려 애썼던 수많은 시도들 가운데 하나일 따름이다.

　런던의 히드로 공항으로 하강하는 항공로 중에는 런던 도심을 동에서 서로 관통하는 노선이 있다. 처음엔 그리 대단해 보이는 게 없다. 칙칙한 고층주거단지와 테라스하우스들, 산업단지 등이 넓게 흩어진 가운데 그 언저리에 어지러운 녹지들이 들쭉날쭉 들러붙어 있는 꼴이다. 군데군데 지저분한 얼룩들로 더럽혀진 평범하기 짝이 없는 도시가 몇 킬로미터씩 하염없이 이어진다.

　하지만 런던 동쪽의 교외 사이를 구불구불 흐르는 템즈 강이 시야에 들어오기 시작하면 전 세계인의 머릿속에 새겨진 랜드마크들이 하나둘 모습을 드러낸다. 인류 절반에게 어떻게든 경험된 그 건물들, 그래서 누구에게나 익숙한 그 건물들…. 밤색의 런던타워는 바로 물가에 웅크리고 있다. 버킹엄 궁은 광활한 녹지대에 비스듬히 안겨 있다. 유명 건물들 중에서도 가장 오밀조밀한 장난감 같은 의사당 건물은 웨스트민스터 다리 옆에 길안내용 모델처럼 서 있다. 드넓은 런던의 공원들도 눈에 띄고, 기차역을 덮고 있는 빅토리아 풍의 큼지막한 지붕들, 늘 붐비는 피카딜리 인근의 방사형 길들, 새로 지어진 거대한 스코틀랜드 야드 Scotland Yard[런던 경찰청] 단지 등이 강 주위로 펼쳐진다. 그리고 그 한복판에는 어김없이 템즈 강이 굽이쳐 흐른다. 그렇게 비행기가 도심부를 벗어나 서쪽 교외지역으로 들어가면 다시 시골의 초원이 나타난다. 자갈 웅덩이들과 고속도로도 눈에 띈다. 작은 언덕 위에 자리 잡은 거대한 윈저 성이 나타나면 비행기의 소리가 살짝 바뀐다. 한쪽 날개를 슬라우Slough 쪽으로 기울이면서 더욱 고도를 낮춰 공항에 내릴 준비를 하는 것이다.

 막 그렇게 통과한 곳이 도시 중의 도시 런던이다. 좋든 싫든 런던은 모든 도시들의 아버지이다. 뉴욕이 인종적으로는 더욱 흥미롭고, 모스크바나 베이징이 이데올로기적으로 더 큰 목소리를 내며, 파리나 로마가 누가 봐도 더 아름다운 곳이지만, 하나의 역사적 현상이라는 점에서 런던은 타의 추종을 불허한다. 1066년 노르만인 윌리엄[1027~1087, 윌리엄1세]이 웨스트민스터 사원에서 잉글랜드 왕으로 즉위한 이래 한 번도 외세의 침탈을 받지 않은 채, 좋게든 나쁘게든 런던은 스스로의 모습을 지켜왔다. 역사상 가장 거대한 제국이 여기서 탄생했고 또 여기서 사라졌다. 런던은 최초의 위대한 산업도시였고, 최초의 의회도시였으며, 수 없이 많은 사회적·정치적 실험의 무대였다. 잔혹한 살인범과 수많은 스파이들의 도시이며, 소설가, 경매인, 의사, 록 가수들의 도시이다. 셰익스피어, 셜록 홈즈, 닥터 존슨[1709~1784, 사전학자], 처칠, 딕 휘팅턴[1358-1423, 런던시장], 헨리 8세, 플로렌스 나이팅게일, 웰링턴 공작[1769~1852, 워털루 전투의 승리를 이끈 장군], 빅토리아 여왕, 글래드스톤[1809~1898, 정치가], 그리고 크롬웰과 트위스트라는 두 올리버의 도시이다. 모차르트가 첫 교향곡을 작곡한 곳, 칼 맑스가 『자본론』

집필을 시작한 곳도 이곳이다. 대형 심포니 오케스트라 다섯 개, 일간 신문 열한 개, 대성당 세 개, 지상 최대의 지하철망, 또 가장 유명한 방송국도 이곳에 있다. 축구와 크리켓, 럭비, 테니스, 스쿼시의 원조가 되는 본고장이기도 하다. 살인광 잭Jack the Ripper이 활개를 치던 곳. 이집트 국왕이었던 고故 파루크Farouk[1920~1965]가 전문가적 식견으로 판단했던 바와 같이, 하트, 다이아몬드, 클로버, 스페이드 왕조를 제외한다면 지금껏 살아남은 가장 위대한 왕조의 원저 가문의 본거지인 곳. 런던은 거의 모든 것을 아우른다. 한때 존슨 박사가 말했듯이, 런던에 싫증이 난다면 당신은 사는 데 싫증이 난 거나 다름없다.

우중충하고 탐탁찮은 것들을 뚫고서 간간이 환상적인 것들이 생겨나곤 하는 데 런던의 재능이 있다. 혹은 런던의 기교라는 게 맞을지도 모르겠다. 환상이 불쑥 끼어드는 것! 그 주된 매체는 왕실이다. 왕실의 문장인 사자와 유니콘, 왕관과 장미, 엉겅퀴, 노르만 구호들 따위는, 마치 모스크바에서 레닌의 인용구들이 그러하듯, 이 도시를 뒤덮고 있다.

런던에서 왕실은 일부 종교이자 일부 외교이며 일부 가공된 환상이다. 왕실 관저 위에서 번쩍대며 휘날리는 군기가 기도하는 사람들이 소원을 비는 깃발이나 부적 같은 거라 한다면, 꼿꼿이 몸을 세우고 초소 사이를 성큼성큼 이동하는 보초병들은 완벽한 시그먼드 롬버그 Sigmund Romberg[1887~1951, 헝가리 태생 미국 작곡가]라 하겠다. 왕실의 존재감, 그에 대한 숭배, 실속 없이 복잡하기만 한 의식들에서 비롯되는 신비주의가 이 독특한 도시의 분위기를 물들인다. 이는 간혹 런던을 루르드나 예루살렘 같은 순례지처럼 느껴지게 하기도 한다. 어쩌면 익숙한 기적들이 정기적으로 일어나는 곳, 매년 성스러운 피가 흘러내리는 곳, 매년 크리스마스 아침마다 산사나무가 꽃을 피우는 곳과 같은 성소의 느낌을 준다고 하는 편이 더 어울릴지도 모르겠다. 더몰the

Mall이라 불리는 의전용 큰길에서 1년에도 몇 차례씩 거행되는 이런 런던의 신비를 구경하기 위해 전 세계 사람들이 이 도시로 모여든다. 길은 외국인으로 붐비고 멀리 콘스티튜션힐까지도 온갖 유럽 나라들의 휘장과 번호판을 단 최신형 관광버스들이 수백 대씩 다닥다닥 늘어선다. 더 몰에 길게 늘어선 호위대는 성소의 복사服事들 같고, 순찰 중인 경찰관들은 성물聖物관리인 같다.

북소리에 맞춰 저 위쪽 금색과 회색, 초록이 뒤엉킨 이른바 버킹엄 궁전이란 곳의 어디쯤에서 이 의식이 시작된다. 북소리와 악단의 팡파르와 함께 긴 행렬 하나가 플라타너스 가로수들 사이로 느릿느릿 움직인다. 뾰족한 기수 모자를 쓰고 금빛 찬란한 튜닉 제복 차림의 군악대장이 선두에 서 있는데, 몸집 큰 하얀 말 위에 앉은 모습이 어찌나 무덤덤해 보이는지 마치 노예선에서 북으로 박자를 일러주는 인물 같은 느낌이다. 이어서 달그락달그락 삐걱삐걱 헐떡헐떡 요란한 소음과 함께 검은 말들과 황동 투구, 깃털장식 화려한 기병대가 나타난다. 묵직한 투구 아래로 보이는 젊은이들의 얼굴에는 불안한 기색이 역력하고, 이따금 말발굽이 찍찍 미끄러지거나 불꽃이 튀기도 한다. 거대한 가슴받이의 광택이 반짝이는가 하면, 말과 가죽 냄새도 퀴퀴하게 풍긴다. 그 뒤로 세 명의 희한한 노신사가 뒤따른다. 뚱뚱한 곰가죽 모자 아래 짓눌리다시피 한 그들의 옆구리에서 엄청나게 큰 칼이 마구 흔들리고 있다. 군마를 타고 가는 그들의 허리는 류머티즘 환자처럼 구부정해서, 마치 오래된 가죽처럼 저 사람들은 안장 위에서 저렇게 몸이 굽어버린 게 아닐까 싶을 정도다.

깃털장식을 단 또 다른 부대가 지나가고⋯ 잠깐 뜸을 들이더니⋯ 군중들도 아연 잠잠해지고⋯ 그때에야 저 위쪽 거의 깃발 높이에서 신비 그 자체인 낯익은 얼굴[여왕]이 나타나 아래쪽 사람들을 향해 까닥 인사를 한다. 열심히 어색한 웃음을 짓는 그 얼굴은 두터운 화장기 아래

창백하다. 그건 마치 수의 위로 빼꼼 내민 얼굴이나 그림 속의 얼굴 같다. 전 세계의 모든 사람들이 그 얼굴을 안다. 그 주름 가득한 근면한 얼굴은 고전적이거나 귀족적이지는 않지만, 그래도 자신만의 불가사의함을 지니고 있다. 그 얼굴이 지나쳐도 군중들은 거의 동요하지 않는다. 그 순간 보도 위에 넘실대는 웅얼거림은 경탄과 감탄의 떨림보다는 연민의 떨림에 가깝다. 마치 순교자가 지나가는 듯. 그녀가 간다, 피 흘리며, 우리를 위해!

이 볼거리에는 뭔가 숙명적인 게 있다. 이 의식은 너무나 오래된 것이어서, 너무나 많은 관례와 관습의 틀 안에 꽁꽁 얼어붙어 있다. 여왕은 자기 호위대와 장교, 악대와 더불어 아무리 정교해도 무의미하기 짝이 없는 (왕실 집사장執事長들이 나무 저편에서 그녀를 위해 준비해둔) 기념식장을 향해 까닥까닥 인사를 하며 행진한다. 그런데 그녀는 뭔가 김빠진 것들을 흔적으로 남기면서 간다. 그녀가 순교자라면 그것은 지친 전통의 수난이며, 만약 그런 왕실의 공치사가 런던을 구원해주는 환상이라면 그것은 또한 이 도시의 고행이기도 하다. 런던은 때로는 자기 유산의 무게에 짓눌려 신음하는 듯 보이기도 한다. 여러 세기에 걸쳐 해마다 똑같은 군악대장의 북소리에 맞춰 똑같은 말방울 소리를 울리며 똑같이 구부정한 궁궐 신하들이 군마에 올라 더몰을 따라 휘청휘청 행진하고 또 행진했으니….

다른 믿음을 기리는 자리에서와 마찬가지로 이것도 하나의 가식이다. 마치 하얀 성직자복을 입은 신부가 성물함 주변을 과장된 몸짓으로 왔다 갔다 하는 것 같은, 왕실을 둘러싼 이 영원한 가식적 행동들은 이 수도의 다른 곳들에도 속속들이 침투해 있다.

유럽의 다른 어느 도시보다 더 런던은 허세와 과시에 기대 살아가는 쇼에 가깝다. 런던의 연극적 속성은 늘 인구에 회자되었다. 그랑기

놀Grand Guignol[인형극]과 연기 자욱하고 시커먼 길거리, 쥐가 들끓는 템즈 강 언저리들, 더불어 생기 넘치는 빈민굴의 누추함 따위가 빅토리아 시대에 런던을 찾은 감수성 예민한 사람들에게 깊은 인상을 남겼다. 1940년대의 영국 대공습 때는 순수한 애국주의 행사들이 그 역할을 했다. 전쟁의 불꽃 속에서도 굴하지 않고 세인트폴 대성당을 가득 메우던 신도들, 다우닝가 10번지의 계단에서 승리의 V 사인을 지어보이던 작업복 차림의 처칠, "주께서 런던의 자존심을 세우셨다"나 "버클리스퀘어에서 나이팅게일은 울고"를 노래하던 노엘 코워드 등이 그랬다.

런던 역사에 방점을 찍었던, 이 위대한 도시의 퍼포먼스들은 끊임이 없다. 오늘날 우리는 퍼포먼스와 퍼포먼스 사이에 끼어 있는 거나 다름없다. 하지만 런던이 메이크업을 지우는 일은 절대 없으며, 연극적인 느낌은 이 도시의 곳곳에 깊이 배어 있다. 셰익스피어와 그의 배우들이 템즈 강가의 글로브Globe 극장에서 공연하던 시대 이래로 런던은 늘 배우들의 도시였다. 런던에서 하루를 보내다 보면 당신이 아는 얼굴을 꼭 보게 된다. 런던에서는 유명 배우들이 단순히 연예인이나 각광받는 팝스타가 아니라 '위대한 사람'으로 대접받는다. 이들은 서훈이나 작위를 받는 등 권위를 갖춘 인물이 된다. 로렌스 올리비에는 남작 작위를 받은 상원의원이다. 랠프 리처드슨 경은 리전트파크 옆의 리전시Regency 풍 저택에서 귀족처럼 살고 있다. 알렉 기네스 경, 마이클 레드그레이브 경, 존 길구드 경, 이들은 모두 수도 런던의 진정한 귀족들이다. 이들은 마치 옛 잉글랜드 시절의 해군제독들처럼 종종 해외로 나가 나라를 위해 봉사한다. 로마나 할리우드로 가서 여왕을 위한 전투를 펼친 이들은 자신들의 땅 런던으로 늘 명예롭게 되돌아온다.

연극은 탁월한 런던의 예술이다. 현혹하고 모방하고 기만하고 선동하는 능력이 거기에 있다. 이제, 저녁을 먹은 뒤 식당 계단을 내려오며 건너편 세인트제임스 공원의 검은 숲 너머 웨스트민스터 쪽을 바라

보시라. 그 난해한 잉글랜드다움의 신전인 웨스트민스터 사원이 환한 조명을 받으며 거기 서 있다. 화이트홀의 첨탑들도 옹기종기 덩어리를 이루며 거기 서 있다. 네온불빛이 가리키는 피카딜리 쪽을 보면 간간이 그 불빛이 트라팔가 광장의 넬슨 동상을 비추기도 한다. 그리고 그 모든 것들 위로, 웨스트민스터궁의 시계탑 빅벤 너머로, 밤하늘 높은 데서 아주 작은 불빛 하나가 외로이 하지만 줄기차게 이 도시 위에서 불타고 있다. 그 불빛은 그 밑에서 하우스 오브 커먼스, 즉 모든 의회의 어머니인 영국의회가 아직 개회 중임을 알리는 빛이다. 거기 당신을 위한 최고의 극장이 있다! 거기 바로 쇼맨십이 있다!

아니면 아침에 대법원에 들러 런던 법조계의 퍼포머들이 날마다 펼치는 낮 공연을 감상해 보시라. 여왕폐하의 판사석에 앉아 거북이 등짝 같은 겹겹의 가발 아래로 얼굴을 잔뜩 찌푸리는 그 판사님들처럼 불가해한 재판관 캐릭터를 연기할 수 있는 전문배우는 없다. 높은 판사석에서 노트를 박박 긁어내는 그들의 몸짓, 간혹 길고 복잡한 다음절어들을 구사하며 빈정대듯 끼어들기도 하는 그들의 말투. 어느 황금시간대의 인기 배우도 런던 법조인들의 날카로움을 능가하는 연기를 펼칠 수는 없다. 이들은 자신들의 서류를 악기처럼 연주하며, 가능하기만 하면 언제나 옆얼굴로 쳐다본다. 이들이 성취감에 차 법복을 몸에 휘감을 때면 마치 수많은 브루투스들이 암살을 위해 모여드는 듯하다. 걸핏하면 터지는 런던 법정에서의 웃음은 흔히 비정하다. 노파나 백수들로 이뤄진 단골방청객들도 있으며, 이 극장의 분위기란 게 워낙 전염성이 강해서 영문도 모르는 채 느닷없이 스타의 자리로 오른 여느 불쌍한 피고인들마저도 짐짓 관심에 감사한다는 듯 힘없이 웃음 짓기도 한다.

운이 좋으면 코크니Cockney[런던 토박이]들의 퍼포먼스를 구경할 수도 있다. 코크니 문화는 그 기원이 된 이 도시에서 아주 위태롭게만 살아남아 있다. 그것은 택시기사나 시장사람들, 신문팔이 등이 교외로

이주해 고층 아파트에 둥지를 틀고서, 이 시대의 동질화 현상에 휩쓸려 자신들의 억양과 충성심, 유머 등을 잃어버렸기 때문이다. 공무원들이 피카딜리서커스에서 꽃 파는 사람들을 몰아낸 지 이미 여러 해가 지났다. 런던의 전통인 버스커busker들조차도 — 극장 앞에 줄 서 있는 인파들을 즐겁게 하던 탈옥 전문 마술사들이나 내셔널갤러리 앞에서 활약하던 길거리의 예술가들 — 서서히 기억의 저편으로 내몰리고 있다. 그렇지만 코크니 문화는 실제로 살아남았으며, 그 어느 전통보다도 가장 잘 표현되는 전통의 자리를 지키고 있다.

심지어 오늘날에도 축제나 행사 때면 간혹 수천 개의 자개 단추를 단 희한한 제복 차림의 펄리 킹과 퀸pearly kings and queens들을 볼 수 있다. 이들은 코크니 야채 행상에서 유래한 민간 왕실 놀이의 전수자들로서, 진주 단추로 뒤덮인 그 복장은 그들의 전통적 특권이다. 일요일 아침마다 런던타워 북쪽 페티코트레인 일대의 지저분하고 복잡한 골목길에서 펼쳐지는 큰 노천시장에 가면 더 좋은 구경거리가 기다린다. 코크니 장사꾼들의 생동감 넘치는 실제 연기를 접할 수 있는 것이다. 이들의 연기는 뮤직홀 무대에서 곧장 내려온 듯한(혹은 곧장 무대에 올려도 될 듯한) 예술의 형태를 고루 갖추고 있다. 멋진 타이밍, 놀랍고 교활한 기지, 농담이 안 먹힐 때의 본능적인 임기응변, 태평한 듯 욕심을 부리는 그 신기한 연기 등, 코크니 사기꾼들은 가스라이트gaslight 코미디언의 대열에 덧보태기에 아무런 손색이 없다.

런던은 하나의 연극무대이다! 복잡한 도로를 뚫고 묵직한 상냥함으로 움직이는 붉은 색의 커다란 런던 버스는 널리 사랑받는 성격파 배우 같다. 게임용 카드에서나 볼 수 있는 복장을 하고서 미늘창을 들고 서 있는 런던타워의 경비병은 오늘 하루를 위해 고용된 엑스트라임에 틀림없다. 그 중에서도 가장 연극적인 것은 런던의 여러 행사들이다. 그저 예스럽거나 장식적일 뿐만 아니라 이 수도의 현상태를 만들어내는 데 필수적인, 이 도시의 정치적 권력에 아주 밀접히 연관된 그런 행사들 말이다.

하루는 어느 신임 상원의원의 임관식에 초대받아 상원 건물로 갔다. 그 신임 의원은 오랜 정당 생활의 노고를 인정받아 작위를 받은 유명한 정치인이었고, 나를 그 임관식에 초대한 이는 문학적 업적 덕분에 상원의원에 임명된 J 경이었다. 우리는 늦었다. 웨스트민스터 궁의 크고 현란한 홀들을 서둘러 뚫고 나가야 했다. 수많은 흉상들과 으스스한 초상화들을 지나 — "내 고고조부님이시지." 윌리엄3세의 초상화를 지날 때 J 경이 숨을 헐떡이며 말했다. "물론 정식 결혼은 아니었어." — 끝도 없어 보이는 카펫 깔린 복도를 따라 내려가, 수수께끼 같은 이름이 붙은 방들을 지나, 사랑에 빠진 청년과 아가씨들, 영주님들과 전투용 말들이 그려진 거대한 벽화 사이를 가다가, 고불고불한 돌계단을 다시 올라가, 삐걱대는 참나무 문짝을 열고서 그는 나를 방청석으로 다급하게 떠밀어 넣었다.

그 안에서는 꿈같은 장면이 펼쳐지고 있었다. 남녀 상원의원들이 방청석 아래쪽의 긴 의자에 너무도 평범하게 앉아 있었다. 떡 벌어진 체구의 듬직한 정치가들, 아래턱이 발달한 전직 장관들, 냉담하고 말 많은 몇몇 여인들을 비롯해, 두툼한 안경을 쓰고서 단호한 통합론자 같은 인상을 풍기는 주교님 한 분도 보였다. 하지만 내 쪽으로 등을 돌리고서 뭔가 섬뜩한 자세로 털썩 앉아 있는 인물이 있었으니, 바로 잉글랜드 대법관Lord Chancellor이었다. 상원의장이기도 한 그는 무슨 양털포대 같은 의자 위에 마네킹처럼 앉아 있었다. 그게 바로 지난 600년이 넘도록 숱한 대법관들의 엉덩이를 떠받쳐온 양털 의자였다. 검은 예복에 가려진 그의 체구와 재판관용 가발 위에 뿔 셋 달린 검은 모자를 쓴 그의 모습은 어떤 해괴한 재판의 진행을 맡은 재판장 같은 느낌이었다. 그는 『이상한 나라의 앨리스』에서, 버섯 위에 앉아 물담배를 빠는 위엄에 찬 애벌레 같기도 했다.

내가 막 들어섰을 때 어디선가 살며시 나타난 신참 상원의원이 이 섬뜩한 대법관 앞으로 다가갔다. 그는 빨간 가운에 흰 털 장식을 한 옷차림을 하고서 두 동료들의 호위를 받으며 검은색 반바지 차림에 은빛 봉을 든 한 직원의 뒤를 따랐다. 이 모든 음산한 일들이 침묵 속에서 이어졌다. 세 명의 상원의원들은 자리에 앉았다. 하지만 거의 앉자마자 다시 벌떡 일어났다. 아무 소리도 없었다. 이들은 동시에 모자를 벗으면서 그 양털포대를 향해 일사불란하게 절을 했다. 상원의장도 그에 대한 답례로 자기 모자를 벗으면서 양털포대 위에서 자세를 바로잡으며 그들을 향해 아주 살짝 거의 형식적으로 절을 했다. 이 의식은 한마디의 소리도 없이 두 차례 더 ― 앉았다 일어서고 모자 벗고 절 하고 모자 쓰고 앉고 ― 반복되었다. 방청석의 우리들은(아마 아래쪽 긴 의자에 앉아 있던 남녀 상원의원들 또한) 거의 겁에 질려 이 의식을 지켜보았다. 정말 너무나 비밀스런 광경이었다.

이건 가식이 아니었다. 이건 런던 스타일로 풀어낸 현대정치의 한 의식이었다. 그 식이 끝나자마자 나는 급히 방청석을 빠져나와 계단을 내려갔다. 아래쪽 방에서 퇴장할 J 경을 얼른 따라잡아 물어봐야 했다. "아니, 도대체 언제부터 이런 의식을 치러왔단 말입니까?" J 경은 꽤나 진지하게 대답했다. "아마도 드루이드족Druids 시절부터 그래왔던 듯싶습니다."

바로 지금 런던이 성공작인지 실패작인지, 부자도시인지 거지도시인지 누구도 단언하기 힘들다. 놀라운 일이지만, 런던은 아주 변화무쌍한 수도이다. 아니나 다를까, 미국대사는 최근 런던이 미치도록 우울하게 만드는 도시라는 진단을 내렸다. 하루는 천하를 얻은 듯 행복하다가, 다음날은 의기소침해지는 곳이라고 말이다. 런던으로 대표되는 왕국은 ― 런던은 왕국의 심장일 뿐만 아니라 그 허파요 배꼽이기도 하다 ― 때로 거의 파산지경인 듯 비치기도 하지만, 또 때로는 북해의 유전 덕분에 되살아난 무지막지한 부자들의 도시 같기도 하다. 이번 달은 재앙에 가까운 적자에 짓눌리고, 다음 달은 막대한 흑자를 기록하는 갈팡질팡 대차대조표의 도시. 런던의 은행금고들은 돈으로 넘쳐나고 잉글랜드은행[영국의 중앙은행]의 금 보유량은 그 어느 때보다 많으나, 그 대부분은 보안이나 단기수익을 위해 예치된 외국의 자산들로서 언제든 인출 가능한 것들이다.

이 모든 건 전혀 새로운 게 아니다. 안정되고 조용하며 균형 잡힌 곳이라는 평판에도 불구하고 런던은 늘 위태로운 삶을 살아왔다. 디킨스의 작품에 나오는 미코버 씨[『데이빗 코퍼필드』의 작중 인물]는 뭔가 멋진 게 벌어질 거라고 확신하며 살았다는 점에서 진정한 런던의 아들이라고 할 만하다. 이곳은 근본적으로 보이지 않는 상품들과 서비스, 전문성을 파는 시장이다. 보험, 은행, 경매, 평가, 분석 따위가 이곳의 전형적인 기능이다. 이들은 아주 유동적인 기능들이어서 평가하기도 어렵고 부서지기도 쉬운 것들이다(바깥 세계의 형편에 크게 의존하는 것이기에). 그래서 런던의 번영은 아주 행복한 시기에도 그리 확실한 적 없이 들쭉날쭉했다. 그날의 날씨나 뉴스, 혹은 유럽의 분위기에 따라 오르락내리락한 것이다.

런던의 경제가 국가와 자유기업의 혼합물이라는 점에서 이곳은 신사회주의 도시이며, 전후 이곳의 성장에서 한 가지 확고했던 건 이곳을 본거지로 삼던 부르주아 계층의 몰락이었다. 이를테면 화창한 점심시간에 화이트홀[런던의 관청가]의 어느 펍에 들어가 보면 이 현상을 직접 관찰할 수 있다. 문밖에서는 소음 심한 버스, 서로 가이드북을 읽어주는 셔츠 바람의 관광객 등 도시의 흐름이 바삐 몰려다니지만, 안에서는 일찌감치 마시기 시작한 취객들이 맥주잔 위로 몸을 웅크리고 있다. 이들은 12시 무렵이면 사무실을 빠져나와도 되는 고참급 사업가나 관료들로서, 근처의 팔몰Pall Mall 거리에 자기네 사교클럽 하나쯤 가지고 있을 만한 성공을 거둔 이들이다. 이들은 모두 중년의 남자로서, 지구 어디를 가든 대번에 잉글랜드인이라고 판별될 사람들이다.

　마치 거리를 벗어나 자기들끼리만 어울리려고, 어쩌면 상처를 핥기 위해 이 흐릿한 굴속으로 돌아온 것처럼, 후미진 바의 그늘 아래 자리 잡은 그들에게서는 궁지에 몰려 괴로워하는 분위기가 풍긴다. 이들은 말도 별로 없는데, 고작 하는 말의 대부분은 이 나라와 술, 젊은이와 날씨 불평이다. 바깥 길거리에서는 그들의 아내들이 쇼핑을 하다 말고 커피를 마시며 — 보다 정확하게는 커피 값이 어떻든 간에 치커리 원액을 마시며 — 쉬고 있을 것이다. 이 여인들은 역사에 의해 더 큰 상처를 입었다. 이른 아침의 쇼핑을 위해 시내로 나오는 게, 제일 좋은 모자와 외투를 차려 입고 친구와 함께 그런 나들이를 하는 게 특별한 행차이던 때가 있었다. 하지만 이제는 대개 혼자서 쇼핑을 하고, 그들이 걸친 옷도 색이 바랬다. 그들의 상냥한 얼굴도 부자연스럽게 꾸며낸 듯하다. 그들은 이제 머리에 스카프를 쓰고 튼튼한 신발을 신고 다니는 등, 해가 갈수록 그들의 계급정체성을 야금야금 잃어가는 듯하다. 그리고 맞은편에 앉은 여인이 공장 노동자의 아내인지 학교 선생님의 아내인지 알아내기가 갈수록 어려워진다.

　하지만 바깥의 그런 길거리들은 부유함의 표시물들로 흥청거린다. 롤스로이스는 정말 지천이다. 택시운전사는 휴가 때 튀니지에 갈 거라고 떠벌이고, 레코드가게는 맘껏 돈을 쓰는 젊은이들로 꽉 찼으며, BMW를 모는 원기 왕성한 간부직들 때문에 어딜 가나 차 댈 곳이 모자란다. 상류층 전용 음식점에서는 옛 런던의 느긋한 관례들이 돈의 마법 덕분에 잘 유지되고 있으며, 십일조가 무슨 새 이름인 줄 아는 사업가들조차도 한때는 땅 부자인 젠틀맨들landed gentry의 전유물이었던 따뜻한 환대를 누린다. 런던의 서비스직 종사자들은 지금도 "물론입니다, 부인 "Certainly, my lady 같은 연극적 문구들을 아무렇지 않게 사용한다. 비록 잉글랜드의 부자들이 메이페어나 나이츠브리지 등 전통적으로 자주 가던 곳들에서는 밀려났다 하더라도 이들은 여전히 세인트존스우드나 리틀베니스의 저택에서 유모 할머니와 필리핀 요리사, 스웨덴 오페어[보모] 아가씨들과 함께 여전히 아늑하게 잘 살고 있다.

이 모든 대조와 변칙들 덕택에 런던은 특유의 열광적인 분위기를 갖게 되었다. 퍼포먼스들 사이에 끼어 있는 곳! 거대한 제국을 잃어버린, 유럽의 일부도 아니지만 그렇다고 대륙을 완전히 배척하지도 않는, 사회주의적이지만 동시에 자본주의적이기도 한, 영광의 나날들을 갈망하는, 충성의 의례들에 굳이 매달리는 런던. 그래서 이곳은 다음 역할로 무엇을 선택할지 갈팡질팡하는 배우처럼 동요하고 욕구불만인 상태이다. 이 노배우는 '휴식 중'? 원고 검토 중? 혹은 완료? 혹은 또 하나의 히트작을 시작하려 한다? 아무도 모른다. 놀라운 결정이 곧 내려질 듯하지만 실제로 그리 되는 경우는 드물다. 항상 선거가 코앞인 곳, 파업 위협이 드높은 곳, 타협책이 가시권인 곳, 순환도로 건설이 임박한 곳, 철거작업이 막 시작된 곳, 늘 그런 곳이 바로 런던이다.

그 중 어떤 것은 분명 자신감의 상실을 초래한다. 2차대전 이래 30년은 런던에게 재수 옴 붙은 시간이었다. 돈이 있든 없든 이 도시는 이제 더 이상 세계에서 가장 위대한 수도가 아니다. 전쟁 전에는 그런 주장을 펼 수도 있었다. 하지만 파운드화가 더 이상 최고의 안전자산이 되지 못하듯, 이젠 더 이상 그렇질 않다. 수많은 기념물과 기관들에, 수많은 말을 탄 동상들에 나타난 런던의 비중과 권위는 이제 한낱 백일몽이 되어버렸다. 심지어 스코틀랜드나 웨일스조차도 오늘날 런던의 수월성에 도전장을 내밀며, 한때 지구 인구 1/4의 운명을 책임지던 도시가 이제 5천만 인구의 앞날을 다소 퉁명스레 일러주는 곳으로 위축되어버렸다. 정치 스타일도 그에 따라 꽤 시들시들해졌다. 다우닝가 10번지의 그 유명한 문턱을 넘어, 기둥에 새긴 여인상 같은 경찰관들이 서 있는 문밖으로 나서는 수상 나리들도 오늘날에는 거의 미안해하는 몸짓이거나, 마치 앞섶이 열린 걸 막 깨달았다는 듯 기다리고 있던 리무진 안으로 황급히 몸을 숨긴다.

어느 날 밤, 저녁 식사 후 친구들과 함께 코벤트가든의 시장 근처를 어슬렁거렸다. 야채상들과 과일전들이 강 남쪽으로 옮겨가는 등 막 재탄생의 산고를 겪고 있는 곳이었다. 런던에서 오래되고 사랑스러운 랜드마크들이 가뭇없이 사라지는 건 특별히 가슴 아픈 일이다. 특히 오페라와 양배추가 그토록 낭만적으로 어깨를 나란히 하고 있던 곳이자 엘리자 두리틀이 히긴스 교수의 눈에 처음 띈[1] 곳인, 가장 유명한 그 시장이 남긴 빈터가 이제 막 임시변통으로 새 쓰임새를 찾고 있는 현상을 지켜보는 게 너무나 불편하여 머릿속 한쪽이 얼얼해질 지경이었다. 우리 일행은 별나게 생긴 도자기 가게와 아주 깔끔한 서점, '록 가든 카페' 등을 발견했다. 그 카페의 17세기 아케이드 전체는 이른바 카페 음악으로 밤새 쿵쾅거렸다. 그래서 그곳은 옛 런던의 한쪽 귀퉁이라는 느낌보다는 여름 한철의 장사에 기대 겨우 되살아난 어느 유령도시의 일부 같았다. 내부를 말끔히 비워낸 코벤트가든 오페라하우스의 공사용 비계 사이로 형광등 불빛이 을씨년스러웠다. 내 혼란스러움 혹은 소외감을 마무리해주겠다는 듯 한 줄기 레이저 빔이 마치 감옥 철망의 한 철선처럼 런던 하늘에 요지부동으로 걸려 있었다. 난 친구들에게 물었다. "당신들도 그렇게 느껴?" 당신들도 당신들의 도시를 거니는 오늘 밤, 뭔가 허물어지는 징후들을 느끼는지? 마치 인격이 분열되고 부서져 거의 마비되어 버린, 그런 신경쇠약증 환자 같지 않냐고?

---

[1] 조지 버나드 쇼의 희곡 〈피그말리온〉에 등장하는 두 인물. 코벤트가든 시장에서 꽃을 팔던 엘리자에게 언어학 교수인 히긴스가 런던의 고급 화법을 가르쳐 상류층 인사로 만들겠다고 공언하는 내용이다. [역주]

"저 빌어먹을 레이저 빔 때문이야. 저걸 보고 오싹해지지 않을 사람이 어디 있겠어." 그날 밤 우리를 초대한 친구가 그렇게 대답했다.

지상의 여러 대동소이한 대도시들 중에서 한때는 가장 확고한 잉글랜드 왕국의 수도로서 두드러졌던 런던이 이제는 가장 국제적인 수도의 하나로 바뀌었다. 런던은 굶주린 이들에게 자유를 숨쉴 수 있는 품을 허락한다는 의미의 너그러운 국제도시는 아니다. 런던은 온갖 군소리를 늘어놓는 국제도시일 뿐이다. 에블린 워는 근대 런던을 "저속한 코스모폴리탄 도시"라고 저주했다. 런던의 소외는 식후의 느긋한 공상이 아니라 엄연한 사회학적 사실이다.

겨울에는 이런 게 그다지 놀랍지 않을 수도 있다. 서인도나 파키스탄 출신 버스 차장들, 지하철의 흑인 검표자들은 이제 철저하게 런던화되어서 전체 풍경 속에 아주 유기적으로 녹아들어 빨간 버스만큼이나 토종 같아 보인다. 바베이도스 출신의 흑인 직원들이 경쾌한 코크니 억양으로 "헐로, 덕스"hullo, ducks라고 인사해도 그리 놀랍지를 않다. 런던 공항에서 인도 여인들이 처연하고도 불쌍하게 커피집 바닥에 떨어진 샌드위치 조각들을 — 때로는 샌드위치를 통째로 — 빗자루로 쓸어 담는 모습 또한 너무나 익숙하다.

하지만 여름이면 느낌이 아주 다르다. 이맘때면 런더너들은 〈타임스〉의 편집자에게 얘기를 나눌 잉글랜드인이 다 사라졌다고 빈정대듯 투정하는 편지를 띄운다. 이맘때면 가장 자유주의적인 사상의 소유자조차도 외국인들이 마치 수많은 곤충 떼처럼 런던에 우글거린다는 느낌을 받는다. 위의 평가가 거북하지만 사실이 되어 버리는 것이다. 고색창연한 런던의 얼굴을 온통 낯선 사람들이 휘젓고 다닌다. 그들은 없는 데가 없다. 거래를 협상하는 데, 옛 교회를 둘러보는 데, 노동허가증을 얻으려는 데, 예식에 참석하려는 데, 부동산을 구입하려는 데, 혹은 (런더너들이 투덜대듯) 줄 선 거 무시하고 새치기하려는 데 늘 그들이 있다. 거

ⓒ김수련

의 모든 이중 노란 차선[주차절대금지구역]마다 외교관 차량이 아랑곳없이 주차해 있는 듯하다. 막스앤스펜서 백화점마다 스웨터를 들고 서로의 어깨에 대보며 크기를 맞춰보는 프랑스 여인들의 행렬이 끊임없다. 페티코트레인 외곽 근처에 세워진 커다란 검은 차들의 뒷좌석에는 나이 든 동양 여인들이 앉아, 그들의 하인들이 시장 안에서 물건 값을 흥정하는 동안, 마시라비야mashrabiya[아라비아 격자 창] 창을 통해 내다보듯 행인들을 구경하고 있다.

피카딜리서커스의 에로스 상 주변에는 열 개도 넘는 나라에서 온 초췌한 몰골의 젊은이들이 동상 받침대의 계단에 쪼그리고 앉아 있거나 ― 분수 물이 그들의 발치에 찔끔찔끔 떨어진다 ― 배낭에 기대 누워 있다. 몇 미터 떨어진 곳에서는 부르주아 관광객들이 지붕 없는 관광버스를 기다리느라 끝도 없이 길게 줄 지어 서 있다. 이맘때면 근위병들은 각국 관광객들로 이뤄진 바다에 떠 있는 요새 섬 같다. 스테이크 전문식당에서 식사를 마치고 나온 외국인 금융업자들은 번호 자물쇠가 달린 검정 천의 서류가방을 들고서 서로 낯선 언어로 얘기하면서 결의에 찬 모습으로 사무실로 돌아간다.

이건 다른 큰 나라의 수도에서 흔히 볼 수 있는 ― 뉴욕 같은 이민자들의 도시에서는 물론 필수적이기까지 한 ― 그런 국제주의와는 다른 것이다. 런던의 경우는 뭔가 그 이상이다. 런던에서는 빼앗기고 차지하는 느낌이 아주 강하다. 바로 그래서 최근 들어 아주 오랜만에 보통 런더너들이 외국인혐오증 경향을 드러내보이게 된 것이다. 런던은 으레 남의 도움을 받지 않는, 가장 콧대 높게 독립해 있는 수도 도시였다. 유명한 런던 신문인 〈타임스〉의 헤드라인을 보면 이걸 잘 알 수 있다. "잉글랜드 해협에 거센 폭풍, 대륙을 고립시키다." 그런데 런던 역사의 바로 이 시점에 이르러 낯선 기생충들이 출현한 것이다. 런던은 이제 자신의 문제 해결을 위해 그 어느 때보다 더욱 외국인들에게 의존한다. 런던은 IMF의 전문가들에 기대고, 유럽중앙은행의 금융업자들에, 관광산업에 기댄다. 어제까지만 해도 워그스wogs 혹은 아이랍스Ayrabs라고 부르던 아랍인들에게도 오늘날 런던은 적지 않게 기댄다. 런던 자금시장에 막대한 액수를 투자하는가 하면 대형 건물들 상당수를 사들이기도 한 게 이 아랍인들이다. 런던은 당분간 아랍인들에게 빚진 상태이다. 아랍인들은 실제로 이 도시의 일부를 거의 식민지화하기도 했으며, 그럼으로써 제국이라는 이름의 운명의 수레바퀴를 크게 한 바퀴 돌리고 있는 것이다. 특히 켄싱턴가든과 하이드파크코너 사이의 호화로운 길거리들로 이뤄진 나이츠브리지 지역은 이제 '리틀 아라비아'가 되었다. 런던 거주 베두인족들의 발자취는 나이츠브리지로부터 출발해 런던 곳곳을 가로지르며, 더시티의 상업은행들과 옥스포드스트리트의 상점, 세인트 제임스의 구두 집, 제르민스트리트의 셔츠 집, 본드스트리트의 골동품 딜러들을 해로즈 백화점 근처의 그들의 은신처 및 저택, 하렘[이슬람 여인들의 영역] 등과 연결시키고 있다.

냉소적인 런더너들은 아랍인들을 구별하는 건 손쉽다고 주장한다. 이를테면 요르단인과 팔레스타인인들은 애교꾼들이라는 것. 오직 사우디 사람들만이 어떤 상황에서든 돈벌이밖에 모르는 사람들의 냉소주의를 줄곧 드러낸다. 그렇지만 대부분의 시민들에게 있어 아랍인들은 한 덩어리로 그저 무뚝뚝한 사람들로만 보일 따름이다(한때는 유럽인들이 그들에게 그렇게 보였듯). 치과 대기실에서 검은 베일로 온몸을 가린 채 묵묵히 앉아 있는 아랍 아주머니도 그렇고, 비싼 회색 플란넬 양복 차림으로 셀프리지스 백화점 여점원들에게 추파를 던지는 오동통한 아랍 학생들도 그렇다. 너무나 편안해 보이는 멋진 트위드를 걸친 채 호텔 로비에 앉아 이따금씩 나긋나긋하게 살짝 미소 짓는 어린 왕자들도 빼놓을 수 없다.

오늘날의 런던 기준으로 보자면 이들 외국인 중 많은 수는 상상을 초월하게 부자이며, 상당수는 돈 개념 자체가 없는 듯한 게 사실이다. 이들은 아무 생각 없이, 몸에 한 번 걸쳐보지도 않고 척척 돈을 내버린다. 그런데 이런 외국 부자들의 밀물은 런더너들을 괴롭히는 한편 그들을 오염시키기도 한다. 질투와 분노가 일어날 테고 아첨꾼들도 생겨날 게 뻔하다. 잉글랜드인 상원 멤버나 작위를 받은 배우들을 향하던 런더너들의 아부가 이제는 일본인 산업자본가나 까막눈의 셰이크sheik[이슬람 수장]들에게까지 확대되고 있다. 건장한 코크니의 아들들이라 할 운전수들은 눈에 띄게 비대한 몸집으로 알랑거리면서 벤츠에서 내리는 하얀 가운의 부족민들에게 손을 내민다. 또 한 명의 무표정한 고객으로부터 터무니없는 액수의 팁을 받아 든 벨보이의 얼굴들에는 싱글벙글 무난한 미소가 번진다.

지금 런던은 그 어느 때보다 더욱 요동치는 중인데, 그 불확실성으로부터 추악한 것들도 싹트고 있다. 불량촌은 거의 자취를 감추었지만, 엉터리로 세워 올린 고층 단지들이 그 자리를 차지해버렸다. 이런 고층 건물의 승강기는 걸핏하면 고장 나고, 으레 음란한 벽낙서들로 덮여 있으며, 어느 아파트든 외부 세계와 맞서려고 지어진 요새처럼 보인다. 이런 게 다른 도시들에겐 이미 흔한 현상이지만, 런던에게는 새로운 일이다. 누구도 궁핍하진 않지만 누구도 만족하지도 않는 런던의 이런 어수선한 동네들에서 폭력과 편견이라는 이름의 상처가 곪고 있다. 런던 역사에서 최초로 외국 태생의 시민들이 다수를 이루는 꽤 큰 규모의 동네가 생겨났다. 외국에서 태어나기만 한 게 아니라, 그들의 피부 또한 검거나 갈색이어서 인종 문제에 있어 꽤나 심각한 편인 잉글랜드인들이 보기에 너무나 낯설어 보인다. 드높아지고 있는 인종적 편협함은 일종의 심리학적 필요를 충족시키는 듯 보이기도 한다. 이건 미국과는 그 경우가 달라서, 어떨 때는 사회적 태도가 아니라 — 정치적 신념은 더더욱 아니고 — 어떤 신종 스포츠처럼 느껴진다.

어느 토요일이었다. 친구와 함께 강 남쪽의 후미진 동네인 루이샴웨이를 걷고 있었다. 갑자기 뭔가 말썽이 벌어질 것 같은 낌새가 느껴졌다. 동네 자체가 아예 말썽 피우라고 만든 곳 같았다. 시야에 들어오는 그 어느 쪽으로도 눈에 띄는 게 아무것도 없었다. 허술하게 지은 가게와 사무실 단지들, 옛적에 폭탄 떨어진 자리를 그냥 이어붙인 듯한 주차장, 사회사에 의해 버림받고 외따로 무기력하게 버려진 빅토리아 풍 테라스 하우스들(지금은 수많은 나라의 사람들이 들어가 살고 있는)만이 휑뎅그렁했다. 물론 그날 오후 말썽이 닥치고 있었다. 저 멀리서 나부끼는 유니언잭이 불현듯 눈에 들어왔다. 구부러진 막대 끝에 높이 매달려 까닥거리는 그 깃발 쪽에서 토요일의 차량들 소음 너머로 그 장엄한 애국의 노래 '룰 브리타니아'Rule Britannia[브리타니아여, 세상을 통치하라]가 희미하게 들려왔다.

"저거 꼭 보세요, 죽일 겁니다." 중고 냄비 전문점인 듯 보이는 가게 문짝에 기대선 점원이 말했다. "저게 바로 국민전선[영국의 극우정당]이죠. 이상한 인간들이 아닌 거, 아시죠. 걸렸다 하면 아무나 팬답니다." 그래도 우린 계속 조심조심 걸었다. 어느새 그들의 깃발이 칙칙한 배경 위로 두드러져 보였다. 임박한 악마의 기운이 청바지에 긴 부츠를 신고 가죽 재킷을 걸친 짧게 자른 머리의 젊은이들 무리 속에 팽배했다. 그들은 머리 위로 막대기 두 개를 세워 그 깃발을 들고서, 마치 북아일랜드의 풋내기 아이들처럼[2] 의기양양한 걸음걸이로 강을 향해 북쪽으로 걸었다. 그들은 가까이 다가오며 다른 노래는 아는 게 없다는 듯 계속 같은 노래를 반복했다. 룰 브리타니아, 브리타니아가 파도를 잠재우나니,

---

2 영국령인 북아일랜드는 친아일랜드계 가톨릭 세력인 '신펜'Sinn Fein과 친영국계 개신교 세력인 '오렌지당'Orange Order의 대립이 뿌리 깊은 곳이다. 루이샴웨이의 이 극우 청년들을 '북아일랜드의 풋내기 아이들'에 비유한 것은 그곳의 개신교 세력인 젊은 오렌지당원들을 염두에 둔 표현이다. [역주]

브리튼인들은 절대 절대 절대 노예가 되지 않으리…. "무슨 일이죠?" 지나가는 그들에게 우리가 물었다. 그러자 그들은 뚝 걸음을 멈췄다. 분노의 기색은 없었다. 그들은 마치 길거리에서 뭔가 재미난 걸 발견한 것처럼 우리를 빙 에워쌌다. 그들의 말투는 품위를 잃어버린 독특한 코크니 같았고, 다들 한꺼번에 얘기하는 걸 좋아하는 듯했다.

"하이스트리트[동네의 큰길]에서 큰 집회가 벌어지잖수. 우리랑 사회주의 혁명 패거리들이랑 한판 뜨는 거요, 뭔 말인지 아슈. 동네에서 축구 시합도 두엇 열리구."

"뭣 땜에 그러는 건데요?"

"주먹다짐 좀 하는 거지, 뭐. 보쇼, 깜둥이랑 빨갱이들이 우리한테 대들라고 까불겠지, 뭔 말인지 아슈. 팍스Paks[파키스탄 놈들] 패거리랑 검둥이들이랑 축구 깡패들, 그렇게 모두 거기 모인다구요, 응? 싸움 좀 하는 거지, 뭔 말인지 아슈. 그것 땜에 그러는 거지, 뭐. 토요일 밤의 검둥이들!"

그러면서 그들은 낄낄댔다. 악의가 서린 웃음이 아니라 꽤나 귀여운 웃음이었다. 그리고는 우리가 학교 시합을 구경하러 온 학부모인 양 우리를 꼭꼭 둘러쌌다. 그들의 솔직함에서 으쌕한 천진함 같은 게 느껴졌다. 그들은 달 따달라고 조르는 아이들 같았다. "와서 보시지 그러셔?" 그들이 친절하게 제안했다. "댁들한테 대들 놈은 없을 거요. 그냥 뒤에서 구경하심 되니까, 뭔 말인지 아슈?"

그들은 또 웃었다. 그 무리의 한쪽에서는 순진하던 웃음이 걷잡을 수 없는 키득거림으로 망가지고 있었다. 그렇게 잠시 우리는 묵묵히 그들을 보았고, 그들은 우리를 보았다. 한 소년의 귀에서 조그만 금십자가가 반짝거리는 게 내 눈길을 끌었다. 그 귀걸이는 주인이 마구 휘파람을 불 때마다, 뭔가 재미난 일이 생겨 옆 아이 가슴을 쿡 찌를 때마다, 부츠 신은 발을 바닥에 탁 칠 때마다 찰랑찰랑 흔들렸다. 그 아이에게 희미하게 미소를 지었더니, 소년은 마치 아직 제대로 연습 못했다는 듯 서투른 윙크로 답례했다. 그러다 갑자기, 여왕의 깃발을 머리 위로 비스듬하게 든 채, 그들은 다시 행진 중인 무리 속으로 뒤섞여 들어갔다.

그들은 순수한 폭동꾼, 선동가들이 탐내는 대중이었다. 감자처럼 미련하고, 젖먹이처럼 속기 쉬운, 싸우고 싶어 근질근질한, 용기가 없지 않지만 흥겨움도 없지 않은 아이들이었다. 그들이 씩씩하게 달려드는 그 소란의 정체를 — 좌파와 우파 사이의, 국민전선의 네오파시스트들과 사회주의혁명당의 공산주의자들 사이의 격돌을 — 이해하기엔 그들은 너무 둔했다. 그게 단순한 토요일 오후의 소동이 아니라 언젠가는 도시 전체를 황폐하게 만들어버릴 이데올로기의 대결이라는 걸 말이다. 뭔 말인지 아시겠수?

의도적으로 계획된 폭동이 지난 여러 해 동안 런던에서 최악의 사태들을 불러일으켰다. 그날 밤 텔레비전에서도 볼 수 있었다. 파리, 베를린, 캘커타, 혹은 디트로이트의 수준에 비하자면 그건 온건한 소요였다. 아무도 죽진 않았다. 차 몇 대가 불탔을 뿐이었다. 하지만 그토록 단정하게 질서 잡힌 수백 년을 지내온 도시인 런던에서는 그게 끔찍한 충격이었다. 엉망이 된 거리 곳곳에 뒤죽박죽 엉킨 광고판과 현수막, 마치 수고양이처럼 서로 치고 박는 흑백의 젊은이들, 이따금 들려오는 비명, 갑자기 나타난 피로 얼룩진 사람들, 헬멧을 쓰고 방패를 들고 빽빽한 파란색 줄을 이뤄서 날아오는 돌과 병을 막고 있는 경찰들, 구호를 외치는 무리들, 불타는 차의 연기. 그리고 특히 기마경찰들. 불쑥 화면에 나타나, 겁에 질린 한편 머리끝까지 화가 난 군중들 속을 찬찬히 휘젓고 다니던 그 기마경찰들. 그들의 모습은 지난 역사 속의 어딘가에서 얼마나 끔찍스런 사건들이 많았던가를 불편하게 환기시켰다.

무어라 설명하기 힘든 런던 병 같은 게, 밤하늘을 가로지르는 그 레이저 빔 같은 게, 한두 시간쯤 자기 목표를 이루는 듯 폭발하고 있었던 것인데, 나는 그 한복판에서 뭔가 이상한 걸 눈치챘다. 모자를 안 쓴 경찰 세 명이 삐딱한 넥타이에 헬멧도 거의 벗겨진 채로 한 젊은이와 씨름하고 있었다. 그 청년은 으르렁거리는 게 바로 이런 것임을 보여주겠다는 듯 격렬하게 몸부림치고 발을 차며 고함을 질렀다. 결국 경찰들은 그 청년을 내가 보던 화면 밖으로 끄집어냈다. 하지만 그렇게 사라지기 직전에 한 경관의 억센 팔뚝 아래로, 또 다른 경관의 땀 흘리는 이마 위로, 어여쁜 귀에 걸린 조그만 금십자가 하나가 딸랑딸랑 요란하게 흔들리고 있었다.

퍼포먼스들 사이에 끼어 있는 도시. '더 시티'라는 도시의 대명사는 아니지만 ― 오래도록 콘스탄티노플의 전유물이었던 '더 시티' 타이틀은 이제 마땅히 '세계의 축소판'인 뉴욕에게 넘겨져야 한다 ― 여전히 다른 어디보다 내 마음을 더 사로잡는 도시인 런던. 지금까지 내가 묘사한 것들은, 간혹 런던에서 느끼곤 하는 노이로제들과 또 오늘날의 왕실과 국가의 화려한 행사들에 깃든 것으로 보이는 체념의 기미 따위였다. 하지만, 사실 이런 건 단지 표면적인 것일 뿐이고 이 도시의 진정한 의미를 제대로 짚어낸 게 아님을 난 잘 안다. 런던은 기존 이미지들과는 판이하게도 약삭빠른 사리사욕을 동력 삼아 자신의 운과 역사를 변천시켜 왔다. 그 자신 런더너였던 프리쳇V S Pritchett[1900~1997, 영국 작가]은 한때 런던의 주된 특징이 **경험**이라고 썼다. 난 바다와 산의 고장인 웨일스 출신이다. 그런 내게 이 수도의 변함없는 본질은 큰 기회를 거머쥘 줄 아는 안목인 듯 보인다. 이 돈벌이 전문가들의 도시로 하여금 혁명과 대학살, 대공습과 불황, 제국의 등장과 쇠퇴를 용케 헤치고 나가게 한 힘은 바로 기회주의였고, 런던은 내내 비정하리만치 꿋꿋했다. 지금 자신감이 무뎌진 듯 보이는 것도 그토록 수많은 불확실성의 시기들을 뚫고 나오느라 그리 된 것이리라.

런던은 돌아서서 계속 계산기를 두드리는 도시이자 첩보원들의 도시이며, 정치와 군사 정보의 핵으로서 타의 추종을 불허하는 곳이다. 이곳에 집대성되는 세상에 대한 지식은 제국시대와 마찬가지로 정확하고 신중하다. 하루는 외무성에서 일하는 친구와 더불어 세인트마틴스레인의 그리스 식당인 비오티스Beoty's에서 점심을 먹고 있었다. 외무성 관료답게 그는 광동에 있는 '딩샹'이라는 호텔을 입에 올렸다. 내 기억으로는 예전에 그가 '양쳉'('염소 도시'라는 뜻이라고 했다)이라고 부르길 좋아하던 그곳이 아닌가 싶었다. 새 이름은 또 무슨 뜻일까? 궁금했다. 딩샹? 아, 그건 "동방은 붉다"는 뜻이지. 사실 그건 마오주의 애국의 노래들 중 가장 사랑받는, 모든 중국인들의 가슴속에 깊이 자리 잡은 노래의 테마이지.

그리고 그가 물끄러미 나이프와 포크를 내려다보며 생각에 잠긴 모습으로 덧붙였다. "적어도 **내 생각으로는** 그게 그 노래의 주제였어." 그렇게 말하는 그의 표정에 변화가 일어났다. 그 순간 그는 희한하게 동양인 같아 보이기 시작했다. 그의 두 눈 끝이 휘어 올라갔고, 광대뼈도 묘하게 튀어나온 듯했다. 그는 그 동양의 노래를 혼자 부드럽게 흥얼거렸다. 식당의 어수선함 너머로 그의 갈라진 고음의 테너가 희미하게 들려왔다. 딩샹, 딩샹, 그 말도 그 속에 들렸다. "맞아!" 만족한 듯 그가 다시 오징어 요리로 돌아오며 말했다. "틀림없네. 그게 그 노래의 주요 후렴구야."

이런 게 런던의 특기다. 변화하는 시대에 능란하게, 필요하다면 슬쩍, 적응하기. 앞으로는 전통을, 뒤에서는 철저한 실용주의를. 지난 10여 년에 걸쳐 런던의 스모그가 흩어지면서 이런 내면의 매서움 가운데 일부가 모습을 드러냈다. 산업혁명 이래 줄곧 런던의 자연은 거무튀튀한 안개로 뒤덮여 있었다. 런던은 또한 검은 암시의 도시였다. 강이 뿜어낸 두터운 안개에 종종 질식당하는 듯 보이다가도, 그에 맞서 왕국의 찬란함이 맵싸한 대조를 이루며 펼쳐지는 곳. 런던이라는 이름만 들어도 사람들은 자욱한 안개 속으로 메아리가 울리는 풍경을 떠올렸으며, 런던을 다룬 모든 할리우드 영화는 그곳을 지독한 안개가 무성한 곳으로 그렸다.

이제 스모그는 사라졌고, 그와 더불어 이 도시의 낭만적 신비나 변장술의 일부도 사라져버렸다. 도시 전역이 스팀청소를 한 듯 깔끔해졌다. 템즈 강의 오염이 얼마나 말끔히 사라졌으면 1977년에는 최초로 연어가 바다에서 런던을 가로질러 올라왔다. 이제 런던은 새롭게 반짝거린다. 런던의 말쑥함은 지난날의 불투명한 소용돌이들보다 더 진실한 얘기를 들려준다. 결국 런던을 살필 최고의 장소는 여왕이 행진하는 더몰이 아닌 것이다. 그러려면 나이츠브리지나 루이샴웨이도 아닌, **새로 지은** 런던브리지 한복판으로 가야 한다. 옛 다리는 지금 애리조나 주로 옮겨졌고, 그 이전의 다리는 — 가게와 주택, 작은 탑들이 즐비하고 입구에 악한들의 머리통이 피를 뚝뚝 흘리며 매달려 있던 그 다리는 — 1832년에 헐렸다.

우리가 가려는 다리는 사실 네 번째 런던브리지이다. 겨우 몇 년 전에 완공된 이 다리는 2,000년 전 로마인들이 강 북쪽에 자신들의 론디니움Londinium을 세우기 위해 강을 건넜던 바로 그 여울 위에 세워진 것이다. 물론 이곳은 굉장히 분주한 곳이다. 위쪽의 다리도 붐비고 아래쪽 강도 붐빈다. 다리 아래를 지나 그리니치로 혹은 런던타워로 향하는 관광객들의 배에서는 찢어지는 스피커 소리가 울린다. 우중충하고 땅딸막한 예인선들이 아일오브독스 쪽으로 바지선들을 끌고서 물살을 헤친다. 하류 쪽에는 퇴역한 크루즈선인 〈벨파스트〉호Belfast가 물가에 정박한 채 바닷사람과는 전혀 무관한 분홍과 노랑 옷을 입은 관광객들을 맞고 있다. 상류 쪽으로는 이름 모를 자잘한 배들의 함대가 저 멀리 흐릿한 웨스트민스터를 배경으로 두고 정처 없이 오가는 듯하다. 하지만 우리가 다리의 한복판에 다다라 강의 북안이 우리 앞에 활짝 펼쳐질 때면, 템즈 강은 여느 시골 개울이나 유원지의 연못 같아 보인다. 바로 그 옆으로는 런던의 금융 심장이자 진정한 항상성의 핵심인 시티오브런던 City of London이 펼쳐진다. 새로 조성된 이 촘촘한 건물들의 평방마일은 거칠고 노골적인 번쩍거림으로 휘황하다.

이곳이 새로 조성된 건 2차대전 때 죄다 파괴되었기 때문이다. 폭탄이 떨어졌던 마지막 빈터에 최근 새 건물이 들어서면서 그 엄청난 빽빽함이 완성되었다. 이곳은 거기 강가에 복작복작 보기 싫게 비비대며 지어진 씁쓸하고도 똑똑한 평방마일이다. 그곳의 건물들은 마치 수세기 동안 여러 단계에 걸쳐 그곳의 자연환경 속으로 억지로 끼워넣어진 듯 보인다. 덜 울끈불끈한 놈들은 강에서 먼 데로 밀려나거나 땅속으로 기어들어가야 했다. 그 결과 놀라운 장관이 탄생했다. 거기서 보는 시티오브런던은 내가 보기에 유럽에서 가장 놀라운 도시의 경치이다. 세인트폴 대성당의 장엄한 돔 지붕, 런던타워의 엄격해 보이는 요새형 작은 탑들, 동화에나 실릴 듯한 타워브리지의 실루엣, 비좁은 콘크리트 숲 사이에 옹색하게 숨어 있는 온갖 교회들의 뾰족탑 등 고색창연한 랜드마크들은 그곳에 고상한 느낌까지 불어넣고 있다.

하지만 이 경치가 그리 멋진 장면은 아니다. 절대 멋지지 않다. 거긴 뭔가 사악하다. 그곳에선 거리마다 건물마다 돈을 만지는 사람들, 은행가, 주식중개인, 에이전트, 회계사, 외환전문가, 경제학자, 금융 저널리스트, 기업가들로 가득 차 있다. 이 능숙한 잉글랜드인들에게 역사는 아무런 동요도 일으키지 않으며, 그 어떤 이데올로기적 꺼림칙함도 아무런 방해가 못 된다. 한때는 자유방임의 본거지였던 이곳은 능숙한 유연성으로 사회주의의 밀물에 적응했으며, 만약 공산주의가 이 나라를 접수한다 해도 이곳은 틀림없이 금세 적응하고 말 것이다. 시티오브런던은 지금도 세계의 모든 금융 중심지들 중 가장 절묘하고도 가장 맹렬한 곳이니, 거기서 발산되는 기운은 권력이나 책임 따위가 아니라 부단한 사익의 추구이다. 젠틀맨들의 교활한 꾀로 꽉 찬 곳, 바로 그런 느낌이다.

지난 날 템즈 강의 다른 다리에서 런던을 살핀 시인 워즈워스는 그 광경에 넋이 나간 듯 황홀해했다. "이제 지구가 더 빼어난 걸 내게 보여줄 일은 없겠구나!" 그는 그렇게 탄복했다. 1978년의 런던브리지에 서서 런던을 보며 그렇게 말할 수는 없겠지만, 이거 하나는 확실하게 말씀드릴 수 있겠다. "보라, 지구엔 더 이상 아무 데도 없다. 이 구제불능의 늙은 사기꾼보다 더 완벽하게 스스로를 돌볼 줄 아는 데가!"

> 오늘날의 기준으로 보자면 이 에세이는 거의 옛 시대물처럼 읽힌다. 그 무렵부터 해서 런던은 자신의 유서 깊은 측면들을 의도적으로 털어내기 시작한 듯하다. 런던에 뿌리내린 전통적 제도들을 잘라내고, 런던 특유의 모나고 이례적인 것들을 다듬어서 평탄하게 했다. 과거는 거의 잊다시피 하면서 런던은 단연 두드러진 다문화주의의 수도로 자리 잡았다. 귀족들이 모이던 상원은 이제 그다지 귀족적이지 않으며, 내가 친구와 함께 루이샴로드에서 맞닥뜨렸던 인종주의는 오늘날 완연 새로운 색채를 띠게 되었다.
>
> 왕실은 또 어떤가? 왕실에 깃들었던 비밀스럽던 마법도 크게 사라졌다. 그러면서 좀 더 일반인들 가까이 다가섰다고도 할 수 있다. 몇 년 뒤 출판계 인사들과 작가들을 초대한 버킹엄 궁의 환영만찬에 갈 일이 있었다. 그날 밤 행사의 막바지쯤에 자리를 뜨려고 두리번거리며 누구한테 고맙다는 인사를 하고 갈지 찾아보았다. 여왕이나 왕자, 공작들은 모두 딴 데로 가버린 듯했다. 그래서 어쩔 수 없이 그냥 그 자리를 나오는데 문간에서 경찰관 한 명을 발견했다. "부모님께서는 저한테 늘 파티에 가면 꼭 초대해주셔서 고맙다는 인사를 해야 한다고 가르치셨거든요. 그런데 인사말을 건넬 여왕도 왕족도 아무도 안 보이니까, 대신 당신한테 인사드려야겠어요. 초대해 주셔서 고마워요."
>
> 경찰 아저씨는 우아하면서도 신新왕실 스타일에 걸맞은 어투로 대답했다. "천만에요, 부인. 다음에 또 오세요."

ch 20
미국, 영광의 시대는 저물고

> 1970년대 들어 〈롤링스톤〉에 미국 도시 에세이 여러 편을 싣게 되었다. 이때 둘러본 미국은 내가 1950년대에 만났던 확신에 차고 호의적이던 모습과는 거리가 멀었다. 미합중국에서 영광의 시대는 이미 저물고 있었다. 하지만 〈롤링스톤〉지 창립자이자 소유자였던 멋쟁이 얀 베너Jann Wenner 씨는 여전히 옛 아메리카의 당당한 멋을 내뿜는 인물이었다. 하루는 샌프란시스코의 어느 레스토랑에서 둘이 함께 점심식사 중이었다. "우왜! 이 고리버들로 만든 의자 좀 보세요. 정말 멋지네요." 그렇게 내가 한마디 하자마자 그는 웨이터를 불러 그 의자 두 개를 웨일스의 내 집 주소로 보내도록 시켰다.

20-1 로스앤젤리스

> 1954년에 로스앤젤리스에 간 적이 있었다. 거기서 할리우드 영화업계 사람들 몇몇과 인사를 나누고 그들과 어울려 정신없이 돌아가는 할리우드 사회의 분위기를 실컷 즐겼다. 그렇지만 훗날 뒤돌아보니 멍청하고 껍데기뿐인 곳이었구나 싶었다. 그로부터 20년 뒤 70년대에 들른 그곳은 내게 완전히 색다른 반응을 불러일으켰다.

로스앤젤리스는 노하우Know-How의 도시이다. 노하우를 기억하시는지? 지난 40년대와 50년대의 유행어였던 이 말은 이제 꽤나 시대에 뒤떨어진 말이 되었다. 노하우라는 말에는 미국의 낙관론이 절정에 이르렀던 무렵의 미국 식 사고법에 흐르던 전반적 풍조와 논조가 배어 있다. 실제 기술과 경험을 표현하는 말이긴 하지만, 이에는 미국 특유의 천재성(응용논리, 시스템, 장치의 천재성)이 확실한 진보의 미래라는 굳센 믿음 또한 실려 있다. 1840년대에 잉글랜드인들이 사고했듯이, 한 세기 뒤 미국인들도 사고한 것이다. 그들은 모두 미래를 손에 쥔 사람들이었는데, 이번엔 그 미래가 실제 작동하리라고 여긴다는 게 차이였다. 미국인들의 방법과 발명이 미국뿐만 아니라 모든 인류를 새로운 황금기로 안내하리라는 것이다. 노하우는 미국이 역사에게 주는 멋진 선물이 노라! 노하우가 가난한 이들을 빈곤에서 구하고, 노하우가 유색인종의 수치를 씻어주고, 노하우가 세계의 여러 민족들에게 미국 식 자유기업 방식이 다른 무엇보다 더욱 행복한 길임을 확신시키리라. 노하우가 전부였다. 노하우가 신 그 자체는 아니지만 적어도 그로부터 직접 파생된 것임은 분명했다.

이 부러운 믿음을 가장 확실히 대표하는 미국의 한 도시가 있었다. 기계와 물질문명에 대한 사라진 미국의 믿음이 자신의 놀라운 기념비를 세워올린 곳, 그런 곳으로는 남캘리포니아의 엘 푸에블로 데 누에스트라 세뇨라 라 레이나 데 로스 앤젤리스 데 포르시운쿨라만 한 도시가 없었다. 또 앞으로도 없을 것이다.

로스앤젤리스는 오랜 시간 동안 만들어진 곳이다. 젊은 도시가 아니다. 미합중국 개국 전에 스페인인들이 여기 있었다. LA의 방대한 무정형 덩어리를 여기저기 누비고 다니노라면 이곳이 땅 위에 얄팍하게 깔려 있다는 느낌은 들지 않는다. 이를테면 우리 시대가 기억하기로는 거의 아무것도 존재한 적이 없었던 곳에 서 있는 요하네스버그 같은 도시와는 다른 것이다. 또 미 중서부의 여러 도시들처럼 일시적이고 엉성한 느낌도 없다. 아무런 기초도 없이, 다음 토네이도가 닥치면 싹쓸이당해 데굴데굴 구르는 성냥개비 같은 나무조각들 신세가 되어버릴 그런 곳들 말이다. 로스앤젤리스에는 오랜 전통의 흔적들이 많다. 도시 이름부터 벌써 그렇지 않은가. 또 길거리와 교외 마을들 이름은 얼마나 듣기 좋은가. 알바라도, 엘 세군도, 파사데나, 카후엔가 대로 등. 땅덩어리의 형태에도 스페인과 멕시코인들의 옛 목장 모습이 눈에 띄게 남아 있다. 집 뒤의 파티오 테라스, 깊은 처마, 회랑, 안마당 등 건축물에서도 이국적 정취가 물씬 풍긴다. 크게 재건축되었음에도 불구하고 여전히 1세대 스페인 풍 푸에블로[마을]의 느낌을 잘 간직한 채 남아 있는 건물들도 몇 있다. 이제 관광객들의 단골 방문지가 된 이런 곳에서 나는 상상했다. 원래 주인이었던 카발레로[스페인 신사]의 귀신들 또한 관광객들과 어울려 으스대며 걸어다니는 모습을.

나이 든 곳이란 걸 감안하면 LA가 자리 잡은 꼴도 이해가 된다. 하늘에서 보면 이 도시는 엄청난 크기로 뻥튀기된 푸에블로 같다. 납작하게 마구 흩어진, 직선의 길들이 교차하는, 암갈색의, 상상도 할 수 없는 어떤 원주민 종족에 의해 진흙벽돌로 지어진 도시. 그 너머로는 황갈색의 산들이 독특하게 원시적인 방식으로 또 길게 뻗어나간다. 도마뱀처럼 뾰족뾰족 가시 돋친 방식으로 말이다. 이 광활하고 삭막한 산악지대를 통틀어 눈 덮인 산꼭대기나 멀찍한 호수 몇몇 말고는 반짝이는 것들이라곤 없다. 이 도시는 거대한 원형극장 꼴로 누워 있고, 주위의 산맥을 넘어가는 고갯길로만 외부와 연결된다. 그래서 꼭 어마어마한 광산의 막사 같다. 도시가 만들어낸 박무를 묘하게 어지럽히는 캘리포니아의 햇살, 그 둘의 뒤섞임 속에서 이 도시는 가장 수수께끼 같은 대양인 ─ 로스앤젤리스에서는 바다sea란 말을 절대 안 쓰고 대양the ocean이라고만 부른다 ─ 태평양 쪽의 황금해변을 바라다보고 있다.

이런 풍경에 풋내기 같은 구석은 하나도 없다. 로스앤젤리스는 복잡한 개별 촌락들이 하나로 묶인 곳이다. 어수선한 현재의 시 경계 내에 80개의 자치구가 뒤섞여 있다. 중앙 평원지대에 걸쳐 또 그 너머의 산기슭 쪽으로 한 구역 한 구역씩 긴긴 세월 속에서 제멋대로 뻗어나간 것이다. 아마 전체 건물 열의 아홉은 20세기 들어 세워졌을 테지만, 그래도 로스앤젤리스라는 현상은 무슨 불치병처럼 불길한 유기체 같다. 도시의 길거리들은 끝도 없이 둘레의 구릉지대를 야금야금 캐묻듯 잠식한다. 더 높이 더 깊이 차오르는 물처럼 계곡을 향해 구불구불 뻗어나간다. 때로는 그 물길이 뻥 터져 산 너머 사막들까지 삼키기도 한다. 만약 LA를 그 자리로부터 똑 떼어낼 수 있다면 그건 아마 괴상한 세균들의 거푸집이나 다름없는 마른 거적 같으리라. 모든 요철과 모든 모서리가 정확히 주변 경관에 꼭 맞게 생긴 것으로 말이다.

이건 부분적으로 이곳의 자연경관 자체가 너무나 독특하기 때문이다. 그러니까 시카고나 파리와 달리 로스앤젤리스는 상상을 초월할 만큼 색다른 곳인 것이다. 하지만 이는 또한 이 도시가 진정 그 땅으로부터 불끈 솟아올라 그 땅의 기풍을 충실하게 간직함으로써 대체불가능한 인화점 같은 지점을 형성하기 때문이기도 하다. 지도 위의 바로 이 지점에서 미국사의 지적 세력과 물리적 세력, 역사적 세력이 함께 만나, 음, 그러니까, 활활(!) 타올랐다. 앞으로 LA에 무슨 일이 벌어지든 여긴 늘 자동차와 라디오의 도시, 쇼비즈와 브라운더비Brown Derby[더비 신사 모처럼 생긴 할리우드의 식당]의 도시, '기술을 통해 행복을'이라는 미국의 이념이 할리우드라는 비등점을 만나 토착 예술의 수준으로 승화한 도시로 기억될 것이다. 특히 40년대와 50년대에, 그 중에서도 2차대전 시기에 아메리카의 신념은 십자군과 같은 힘을 얻었다. 그렇게 미국은 전 세계를 향해 신께서 약속하신 것이었다는 듯 지프차를 보내고, 기술자들을 보내고, 베티 그레이블Betty Grable[2차대전 중 큰 인기를 끈 배우]들을 내보냈다. 당시 로스앤젤리스는 누구나 꿈꾸는 신세계의 미래 모습이었다. 그래서 어떤 발전을 겪든 LA는 바로 그 시기에 바치는 기념물로 남아야 한다. 마치 피렌체가 누구에게나 르네상스 정신을 뜻하듯 말이다.

*

옛 스페인 푸에블로의 잔해로부터 주차장을 가로질러 올베라스트리트를 따라 멕시코 풍의 기념품 가게들이 묵하 성업 중인 곳, 바로 거기에 유니언 역이 있다. 1939년에 완공된 이 역은 미국에서 지어진 큰 역사들 중 마지막 것이면서 가장 잘생긴 것이기도 하다. 시원하고 훤칠하며 우아한 모습의 이 역사는 이제 쉬엄쉬엄 기차를 맞아들일 뿐이다. 꽃과 나무들이 무성한 안뜰, 그늘진 콜로니얼 양식의 회랑을 거느린 건물은 마치 어느 억만장자가 자기 정원 아래쪽에 역을 짓는다면 아마 이렇게 만들었으리라 싶게 생겼다. LA의 참맛을 음미하기엔 유니언 역 안이 제격이다. 이곳은 LA의 기원과 자부심에 바치는 단아한 경의이기도 하지만, 더불어 이 도시의 제1원칙이자 근본적인 특성이라고 할 '잘 조직되고 양식화된 움직임'을 기리는 것이기도 하기 때문이다.

자유 혹은 절대적 자유는 로스앤젤리스가 최고로 꼽는 가치가 아니다. 정신의 문화는 자유분방하게, 물질의 문화는 엄격한 규율로! 기술적 성취의 복음에 암암리에 내재된 원칙은 **체계**가 꼭 필요하다는 것! 그래서 LA는 빈틈없이 꽉 짜인 곳이 되었다. 로스앤젤리스의 초창기 공공교통 체계인 20세기 초의 전동기차와 전차는 당시 흩어져 있던 촌락들을 한데 묶어 전체가 하나의 도시로 보이게 했다.

자동차가 도착하면서 이 빈틈없는 묶음의 망은 더욱 단단해졌고, LA는 비길 데 없는 고속도로망을 건설했다. 이 도로들은 지금도 이 도시에 남은 가장 거창하고 흥미로운 인공물이다. 뱀처럼 꾸불꾸불, 파도치듯 기둥 위로 쑥 올라갔다 좁은 틈으로 쏙 가라앉기도 하는 LA의 고속도로는 이 도시의 모든 조각들을 하나로 단단히 얽어매고 있는 수많은 콘크리트 촉수 같다. 각 구역, 각 지역을 칭칭 휘감고서, 이 거대도시의 구석구석을 샅샅이 뒤적이고 따돌리며 기어오르고 움켜쥐면서 말이다. 시각적인 면에서뿐만 아니라 정서적인 면에서도 이 고속도로들을 회피할 길은 없다. 몇 구역 떨어진 곳에는 어김없이 늘 고속도로가 있다! 모두의 삶을 파고들면서, 이 도시의 모든 배치를 압도하면서!

이방인들은 대부분 이 도로들을 보며 카오스를(혹은 적어도 연옥煉獄을) 떠올린다. 그러나 여기서는 누구나 자신의 메카니즘 안에서 찰칵 깨달음이 닥치는 순간을 맞는다. 그럴 때면 누구든지 불현듯 고속도로 체계의 리듬을 파악하고, 그 원시부족 풍의 의례적인 형태들을 통달하며, 알고 보니 그게 전혀 지장을 초래하는 요소가 아니라 로스앤젤리스의 활용법을 알려주는 일종의 컴퓨터 키워드임을 깨닫는 것이다. 누구나 이 고속도로들에 의해 '데이터 처리'된다. 아무 중심 없이 펑퍼짐한 이 도시 위로 대개 불룩 솟아올라 있는 고속도로들이기 때문에 사람들은 이 길이 제공하는 내비게이션에 얽매여 길을 가늠한다. 그러면 모든 게 한결 명백해진다. 저기 북쪽과 동쪽으로는 산들이, 저쪽으로는 반짝대는 대양이. 변변치는 못해도 LA의 랜드마크들이라고 할 만한 것들이 제법 익숙하게 당신 앞에 모습을 드러내며, 이곳의 무늬도 눈앞에 펼쳐진다. 그러다 보면, 경험을 통해 파악한 정보에 힘입어 어느 순간 당신도 그 고속도로 체계에 얽매인 신세에서 풀려나 오른쪽 차선으로 빠져나가며 고속도로 아래쪽의 일상생활 속으로 접어들게 된다.

이런 순간이 내게 처음 펼쳐졌을 때, 로스앤젤리스 또한 내 앞에 펼쳐졌다. 그렇게 난 이 도시의 참뜻을 언뜻 살피면서, 이 도시가 자기 확신이라는 규칙으로써 그토록 오래도록 단련되어 왔음 또한 깨달을 수 있었다.

그럼에도 불구하고 나는 산타애너를 산도밍고 고속도로와 헷갈리는 바람에, 또 브리스톨에서 출구를 놓치고, 뉴포트가를 뉴포트로와 혼동하고, 빅토리아에서 차선을 잘못 타고, 22번가에서 교통신호를 잘못 보는 바람에 20세기 초 유럽해군사에 세상에서 가장 정통한 이와의 점심 식사에 딱 1시간 늦게 도착하고 말았다.

분명한 카오스를 뚫고서 둘도 없는 권위자에게로! 이건 아주 전형적인 로스앤젤리스 경험이었다. 전문적 특기, 그게 이 거대도시의 직업이다. 번쩍이는 것들과 허풍으로 가득 차 보이는 것들 아래 속이 꽉 찬 기술과 학문이 융성한다. LA 어디서나 전자, 영화, 문학, 사회과학, 광고, 패션 등 갖가지 분야의 장인들을 볼 수 있다. 여기서 록히드가 비행기를 만든다. 여기서 나사가 우주왕복선을 만든다. 여기에 서방세계에서 가장 성과 높은 대학 중 하나인 UCLA가 있다. 여기서 맥컬록 사가 골퍼들이 허리를 숙이는 수고를 덜기 위해 구멍에서 골프공을 뱉어내주는 장치를 개발해 특허를 받았다. 여기에 '말로만 전문가'가 설 자리는 없다. 심지어 스포츠조차도 아주 성실하게, 때로는 무서우리만치 정색하고 즐기는 곳이다. 베벌리힐스에서 테니스 치는 사람들은 웃음기 하나 없는 얼굴로 솜씨를 갈고 닦으며, 말리부 해변에서 파도 타는 사람들은 어영부영 흥청거리는 일 없이 헌신적으로 파도타기에 매달리는 모습을 내보이는 데서만 재미를 찾는다.

어느 날 아침 닐 사이먼 원작의 으스스한 코미디물인 〈머더 바이 데스〉Murder by Death[5인의 탐정가] 영화 촬영 장면을 지켜보러 버뱅크 스튜디오로 갔다. 이는 등장인물 모두가 스타인 영화들 중 하나였는데, 세트장은 익숙한 인물들로 어수선했다. 스튜디오의 홍보물에 '환호받는 작가이자 국제적 유명인사'로 소개된 트루먼 카포테가 챙 넓은 모자를 쓰고 구석에서 젊은 친구 한 명과 웅크리고 서 있었다. 엘자 란체스터와 얘기를 나누고 있던 피터 폴크는 너무나 매력적이었다. 알렉 기네스는 정말 젠틀맨 같아 보였고, 데이빗 니븐은 거의 너무 우아한 듯 보였다. 프로듀서인 레이 스타크는 초자연적으로 성공한 듯 보였으며, 감독인 로버트 무어는 놀라운 재능의 소유자인 듯 보였다.

그렇지만 난 공연히 유명인을 탐탁찮아 하는 체질인지라, 내 눈은 이들 전문가를 떠나 내내 세트장 바로 바깥의 두 음향기술자들을 향해 있었다. 그들은 헤드셋을 쓰고 업계 신문을 읽으며 자기들 장비 위에 아무렇게나 앉아 있었다. 한 명은 제리 로스트, 다른 이는 빌 마누스였고, 둘 다 그 업계에서 20년 넘게 일한 이들이었다. 참 침착해 보인다, 자신에 대한 믿음이 대단하군, 그 일을 자기들보다 더 잘할 수 있는 사람은 세상 어디에도 없다는 걸 저렇게 편안하게 보여주다니, 그런 생각이 절로 드는 이들! 그들은 스타가 뜨고 지는 걸 지켜보았고, 실패작 성공작 가릴 것 없이 여러 일에 참여했고, 온갖 종류의 신경질을 죄다 감당해야 했으며, 영화산업 자체가 호황을 누리다 불황에 빠지는 것도 목격하였다. 간간이 지나가는 사람들과 사교적인 인사를 나누기도 했고, 이따금씩은 〈할리우드 리포터〉를 펼쳐 읽기도 했다. 그래도 그들은 중요한 순간이 언제 닥칠지 늘 촉각을 곤두세우고 있었다. 늘 자신들의 떨리는 장치들을 살폈고, 늘 마법의 한마디인 "스피드!"[빨리!]를 외칠 준비가 되어 있었다. 만반의 준비가 끝났다는 확신이 들 때면 그 말 한마디로 그들은, 세트장의 모든 사람들이, 감독과 카메라맨, 카포테를 비롯한 그 모든 배우들이 화려하게 움직이게끔 만들었다.

놀랍게도 전통적이고 아주 힘든 일로만 형성된 막 같은 게 LA 정서의 핵심부 근처 어딘가를 둘러싸고 있다. 여기는 힘들게 일하는 사람들의 도시이다. 태평양을 굽어보는 산타모니카 언덕 위에 작가 크리스토퍼 이셔우드Christoper Isherwood와 화가 돈 배처디Don Bachardy[3]가 함께 사는 집이 있다. 햇살 좋은 언덕에서 느긋하게 아래쪽 계곡의 지붕들과 관목숲을 내려다보는 곳이다. 그런 곳에 사는 그런 사람들이라면, 그렇게 온화하고 편안한 햇살이 있고, 길을 따라 내려가면 해변이 나오고 고속도로를 타고 올라가면 할리우드가 나오는 그런 집에서라면, 점

---

3   잉글랜드 태생 미국 작가인 이셔우드는 서른 살 넘게 차이 나는 10대 시절의 배처디를 만나, 그가 숨을 거두던 1986년까지 함께 게이 커플로 살았다. 역시 게이인 톰 포드 감독의 데뷔작인 영화 〈싱글맨〉(2009)이 이셔우드의 원작을 극화한 것이다. [역주]

심 전에 세상 경험 많은 이웃과 한참 동안 시원한 술잔을 기울이거나 수영장 주변에서 끊임없이 농담을 주고받으며 세련된 교양인의 게으름을 만끽하고 살 것만 같으나, 천만의 말씀! "우리는 **일하는** 사람들이에요." 이셔우드는 말한다. 또 문자 그대로 그들은 일하며 산다. 두 사람은 그 집의 양쪽 끝에서 각자 자신의 예술에 매달린다. 한 명은 자신의 책에, 한 명은 붓과 그림들에 둘러싸인 채, 열심히 그리고 능숙하게 낮 시간 내내 그들은 일한다. 친구처럼, 동료 노동자처럼.

    난 이 모든 게 너무 마음에 든다. 뜻밖에도 난 어느 중세 도시의 길드 정신을 떠올렸다. 쇠를 만지는 사람과 레이스를 만드는 사람이, 시계 만드는 사람과 무기 만드는 사람이 자기 일로써 애써 자기 도시의 영광에 이바지하던 길드 말이다. 로스앤젤리스의 모든 메카니즘들은 이런 길드체제를 지탱하는 견습생들 같다. 로봇 조명과 TV 카메라, 휙 날아가는 헬리콥터, 도시 곳곳에서 노예처럼 꾸벅꾸벅 절하며 노동 중인 유전의 펌프들, 혹은 도시 저 위쪽 높이 침엽수들 사이에서 묵묵히 생각에 잠긴 듯 서서, 2차대전 이전까지 우리 인류의 우주에 대한 지식을 두 배 이상 확장시켜준 윌슨 산의 거대한 망원경들까지도.

    이런 전문기술이 때론 낡은 것이기도 하지만, 그래도 우리는 LA가 본질적으로 옛 시절의 생존자임을 감안해야 한다. 그러면 모든 게 보다 단순하던 40년대의 세계로, 즉 오늘날보다 더 분명한 가치관의 시절, 부와 명성을 거두는 게 만족의 척도였던 그 시절로 자꾸 되돌아가게 된다.

    로스앤젤리스의 베르사유인 할리우드의 실체는 향수 탓에 흐릿해진다. 그 향수에 젖어, 지난 시절을 섬기는 사람들이, 즉 아스테어[1899~1987], 트레이시[만화주인공], 가르보[1905~1990] 및 그 이전 귀인들의 추종자들이 끊임없이 할리우드의 거리를 메운다. 늘 그랬듯이 지금도 관광버스들이 여기저기 스타들의 집을 순회하고, 선셋스트립에는 그런 지도를 파는 행상들이 즐비하다. 늘 그랬듯이 지금도 할리우드는 자기애를 먹고 살며 아부에 젖어 지내고 속물근성으로 연명한다. 할리우드 언덕 곳곳과 산타모니카 산맥을 넘어 산페르난도 계곡까지 흩어져 있는 영화인들의 집은 문을 꼭꼭 걸어 잠근 채 이런 아침의 순례자들을 맞는다. 의심의 기운만 가득한 가운데, 스프링클러가 쉭쉭 돌아가는 소리, 경비견의 으르렁거림, 혹은 숨 가쁘게 일하는 정원사들의 헐떡임만이 들려올 뿐이다. 그들의 주차장에는 주인의 낭비벽을 말하는 듯 재규어 옆에 벤츠, 롤스로이스 안쪽에 BMW 등이 가득하다. 할리우드는 우리들의 세계보다 자신들의 세계를 더 좋아한다. 여러 세대에 걸쳐 자기들만의 매우 저속한 전설을 사랑하며 그 속에서 살아온 것이다.

내가 묵은 곳은 그 한복판이었는데, 그게 얼마나 시대물 같은 곳인지 나는 금세 깨달았다. 샤토마몬트라는 호텔에서 묵었던 것인데, 반세기 전에 프랑스 풍으로 지어진 그 건물은 그 자체가 기념비로서 선셋불러바드를 바로 굽어보는 곳이었다. 이곳을 모르는 할리우드 사람은 없다. 험프리 보가트가 로렌 바칼에게 청혼한 곳이자, 그레타 가르보가 자주 묵었던 곳, 하워드 휴즈가 스위트룸을 가지고 있던 곳, 보리스 칼로프가 사랑한 곳, 발렌티노는 늘 펜트하우스를 애용했던 곳이라는 것이다. 지하 라운지의 대단한 골동품들부터 정원의 방갈로에서 연습하는 팝그룹의 전자악기들에 이르기까지, 이곳은 쇼비즈로 꽉 찬 곳이다. 하지만 열성팬들에게는 흥겨운 자극제가 되는 것들이 내게는 그저 뻔한 것들이었으므로, 나는 종종 클라크 게이블 같은 배우가 눈썹을 치켜뜨고 주디 갈랜드 같은 여배우가 짜증을 부리는 일 따위는 절대 벌어졌을 리 없을 도심의 만만한 모텔을 애타게 그리워하곤 했다.

어김없이 나는 아침마다 선셋불러바드를 건너 '세상에서 가장 유명한 드럭스토어'라는 슈왑스Schwab's에서 밥을 먹었다. 슈왑스를 모르는 사람도 없다. "라나 터너가 바로 그곳 바 의자에 앉아 있다 누군가의 눈에 띄었지." 할리우드 회상록이라면 슈왑스 얘기를 안 하고 넘어갈 수 없을 정도로 이곳은 옛 신비로 가득하다. 거기서 이민자 감독의 미망인들이 콘플레이크를 앞에 두고 프라하를 회상한다. 비싼 신발에 조끼 차림인 젊은이들은 과시하듯 〈버라이어티〉를 읽거나, 연극 대사 같은 애정의 말과 감탄사로써 인사를 나눈다. 왁자한 소음 너머로 그리 성공하지 못한 배우들끼리 징징대는 목소리로 주고받는 비평의 말들도 거듭거듭 들려온다. "그녀가 참 좋아. 참 좋은 여자지. 좋은 배우고. 그런데 그 역할은 정말 아니더라." "글쎄, 그런데 감독이 필립인데 뭘 어쩌겠어. 그녀한텐 확실한 감독이 필요한 거지." "그렇지, 그래도 그건 아니지. 완전 토 나오더만. 그녀가 마지막 장면 연기하는 거 봤어? …" 난 주로 바에 앉아 커피를 마시는데, 하루는 그 자리의 친밀함이 너무 부담스러워 자리를 옮겨 어느 멕시코계 세트 디자이너의 전처와 자리를 함께했다. 그녀는 아비시니아 고양이에 대한 내 열정에 뜨겁게 호응해주었다.

집착과 향수가 LA에서는 천박함으로 빠지기 일쑤지만, 이는 잉글랜드 식 뉘앙스로 썼을 때의 '아늑함' homeliness 또한 빚어낸다. 어느 공동체에 속했을 때의 편안하고 가정적인 느낌 말이다. 할리우드조차도 공적 다반사의 경우보다는 사적인 분야에서 훨씬 덜 혐오스럽다. 이는 LA가 피난처인 덕택이 크다. 전 세계 사람들이 이 피난처의 문을 열고 들어선다. 어느 날 이셔우드는 자기 집 창문에서 바깥 풍경을 보여주며 스트라빈스키와 쉰베르크, 브레히트, 올더스 헉슬리가 전부 저 아래 한 도시에 살던 때를 회상했다. 오래 전 전쟁이나 야심, 박해 때문에 이곳을 찾아왔던 유럽 출신 유명인들의 부고가 거의 날마다 지역신문에 등장한다. 이곳 영국대사관의 영사는 그의 관할구역 안에 5만의 영국 국민이 살고 있으며, 그 중 어떤 이는 자기 집 지붕에 유니언잭을 내걸기도 한다고 했다. 해안선을 따라 북쪽에 있는 샌프란시스코는 LA와는 전혀 다른 유형의 친화력을 지닌 곳이다. 그 장소의 아름다움 및 그 전통의 매력과 한데 얽힌 유전적이거나 환경적인 친밀함이 느껴지는 것이다. LA의 형제애에는 그런 우아함이 없다. 이곳은 정말 매력도 유머도 없는, 때론 반동적이기까지 한 도시이며, 상류층 신사도 없는 도시이다. LA의 동지애는 오로지 해방감 혹은 기회의 땅이라는 상식 수준에서만 발견되며, 거기에 휴양지의 느낌이 양념처럼 묻어 있을 따름이다.

내가 빵을 사던 곳은 윌셔불러바드 옆의 노점과 행상들이 모여 있던 파머스Farmer's마켓이었다. 빵을 사고 나면 오렌지 주스 한잔을 시켜놓고 빵 조각을 뜯어 먹으며 지나다니는 앤젤리노스들을 지켜보기를 즐기곤 했다. 물론 지나다니는 행인들이 다 앤젤리노스는 아니었다. 지겨워하는 동네 부동산중개인을 따라 집을 보러 다니는 일본 사업가들뿐만 아니라, 선글라스에 스카프 차림인 단체 여행객들, 『남캘리포니아 사회학 실습』 같은 책에 코를 묻고 있는 UCLA의 책벌레 유럽 유학생도 있었다. 하지만 대번에 앤젤리노스임을 알아볼 수 있는 사람들도 늘 있었다. 판별의 근거는 주로 그들의 용모보다는 자세였다. 그 자세에서 막 약속의 땅을 발견한 자들의, 그리고 그곳에서의 1분 1초도 아까워하는 자들의 짐짓 안달하는 만족감이 한결같이 묻어났다. 비록 LA에 불행한 사람도 많고 가진 것 없는 흑인들과 일자리 없는 백수, 쓰레기, 미치광이, 주정뱅이들도 있는 게 틀림없지만, 그래도 대개의 경우 이곳 사람들은 행복해 보인다. 단호하게 행복해 보인다고 하는 게 맞을지도 모르겠다. 내가 만난 그 누구도 뉴욕이나 디트로이트로 돌아가고 싶어 하지 않았다. 중서부의 정직함, 맨하탄의 신랄함, 수입된 유럽 풍의 느낌, 그리고 태평양의 기운을 품은 찬란한 태양, 그런 것들이 어울려 LA는 결국 대다수를 만족시키는 듯 보인다. 적어도 당장은.

특히 이곳은 즐거운 성격의 미국인 미망인이나 이혼자들에게 신나는 피난처를 제공한다. 파머스마켓은 이렇게 늦게나마 해방된 영혼들이 자주 찾는 곳이기도 하다. 나는 그들과 자주 얘기를 나눴다. 이들의 곁

모습은 뭔가 공통적이다. 밝은 색 블라우스, 가죽조끼, 너무 꽉 끼는 듯한 바지, 너무 멋을 부린 듯한 세일러캡 등을 차려입고 관절염 탓에 약간 구부정한 자세로, 하지만 단호한 걸음걸이로 걸어다니는 이들은 어쩌면 카포테 씨 같다. 물론 그들의 대구 껍데기 같은 안색을 감추기에는 역부족인 짙은 화장은 별개로 하고 말이다. 하지만 이들의 태도에서는 활기찬 자유가 느껴진다. 기운차고 유쾌하며 수다스러운 이들은, 호밀 흑빵이 잔뜩 쌓여 있거나 캐슈넛 자루가 열린 노점들 사이를 돌아다니면서 다소 으르렁거리는 듯한 목소리로 지난밤에 본 영화 혹은 내일 있을 민주당 모임 등을 두고 아는 사람과 의견을 주고받는다.

이런 시민들에게 LA는 뜻밖의 안도감을 선사한다. LA 특유의 열성적인 효율성을 든든한 반석으로 삼아 그들은 자신들의 삶을 다시 일으켜 세울 수 있기 때문이다. 어릴 때부터 그들의 몸에 밴 확실성이, 즉 온갖 유용한 기계 도구들이 최고라는 생각, 혹은 자본주의는 선한 것이라는 생각이 이 LA라는 반석을 키웠다. 뉴욕은 물론이고 시카고나 샌프란시스코보다 훨씬 더 코스모폴리탄한 흥분의 도시임에도 불구하고 LA는 여전히 아메리카 지방도시 같다. "그거 아세요." 파머스마켓에서 본 한 할머니가 내게 말했다. 아마 내가 사람들과 어울리는 데 크게 재미를 못 본 줄 알았던 것이리라. "전화회사에서 날마다 공짜 여행을 시켜준다는 거 알아요? 어휴, 오후 한나절 보내기에는 딱일걸요."

하루는 예전 영화 상영 전에 틀어주던 뉴스 같은 데서 보았을 법한 할리우드 시가행진을 보러 갔다. 변한 게 거의 없었다. 자부심에 충만한 긴긴 자동차 퍼레이드가 할리우드불러바드를 가득 메우고 내려오는 밤이었다. 여성 고적대, 코끼리, 백파이프 연주자, 미 해병대, 벨리댄서, 고풍스런 자동차에 오른 영화 관계자들의 무리까지. 영화인들은 행진 중간 중간 TV 인터뷰도 했다. "어이 밥, 반가워요. 요즘 어때요? 정말 멋진 행렬이죠?" "진짜네요, 짐. 멋지네요, 정말 대단해요. 여긴 내 가족들

55

이에요. 내 아내 마지, 아들 제이슨, 딸 로렌." "정말 대단하네요. 멋져요. 여러분 다들 반가워요. 나중에 또 봐요, 빌." "물론이죠, 빌. 진짜 대단한 행렬이죠. 환상적이야." 고적대의 연주가 도시 전체에 울려 퍼지고, 요란한 반짝이 장식의 벨리댄서들은 그라우맨Grauman[미국 쇼맨(1879~1950)]의 차이니즈씨어터를 지나가고, 헬리콥터들은 아래쪽의 향연을 향해 탐조등을 비추며 투다다다 머리 위를 맴돈다.

난 이 광경을 지켜보는 군중들 때문에 뭉클했다. 그들은 정말 애들처럼 놀라워하고 있었다! 이 사람들은 전 세계에서 온 이들이다. 파머스마켓의 내 친구들도 몇몇 거기 있었다("아침에 일러주는 걸 까먹었네요, 있죠, 토요일 아침에 시 위생국에서 아주 흥미로운 강연을 한대요"). 등에 아이를 업은 밝은 색 판초 차림의 멕시코 사람들도 있었고, 이탈리아인들도 많았으며, 완벽하게 영어를 구사하는 힌두인들, 그리스말을 쓰던 그리스인들, 파이퍼 연주자들의 행렬이 지나칠 때 거의 눈물을 터뜨릴 것 같던 킬트 차림의 스코틀랜드 남자도 하나 있었다. 줄루족 추장 같아 보이는 남자도 하나 있었고, 핀란드어 혹은 바스크어 같은 말을 하던 수다스런 가족도 있었다. 그 밖에도 특별한 피부색, 특별한 인종, 특별한 사투리와는 무관한, 그야말로 특별한 네오아메리칸 혼합물인 '호모 캘리포르니'족 수천 명이 거기 있었다. 비록 야경봉을 허벅지에 철썩철썩 때려대며 오락가락 순찰 중인 경찰들도 있기는 했지만, 모두가 아무런 악의도 꾸밈도 없이 이 명백하게 앤젤리노 풍인 장관에 참여하기를 즐기고 있었다.

나는 끝까지 남아서 행렬을 지켜보았다. 보도에서 구경하던 군중들이 행렬의 뒤를 따라 도로로 들어와 불러바드를 걷기 시작하자, 행렬의 후위를 맡은 경찰차들도 빨간 불을 깜박이며 서서히 그들의 뒤를 따라 언덕을 내려갔다. 그게 내가 본 이 퍼레이드의 마지막 모습이었다.

*

할리우드 그 자체는, 할리우드라는 실체와 평판은, 할리우드의 스튜디오들과 그 홍보기구는 일종의 가족이다. 그게 늘 아주 사랑스러운 것도 아니고 종종 배타적이기도 하지만, 그래도 자기 자신의 전설에 대한 충성을 공유한다는 점에서는 하나로 묶여 있다. 할리우드의 구성원들은 ― 특히 나이 든 사람들일수록 ― 진짜 애정 어린 말투로 할리우드를 말한다. 성공의 화려함이 사그라짐에 따라, 돈이 그다지 중요하지 않게 됨에 따라, 할리우드의 추억들은 보다 그윽하고 부드러워진다. 그래서 나이 든 감독들이나 기품 넘치는 스타들은 마치 다른 이들이 행복했던 학창시절이나 에드워드 시대[1901~1910]의 즐거운 추억을 떠올리듯 옛 할리우드를 회상한다. 역설적이게도 할리우드에서는 나이가 존중된다. "아무개가 나이 든 배우들용으로 지어진 집에 산다더라"는 이곳 사람들의 말에는 아무런 경멸도 담겨 있지 않다. 미스 에스텔 윈우드가 정말 진짜로 93살이라는 말에는 존경이 듬뿍 담겨 있고. 이 위계적 사회에서 신인 엔터테이너들은 종종 서투르게 비정상적인 듯 혹은 거의 소외된 듯 보인다. 바로 그 때문에 록큰롤계의 폭한暴漢들이 주로 묵는 선셋불러바드의 하이야트 호텔은 오래전부터 '콘티넨탈 라이어트 하우스'[대륙 폭동의 집]라는 별명으로 불렸다.

또 뜻밖에도, 내가 이 멋지고 늘 놀라운 도시에 대해 어떤 느낌을 갖는지를 살펴보았더니, 온갖 후회들로 엄청 복잡하게 얼룩져 있는 게 아닌가. LA는 여전히 생명력과 재미, 부가 넘치는 곳이다. 망명자들은 여전히 사막을 건너 이 피난처로 모여들고, 말리부에서 어바인 사이의 온갖 실험실과 스튜디오들에서는 총명하기 짝이 없는 사람들이 일에 매달린다. 우주 연구에서 비교언어학, 초월적 허파 통제술에 이르는 거의 모든 서구 사상의 발전은 이곳 메트로폴리스 LA의 어딘가에서 적절한 환경을 찾고 발표할 매체와 여러 지원책 또한 찾아낸다. 새벽에 산 위의 어느 전망대에 올라 내려다보니 로스앤젤리스는 정말 고전 도시들의,

여러 전형적 도시들 중의 하나 같았다. 그 길과 주택들, 다리와 건물들이 뭔가 **색다르게** 거기 자리 잡고 있는 듯 보였다. 색다르게 모였고, 색다르게 해체되는 도시. 여러 도심지들의 빌딩 숲이 여기저기서 독특한 모습으로 불룩불룩 불거진 도시. 사막 너머에서 해가 떠오를 즈음이면 로스앤젤리스의 발명품 중 하나인 '스모그'라는 이름을 달고 있는 독특한 화학적 연무가 벌써 또아리를 틀고 도시 위를 뒤덮는다. 그럴 때 LA는 말할 것도 없이 하나의 세계도시로 모습을 드러낸다. 다시 천사들의 땅이 되기 전까지는 LA가 도시적이고 기계적이며 과학적인 인간, 어쩌면 합리적 인간의 절정을 영원히 대표할 것이다.

왜냐하면 이곳은 이미 절정기를 지났기 때문이다. 내가 이곳을 처음 알았을 때 LA는 이미 확고부동한 '미래'의 도시이자 '하우를 아는' Knew How 즉 노하우의 도시였다. 그런데 그런 판단을 가능케 하던 약동하는 확실성은 이제 옛일이 되었다. 이젠 '아는' Know 이가 아무도 없다. 이 기계는 그 해방의 약속을 잊어버렸다. LA가 아직 소원성취의 부적 같아 보인다 해도 그건 이미 환멸로 얼룩져 있다. 그 멋진 길들과 수천의 자동차, 공항을 떠나는 눈부신 제트기, 그 모든 것들에 깃든 대단한 효율성, 이미지 구축 효과, 자기 생각의 형상화, 부티, 명성, 이 모든 게 결국은 거짓 약속이었으며, 오늘날 그것을 구원의 징후라고 믿는 이는 거의 없다.

이 실패한 믿음을 잊을 수 없게 기리는 기념비가 LA에 하나 있다. 그건 와츠타워즈 Watts Towers라고 불리는 희한한 첨탑들의 무리 같은 작품인데, LA에서도 꽤나 초라한 동네인 107번가 근처의 후미진 철길 옆에 서 있다. 이탈리아계 이민자인 사이먼 로디아 Simon Rodia는 30년 넘는 세월 동안 혼자서 이 불가사의한 기념물을 만들었다. 우선 시멘트로 구조물을 만들고, 그 위에 유리와 도자기 조각들을 붙이고, 거기에 고철로 만든 틀을 대 보강했다. 희한한 마디들을 촘촘히 달고 있는 나선형 쇠줄들이 이 타워를 칭칭 감고 있는 모습은 마치 깎아지른 롤러코스터 같다. 타워들을 다 세운 뒤 로디아는 제멋대로 생긴 시멘트 담장으로 둘레를 쳤는데, 그게 꼭 죽 늘어선 묘비들 같아 보여서 전체 단지에 사찰이나 사당처럼 퍽 동양적인 분위기를 불어넣는다.

이곳은 아주 먼지가 많은 지역이고, 주변 어디를 둘러보아도 흑인들의 검소한 집들뿐이다. 여기가 이집트의 어느 삼각주에 위치한 아프리카 철도 마을 아닌가 싶을 정도다. 길에는 다니는 차들도 거의 없다. 애들이 노는 소리와 개 짖는 소리, 길 건너에서 이웃들끼리 잡담하는 소리들이 들려오는 곳. 기술의 세례를 받기 전 소박한 시골 마을 같은 곳에서, 와츠타워즈는 참으로 선구적이게도 장차 도래할 컴퓨터의 폭정에 맞서는 열띤 항의의 상징으로 세워졌다. 로디아 씨는 선지자였다. 이 타워들을 다 지은 뒤 그는 완전히 로스앤젤리스를 떠나버렸다. 아주 색다른 어딘가에서 살아야겠다며 가버린 것이다.

20-2 맨하탄

> 1950년대에 내가 가졌던 맨하탄의 느낌은 1970년대 들어서도 변함이 없었다. 미국이 어떤 상황에 놓여 있건, 미국의 정책과 가치에 대해 내가 어떤 견해를 가질 때건, 이 도시 맨하탄만은 결코 나를 낙담시키지 않을 미국 도시였다.

가끔씩 맨하탄에 위치한 〈롤링스톤〉지 사무실 창밖을 굽어보노라면 저 아래쪽 센트럴파크의 녹음 사이에서 언뜻 둥그스름한 흰 점 하나가 눈에 띈다. 마치 밤하늘의 이름 없는 성운처럼 희미한 그 점. 그런데 안드로메다의 뿌연 기운이 망원경을 통해 보면 M31라는 이름을 얻는 것처럼, 공원의 그 희끄무레한 물체도 쌍안경을 통해 보면 그에 버금갈 만큼 대단한 현상임이 밝혀진다. 그것은 센트럴파크 동물원의 북극곰이다. 쌍안경 초점을 맞춰 흐릿한 몸체를 또렷하게 잡아보려고 하는 동안에도 녀석은 덥수룩한 머리를 흔들면서 우리의 이쪽 끝에서 저쪽 끝으로 우람한 몸집을 날린다.

저 아래의 그 곰은 자기 우리 안에 저 혼자이다. 사람들은 녀석의 성격이 아주 별나고 힘이 세다고들 한다. 어떤 이는 우울증 같은 신경과민에 걸렸다 하고, 다른 이들은 정말 머리가 좋은 놈이라고 그런다. 다른 곰들과 다르다는 건 틀림없다. 그처럼 유별난 곰이 된 것은, 단언하건대, 갇혀 있다는 사실 때문이 아니라 갇혀 있는 곳이 참으로 별스럽기 때문이다. 운명은 녀석을 맨하탄 한복판에 떨어뜨려 놓았다. 이 북극곰은 센트럴 뉴요커나 다름없다. 이 곰을 볼 때마다 내 마음 깊은 곳이 떨려온다. 쌍안경을 내려놓으면 녀석의 흔적만이 아무런 생기 없이 나무들 속에서 어렴풋이 떠오른다. 그러면 내 상상 속에서는 그 북극곰을 중심점으로 하여 놀라우면서도 끔찍스런 맨하탄 섬이 동심원을 그리며 퍼져나가는 모습이 그려진다. 우리, 개천, 철책, 선거구 경계선, 허드슨 강과 이스트리버까지, 더 나아가 대서양까지 하나하나 뻗어나가는 원호들. 이 모두가 바로 동물원 중의 동물원이 아닌가! 그 안에 감금된 무리들은 마치 지독한 주문에 걸린 희생자들처럼 하염없이 그 안을 배회하나니….

그도 그럴 것이, 맨하탄은 지금도 섬이기 때문이다. 맨하탄과 본토 사이의 물길은 서클라인 유람선이 딱 지나다닐 만큼만 넓다. 맨하탄만의 톡 쏘는 맛은 이처럼 격리된 땅의 조건에서 나온다. 마치 그 북극곰처럼 맨하탄의 시민들도 맨하탄이라는 땅에 감금된 탓에 한결 오묘한 존재가 되었다. 이들은 다른 이들보다 더 불행한가 하면 또 더 즐거운 존재들이기도 하다. 어떻게 보자면 포로의 몸 같지만 달리 보자면 신나는 자유자이기도 하다. 이쪽저쪽 바삐 다니는 그들 모습은 애처로워 보인다. 그렇지만 화창한 날씨를 만나 도시의 활기가 살아나기 시작하면 맨하탄 전체가 상쾌한 리듬에 출렁댄다. 그러면 맨하탄 사람들은 큰길섶을 따라, 광장을 빙빙 돌며, 무덤 같은 지하철을 들락날락거리며 한판 춤판을 벌이고 있는 듯하다.

맨하탄의 이런 감금의 이미지들이 나를 사로잡는 건 틀림없다. 하지만 이 섬에 다시 들어올 때마다 어김없이 얻어맞은 듯 충격에 사로잡히는 것은 맨하탄의 놀랍고 신비로운 아름다움 때문이다. 맨하탄보다 높은 건물을 짓는 도시들도 이제는 많다. 더 넓게 넓게 퍼져나간 도시들도 많다. 그러나 맨하탄의 마천루 같은 것은 그 어디에도 없다. 복잡하고도 육중한 모습을 턱 하니 드러내는 그 마천루의 숲. 르코르뷔제는 제멋대로인 이 마천루 숲을 어찌나 싫어했던지 예술과 이데올로기가 버무려진 자신의 이상공간인 '빛나는 도시' Radiant City의 모든 것을 맨하탄의 정반대로 꾸몄다. 하지만 그의 아이디어들은 대부분 이 거대한 허영 덩어리로부터 반사적으로 얻어진 것이었다. [상업지역, 주거지역, 따위를 엄격히 구분하는] 지역지구제와 사회적 풍조를 따라 이따금 조정되긴 했어도 맨하탄은 늘 초대형 뒤죽박죽이었다. 빛과 어둠과 미혹의 시선들이 마구 충돌하는 곳. 군데군데 얼룩으로 남은 슬럼가나 철거지의 폐허. 오로지 격자 모양의 도로 패턴만이 희미한 질서를 보여주는 곳. 하지만 누가 이곳을 뜯어고친다 해도, 경제 조치나 건축 유행이 어떻게 되든, 맨하탄은 그 근본에 있어 "누구나 자유"라는 인간 본성을 노래하는 최고의 기념비이다.

그런데 맨하탄의 황홀함은 찌푸린 얼굴에서 나온다. 다른 어느 도시보다도, 심지어 베네치아보다도 더 강렬하게 맨하탄은 흥청망청 술판으로 우리를 유혹한다. 맨하탄 풍경을 벌떡 서서 늘 하늘을 찔러대는 남근의 상징으로 보는 대중적 해석을 말하려는 건 아니다. 내게 맨하탄은 한결 더 은근한 유혹이다. 깊게 패인 길거리의 그림자, 신중한 눈초리들, 도처에 널린 은폐와 넌지시 던지는 암시…. 물론 엽서에서야 더할 나위 없이 또렷하게 그려지지만, 나의 맨하탄은 안개 낀 맨하탄이며 과묵하고 침울한 맨하탄이다.

예컨대 아주 더운 날, 냉방 중인 실내에서 길거리로 나서는 게 마치 다른 대륙으로 건너가는 느낌을 주는 그런 날의 맨하탄이 나는 좋다. 그런 날이면 화학성분을 머금은 듯한 안개가 얇은 막처럼 도시 전체를 떠돌며 모든 모난 것들을 물렁하게 하고 모든 경관을 흐릿하게 만든다. 탈진하여 거의 버려진 듯한 모습의 섬이 마취된 듯 안개 속에 파묻히는 것. 하지만 간간이 몇 줄기 햇살이 두터운 습기를 뚫고 창문이나 금속 지붕 위에 반짝거린다. 그러면 나는 온갖 사랑스런 동화 속 풍경들을 배경 삼아 서 있는, 자욱한 수증기 속에서 다이아몬드처럼 반짝이는 그런 이름 모를 눈부신 도시들을 떠올린다.

반대로 잿빛으로 잔뜩 가라앉은 날이면 맨하탄은 어두운 숲 같다. 빌딩 꼭대기는 구름 속에 숨고, 그 엄청난 덩치의 하단부만이 꼭 거대한 떡갈나무의 밑둥들처럼 구름 속으로 뻗어 올라 있다. 그럴 때면 나는 맨하탄 숲의 버섯 하나가 된다. 장애물투성이인 길가를 참으로 바삐 오가는 사람들, 그들의 우산이 자아내는 변화무쌍한 무늬, 물구덩이 사이를 쉭쉭 달리는 자동차들, 빗줄기 사이사이로 하나둘 깜박이는 차량의 불빛, 간헐천이 솟구치듯 거리로 뿜어져 나오는 증기의 율동, 이 모든 것들이 나로 하여금 숲속의 습지와 삼림지대 주민들이 펼친 시장 같다는 상상에 젖게 하는 것이다. 이 어바니시무스 urbanissimus 에서….

맨하탄 섬의 뜨악하고 비밀스런 아름다움 가운데 최고는 이른 아침 섬의 최남단인 배터리파크까지 산보하는 길이다. 뉴욕만의 물결 너머로 내로우즈와 탁 트인 바다를 향해, 세상을 향해 내다보는 곳! 하긴, 마냥 기쁘지만도 않다. 그 물길을 지상에서 가장 붐비는 해역으로 만들었던 해상교통이 이제는 거의 다 사라졌기 때문이다. 대서양 횡단선은 이제 자취를 감추다시피 했다. 화물선들은 근처의 다른 정박지로 드나든다. 마치 곤충들처럼 맨하탄 인근의 바다를 가득 메우고 오가던 페리선들도 거의 사라지고, 이제 스테이튼 섬을 오가는 배편만이 겨우 명맥을 잇고 있다.

아침 일찍 배터리는 그다지 부산하지 않다. 안개라도 낄라치면 사뭇 기괴스럽기도 한 게 사실이다. 잿빛 어린 물 위로 안개가 묵직하게 덮이고, 사이렌 소리가 먹먹하게 울린다. 어디선가 수상水上 표식에서 내뱉는 경고음이 듬성듬성 날카롭게 날아든다. 탱크선 한 척만이 홀로 조심스레 브룩클린 쪽으로 나아가는 걸까? 아니면 축축한 날씨에 옷깃을 세운 근무자들이 수로안내선pilot boat을 끌고 내로우즈 쪽으로 나가는 걸까? 새벽 통근자들이 페리선 선착장에서 빠져나오는 희미한 모습, 공원 벤치 위에서 누더기와 신문지를 덮은 채 웅크리고 누워 있는 부랑자 두세 명의 모습… 이따금씩 근처를 어슬렁대는 순찰차 안에서는 냉정해 보이는 경찰관들이 구부정하게 시트에 몸을 묻고 있다.

처절하게 외딴 곳에 고스란히 노출된 듯, 거기 그 물가에 오로지 나 혼자 내던져진 듯한 느낌이다. 하지만 아침이 밝아오고 안개가 걷히면서 참으로 멋진 일이 벌어진다. 그건 마치 폴라로이드 사진 같다. 드넓은 뉴욕만灣이 서서히 그 윤곽을 드러낸다. 그 속에서 자유의 여신상이 홀연히 떠오르고, 자잘한 섬들도 나 여기 있다는 듯 나타난다. 그러다 싱그런 바람 맞으며 일렁일렁 반짝대는 바다를 등지고 뒤돌아서면, 거기 맨하탄이라는 이름의 거인이 버티고 서서 줄곧 당신 어깨 너머로 바다를 내다보고 있었음을 아시리라.

하루는 (뉴요커들이 아직도 아메리카스Americas 거리라고 부르는) 6번가를 따라 걷고 있었다. 타임라이프Time-Life 건물의 옥외 풀장에서 한 여인이 정장 차림으로 물속에 몸을 담그고 있는 걸 보았다. 무더운 날씨에 땀이 줄줄 흐르던 날이었으므로 나는 참 좋은 생각이다 싶어 한마디 칭찬이라도 건네려고 그쪽으로 다가갔다. 그런데 얼마 가지 않았을 때였다. 내가 그녀 쪽으로 다가간다는 걸 눈치챈 그녀는 풀 안에서 허리를 꼿꼿이 세웠다. 기다란 머리에서 물이 뚝뚝 떨어져 몸에 착 달라붙은 파란 드레스 위를 타고 흐르는 가운데 나를 향해 온갖 상소리로 고함을 지르기 시작했다. 거칠게 찢어지는 그녀의 목소리가 섬뜩한 저주처럼 무서운 기세로 내게 날아들었다. 사람들은 내게 비난의 눈길을 쏘아 보냈다. 마치 내가 그 불쌍한 영혼을 모욕했다는 듯, 그래서 그런 저주를 받아 마땅하다는 듯. (그리고 그녀가 쏟아 부은 그 놀라운 욕설의 레퍼토리는, 세상에나, 정말 무궁무진했다.)

아무리 둘러봐도 그녀를 비난하는 눈길은 없었다. 그녀는 미친 게 분명했고, 따라서 비난의 대상이 될 수 없었다. 우리 안의 바위 하나에만 만족해야 하는 갇힌 곰처럼 맨하탄 사람들은 지상 최고의 노이로제 컴뮤니티를 이룬다. 씰룩거리고 투덜대는, 아무렇게나 비명을 질러대고, 상소리를 웅얼웅얼대며, 지리멸렬하게 얼버무리는 게 몸에 밴 맨하탄 섬 사람들. 이들은 창백한 귀신처럼 두텁게 화장한 모습이거나 절망에 찌든 얼굴이다. 뽀얀 분가루 위에 천박한 진홍 물감을 입힌 듯한 광대의 얼굴, 혹은 강제수용소에서 살아남은 공포에 찬 얼굴, 혹은 광적인 순진함으로 들끓는 어린 살인자들의 얼굴처럼.

당황한 소수자가 없는 대도시는 없다. 어리둥절해하는 사람들은 바로 우리 자신의 모습이기도 하다. 하지만 맨하탄은 간혹 신경쇠약으로 인해 파국 일보직전인 곳 같아 보인다. 다른 그 어디도 이곳 같지는 않다. 끔찍이도 영리하고 냉소적이며 내성적이고 열띠게 근면한 이들의 도시. 의기소침하다가도 후끈 달아올라 빛을 발하는 도시. 이런 것들은 불면증이나 극단적인 자기도취, 정신분열의 징후들이 아닌가. 맨하탄 주민들 중 다른 데서 무슨 일이 일어나는지 진정으로 염려하는 이는 거의 없다. 동·서 양쪽으로 물길을 거느리고서 바다를 등지고 선 꼴의 맨하탄은 갈수록 자기 땅 중심의 소용돌이로만 빠져드는 형국이다. 갈수록 스스로에게만 집착하는 크로스타운crosstown 꼴인 것. 하루는 텔레비전 진행자가 참으로 진지하게 다음과 같이 묻는 걸 보았다. "그런데 독서 장애가 국내 다른 곳에서도 나타나나요, 아니면 맨하탄에서만 발견되는 질환인가요?"

    빅토리아 여왕 시절 영국 수상이었던 멜번 경에게 친구가 근심 가득한 얼굴로 인생의 온갖 문제들에 어찌 대처할지 충고를 구했다. "느긋해라." 그게 대답의 전부였다. "난 느긋한 사람이 좋더라." 그런데 맨하탄에서 느긋한 사람을 찾으려면 멜번 경 눈이 좀 아프게 생겼다. 노름꾼들의 옛 교훈인 "내버려 둬"가 여기서는 버림받은 지 오래이다. 분석, 바로 그게 맨하탄을 사로잡는 화두가 아닐까. 유행을 분석하고, 옵션을 분석하고, 스타일을 분석하고, 통계를 분석하는 곳. 무엇보다 자기를 분석하는 곳. 프로이트가 이 어지러운 꿈의 섬을 찾는다면 대답을 내놓느라 바빠질 것이다. 여성운동은 분명 많은 여성들을 해방시켰으나, 대신 그들을 고통스런 번민과 자기심문 속으로 몰아넣고 말았다.

    그렇지만 다른 누구나 그러하듯 뉴요커들도 약간 정신 나갔다고 여겨지길 좋아한다. 뉴욕과 로스앤젤리스에서 여론조사를 했더니 서로 자기가 다른 쪽보다 더 미친 사람들이라고 주장했다고 한다. 내가 아는 맨하탄의 한 기업은 — 차마 그 이름을 밝힐 용기는 없다 — 사장부터 최말단까지 모두가 제정신이 아닌 불안정한 사람들로만 이뤄져 있다. 그 사무실에 들어서자마자 무슨 단체치료를 받고 있는 사람들 속으로 밀려들어온 듯한 염려가 나를 덮쳤다. 이 미치광이 회사의 대표께서는 요란한 마호가니 문 뒤에 정말 제대로 미친 얼굴을 하고서 꼭꼭 숨어 누구의 접근도 허락하지 않을 기세였다. 그의 부하 정신병자들은 아래층에서 서로 쉿쉿 야유나 주고받으면서 빈둥빈둥 하루를 보낸다. 거기서는 한 부서 전체가 해고되기도 하고, 이제까지 눈에 띄지도 않던 인물이 난데없이 깜짝 발탁되어 어느 부서장 일을 한두 달 맡기도 한다. 가령 이제껏 생필품 관련 주식 거래에 주력하던 회사가 갑자기 차타누가Chattanooga의 우산 공장이나 니카라과의 식료품 체인에 수백만 달러를 투자하기도 한다.

무엇이 그들의 혼을 빼앗았을까? 바로 맨하탄의 자극과 환각적 압박이 아닐까. 야심에 의해 내몰린 그들, 실패가 두려운 그들. 자신들의 미치광이 경력이 앞으로 무엇으로 채워질지 고민하는 그들의 눈빛은 마치 세뇌된 컬트 교도들의 눈처럼 열렬하면서도 사랑이 메말라버린 열정으로 가득하다. 마치 경악과 공포, 무분별한 헌신을 한데 버무린 뒤 살짝 정신안정제를 가미해 빚어낸 듯한 그 눈빛….

맨하탄이 지닌 환각적 압박의 힘을 말한 것은 이방인들이 보기에 이곳은 아주 기상천외해 보이기 때문이다. 맨하탄은 로스앤젤리스처럼 자연이 환상적인 장소도 아니다. 맨하탄은 논리와 이성理性에 깊이 뿌리를 내린 곳이어서 상인, 은행가, 주식중개자의 도시로서 제격이다. 그러나 이곳의 일상생활 곳곳은 정신을 혼미하게 하는 요소와 사건들로 얼룩져 있다. 다음에 소개하는 사례들은 최근 2주 동안 이 섬에 머무르며 접하였던 그다지 특별할 것 없는 삽화들이다.

▶ 친절하고 세련된 유명 여배우가 아름다운 드레스를 걸치고 택시를 타서는 2번가 어디로 가자고 주소를 말했다. "그게 2번가 어디쯤이랍니까, 아가씨?" 태연하고도 침착하게 여배우께서 대답하시길, "빌어먹을! 왜 나한테 묻고 야단이셔. 운전수는 아저씨 아닌가?"

▶ 파인스트Finest애비뉴를 따라 접어들면 폴리스 플라자에 있는 뉴욕 경찰본부에 다다른다. 이곳에 가면 조직범죄 담당 과장이

라 불리는 직원이 있다. 그 양반이 동료와 전화 통화를 하고 있었다. "오늘 병가病暇라고? 서류상 병가야, 아니면 진짜 아파서 병가야?"

▶ 한 젊은이가 공중부양 그룹에서 겪었던 경험담을 얘기한다. "아직 아무도 헬리콥터처럼 공중에 떠있지는 못하지만, 우리 몸이 올라갔다 내려갔다 하긴 했어. 마치 공이 튀듯이 말이야. 가부좌 자세로 앉은 채 5미터 가까이 깡충깡충 뛰어간 사람을 봤는데, 세상에, 수련 과정에 있는 사람이 그렇게씩이나 한 적이 없다는 거야, 글쎄…."

▶ 미국비뇨기과협회 모임의 한 참석자가 뉴욕 힐튼 호텔의 승강기를 타고 내려가는 중이었다. 「림프절 절제 이전의 고환종양 병기결정에 관한 고찰」을 발표하려고 가는 중이라는 것. 그 양반 이름표를 보니 포트노이Portnoy 박사라고 씌어 있었고….

▶ 나이 지긋한 국선 변호인이 주州법정에서 온갖 현란한 법정 용어와 몸짓을 써가며 공판 연기가 불가피함을 재판부에게 설득시켰다. 꼭 신파극 배우처럼. 그런데 법정을 빠져나가다 말고 반대 측 증인들이 죽 앉은 걸 발견하고서는 그들에게도 한마디 덧붙였다. "인생 그 따위로 살지 마라. 잡것들아!"

▶ 워싱턴 광장의 어느 벽낙서이다. "이피족YIPPES, 예수 맹신도들, 문선명 똘마니들은 모두 정부 하수인이다."

▶ 성패트릭 대성당 100주년 기념식에서였다. 아주머니 네 명이 추기경 세 명과 대주교 여덟 명이 안쪽을 막고 선 엉뚱한 출입구로 들어가겠다며 밖에서 소란을 피워댔다. 그 길은 이미 그렇게 막혀 있었지만, 미사의 성가 소리가 문틈으로 새어나오는 가운데 아주머니들은 참으로 간절하게 호소했다. "꼭 들어가야 해요! 반드시 말이에요! 우린 이스라엘에서 온 관광객들이라고요!"

▶ 시내의 한 맥도날드 가게. 지칠 줄 모르고 잔소리를 늘어놓는 앳된 여자 관리자는 지독스런 야심의 소유자 같았다. 멍하니 얼빠진 얼굴을 한 주문대 너머의 조리사들은 흑인 한 명에 푸에르토리코인 두 명인데, 영어를 한마디도 못하게 생긴 이들이다. 그 어린 폭군은 거만하게 왔다 갔다 하면서, 주문을 외치고, 화난 얼굴로 실수를 바로잡고, 끊임없이 자신만의 훈계조 구호를 호령한다. "컴온, 가이즈, 투데이 가이즈, 투데이…!" 그러면 조리사들은 저건 또 뭔 말이냐는 듯 찡그린 얼굴로 그녀를 쳐다본다.

▶ 오른쪽 다리에 무슨 털이 닿는 느낌이 들어 내려다보니 코가 뾰죽한 중국산 개 한 마리가 내 다리를 무는 게 아닌가. 똥 치우개로 쓸 빗자루와 삽을 들고서 뒤를 따라오던 주인이 말했다. "아이고 구치Goochy야, 이 말썽쟁이! 네가 아는 사람이 아니란다."

▶ 아침 아홉 시, 이스트세븐티즈East Seventies의 말쑥한 거리. 아주 높으신 지체의 중년 부인이 검은 벤츠의 보닛에 기대 있었다. 마치 명상하듯 가랑이를 긁으면서.

▶ 부슬부슬 비 내리는 밤. 파크애비뉴를 건너 집으로 가던 중이었다. 문득 왼쪽의 그랜드센트럴터미널GCT 쪽을 쳐다보니 어떤 환상 같은 게 보였다. 뉴욕 제너럴 빌딩 꼭대기의 뭔가가 빛나는 모습이었는데, 그 또렷한 빛 덩어리의 실루엣이 뒤편의 괴물 같은 팬암 빌딩을 배경으로 더욱 두드러져 보였다. 뾰족탑을 얹은 그 둥근 지붕이 불현듯 사당처럼 혹은 사리탑처럼 보였던 것. 깜짝 놀라 잠시 멈추었다. 무슨 신비로운 기도의 종소리라도 들리지 않을까 싶어서…. 빵빵! 택시가 벼락같은 경적을 울리며 내게 흙탕물을 뒤집어씌우고 지나갔다. 덕분에 나는 후다닥 현실 세계로 되돌아왔다.

이 섬은 또 얼마나 작은가! 끝에서 끝까지 21킬로미터도 안 되는 길이에, 가장 폭이 넓은 곳(아마 86번가)도 4킬로미터 남짓이니. 잘 알려진 인물이 맨하탄에서 영원히 익명의 존재로 지내기란 거의 불가능하리라. 내가 지난 번 맨하탄을 찾았을 때에는 우디 알렌의 역작인 〈맨하탄〉을 보러 갔다. 내가 아는 한 이 섬을 다룬 참으로 콘템포러리한 예술 작품인 영화이다. 영화가 끝난 후 차 한잔 생각에 바로 옆의 러시안 티룸으로 들어갔다. 거기서 블리니blini 케익을 야금야금 떼어먹는 사나이가 있었으니, 바로 알렌 씨 본인이었다.

지상에서 가장 강력한 도시가 맨하탄임을 종종 까먹기도 한다. 어찌 보면 이상하게 촌스러운 곳이기도 하기 때문이다. 〈뉴욕타임스〉는 세계적 명성의 신문이기도 하지만, 동시에 시골마을 소식지 같기도 하다. 지역의 유명 보험사 간부의 부고가 큼지막하게 실리는가 하면, 헨리에타 즐라이만 양이 에드워드 티슬토 3세와 약혼했다는 기사를 미주알 고주알 늘어놓기도 한다. 여느 거대도시들과 마찬가지로 맨하탄에도 독특한 개성에 당당한 목표를 내건 자잘한 은둔처들이 많다. 그런데도 비쩍 마른 그 섬 안에서는, 그 갑갑한 격자 틀과 굴곡 없이 편평한 땅에서는, 어느 구역에 있더라도 외따로 떨어져 있다고 느끼기 어렵다. 가볍게 나선 아침 산보 길에 센트럴파크에서 배터리파크까지 금세 걸어갈 수 있다. 최근 할렘의 한복판에서 친구 한 명과 버스를 탔다. 칙칙한 아파트들과 버려진 가게들 풍경을 뒤로 하고 차가 출발하자 그는 자신의 전쟁 경험담을 얘기하기 시작했다. 미처 얘기를 마치기도 전에 차는 프라자 호텔 앞에 도착했다. 게다가 엠파이어스테이트빌딩이나 세계무역센터 같은 대표적 건물들은 어찌나 큰지 맨하탄 어디서든 눈에 띈다. 맨하탄 섬에 원근법의 느낌을 불어넣어 한결 더 친밀하게 보이도록 하는 것도 바로 이들이다.

모든 게 이렇게 꽉 채워져 있으니 맨하탄인들이 마치 서로 연결된 뇌구조의 소유자들인 양 패션의 변화 조짐에 마구 휩쓸려 다니는 것도 그리 놀랍지 않다. 평론가라는 이름으로 새로운 유행을 맘대로 주무르는 속물들이 세상 그 어느 도시에서보다 더 활개를 치는 곳이 바로 맨하탄이다. 맨하탄은 스스로를 먹고 사는 셈이다. [빠르고 강한 약효를 위해] 정맥주사를 놓는 것처럼 말이다. 대단히 공적인 엘리트들이 무대를 독점하고서 가십 칼럼을 휘갈긴다. 뻔하디 뻔한 얼굴들이 거듭거듭 말이다. 그들은 한창 뜨고 있는 클럽이나 레스토랑에서(한때는 스토크 클럽, 그 뒤엔 스튜디오54 등등) 공식 음료를 마시면서(어제는 키르kir, 오늘은 페리어Perrier) 공통의 유행어들을 입에 올린다(가령 지난 방문 때는 무능쟁이schlep, 신체밸런스supportive, 빽가는copacetic, 주요 타자significant others 따위가 이른바 '뜨는 말'이었다).

어느 날 저녁, 시내에서 제일 잘나가는 살롱이 어딘지 소개해 달라고 했더니, 친구들이 나를 2번가의 일레인즈Elaine's로 데려갔다. 누구나 일레인즈를 알았다. 아가씨들은 화끈한 유명인사의 눈에 띄기를 바라며 일레인즈의 바 근처를 어슬렁대고, 젊은 기업 중역들은 전날 일레인즈에서의 무용담을 아침 화제로 삼는다. 심지어 간부급 편집자나 학식 높은 비평가처럼 가장 지적인 인사들도 무슨 이유에서인지 거기에 얼굴을 비치는 걸 의미 있는 일로 여겼다. 유럽에서는 보기 힘든 현상이다. 일레인즈는 아주 비싸지도 않고 엄격한 회원제 클럽도 아니기 때문이다. 누구나 가서 바에 팔을 걸치고 앉을 수 있는 곳이므로. 나는 그곳이 너무 싫었다. 그 소음, 비좁은 탁자, 거들먹대고 떠벌리는 인간들! 제일 잘 알려진 얼굴에게 제일 좋은 자리를 내주고, 모르는 얼굴들은 옆방으로 쫓아낸다는 그곳의 불문율이라니! 게다가 마늘 없이 주문한 튀긴 새우 요리는 마늘이 절반이었다! (맨하탄에서 마늘을 싫어했다가는 체면 구기기 십상임을 명심하시라.)

나는 경탄했다. 또 한편으로는 경악했다. 더 놀라운 것은 살짝 오만한 느낌마저 들었다는 사실이다. 즉, 거기서 끄덕끄덕거리는 얼굴들을 지켜보다 말고, 요란하게 꾸며대고 아첨하는 그 얼굴들을 쳐다보다 말고, 다소 뜬금없게도 웨일스 북서해안의 조그만 마을에서 이곳에 갓 도착한 사람으로서 내 주변의 뉴요커들이 촌스러워 보였던 것이다.

내 경우에는 뉴욕에서 아무런 흥분도 얻지 못하는 경우가 흔해졌다. 한편 타의 추종을 불허하는 이 도시를 별 일 없이 어슬렁거리다 보면 문득 무슨 궁극적인 것들 한가운데 파묻힌 느낌이 드는 경우가 아주 많아졌다. **여길 떠나 다시 농장으로 갈 수 있으려나**? 결국 이곳은 '우리 시대의 도시'인 것이다. 마치 고전시대의 로마나 지중해시대 수백 년 간의 콘스탄티노플처럼. 뉴욕은 만인의 거대도시이다. 비록 자잘한 표현 하나 혹은 빵 하나일망정 맨하탄에 무언가를 남기지 않은 민족은 없기 때문이다. 매년 5월 9번가에서 열리는 거리축제에 참석했을 때였다. 9번가는 맨하탄에서도 가장 국제적인 면모가 두드러진 길이다. 그날 거기서 나는 신랄하게 깨달았다. 만인의 도시란 게 도대체 무슨 뜻인지를. 인도를 따라 늘어선 몇 킬로미터 길이의 가판대에서는 온갖 음식 냄새가 풍겼다. 참기름 냄새가 카레 냄새와 뒤섞이고, 도무지 파고들 틈이 없어 보이는 인파 속에서 아랍인과 우크라이나인들이 부대끼고, 유대인과 포르투갈인들이 마주쳤다. 그리고 그 길 전체가 온갖 민속음악의 불협화음으로 들썩거렸다. 폴란드의 플라지올레토flageolet, 멕시코의 하모니카, 불가리아의 소피아에서 온 발랄라이카balalaika 등등….

거기엔 촌스러운 게 없다! 만약 지난 300여 년 동안 전 세계에서 온 피난민, 모험가, 이상주의자, 사기꾼들이 맨하탄이란 이름의 거대한 뗏목에 기어오름으로써 이곳으로 하여금 패러다임 혹은 지레받침점의 역할을 맡게 한 것이라면, 그와 마찬가지로 세계 종말의 순간이 닥칠 때도 사람들은 이 섬을 배경으로 하여 그 재앙을 쉬이 그려볼 수 있다. 거대한 고층건물들이 무너지고 허리가 꺾여 서로를 덮치는 모습, 처참한 가로변에서는 불길이 솟구치고, 절망에 내몰린 나머지 끓는 물로 뛰어드는 들쥐들처럼 공포에 휩싸여 내달리는 사람들. 20세기 인류에게 최후의 날은 그런 모습이었다. 신이 인류의 죄악을 심판할 날이 진정 닥친다면 아마도 브로드웨이와 42번가가 만나는 모퉁이에 심판대를 세우리라. 바로 그곳의 무대에 섹스-스펙터클Sextacular 장사꾼들을 라이브로 세워 제일 먼저(아마도 제일 관대하게) 심판하기 위해서 말이다.

    우리는 불행한 시대를 살고 있다. 인간의 희망과 독창성의 전당인 맨하탄이 이런 비유에 이런 역할로 등장한다는 것은 안타까운 일이다. 물론 이 도시의 얼굴에 불길한 기운이 무슨 전율처럼 언뜻 스치는 일이 잦다는 건 부인할 수 없는 사실이다. 어느 날 아침 〈타임스〉 신문을 펼쳤더니 그 전날 시청 근처의 길을 걷다가 '거의 토끼만 한' 쥐떼의 공격을 받은 한 여인의 기사가 보였다. 바로 택시에 올라타 거기로 가자고 했다. 바깥 맨하탄의 풍경은 계속해서 나를 그 생각으로 후려쳤다. 벌써 구경꾼 몇 명이 호기심 어린 눈빛으로 쥐들이 뛰쳐나왔다는 버려진 땅의 썩어들어가는 폐허를 기웃거리고 있었다. 전형적인 뉴요커 한 명은 스스로를 '주민 전문가'라고 자칭하고서는 흥미진진해하는 사무직 종사자들에게 쓰레기 더미 속에서 재수 없게 쥐덫에 걸려 뚱하게 앉아 있는 진짜 쥐를 가리키며 "정말 토끼만 하죠"라고 덧붙인다. 그 피해자 여인은 어찌 되었냐고 물었더니, "그 아줌마 무슨 스크루볼 같더라구요[괴짜라는 뜻]. 꺄악꺄악 비명 지르며 차 타고 내빼던데…."

    토끼만 한 들쥐떼가 내게 덤벼들면 나도 똑같이 비명을 지르며 내뺐을 것이다. 그런데 바로 길모퉁이 돌아서 그 들쥐들이 화장실 삼아 드나들었을 법한 포장전문 음식점은 여느 때와 다름없이 성업 중이었다. 뉴요커들은 공포에 무감각해졌구나 싶었다. 맨하탄 섬이 숙명적 파멸의 지점으로 얘기되는 건 이런 못 말릴 순응성 탓이 아닐까. 조물주는 복수의 일환으로 뉴욕을 만든 것일까. 나는 여기서 종종 [그리스도교 유럽

ⓒ김수련

이전의] 이교도들의 시절을 떠올리기도 한다. 원형경기장에서 여인네들과 쥐들이 마치 검투사와 맹수들처럼, 구경하는 신들에게 말도 안 되는 기쁨을 선사하기 위해 악다구니로 나뒹구는…

수많은 것들이 들어오는 반면 나가는 것은 턱없이 적다. 심지어 증발되는 것도 거의 없어 보인다. 한때 신세계로 접어드는 관문이었던 이곳. 맨하탄이 [이른바 인종의] '용광로' 노릇을 관둔 지는 이미 오래이다. 레바논인이나 리투아니아인들을 아메리카화하려는 시도조차도 이제는 하는 이가 없다. 또 실제로도 이 섬의 여러 인종지역들은 갈 때마다 더더욱 강력한 인종적 색채를 띠는 곳으로 바뀌고 있었다. 멀베리 Mulberry 거리에서 열리는 '파두아의 성聖안토니 축제'보다 더 이탈리아다운 건 없다. 축제 때면 '리틀 이탈리아'의 주민들이 쏟아져 나와 길거리 곳곳을 누비다가 이따금 이웃들에게 들뜬 인사를 건네려고 멈추곤 한다. 노점상들이 고래고래 고함지르며 파는 걸 씹어먹기도 하는데, 껍질 무른 게를 빵 조각 위에 활짝 펼쳐놓은 이 먹을거리는 꼭 실험실 표본처럼 생겼다. 할렘은 이제 그 자체로 독자적인 도시가 되었으며, 더 이상 저녁식사를 마친 백인들이 호기심으로 차를 몰고 휭 둘러보는 곳도 아니다. 맨하탄의 차이나타운도 세계의 다른 어느 곳과 견주어도 손색이 없다. 중국인 웨이터를 미소 짓게 만드는 그 유명한 게임에 당신이 얼마나 소질이 있는지 테스트해 보기에 말이다.

그래서 맨하탄이라는 이름의 이 떠들썩한 원형경기장은 눈을 멀게 할 기세의 빛 천지이다. 하지만 검투사들과 맹수들은 그 휘황한 빛 따위에 눈을 찌푸리지 않는다. 자신들이 펼치는 그 상징적 전투에 주눅 들지도 않는다. 다만 이들은 자신들이 휘두르는 검이 최신 유행에 맞는 것이기만을, 그래서 더 비싼 자리에 앉게 되기만을 바랄 따름이다.

다시 공원 얘기로 돌아가 보자. 이런 저런 이유로 오늘날 세계가 맨하탄을 주목하는데, 그 관심의 한복판에 센트럴파크가 있다. 중국에서 페루에 이르는 곳곳에서 사람들은 "그 공원에 산보하러 갔다가는 큰일 난다"고 경고한다. 좀 더 솔직한 이는 이렇게 묻는다. "그 사람들이 센트럴파크를 두고 이러쿵저러쿵 하는 말들이 사실은 사실인가요?"

공원은 섬 한복판이기도 하다. 주위는 온통 건축물들로 빼곡하지만 그곳만은 텅 빈 곳으로 남겨진 것. 우편지도를 보면 이곳은 큼지막한 직사각형의 빈터로 표시되는데, 그래서 맨하탄에서 우편번호가 없는 유일한 곳이라고 한다. 북으로는 할렘, 남으로는 록펠러센터가 자리하며, 동쪽 옆으로는 어퍼이스트사이드의 부촌이, 서쪽 옆으로는 새롭게 각광받는 지구가 펼쳐진다. 서쪽의 이 신흥촌에는 콜럼버스애비뉴 좌우로 예술가, 중개상, 폴란드 출신 식료품상, 음악학도 등이 북적댄다. 마치 엄청난 삽으로 땅을 퍼내고 남겨진 듯한 거대한 직사각형 자국에다 나무를 빼곡 심어둔 이 공원. 10만 평이 훌쩍 넘는 이 거대한 녹지는 내가 보기에 공원이 이래서는 절대 안 된다는 것을 온몸으로 보여준다.

이런 평가는 통상적이지 않다. 도시계획 및 설계 전문가들은 이 공원에 대해 찬사를 아끼지 않는다. 〈뉴욕타임스〉의 건축전문 평론가께서는 이를 두고 뉴욕 최고의 단일 건축작품이라고 불렀다. 1856년에 프레데릭 로우 옴스테드Frederick Law Olmsted와 캘버트 복스Calvert Vaux가 공원을 설계한 이래 지금껏 누구든지 이 공원의 놀라움을 침이 마르게 칭찬해왔다. 1904년 판 바데커Baedeker 가이드에서는 "세계에서 가장 아름다운 공원 중 하나"라고, 1978년 판 『미건축가협회의 뉴욕시티 가이드』에서는 "위대한 예술작품"이라고 불렀다.

하지만 내겐 아니다. 시야를 막고 선 음산한 언덕, 허술하고 황량한 풀밭, 의도적으로 만들어진 여러 경치들, 불길해 보이는 호수와 갈색 초목들을 보라. 또 매 시간마다 그 무시무시한 동물원 입구에서 울려퍼지는 지긋지긋한 종소리는 끔찍스럽게도 히로시마의 기념 종소리를 떠올리게 한다. 싱그러운 자연이 숨 쉬는 열린 공간, 모름지기 도시 속의 한 조각 농촌 땅 같은 곳. 그런 이상적인 공원상을 완전히 뒤집는 곳이 바로 센트럴파크 아닌가!

그렇긴 하지만 오늘날 맨하탄을 생각할 때마다 가장 먼저 센트럴파크를 떠올리는 건 지극히 당연하다. 이 공원에 무슨 미묘한 아름다움이 있냐고 내가 반박한다고 해서 거기 깃든 흥미마저 모조리 내칠 수는 없는 노릇. 사실 이곳은 지상에서 가장 흥미진진한 곳 중 하나이다. 1968년 판 미슐랭 가이드는 충고한다. "공원의 가장 후미진 곳들을 혼자 돌아다니는 건 그리 권할 만한 일이 못 된다." 하지만 그런 충고야 고마우나, 맨하탄의 고층건물들이 사방에 깎아지른 절벽처럼 버티고 선 한복판에서 그런 후미진 곳들로 다닐 수 있다는 게 벌써 인간이 만든 최고의 쇼를 구경하는 기쁨을 준다. 새벽부터 오밤중까지 쉴 새 없이 펼쳐지는 공연을 즐길 때의 그런 기쁨을!

전통을 원하시는가? 저기 덜컹대며 지나가는 쌍두마차를 보시라. 마차들이 프라자 호텔 앞을 떠난 지 한참이 지나도 대기 중에 감도는 얼얼한 말들의 냄새. 네덜란드 무역대표단, 미국비뇨기과협회 회원들, 혹은 아이오와에서 온 신혼부부들이 4인승 마차의 쿠션에 마치 영화배우처럼 몸을 묻고 달린다. 마부는 100년 넘게 줄곧 그래 왔듯 등을 기대고 채찍을 들고서 승객에게 묻는다. "어디서 오셨나요?"

아이러니를 원하시는가? 이스트사이드 길을 따라 누워 있는 부랑자들의 무리를 보시라. 노천 책 판매대 너머에 웅크린 그들은 바싹 마른 몸에 누더기를 걸치고 악취를 풍기면서 걸핏하면 화를 내기도 한다. 그런데 이들이 캠프를 차린 그곳은 5번가의 고급 아파트의 바로 코앞이 아닌가. 혹은 앞서 얘기한 동물원의 사자들이 무기력하게 으르렁대는 소리와 새들의 재잘거림, 장례식에서나 들을 법한 종소리 따위가 지척에서 들려오는 곳이라고 말하는 게 더 인상적일까.

가벼운 희가극을 원하시는가? 날이면 날마다 조깅하는 사람들을 보시라. 조깅자들을 위해 차량이 통제된 순환도로를 따라 이들은 집요하게 달린다. 마치 불가사의한 본능으로 제 집을 찾아 돌아오는 동물들처럼, 혹은 터무니없는 재앙을 만나 얼이 빠진 사람들처럼 말이다. 거의 중독 수준으로 달려대어 뼈만 앙상하게 남은 사람들이 있는가 하면, 비만을 후회하며 뻘뻘 땀을 흘리는 사람들도 있다. 어떤 이들은 보기 흉할 만치 풍만한 가슴을 출렁이며 달린다. 어떤 이는 맹수처럼 달린다. 늑대같이 달리는 그들도 30분 뒤면 사무실에서 코크웰 씨에게 계속 지원금을 대줘야 한다는 브리핑을 할 테지. 가끔은 정말 맨하탄에서나 들을 법한 대화를 엿듣게 되기도 한다. "**그러니까, 헉헉, 1951년 뒤로는, 헥헥, 우리 사회에, 푸우, 의미 있는 변화가, 학학, 전혀 없었다는 거야?**" 그러면서 열렬 조깅자들이 숨을 몰아쉰다. 개가 덤불 뒤로 들어가 볼일을 보는 동안 끈기 있게 제자리 뜀뛰기를 계속 하는 그들. "아, 나도 오줌 마려 죽겠구만" 꼭 그런 표정으로 말이다.

아니, 아니, 이런 게 아니라 좀 더 끔찍스런 걸 원하신다? "**경찰차가 자주 순찰 중이지만 그래도 혼자 다니는 건 바람직하지 않습니다.**" 요즘 센트럴파크가 유명한 이유 중 단연 으뜸이 바로 이것이다. 왜 그런지를 찾기란 어렵지 않다. 센트럴파크에서 강도를 만난 적도, 다른 사람이 해코지를 당하는 것도 나는 본 적이 없지만, 등골이 오싹해진 경험은 허다했다. 조깅자들이 순환도로를 따라 열심히 달리고 있을 때에도, 멀리 먼지 뿌연 나무들 사이로 튀어나온 바위 위 높은 데에 앉아 있는 서너 명의 청년들이 숨을 죽이고 유심히 나를 쳐다보는 모습을 보긴 했다. 아마도 그들은 선글라스와 커다랗게 늘어진 모자 차림이었던 것 같다. 꼼짝 않고 누워서 바위에 기댄 채 손으로는 잭나이프를 만지작거렸을 그들의 모습에서는 조롱과 더불어 남들의 눈을 거부하는 세련미마저 느껴졌다. 한번은 잔뜩 긴장해서 걷다가 그 청년들을 향해 손을 흔들어보았다. 하지만 그들은 기가 차다는 듯 서로를 쳐다볼 뿐 아무 반응이 없었다. 돌 위에 길게 뻗었던 다리를 바꿔 꼬는 모습이 살짝 어색해 보이긴 했다.

시내는 온통 큰소리 투성이이다. 아니, 큰소리보다는 와글와글 윙윙대는 소리에 더 가까울지도? 맨하탄의 힘은 사자보다는 말벌에 가깝다. 그토록 엄청난 거대도시에서 관심사는 또 그토록 놀랍게도 자잘하고 개인적이다. 겉모습과는 무관하게 맨하탄은 지극히 인간적인 도시이다. 뜻밖이지만, 좋든 나쁘든 개인의 열망이 우선되는 곳인 것. 바로 이 때문에 다른 범지구적 도시들(내 견해론 파리와 런던만이 이 범주에 든다)과 달리, 자기 동료들과 달리 뉴욕은 수도가 되지 못한 게 아닐까. 이스트리버 옆에 UN본부가 서 있기는 하지만, 건물의 꼴조차 UN의 흐리터분한 정치색을 곧이곧대로 반영해 제대로 알아보기도 힘들다. 또 이곳의 도시정치는 어찌나 규모가 큰지 작은 공화국들의 국가정치와 맞먹을 법하긴 하다. 하지만 맨하탄은 제대로 된 정치도시가 아니다. 주정부나 연방 차원의 애국주의가 불거지는 일은 거의 없다. 주정부의 소재지도 멀리 올버니Albany이고, 맨하탄에서의 대화가 민주당의 내분이나 미소전략무기제한회담의 전망으로 빠지는 경우도 흔치 않다.

맨하탄 섬에는 산업이랄 것도 없다. 이는 사회학적으로 보든 미학적으로 보든 마찬가지이다. 빈 도시락을 들고 집으로 돌아가는 블루칼라 노동자도 거의 없고, 검은 연기를 맨하탄 하늘로 뿜어대는 공장도 거의 없다. 이 섬은 한결 세련된 일들로 먹고사는 도시이다. 투기업자와 자문단, 대리업자와 중개인, 해결사와 중간책들의 도시인 것. 세계 유수의 기업들이 이곳에 본사를 두고 있긴 하지만, 그런 기업의 종사자들은 대부분 머나먼 곳에서 일한다. 여기서 만들어지는 것은 부와 명성이지 철판이나 자동차가 아니다.

뉴욕의 스피드는 전설적이지만, 이제는 그다지 실체가 없는 게 아닌가 한다. 뉴욕의 비즈니스맨들은 이제 다른 대도시에 견주어 더 열심히 일하지도, 더 빨리 뛰지도 않는다. 뉴요커들은 개인사를 따지고 스스로를 분석하고 어떻게 반응할지를 검토하는 데 더 많은 시간을 쏟는다. 그러다 보니 비즈니스에 남겨진 시간은 늘 빠듯할 수밖에. 오토메이티드통상의 부회장님께서 서둘러 사무실을 나선다고 해서 그가 토유키 산업의 해외판촉국장을 만나러 가리라고 넘겨짚지는 마시라. 천만의 말씀이다. 그렇게 후다닥 나서는 것은 그저 브라이언을 만나 얼굴을 마주 보고서 간밤에 디스코에서 만난 에드가란 사람과의 사이에 벌어졌던 자신의 불미스런 행동에 대해 해명하고 싶어서일 따름이다.

 뉴욕에서 비즈니스를 하려면 다른 어디에서보다 자기 동료들의 주변 상황들을 잘 이해해야만 한다. 고심에 고심을 거듭하여 그들의 문제를 풀어줘야 할 경우도 있다. 마치 부족 특유의 문신처럼 감출 수 없는 표식이 있기도 하다. 이를테면 브라이언과 에드가는 바싹 깎은 머리, 문학지망생들에게는 치렁치렁한 콧수염과 캔버스 천으로 만든 신발, TV 스타를 꿈꾸는 아가씨들에게는 귀에 거슬리는 목소리와 콧소리 섞인 억양, 아이비리그 출신 중역들에게는 바지 주머니에 찔러 넣은 손 따위가 그런 것이다. 하지만 요행을 바라는 건 금물이다. 맨하탄의 분위기를 결정하는 것은 범죄나 주식가격, 화물선적표라기보다는 맨하탄의 복잡하고 감정적인 결혼 및 연애 생활(사회비평가들에게 무궁무진한 관찰거리를 제공하는 항목)이기 때문이다.

 인종과 신념, 사회계층을 불문하고 맨하탄 시민이라면 누구나 매력 만점의 이런 복잡한 연애 네트워크와 어떻게든 끈을 대고 있다. 마찬가지로 그런 네트워킹을 꼭 집어내는 데 실패하는 맨하탄 사람도 거의 없다. "절대 못 믿을 테지만 말이야", "절대 내가 말했다고 그러지 마", "그녀가 그렇게 단언했다니까", 그렇게 이어지는 온갖 수다와 잡담이 월스트리트의 클럽에서 할렘의 바까지 '가십의 도시'를 소곤대는 소리로 가득 메운다. 그 소리는 마치 고백과 확언의 밀물과도 같다. 밀려드는 자동차들처럼 끝도 없고, 걸핏하면 발아래의 철망 아래에서 들려오는 지하철의 덜컹대는 소리처럼 달그락거리는 그 소리들!

이건 동종교배 아닌가? 맨하탄에는 틀림없이 근친상간의 기운이 어려 있다. 물론 다양한 인종이 유입되며 완화되긴 했지만. 맨하탄이 원기왕성한 세계의 종마사육장이던 시절은 이제 끝났다. 엘리스Ellis 섬의 애수 어린 홀들을 지나 수백만의 새 시민들이 번식력 드높은 땅으로 나아갔던 것은 사실이지만, 이제 그 섬은 박물관일 따름이다. 인종학적으로 보아 맨하탄은 이미 한창때의 번식력을 잃어버렸다. 오히려 [캐나다의] 토론토에서 더 실감나게 이민자의 물결을 접할 수 있다. 오늘날 뉴욕의 이민자들은 예전처럼 모든 걸 걸겠다던 유형의 사람들이 결코 아니다. 먼저 진출한 친척들을 따라 합류한 푸에르토리코인들, 혹은 잭슨 고원Jackson Heights의 마약밀매업자들로부터 협동조합 식의 지원을 받은 콜롬비아인들이니 말이다.

옛 이민자들과 달리 이들은 불타는 해방감이나 헌신성에 크게 휩쓸리지 않고, 금세 맨하탄 모드로 빠져든다. "그러니까, 말했다시피, 에에, 제가 보고타 있을 때 알고 지낸 아주머니거든요. 그 아주머니가 저한테 말하길, "레온아. 너 이거 알아야 해. 내가 널 얼마나 좋아하는데. 근데 말이다, 후앙의 갓난애한테는 그런 문제가 있다니깐…" 그래서 난 이렇게 말해줬죠. "후앙 애새끼가 뭐 어쨌다는 거유? 응? 나하고 뭔 상관이냐고?" 그랬더니 그 아줌마 왈, "아이고 레온, 얘야. 내 말 좀 들어보렴…""

"자유에 굶주린, 지치고 가난한 어중이떠중이 대중들이여, 내게로 오라…" 가끔 이곳을 찾는 러시아 반체제인사 한 명이 최근 뉴욕에 다시 들렀다. 틀에 박힌 기자회견을 마치고 나면 그는 아마도 후다닥 CIA

에 정보보고를 하러 가거나 미국 어딘가의 교수직을 받으러 갈 터. 저기 물길 너머 뉴욕만灣의 자유의 여신상이 단호하게 외쳤던 숭고한 옛 정신의 상실, 이는 맨하탄이 확실히 절정기를 지났음을 뜻한다. 모든 도시엔 전성기가 있기 마련. 도시가 내건 목표를 이루고, 도시의 기상이 활짝 꽃피우는 순간 말이다. 맨하탄의 전성기는 대공황 때가 아니었나 한다. 빈민 노숙자들이 센트럴파크를 가득 메우고, 퇴역군인들이 훈장을 달고서 자유의 수호자들인 양 2차대전의 전장에서 돌아올 때가 그때였다. 그 찬란했던 시대에 이 조그만 섬은 대부분의 세계인들에게 멋진 꿈의 도시였고, 세계 어디서나 새 출발과 원대한 뜻의 상징으로 여겨졌다. 맨하탄은 [브로드웨이 뮤지컬의 대명사] 프레드 어스테어이면서 햇살 작열하는 크라이슬러 빌딩이었다. 지프Jeep 차와 [희극배우] 로버트 벤칠리가 곧 맨하탄이었고, 거지가 부자가 되는 곳, 언론의 자유, 라과디아La Guardia 시장市長, 로켓츠Rockettes 무용단이 곧 맨하탄이었다.

이쯤 되면 브로드웨이에서 향수물이 붐을 이루는 것도 당연하다. 당시는 '아메리카의 책임'을 말하기 이전, 즉 '순결한 아메리카' 시기였다. 산뜻하고 독특한 풍미의 그 무렵 옛 노래들이나 새로 문을 여는 고급 아르데코 가구점들은 한결같이 상실감과 후회를 표현한다. 유럽의 열강들은 곰가죽 모자의 사열대나 절그렁대는 기마부대의 행진으로써 옛 영광을 그리워하지만, 뉴욕에서는 [뮤지컬] '에인트 미스비헤이빙'으로써, 혹은 라디오시티 뮤직홀을 — 즉 맨하탄의 천재적인 예술성을 — 재단장함으로써 옛적을 되돌아본다. (라디오시티의 설계자가 관중들의 축제 분위기를 북돋우고자 환기구로 오존 개스를 내보냈다고도 하고, '폭소 개스'라고 불리는 아산화질소를 써볼까 생각했다는 말도 전한다.) 다행인 것은 채 300세도 되지 않은 이곳에 '옛 시절'이 발 빠르게 등장한다는 사실이다. 그리하여 제대로 된 '달콤쌉싸름한 맛'이 비교적 쉽게 자리 잡는 것. 맨하탄 부두의 귀부인들과도 같았던 옛 대서양 횡단선을 본 따 실내를 꾸민 어느 레스토랑은 내 가슴을 뭉클하게 했다. (그 실내 장식의 모델은 알고 보니 〈카로니아〉호Caronia였다. 아, 그 배의 진수식은 바로 엊그제 일처럼 내 기억 속에서 선명하다.)

당시의 기억은 이미 전설이 되었으며, 머지않아 신화가 될 것이다. 내 여행 인생에서 그 옛 맨하탄의 꿈만치 나를 자극하는 건 없었다. '어린 시절 꿈꾸던 '타이탄Titan의 도시'가 아닌가. 그때 현란한 마천루들이 앞다투어 하늘로 솟구쳤고, 그때 존 D 록펠러 2세는 현대판 마이다스처럼 록펠러 센터 건물의 계획안을 요모조모 따졌다. 그때 유명인사와 선상 기자들을 잔뜩 실은 거대한 대서양 횡단선이 으스대며 맨하탄 만을 미끄러졌다. 그때 억누를 길 없는 이민자들은 엘리스 섬에서 로우어이스트사이드로, 마침내 부와 야망의 땅 미드타운까지 애면글면 나아갔다. 그때의 기념비들은 아직도 대부분 남아 있으며, 엊그제 지어진 건물들과 마찬가지로 새로운 패션 감각으로 빛난다. 오늘날에도 간혹 이런 성공담을 듣게 된다. 돈도 친구도 하나 없이 폴란드에서 온 이후로 하루도 일을 쉬어본 적이 없다는 웨이터, 혹은 자기 어머니가 목에 이름과 직업, 언어를 쓴 명찰을 두르고 맨하탄에 내렸다는 얘기를 자신의 초고층 펜트하우스에서 들려주는 어느 유명한 출판업자 등의 얘기를.

록펠러 센터는 바로 이런 분위기가 생생하게 느껴지는 현장이다. 맨하탄의 핵심 구조물인 RCA 빌딩을 지은 레이몬드 후드는 뉴욕에서 가장 위대한 건축가가 되리라는 공공연한 꿈을 안고 맨하탄에 도착했지 않느냐는 질문을 받았다. "그대로 되었죠." 그는 그렇게 대답하며, 창밖으로 톱니 모양으로 우뚝 선 그 엄청난 건물을 내다보며 덧붙였다. "신의 힘으로 최고의 건축가도 되었고요." 격조 높은 허풍선이, 계시적인 비전, 막가파 식 기회주의, 무한한 자원, 바로 이런 게 록펠러 센터가 지어지던 무모한 시절에 록펠러 센터에 담긴 정신이며 곧 맨하탄의 정신이다. 노천 지하 카페가 스케이트장으로 바뀌는 겨울철이면 쏟아지는 조명 아래에서 어떤 이들은 비틀비틀 떠들썩하게, 어떤 이들은 화려한 기술을 뽐내며 스케이트를 탄다. 구경꾼들은 제멋대로 난간에 기대 그런 장면을 지켜보고, 왈츠 음악은 도시의 소음에 반쯤 잠긴 채 울려 퍼진다. 그럴 때면, 심지어 오늘날까지도, 나는 그 끝없는 확실성의 시대로 훌쩍 되돌아간 듯 느끼곤 한다.

그때의 확신은 사라졌다 해도, 그때의 능력은 남아 있다. 지상의 그 어느 마을보다도 더욱 많은 재능이 넘치는 곳이 바로 여기이며, 맨하탄에서 지내다 보면 이곳의 다재다능함이 나를 감탄시키는 경우가 왕왕 있다. 최근 팬엠빌딩에 들렀더니 마침 점심시간에 젊은이들로 구성된 오케스트라가 중앙홀에서 연주 중이었다. 맨하탄은 음악이 떠나지 않는 곳이기에 이런 행사는 흔한 일이다. 그런데도 그 연주는 내 상상력을 사로잡았고 내 감성을 마구 자극했다. 다른 어느 도시에서 이토록 가슴을 어루만지는 위안의 간주곡을 즐길 수 있으랴. 멋진 젊은 연주자들이 뿜어내는 화려하고도 충만한 오케스트라의 향연! 그들의 브람스와 비발디 연주에 달콤하게 녹아든 관중들의 눈빛! 돌과 쇠로 뒤덮인 그 건물의 한복판에서 음악은 놀랍도록 부드럽게 울려퍼졌다. 그 거대한 물질문명의 탑 속에서, 에스컬레이터를 따라 미끄러져 내려가며, 에어컨을 완비한 안락한 사무실들 속으로 속속들이 퍼져나가는 완화제처럼 말이다. ("정말 아름답게 연주하는군요." 나는 넘치는 기쁨을 억누르지 못하고 내 옆의 어느 사내에게 그렇게 말했다. 그런데 그 사내는 그야말로 맨하탄 식으로 거칠게 내 몽롱함을 산산조각 냈다. "아름답게 연주해야죠. 생각해 보세요. 경쟁이 얼마나 심한데요.")

대부분의 유럽 도시에서는 예술인촌이 사라졌다. 대형 주거단지나 순환도로 따위에 내몰린 것이다. 맨하탄에서는 보헤미아가 수많은 틈새에서 나름의 활력을 유지하고 있다. 맨하탄은 길거리와 카페의 도시이다. 거기서는 노골적인 짝짓기든 플라토닉한 연정이든 쉽게 관계가 맺어지며, 거기서는 젊은 예술가들이 외로움에 지치거나 하염없이 어둠 속을 헤매지 않아도 되며, 거기서는 그 어떠한 야망도 터무니없다는 손가락질로부터 자유롭다. 물론 맨하탄에는 가짜 예술가들도 넘친다. 현재 가장 잘나가는 예술인마을인 소호 지구에서도 쓰레기 같은 콜라주와 엉터리로 사포질한 호두들을 모아놓고 작품명 '중요한 타인 3'이라고 내건 것들을 허다하게 볼 수 있다. 하지만 맨하탄 섬의 보이지 않는 다락방과 싸구려 호텔, 개조한 고급주택에서는 수많은 진짜 예술가와 장인들이 시류에 편승하지 않고 엉터리들을 경멸하며 열심히 일하고 있다.

일요일 아침이면 나는 그리니치빌리지 입구의 워싱턴 광장에서 펼쳐지는 야외 서커스 구경을 간다. 떠돌이 악사와 아마추어 곡예사들은 관광객들의 눈길을 끌고자 전형적인 기술과 몸짓으로 무장한 원반던지기의 대가들 및 즉흥적 선전선동가, 체스 두는 사람들, 순회 광대, 흑인 차력사 등과 경합한다. 내가 늘 앉는 벤치에 앉아 이 화려한 세계가 펼치는 장관을 구경하다 보면 이따금 동업자 한 명이 눈에 띄기도 한다. **자기 벤치에 앉아 자기 노트를 펼쳐** 끌쩍이던 그와 눈이라도 마주치면 갈등이 인다. 어딘가 누추한 다락방에서 고생하는 예술가일 그에게 연민의 정을 느껴야 할지, 아니면 미래의 잘나가는 베스트셀러 작가일 그에게 질투를 느껴야 할지….

세상 사람들의 생각과 달리 뉴욕에는 성실한 사람이 참 많다. 그토록 박식다재한 도시이니 마땅히 그럴 법도 하다. 뉴욕은 오로지 창작에만 몰두하는 시인과 진지한 배우들, 잠시도 리허설을 쉬지 않는 음악가들의 도시이다. 작가들의 원고 다듬기는 계속되고, 유럽 전체보다 더 많은 수준급 피아니스트들이 밤마다(!) 뉴욕에서 연주를 펼친다. 다운타운 클럽에서 연기 나도록 건반을 두드리는 재즈 연주자, 블리커스트리트의 광적인 펑크 연주자, 미드타운의 관광명소에서 온갖 허세를 떨며 낭만적인 선율을 연주하는 이("실례합니다만 말로니 씨가 연주하는 동안 목소리 좀 낮춰주시겠습니까?"), 내년의 차이코프스키 콩쿠르를 위해 맹훈련 중인 특출한 학생 피아니스트, '오프브로드웨이'라 불리는 소규모 공연장의 뮤지컬 연주를 맡은 유쾌한 젊은 연주자, 제도권에 적응하지 못해 탈락한 연주자, 술에 절은 연주자, 쇼핑용 수레바퀴 위에 피아노를 싣고 다니는 거지 연주자, 그날 오후 링컨센터에서 콘서트를 하려고 콩코드를 타고 날아온 스타인웨이 피아노 연주자, 등등….

나는 뉴욕의 공허한 허풍에 절대 속지 않는다. 그렇기에 NBC의 '투데이 패밀리' 프로그램에서 얼빠진 진행자와 반항적인 상대자가 아무리 끔찍한 얘기들을 늘어놓아도 나는 무시한다. '인스턴트 인삼'을 파는 이들을 경멸하지도 않으며, 자체 회계감사에 가위눌린 천박한 편집자들이나 따분한 유명인사들의 무리에 현혹되지도 않는다. 맨하탄에서 '창조성'이란 단어는 어찌나 저질 취급을 받는 단어인지 쓰기가 주저될 정도이다. 외판원의 농간 혹은 눈가림 홍보로 통용되는 이 말을 어찌 좋아하리오. 그래도 뉴욕은 진정 창조적인 곳이다. 옛적의 대담한 스타일 측면에서가 아니라, 조용하고 자기성찰적이며 어물어물하지만 정직한 방식으로 창조적인 곳, 그것이 바로 오늘날 맨하탄의 방식이다.

코모도어 반더빌트 혹은 피어폰 모건은 고사하고 후드 혹은 록펠러 2세조차도 상상할 수 없었겠지만, 사실 1979년의 맨하탄은 살짝 구식 분위기이다. '타이탄의 도시'는 이제 무릎을 꿇었으며 결국 모든 게 가능하지는 않음을 인정한다. 멋진 건물이 더 많이 지어지기로는 이제 시카고가 으뜸이며, 놀라운 일이 더 많이 벌어지는 곳도 휴스턴이다. 공격적인 기업가정신을 찾으려면 도쿄나 프랑크푸르트로 가야 한다. 미래의 모습을 더듬어보려고 맨하탄에 왔다가는 허탕 치기 십상이다. 그런 면에선 싱가포르나 상파울루가 더 훌륭한 가이드이다. 위대한 상상력의 시대에 뉴욕 사람들은 당연하다는 듯 엠파이어스테이트빌딩 꼭대기에 비행선 계류 기둥을 설치했다. 거대한 최신 비행선들이 곧장 맨하탄으로 직행하도록 하려고 말이다. 하지만 뉴욕 JFK 공항에 초음속 여객기 착륙이 허용되는 데는 여러 해가 걸렸다. 그것도 마지못해서 내린 결정이었으니, 참으로 격세지감이다.

맨하탄은 가장 빠른 곳이 아니다. 가장 과감한 곳도 아니며, 심지어 가장 부유한 곳이 아니라고도 할 수 있다. 오늘날 이 도시의 에너지가 가장 잘 드러나는 곳은, 도시정부의 결정이 7년간 미뤄진 탓에 방치된 웨스트사이드 고속도로이다. 기둥 위의 고속도로는 누더기가 되어 폐허 상태이고, 기둥 아래로는 텅 빈 황무지와 트럭 주차장, 망가진 창고 따위만 을씨년스럽다. 자전거를 타는 사람들만 신나게 그 길 위를 달릴 뿐이고, 길 아래에서 찾을 수 있는 비즈니스의 흔적이라곤 상습적으로 그곳에 주차하는 링링 브라스, 바르넘, 베일리 서커스 등의 이름을 내건 대형버스만이 유일하다.

뉴욕은 1950년대와 60년대에 쇠퇴의 길을 갔다. 그때 맨하탄은 자유방임이 절대주의 이데올로기보다 나을 게 없다고 보기 시작했다. 그러면서 의문이 일었다. 속도도 약간 느려졌다. 약동하는 느낌도 잦아들었다. 거대한 배들은 더 이상 위풍당당하게 맨하탄 부두로 들어오지 않는다. 뉴욕의 공항들은 죄다 맨하탄 섬에서 멀었다. 수십 년 동안 맨하탄의 하늘을 종종 떠들썩하게 하던 헬리콥터도 이제는 마천루 숲 사이를 불안하게 누비던 기상천외한 쇼를 금지당했다. 영광의 시대가 저문 이후에 라디오시티 뮤직홀은 바우하우스의 눈살을 찌푸리게 만들었으며, 20세기 중반에 지어진 대부분의 맨하탄 건물들은 후드의 기준에 비추어 멍청하고 따분했다. 진정으로 독창적인 건물은 매우 드물며, 내 취향에 비추어 더욱 나쁜 일은 '스왜거swagger 빌딩'이라 불리던 멋진 건물들이 아예 지어지지 않았다는 것이다.

작은 것이 아름답다는 철학이 선풍적인 인기를 끌며 뉴요커들을 확 사로잡음으로써 새로운 절제의 분위기가 생겨났다. 요즘 뉴욕 시민들은 혁신적인 것을 맛보고픈 당신을 길모퉁이의 조그맣고도 우아한 폭포 공원으로 데려가거나, 그다지 짜임새는 없어도 잔뜩 공을 들여 사회학적으로 높은 멋을 자랑하는 '루즈벨트 섬'으로 인도할 터이다. 이제 맨하탄에서 경탄을 자아내는 건축의 조건은 온화함과 분별성, 나아가 수수함이며, 어마어마하다는 건 별 시답잖은 소리가 되고 말았다.

믿거나 말거나 **예스런 멋**의 시대는 그렇게 닥치고 있다. 필립 존슨이 최근 설계한 어느 빌딩의 꼭대기에는 체스터필드 소파의 등받이 같은 장식이 얹혀 있다. 옛 시절의 이미지는 놀랍게도 가장 역동적인 유기체인 타임스스퀘어의 A트레인 건물 벽면까지 기어오른다. 엄청난 속도로! 맨하탄은 더 이상 원자력 그 자체를 비판하지 않는다. 서서히 감속 중인 이 파워하우스에는 '핵무기 금지' 정도가 적당한 구호가 되었다.

이런 광경이 마냥 처량하지만은 않다. 내 눈에는 사랑스러워 보인다. 설령 뉴욕이 사람들의 경탄을 자아내는 힘은 잃었다 해도 대신 매혹시키는 능력을 얻고 있다. 여러 세대에 걸쳐 5번가 최고의 멋쟁이 매장이었던 본위트 텔러Bonwit Teller가 빌딩 개발 압력에 밀려 문을 닫았을 때 나는 마침 맨하탄에 있었다. 본위트의 마지막 날 나는 그곳에 들렀는데, 아, 어찌나 구슬프던지! 극악한 모자들과 차마 돈 주고 살 게 못되는 도자기, 허리띠, 구부러진 코트 옷걸이들 사이를 그야말로 마지막으로 꾸물꾸물 어슬렁대는 매장의 여점원들 눈에는 눈물이 그렁그렁했다. 한때 근사했던 물건들 가운데 고작 그런 나부랭이들만 남았고, 엘리베이터에서 한참 얘기를 나눈 한 늙은 손님은 거의 정신이 나간 표정이었다. "참으로 아름다운 게 내 삶에서 쑤욱 빠져나가는 느낌이에요. 뉴욕 한 덩어리가 말이죠. 내 몸도 한 덩이 뚝 잘려나간 느낌이라니까요." 그녀의 말이다.

다음 날 〈뉴욕타임스〉에서 본위트는 재빠르게 다른 곳에 여러 매장이 많다는 걸 알렸지만, 그래도 그 폐점 이벤트는 뉴욕의 심금을 울린 사건이었다. 감수성, 괴팍함, 얼 그레이 홍차, 이 모든 게 늙어가는 사회의 징후임에 틀림없지만, 그런 노화는 그 얼마나 우아한가! 물론 이 나이 어린 옛 뉴욕의 문화에는 진저리나고 간담을 서늘케 하는 것들이 많다. 폭력은 뉴욕에 내린 저주임에 틀림없다. 수십 만 시민들의 삶을 제한하고 도시 전역을 시들게 하고 있으니…. 이스트리버 분수의 기부자에게 왜 최근 분수가 작동 않는지를 물었더니 시체로 가득 차서 그런 거라고 대답한다. 맨하탄에서는 쥐보다 사람이 더 무섭다. 실제 통계로도 1978년에 쥐에 물린 사람은 201명인데 사람에 물린 경우는 764건이나 된다는 것!

노상강도, 재빠른 실천, 정도를 넘어서는 압력, 용납할 수 없는 악덕의 대명사인 맨하탄이지만 그래도 성숙기에 접어든 이곳이야말로 지구상의 도시들 가운데 가장 진정으로 문명화된 곳이라는 내 의견은 전혀 변함없다. 인류가 좋게든 나쁘게든 오류투성이 역사의 길을 따라 가장 멀리 나아간 곳, 그곳이 바로 뉴욕 아닌가. 그리하여 뜻밖의 곳, 예상 밖의 상황에서 뉴욕의 농익은 아름다움이 발현된다.

뉴욕 사람들은 입버릇처럼 말해왔다. 그곳이 마무리되면 멋진 곳이 되리라고. 이제 그 핵심은 이미 이뤄진 게 아닌가 싶다. 건물 허물기도 이제 마쳤고, 레고를 쌓듯 세워올리는 일도 마무리되었다. 젊음의 격정이 한창일 때도 그렇게 지나갔다. 어느 구역도 이민자들 탓에 매년 새 얼굴로 돌변하지는 않는다. 젤리가 굳듯 맨하탄은 굳어진 것이 아닐까. 오늘날 나이 어린 옛 뉴욕에 팽배한 느낌은 자기만족감이 아니라 아마도 일그러진 경험을 했다는 생각일 것이다.

우편번호 없는 맨하탄의 심장부 센트럴파크를 다시 들르는 걸 서

정적 마무리 삼아 이 에세이를 맺을까 한다. 하루는 조깅용 순환로를 벗어나 감히 호수 쪽으로 내려갔다가 벤치에서 쿨쿨 잠든 흑인 청년을 보았다. 그는 신발을 한 짝씩 양쪽에 가지런히 벗어두고, 두툼한 코트를 벗어 덮고 있었다. 유치원에서 놀이하듯 깍지 낀 손을 베개 삼고 있었고, 마치 마법에라도 걸린 듯 제깍제깍 조용히 숨을 쉬었다.

내가 보고 있는데도 잿빛 다람쥐 한 마리가 풀밭에서 폴짝폴짝 뛰어나와 그의 다리 사이로 해서 벤치 뒤쪽으로 가더니, 여느 다람쥐들처럼 온몸을 떨며 먹이를 씹어댔다. 그때 바로 그 순간에 소금기를 머금은 바람이 한바탕 휘몰아쳤다. 이따금씩 뉴욕의 골목길들 속으로 바다의 숨결을 거칠게 불어넣곤 하는 그 바람이…. 바람을 타고 날아온 낙엽과 꽃잎들이 벤치 주변에서 소용돌이치며 바스락거렸다. 다람쥐가 우뚝 동작을 멈추고 푸드득 떨더니 황급히 모습을 감추었다. 바람이 얼굴을 때렸던가. 흑인 청년도 눈을 떴다. 그리곤 멍한 표정으로 거기 서 있는 나를 보더니 느릿느릿 졸음 묻은 미소를 건넸다. 마치 그 순간에 떠밀리기라도 한 듯 나는 멍청한 말을 내뱉었다. "걱정 말아요. 섬이 정말 소음으로 꽉 찼네요."

"그렇네요." 청년은 아침잠에서 깨어나듯, 기지개를 켜고 온몸을 벅벅 긁어대며 말했다. "벌레로도 꽉 찼구요."

> 1970년대에 〈롤링스톤〉에 쓴 에세이들은 나중에 『행선지들』Destinations라는 한 권의 책으로 묶여져 나왔다. 그 잡지사와 옥스포드대학출판부가 공동 출간한 책이었다. 공동 출간을 맡은 두 출판사는 센트럴파크를 내려다보는 〈롤링스톤〉사 사옥에서 출판기념회를 열어주었다. 기념회 참석자의 절반 정도는 당시 풍미하던 '뉴에이지' 풍의 구슬, 부적 등 온갖 소품들로 잔뜩 꾸민 차림이었고, 나머지는 뻣뻣한 깃에 넥타이를 매고 핀스트라이프 정장을 걸친 차림이었다. 내 기억으로는 핀스트라이프 차림의 신사 양반들이 〈롤링스톤〉 측 사람들이었고, 옥스포드 사람들이 뉴에이지 옷차림이었다.

ch 21
남아공의 흑인과 백인

> 1970년대의 아프리카는 어디 할 것 없이 엉망진창이었다. 수많은 신생국들은 가난과 부패의 수렁을 헤치고 근대화를 이루고자 몸부림쳤다. 그야말로 역사적 혼돈 상태였다. 50년대에 처음 방문했던 남아공화국에서는 피부색이 다른 인종들끼리의 적대적 갈등이 막 생겨나는 실태를 실감할 수 있었다. 백인들은 전 세계의 손가락질에도 불구하고 아파르트헤이드apartheid([아프리칸스어로] '분리'라는 뜻)라는 엉터리 이데올로기를 내세워 자신들의 패권을 지켜내고 있었다. 그 덕분에 아프리카너[4] 백인들은 최고의 정치적 지위를 누렸고 영국계 백인들은 날로 불안해지는 장래를 걱정스러워했다. 그리고 흑인들과 유색인종들은 말도 못 할 무력감에 젖어 있었다. 〈롤링스톤〉지가 직접 현장에 가서 취재하라고 나를 그곳으로 보냈다.

남아공의 행정수도인 프레토리아를 굽어보는 높은 언덕, 거기에 둥글납작하게 쪼그리고 앉아 있는 기념물 하나가 드넓고 바람 거센 트란스발Transvaal 고원을 호령하는 장군 같은 모습으로 서 있다. 고지대 초원 위로 솟은 해발 1500미터의 고지이자 바다로부터 650킬로미터나 떨어진 이곳은 아프리카 대륙에서 가장 아름다운 곳 중 하나이다. 이곳은 또한 남아공 백인의 최고 성소이기도 하다. 마치 다리 기초 아래에 동전과 신문 따위를 파묻듯이 거대한 석조 기념비 안에는 정교한 정치적 장치인 아파르트헤이드를 합리화하는 이념들이 깊이 새겨져 있다.

---

[4] Afrikaner. 네덜란드 이주민의 혈통을 물려받은 남아공 백인들을 가리키는 말로서, 보어Boer인이라고도 한다. [역주]

일부 신비주의이면서 일부 경제학이고 또 속임수의 마술이기도 한 이 아파르트헤이드를 통해 하얀 피부의 인종들은 대륙의 최남단에서 흑인들에 대한 우월성을 지키고 있다. 한때 지구 절반의 주인님이었던 백인들은 이제 다른 정복지들에서는 물러났으나, 유독 남아프리카에서만은 끔찍하고도 장엄하게 솟구쳐 오른 흑인들의 저항을 짓누르며 자신들의 특권을 완고하게 유지하고 있는 것이다. 이 포어트레커Voortrekker['먼저 길을 낸 사람들'이란 뜻] 기념비가 그 완고함을 가시적으로 설명하고 있다. 코피kopje[남아프리카의 작은 언덕] 위에 서 있는 그 모습이 너무나 비타협적이어서, 마치 땅속으로 엄청나게 깊이 끼워 맞춘 듯해서, 또 아치 천장, 아치, 장식 계단 등이 그 기념비를 너무나 단단히 버티고 있는 모양이어서, 대재앙이 아닌 다른 어떤 것도 그것을 파괴할 수는 없을 듯 보이는 것이다.

이 기념비의 표면에는 '대이동' 장면이 묘사되어 있다. 해변을 떠나 이 멀고 거대한 고지대로 아프리카너 백인들은 자신들의 전설적 헤지라hegira[622년 마호메트가 메카에서 메디나로 이동한 사건]를 감행하였고, 목적지에 다다른 19세기 초 아프리카너만의 독립공화국을 만들고 자신들의 문화를 그 땅에 뿌리내린 것이다. 하지만 이런 액면이 전부가 아니다. 아프리카 내륙으로 깊이 물러나면서 아프리카너들은 바깥 세계의 가치들을 의도적으로 거부하곤 자신들의 신성한 땅에서 자기들만의 방식으로 살겠다고 결연히 선포했다. 특히 그들은 해안지대의 실용주의적 영국인들이 그들에게 강요했던, 신 앞에 인간은 모두 평등하다는 명제를 단호히 거절했다. 모든 인간이 평등하지는 않다는 것, 특히 남아공의 토착 흑인들은 열등한 존재로, 장작이나 패고 물이나 길어오는 자로 신에 의해 낙인 찍혔다는 것, 그것이 아프리카너들의 기본적 사고법이었다. 거친 내륙으로 깊이 더 깊이 향하던 우마차 안에서 비틀비틀 이루어진 아프리카너 열성분자들의 대이동은 그들과 그들의 조그만 나라를 추잡한 인종차별의 막다른길로 직행하게 만든 여행이었다. 엄청나게 번쩍이는 기상으로써 온갖 위험을 뚫고서 이루어진 그 여정의 결과 백인들은 흑인들에게 악마 같은 시선을 던지며 맞서게 되었고, 오늘날 그들의 나라 전체를 그 소용돌이에 휘말리게 만들었다.

이 기념비는 기도나 희생을 바치는 곳처럼 신비로운 건물이다. 아프리카너 인민Afrikaner Volk은 온갖 악의 세력들을 극복하고 저 높은 초원 위에 그토록 육중한 완성의 정점을 찍었노라, 그리하여 진정한 문명의 횃불을 이 야만의 땅에 전파하였노라, 그들의 주장은 그랬다. 실제 기념비의 실내에는 이를 입증하듯 꺼지지 않는 불꽃 하나가 모셔져 있다. 매년 한 차례씩 12월 16일 정오면 햇살 한 줄기가 건물의 높은 천장을 뚫고 거대한 석제 비석 위에 떨어진다. 마치 앵발리드에 있는 나폴레옹의 묘처럼 지하 묘실에 침침하게 서 있는 그 비석 위에 쏟아진 햇살은 화강암 위에 거대하게 새겨진 서약을 신비롭게 비춘다. "ONS VIR JOU, SUID-AFRIKA." 우리는 그대, 남아프리카를 위하여!

12월 16일. 1838년의 이 날, 500이 채 안 되는 아프리카너 군대가 나탈Natal의 피의 강 전투에서 2만의 줄루족 군대를 섬멸했다. 그렇게 신의 섭리를 경험한 아프리카너들은 12월 16일을 단순한 승전일이 아니라 영적인 책무를 되새기는 날로 기념한다. 기념비 안내책자에 따르면, 피의 강 전투에서 승리의 가능성은 1%밖에 안 되었는데도 이겼으니 통계적으로 보아도 이는 "이 승리가 신의 뜻이라는 믿음을 뒷받침한다"는 것. 여러 해가 지나면서 '아프리카너 나라'Afrikanerdom 그 자체의 역사적 의미가 이 어둠의 세력들을 꺾은 성스러운 승리 속에 깃들게 되었다. 포어트레커 기념물이 후대에게 이 복음을 영원토록 전하기 위해 건립되었을 때, 패배한 적들의 검은 피부색은 가시적으로 또 상징적으로 그 역사적 의미를 표현하였다. 백인이라는 것의 성스러운 특권은 흑인들을 살육함으로써 입증되었던 것이다. 신의 직접 개입에 의해 모든 통계학적 불리함을 극복하고서 달성된 그 살육에 의해서 말이다.

　이 거창한 건물 안에 서 있으면, 문명의 등이 유리 성물함 안에서 줄기차게 불타고 있는 가운데 그 주위로 온갖 전투와 헌신의 그림들이 우뚝 서 있고, 여닫이창에 와 부딪히는 높은 초원지대의 바람이 새된 신음으로 찢어지고, 높은 지붕창에서 떨어지는 빛줄기가 눈에 띄지 않게 다음번 기념일을 향해 스멀스멀 움직이는 걸 보노라면, 문득 이해가 될 듯한 느낌이 든다. 남아프리카의 아프리카너 정부가 그토록 초자연적 주술에 빠진 듯 흑인 국민들의 평등함을 한사코 인정하려 들지 않는 이유가 말이다. 포어트레커 기념물에는 화해를 위한 자리도, 반성을 위한 자리도 없다. 그것은 마치 '신들의 황혼' Götterdämmerung을 위한 무대장치 같다. 이 건물을 빙 둘러싼 벽에 조각된 [64개의] 우마차들은, 마치 피의 강 전투는 아직 끝난 게 아니라는 듯 방어진지를 구축하고서 눈을 부릅뜬 채 성소를 호위한다.

　이제 백인의 패권은 절정을 누리고 있다. 케이프타운의 국회에는 흑인이나 유색인이라곤 한 명도 없다. 유럽계 백인이 아니면 경제계나 정부에서 고위직에 오르는 일은 꿈도 꾸지 못한다. 인종차별과 제한책들이 어찌나 정교하고 전면적인지 일상생활의 모든 면에 파고들어 있으며, 인종간의 분리가 그야말로 절대적이어서 보통의 흑인 가족이 보통의 백인 가족과 친해지기란 거의 불가능하다. 이 체제는 본국의 엘리트들이 원주민을 착취하는 전통적인 식민주의가 아니다. **이들 모두가** 원주민이며, 이들 사이의 인종 간 서열은 역사와 종교 속에 깊고 단단하게 자리 잡고서 너무나도 자연스러운 게 되어버렸으며, 이 나라의 최고 부유층들로부터 역설적 지지를 받고 있다. 이런 부자들이 백인들에게 권력을 주었고, 그들로 하여금 자신들의 생활방식을 바꾸길 꺼리게 만들었다.

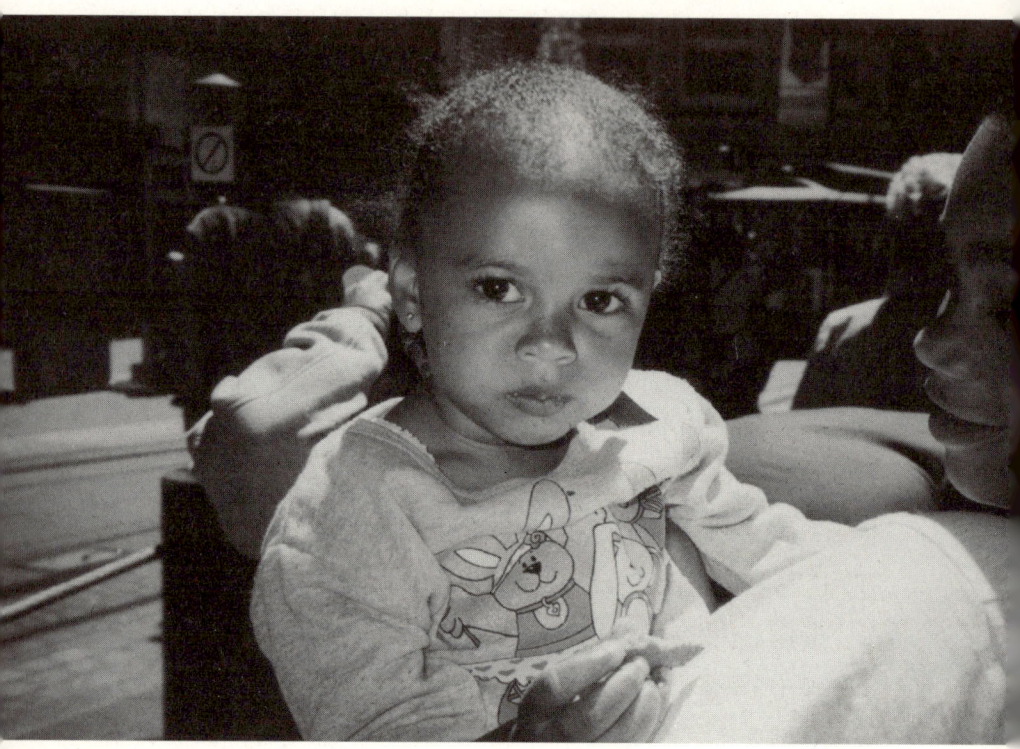

ⓒ김수련

남아공은 오늘날 가장 애타게 조마조마한 나라이다. 인종문제 때문에 영원히 바람 잘 날 없는 나라가 된 것이다. 뿌리 깊은 적대관계가 파국을 향해 곤두박질치는 듯한 요즈음 들어서도 아직 '그렇게 되었더라면 어땠을까'라는 가정법을 구슬프게 떠올려봄 직한 곳들도 이 나라에는 일부 존재한다.

특히 그리 멀지 않은 과거에 흑인, 갈색인 등의 유색인들이 의기투합하여 평형상태를 이루었던 듯했던 케이프Cape 주의 경우가 특히 그렇다. 케이프타운은 여전히 문명국가의 문명도시 같은 느낌이다. 샌프란시스코 혹은 시드니의 느낌도 살짝 난다. 갖가지 인종의 사람들이 거리를 활보하고 화분들이 곳곳에 화사하다. 교향악단과 수많은 서점들, 각기 다른 정치적 견해를 보이는 신문도 네 개씩이나 갖춘 곳이다. 가끔 구름을 이고서 우람하게 도시를 굽어보는 테이블Table 산은, 등산객들과 침울한 표정의 개코원숭이들의 발길이 끊이질 않는 곳이다. 인근 바다는 산유국으로 가는 순례길을 잠시도 멈출 수 없다는 듯 쉬지 않고 내달리는 거대한 유조선들로 늘 붐빈다. 그래도 지나가던 수도승들이 시주를 받기도 하듯 이 인심 후한 해변에서 날아오른 헬리콥터가 배에 편지와 약품을 실어나르긴 한다.

케이프타운에서 누릴 수 있는 더 좋은 것도 있다. 케이프 평원이 두 토이클루프Du Toit's Kloof 산의 정상을 향해 부드럽게 솟아오르는 비탈면에 펼쳐진, 케이프타운 북동쪽의 매력 넘치는 포도주 농장지대에서 무어라 형언하기 힘든 목가적 정취를 맛볼 수도 있을 것이다. 황홀하리만큼 멋진 대학도시인 스텔렌보슈Stellenbosch도 이곳에 있다. 네덜란드 풍 박공, 참나무들, 녹나무 가구, 눅눅하고 다채로운 냄새들의 도시인 이곳은 아프리카너 문화의 유서 깊은 고향이기도 하다. 산자락의 뽀얀 농가들이 정성스런 손길로 돌보는 리슬링, 스틴, 피노타지 등의 포도밭이 길게 뻗어 있는가 하면, 지도에서 발견하게 되는 본포이, 라우어리경 고개, 용커슈크 강, 보터라리 언덕 따위의 이름들에서 벌써 [목가적 이상향인] 아르카디아의 향취가 물씬 풍긴다.

하지만 이곳에서조차도 지저분한 길을 타고 올라오는 폭동과 유혈 진압, 탄압의 소문들이 파다하다. 백인들이 대다수 흑인 인구들을 억누르고 있으며 그에 따라 흑인들이 서서히 혁명을 향해 나아가고 있다는 게 오늘날 남아프리카의 피할 도리 없는 현실이며, 다른 모든 게 바로 이 사실 둘레를 맴돈다. 인종 갈등이 온갖 정치 활동과 경제 조치들을 좌지우지하며, 모든 대화를 사로잡는 주제가 된다. 그 그림자는 날이 갈수록 더 불길해지고, 날마다 그 징후들이 신문지면을 핏빛으로 얼룩지게 한다. '케이프타운 흑인지구에서 사망자 더 늘어.' '학생 폭동 또 일어나.' '과격 흑인 신문 창간.' '사제폭탄 공격으로 경찰 사망.' '흑인 시위대를 테러리즘법으로 기소하다.' '공산주의 활동 금지법으로 기소.' '국가보안법으로 기소.' '재판 없이 독방 감금.' '가택 연금.' '공민권 무기한 박탈.' 백인들의 도시 변두리에 철저하게 격리된 흑인 주거지구는 이제 온통 방화와 폭력의 흔적으로 어수선하다. 나라 전체가 불안에 휩싸여 신경이 곤두선 상태이니, 마치 벼락을 동반한 거대한 폭풍이 나라 전체를 집어삼킬 기세로 자라고 있으면서 간간이 길가에 폭우를 쏟아붓곤 하는 것 같다.

"흑인들이 화났다"는 건 남아프리카에서 아주 색다른 현상이다. 여러 세대에 걸친 모욕과 상처, 투표권도 재산도 없이, 저임금에 과중한 노동, 엉망인 주택과 형편없는 학교뿐인 거대하고 일률적인 불량촌에 갇혀 지내야 했던 그 숱한 날들의 역경에도 불구하고 남아공의 흑인 대중들은 지금껏 놀랍도록 온순하였다. 하지만 최근 몇 년 사이, 앙골라와 모잠비크로부터 흑인통일운동의 소식이 남하하면서, 또 흑인의식화운동이 드디어 젊은 아프리카인들의 상상력에 불을 당김으로써, 남아공의 흑인들도 전투적 성향을 노골적으로 드러내며 폭력에 기대기 시작했다. 그것은 마치 놀라운 수준이었던 대중들의 인내력이 드디어 임계점에 이르러 돌이킬 수 없게 된 듯한 상황이었다.

'아프리카너 나라의 대원칙'은 분노를 허용치 않는다. 그들의 아파르트헤이드는 근본적으로 신학이 가미된 지적 개념이었기 때문이다. 만약 유색인종이 백인과 통합되도록 허용한다면 결국 유색인종이 국가권력을 독차지해 국가의 성격을 근본적으로 바꾸리라는 게 아프리카너의 가정이다. 그래서 내놓은 대안이 남아공을 백인 자치구 하나와 흑인 자치구 여덟으로 쪼개는 것. 이렇게 분리된 각 지역은 경제적으로만 하나일 뿐, 정치, 사회, 문화적으로는 별개였다. 이 견해는 한때 미국에서 유행한 주거지분리segregation와는 크게 다르다. 애초 스텔렌보슈의 교수들이 이 개념을 내놓을 때만 해도 제법 고상한 듯 보이기도 했다.

하지만 학자들의 이상주의와 달리 정치가들은 이를 자기 편의대로 해석했다. 그들에게 아파르트헤이드는 백인 우월주의의 장치였다. 흑인 '홈랜드'[흑인자치구의 공식 명칭]로 지정된 곳들은 면적도 좁고 못 사는 곳이었으며, 실제로는 백인들 땅으로 할당된 방대한 부촌 지역에 흑인이 더 많이 살았다. 백인들에게 흑인의 노동력은 없어서는 안 될 것이었다. 흑인들은 모든 시민권을 영구히 박탈당하며, 써먹기 좋은 노예로 늘 거기 있어야 했던 것이다. 정치가들이 '대원칙'을 실전에 적용했을 때 이는 방대하고 터무니없는 인종 차별의 체계에 의해 뒷받침되어야 했다. 가장 저열한 본능이라고 할 인종적 편견을 합법화함으로써, 또 살아 있을 때처럼 죽어서까지도, 우표 살 때 그렇듯이 화장실 이용할 때까지도, 버스 탈 때도, 애정 표현에서도, 벤치에 앉아 시를 쓸 때도 흑인과 백인은 절대 떨어져 있어야 한다고 못박아버림으로써 말이다. 세월이 지나면서 이 모든 프로젝트는 눈에 띄게 기만적인 것으로 바뀌었다. 지난 번 인구조사인 1970년에 이르자 절반에 훨씬 못 미치는 흑인들이 흑인용으로 지정된 곳에 사는 것으로 나타났다. 오늘날 심지어 스텔렌보슈 이론가들 중에서도 이 모든 발상이 엄청난 실수라고, 거의 역사적 장난질이나 다름없다고 실토하는 이가 생겨날 지경이다.

하지만 아파르트헤이드는 마치 아무도 멈출 방법을 모른다는 듯 여전히 힘차게 시행 중이다. 그런 가운데 흑인들의 분노는 폭발을 향해 치닫고 있으며, 남아공 정부는 반짝이는 홍보책자와 정책 홍보 방송을 통해 이야말로 인종 발전의 '진정한 방법'이라고 꾸준히 떠들어댄다.

드라켄스버그 산맥도 넘고 오렌지 프리 스테이트Orange Free State의 드넓은 고지대 초원도 넘어 머나먼 곳, 비정한 겨울과 아름다운 꽃 만발하는 봄의 땅에 아파르트헤이드의 또 다른 피조물인 소웨토Soweto(사우스웨스트 타운십의 준말)가 있다. 두어 개의 분리된 도시들이 하나로 엮인 이 방대한 흑인 게토가 요하네스버그와 란트Rand 금광에 노동력을 제공한다.

이 세상 어디에도 소웨토 같은 곳은 없다. 마치 쓰지 않는 전시장이나 담장 없는 감옥, 집시들의 캠프, 공사장 가건물, 빈민굴 같은 곳. 인구 100만을 넘는 — 요하네스버그의 두 배 규모 — 소웨토는 아프리카의 대도시 중 하나이지만, 도무지 도시라는 느낌도 들지 않는다. 도심이 없는 탓이다. 흑인들의 초라하고 작은 흙벽돌집들이 수십 킬로미터씩이나 지루하게 이어진 기하학적인 선과 원호, 원을 따라 나무 한 그루 없는 초원 속으로 길게 뻗어 있다. 먼지 날리는 진흙길로 얼기설기 이어져 있는 각 지역들은 복잡하고 색깔도 없어 도통 구별이 되질 않고, 전체가 형태도 경계도 없는 한 덩어리로 보인다. 소웨토에는 초점이 없다. 오피스나 상점단지도 없고 대성당의 첨탑이나 텔레비전 송신탑도 없다. 마치 그 어디에도 가닿지 못한 채 늘 가장자리를 맴돌기만 할뿐인 그런 초췌한 꿈 같은 곳. 1976년 여름 소웨토에서 일어난 일련의 도시폭동은 남아공의 판도를 죄다 바꿔놓았다. 즉 이 거대한 흑인들의 저항이 심각한 지경으로 치닫고 있음을 깨닫게 한 것이다. 여기에서는 아파르트헤이드라는 구조 전체가 독재와 다를 바 없다고 여겨졌으며, 마탄지마 Matanzima[넬슨 만델라의 조카로, 아파르트헤이드를 지지한 정치가]와 그의 동료들은 엉클 톰이 아니라 반역자라고 낙인 찍혔다. 오늘날 소웨토에서는 흑인들의 역동성이 격렬하게 불타오른다. 백인이 이 지역에 들어오려면 '위험을 각오하고'라는 도장이 커다랗게 찍힌 특별허가증을 받아야만 한다. 치안을 담당하는 보안군은 마치 전선에서 핵심 적군의 동태를 살피듯 이곳을 주목한다. 이 초라한 미로의 깊은 곳에서 무명의 혁명가들이 활동 중이며, 소웨토는 작전 계획과 대결, 복수, 살금살금 다가오는 경찰 정보원들의 발걸음 따위로 부글부글 들끓고 있다.

몇 년 전만 해도 소웨토 흑인들은 그림자 인간들 같았다. 전통 춤, 축구 경기, 폭력적 범죄 등에 빠질 때를 제외하면 이들은 자신들만의 열렬함을 모두 잃어버린 듯했다. 낮에는 요하네스버그에서 무표정하게 허드렛일을 하던 이들은 밤이 되면 홀연 사라지는 존재였다. 하지만 이제는 사정이 아주 달라 보인다. 이제 이들은 요버그Jo'burg의 가게들을 거리낌 없이 드나들고, 공공집회에서 반정부 선동 발언을 서슴지 않으며, 폭동도 일삼는다. 이들은 더듬더듬 눈에 띄게 가난을 벗어나 현대적 고상함을 향해 이동 중이다. 나름대로 번지르르하고 놀라운 것들을 거느리면서 이들은 백인들이 설정해둔 경계선을 넘어서는 짜릿함을 이미 맛보고 있다. 소웨토의 흑인들은, 내가 아는 한 가장 재미없는 인간들인 남아공 백인들이 그토록 실망스럽게 결여하고 있는 재기발랄함과 재미, 반응성 등을 부여함으로써 이곳의 소금, 이곳의 활기로 자리 잡고 있다.

이 도시의 젊은이들은 일종의 혁명적 단결을 이뤄낸 최초의 남아프리카 흑인들이다. "우릴 가르칠 공산주의자는 필요하지 않아요." 소웨토의 한 열혈 청년활동가가 내게 한 말이다. "우리가 원하는 게 뭔지 잘 알고, 그걸 위해 뭘 해야 하는지도 잘 알아요." 이들은 마오주의자와 흡사한 만치 청교도들도 닮았다. 즉 이전 세대의 노예근성을 경멸하며, 자신들의 생활에 있어서도 엄격하고 열성적이다. 이들은 오래도록 흑인 비하의 상징이 되었던 소웨토의 밀주판매점들을 맹렬히 공격하며, 폭동의 희생자들을 위해 애도하는 소름끼치는 체제를 도시 전체에 도입시켰다. 젊은이 수천 명이 교육제도에 반대해 수업을 거부했고, 다른 수천은 근처 독립국인 레소토, 보츠와나, 스와질란드로 아예 넘어가버렸다. 수백 명씩 투옥되기도 하고 맞고 욕설을 들었다. 짐승 떼 취급을 당하고, 최루가스를 마셔야 했고, 비밀경찰에 의해 집에서 끌려나가기도 했다. 하지만 아파르트헤이트 기간 내내 이들은 모든 것을 바쳐 체제에 저항한, 거리의 폭력으로써 제도적 폭력에 항거한 첫 시민집단을 이루었다.

그렇다고 모든 게 고상한 이상주의대로만 움직인 건 아니다. 사악한 때도 있었다. 멀쩡한 흑인들을 위협하고 협박하기도 했다. 아이들이 두려움에 떨며 학교 밖으로 쫓겨나기도 했다. 무엇보다 오래도록 형용모순이라고 여겨져 온 '흑인 우월주의'가 불길하기 짝이 없는 탄력을 받고 준동하게 되었다.

1930년대의 인도 사태 관찰자들은, 비록 대영제국이 무력을 완벽하게 장악하고 있어도 그 저변에서는 이미 인도가 독립투쟁에서 승리했음을 깨달을 수 있었다. 지금은 남아프리카에서 그 같은 일이 벌어지고 있다. 이곳의 압제자들은 그 어느 순간의 대영제국보다 훨씬 무자비하지만, 이미 흑인 아프리카인들은 자신들의 승리를 실감하고 있다. '흑인들의 힘'Black Power이 대륙 전체를 휩쓸고 있으며, 전 세계가 만장일치로 그들을 지지하는 걸 목격하고 있다. 비록 남아공 백인들이 높은 계산대 저쪽에 우뚝 서 있을 때나 검사석에서 으름장을 놓을 때, 혹은 학교에 최루탄을 쏟아 부을 때는 꽤나 막강한 위세를 휘두르는 듯 보이지만,

그런 백인들이 실제로 그리 중요하질 않다는 걸, 전능하지도 않다는 걸 드디어 흑인들도 깨닫게 된 것이다. 백인들의 마법은 그들의 제국의 마지막 조각과 함께 홀연 사라지고 말았다.

이 새로운 흑인들의 자신감은 어딜 가나 눈에 띈다. 거리를 활보하는 젊은이들, 놀랄 만큼 거침없이 말하는 흑인 지도자들의 태도, 자잘한 아파르트헤이드 조치들이 — 치욕적일 만큼 부조리한 것들만 — 찔끔찔끔 허물어지는 실태 등 어디서나 확신에 찬 흑인들의 모습이 발견된다. "터무니없는 짓을 더 이상 당하고 살진 않을 겁니다. 절대로요." 한 흑인 젊은이는 내게 그렇게 다짐했다. 한때는 남아공 흑인들의 필수품이었던 통행증 따위 이제 갖고 다니지 않을 것임을 내게 힘주어 말하면서 말이다. 심지어 요하네스버그에서 내가 머문 호텔의 객실 담당 여종업원조차도 내가 지금 현재 그녀의 생활 상태를 물었을 때 단호하게 한마디로 대답했다. "**화나요.**"

형세는 뒤집히고 있다. 흑인 전사들에게 있어 이미 얻어낸 양보 따위는 같잖기 짝이 없다. 자잘한 아파르트헤이드를 느릿느릿 풀어주는 건 개뿔이라는 것. 별도의 화장실이나 따로 마련된 해수욕장 해변을 얻어내는 게 중요한 게 아니라, 실질적인 권력이 중요하다! 이제 흑인들은 단순히 백인들의 세계에 입장하는 수준을 넘어서서 그 세계를 뺏어오길 원한다. 신문지면은 테러리스트 훈련소, 맑스주의 사상에 심취한 학생들, 국경 너머의 비밀무기고 따위 기사들로 가득하다. 남아공 보안부대가 북쪽 국경지대에서 비밀리에 펼치는 작전 탓에 사상자가 발생했다는 뉴스가 비일비재하고, 그런 전투의 영웅들이 휘장이나 메달, 애국자 호칭 등을 부여받았다는 소식도 등장한다. 400만 줄루족의 지도자인 가차 부델레지Gatsha Buthelezi는 공공연히 전면적인 불복종운동을 선동하지만 아무런 처벌도 받지 않는다. 그는 나약해서가 아니라 강인하기에 대중들을 향해 외치는 자라고 자신을 소개한다. "나는 내 백성들이 내미는 우정의 손이지만, 동시에 그들이 거두어들일 분노의 손이기도 하다." 때로는 소웨토의 소요 참가자들이 백인들에게 '흑인의 힘' 경례를 시키고서 그곳으로 입장시키기도 하는데, 이는 아주 마땅해 보인다. 왜냐하면 흑백이 서로 불가항력으로 대치 중임을 서서히 깨달아가는 것이야말로 오늘날 남아프리카인들 모두가 — 흑백 가릴 것 없이 — 가장 뼈저리게 인정해야 하는 사실이기 때문이다.

여전히 온건한 흑인과 자유주의적 흑인이 존재하며 나아가 친백인 흑인도 있지만, 이들은 결단력도 모자라고 케케묵은 사람들인 듯 보인다. 타협론은 아무도 자극하지 못하며, 열변을 토하는 흑인 성직자들 가운데 중용 즉 화해의 길을 남자답고 멋진 방법이라고 역설하는 이도 없다. 예수라면 그런 일을 해내겠지만, 간디만 해도 남아공 흑인들에게 온건함이 최선이라는 확신을 주지는 못할 것 같다. 백인들(아무리 의식 있는 백인이라 해도)과의 협력을 주장하기만 해도, 애국심에 불타는 흑인 젊은이들로부터 지독한 대접을 받을 각오를 해야 한다.

이는 소수의 핵심에 의해 주도된 계획적 혁명이 아니다. 이건 마치 자연이 스스로 균형을 회복하듯 유기적으로, 지진처럼 엄청난 규모로 한창 벌어지고 있는 현상이다. 현행 추세라면 향후 20년 만에 남아공의 흑인 인구가 3,700만에 이르러 백인의 일곱 배 규모가 된다. "그렇게 되면 우리한테 무슨 일이 벌어질지 아세요?" 내가 한 정부 관리에게 남아공의 영원한 숙제에 대해 물었더니 그는 그렇게 반문했다. "저 바다의 품에 우릴 맡겨야죠, 뭐. 다른 수 있나요!"

그래도 남아프리카의 모든 미래는 여전히 그 꺼지지 않는 신성한 불꽃의 주인공인 아프리카너들에게 달려 있다. 이들은 여전한 집권층이며, 제트기와 자동화기도 그들 것이고, 흑인들과 화해책을 펼지 아니면 압제를 고수할지 선택함으로써 이 놀랍고도 처참한 나라의 미래를 좌지

우지할 사람들도 오직 이들뿐이다. 사안은 어마어마하며 — 누가 보스가 될 것인가, 흑인 아니면 백인? — 아프리카너들은 본능적으로 이게 자신들이 물려받은 몫이라고 생각한다.

아프리카의 모든 부락 중에서 가장 감당하기 힘든 걸 고르라면 바로 이 백인들의 아프리카너 부락이다. 이들은 아프리카인이라 불리기에 모자람이 없다. 북미 대륙에 백인이 가서 산 것만치 오래도록 아프리카 땅에 깃들어 살았기 때문이다. 이들은 진정한 부족민들이다. 자기 고유의 그리스도교 신, 독특한 풍습, 자기들만의 현란한 언어를 가진 이들. 일종의 '부엌 네덜란드어'인 이 언어는 18세기에 태어난 것이니 그리 오래되지는 않았지만, 지금도 눈에 띄게 고유한 언어로 남아 있다. 활기찬 문학작품들도 계속 늘어가고 있고, 포에이토그Foeitog("불쌍해라!")나 레딩스바지에 온더 유 시트플렉Reddingsbaadjie Onder U Sitplek("구명조끼는 좌석 밑에")처럼 멋진 어휘들을 거느리고 있다. 이들의 친족과 혈통 개념은 아주 엄격하며, 이들의 인민Volk 개념은 — 기존의 다양한 Volk 용법에 새로 덧붙여진 — 미국 헌법의 '국민'the people 개념을 훌쩍 뛰어넘어 뭔가 컬트나 형제애에 가깝다. 실제 '아프리카너 나라'에서 가장 내밀한 단체 하나는 브뢰더본드Broederbond[Brother Bond, 즉 형제간의 유대]라고 불린다.

아프리카너 인구는 250만밖에 안 된다. 이들은 지극히 폐쇄적인 공동체를 이루고 살아간다. 자기 문화의 계발, 자기 역사의 고취, 자기들의 민족적 목표 달성 등 모든 것이 지극히 자의식을 부추기는 과정이었다. 아프리카너의 역사에서 계획 없이 일어나는 건 거의 없다. 그것은 극단의 역사, 비약의 역사였다. 오로지 '분리'만을 향한 그 끊임없는 본능은 흐릿해지는 것, 섞이는 것, 겹치는 것 따위를 절대 허용하지 않았다. 지금까지 이 인민들은 이와 같은 비타협의 기술 속에서 번영의 길을 걸어왔다. 그 와중에 이들은 모든 단점들을 끝내 성공담으로 탈바꿈시켰다. 영국과의 전쟁에서 패한 뒤 이들은 뒤이은 평화를 이용해 판세를 뒤집어 버렸다. 숫자로는 흑인에게 압도되었지만 이들은 노골적 오만함으로 흑인들을 굴복시켰다. 자기들 중심의 사회를 장악하려는 혹은 고쳐놓으려는 온갖 시도들에 맞서 이들은 단호히 싸우거나 슬쩍 피해버렸다. 아프리카의 내륙 깊은 곳으로 떠나버림으로써, 자기들만의 회사를 세워버림으로써, 주도면밀하게 계산된 아파르트헤이드 장치들을 활용하면서 말이다. 이들은 아무 도움 없이 이 모든 싸움을 치러냈고, 아직까지는 줄곧 승리했다.

이제 모든 것이 위태롭게 되었으니, 그것은 아프리카너들의 신념 중 하나가 결정적인 실수였기 때문이다. 포어트레커 기념물의 신비주의 속에 아주 생생하게 묘사되어 있는 그 악의 세력들이란 게 결국 흑인은 **아니었던** 것이다. 신은 그런 뜻으로 말한 게 아니었다. 그들은 계시를 오해했다. 아프리카 흑인들을 영원히 억눌러야만 아프리카너들이 살아남을 수 있다는 확신에 찬 표정은, 이 용감무쌍해 보이는 겉모습의 인민들에게서 발견되는 유일하고도 치명적인 흠이 되었다. 그로부터 괴상한 게 생겨났다. 그들의 협량함, 그들의 불관용, 그들의 편견이 그들의 애국심과 종교에 그만 곁들여지고 만 것이다. 그게 그들의 사고를 혼란스럽게 했고, 그들의 장점을 거칠게 만들고 말았다. 비록 첫 300년 동안 그게 그들에게 큰 도움을 주긴 했지만, 앞으로도 더 지속될 것이라고 믿는 건 정말 터무니없는 짓이다. 포어트레커를 둘러싸고 있는 그 황소마차들의 원형 진지에 상징적으로 잘 표현되어 있듯 그들은 이제 마지막 마차에 매달려 있는 것이다. 이제 그들에게 물러날 곳은 없다. 또 영원히 싸울 수도 없다.

시간은 흐르고, 백인 우월주의의 거대한 구조물은 그 뿌리부터 흔들리고 있으며, 아파르트헤이드는 최악의 역사적 과오로 밝혀지고 있다. 역사의 힘이 이미 이 체제에 금이 가게 하고 있으며, 이런 분위기의

©김수련

힘에 떠밀린 흑인들은 목하 백인들의 세계로 밀려드는 중이다. 아프리카너의 마지막 저항군들이 공산주의자들의 말이라고 매도하는 '변화' 가 어쨌든 모든 정치가의 화두가 되었다. 인종차별 장치들의 종말이 눈에 띄게 확연해졌기 때문이다. 30년에 걸친 아파르트헤이드의 시대는 시간과 생명, 열정을 허비한 비극의 시대이다. 아파르트헤이드는 실패한 체제였다. 이제 모두 숨을 멈추고 이 숙명의 순간을 지켜보고 있다. 아프리카너들이 역사에 의해 밀려날 건지 혹은 이에 반항할지 아무도 모르기 때문이다. 다른 데서 무슨 일이 일어나든 이들의 명맥은 결국 살아남을지 모른다. 흑인들이 아무리 들고 일어나도 혁명에 의해 아프리카너 전부가 전복되진 않을 듯하다. 또 자본주의 서방세계가 자신들을 침략으로부터 구해주리라는 그들의 믿음이 틀리지 않을지도 모른다. 게다가 마차 방어진지의 기상은 여전히 아프리카너들을 자극하고 있다. 야만과 무신론, 공산주의와 미개한 것들이 그들의 마차를 불태우고 성소를 유린하더라도, 민족 전체가 스스로 제물로 바쳐지는 한이 있더라도, 끝까지 저항하라는 그 진지의 재촉에 떠밀려 꺼지지 않는 불꽃을 높이 들지도 모른다.

 하지만 이들은 결국 무너지고 말 것이다. 폭력에 의해서는 아니더라도, 그 체제가 저질러놓은 참상에 의해서 말이다. 이 나라의 삶을 허물어놓는 재앙, 그 가차 없는 위협에 의해서 말이다. 전 세계의 보이콧이 이들의 기를 꺾어놓을 테고, 스스로 확실하다고 믿었던 것들이 서서히 허물어짐에 따라 끔찍한 실수를 깨닫고야 말 것이다. 어느 흑인 할아버지에게 물어본 적이 있다. 왜 보스터 수상은 아파르트헤이드가 착오였다고 솔직히 인정하고 더 늦기 전에 새 출발 할 생각을 안 하는 건지? 그가 건넨 대답을 듣고는 정곡을 찌른다 싶었다. "왜냐면, 바보 같아 보일 테니까요."

 그건 그를 멍청해 보이게 할 것이다. 좀 더 정확히 말해 그건, 자존심과 성취감으로 가득하며 크게 영감을 받고 진정한 영감의 원천이 되던 그 모든 아프리카너 신화가 결국은 엉터리였음을 내보일 것이다. 마치 화창한 12월의 어느 정오에 그 신비의 햇살 기둥이 계산상의 실수 때문에 어이없게도 천장의 구멍을 그만 놓쳐버렸던 사태처럼 말이다.

> 30년이 흐른 지금 남아공은 흑인 정부를 갖게 되었다. 어찌 되었든 평화적인 정권교체에 성공한 셈이지만, 두 인종 사이의 진정한 화해가 실제 이뤄질지는 더 지켜봐야 할 일이다.
> 여러 차례의 남아공 방문 중 한번은 아파르트헤이드의 지적 산실인 스텔렌보슈 대학에서 극단적인 인종분리정책을 옹호하는 어느 지식인 집단을 만나러 차를 몰고 갔다. 내 렌트카는 지붕이 열리는 컨버터블이었는데, 아름다운 날씨와 따스한 햇살을 즐기느라 뚜껑을 열어젖히고 그야말로 눈부시게 대학 구내로 미끄러져 들어갔다. 건물 앞의 계단에서 나를 기다리는 그 단호한 이론가 양반들의 모습이 보였다. 벌써 불만으로 일그러진 표정들이었는데, 아마 뚜껑도 없는 내 차 라디오에서 당시 히트송이던 콜 포터[미국의 재즈 작곡가(1981~1964)]의 '러브 포에버 트루'가 꽝꽝 울리고 있었기 때문이리라.

4부 _ 1980년대

The 1980s

1980년대에 드디어 냉전이 끝났다. 베를린장벽이 뻥 뚫린 게 그 상징이었다. 그래도 80년대가 호락호락한 시대였던 것은 아니다. 아니나 다를까 중동에서는 여러 차례 분쟁이 일어났고, 포클랜드 제도에서는 영국이 저지른 마지막 제국주의 전쟁이 벌어졌다. 암살, 암살 기도, 무고한 사람들을 대상으로 한 인질극, 비행기 공중 납치 등 훗날 세계 전역을 뒤덮는 테러리즘이 정치의 한 수단으로서 처음 등장한 시기도 이때였다. 하지만 그 모든 게 나와는 한참 동떨어진 일들로 느껴졌다. 80년대에 내가 썼던 책들 덕분에 나는 한결 평화로운 곳들을 주로 다녔고 그 중에는 유토피아 같은 곳들도 있었다.

ch 22
난데없는 그리움에 떠밀려,
가상의 장소들로 가다

> 세상 만물이 돌아가는 꼴에 적잖이 당혹해한 나머지, 또 내가 글로 남겼던 곳들의 껍데기만 끌쩍거린 게 아닌가 싶어서, 80년대의 나는 이따금씩 가상의 장소들을 찾아 나서곤 했다. 당시 시간의 맥락에 비추어 실재할 것 같지 않은 그런 곳들 말이다. 가령 불쑥 밀려든 그리움에 떠밀려 안소니 트롤로프의 소설에 등장한 대성당도시 바체스터[5]를 찾아 떠났을 때는 잉글랜드의 서머싯 주에서 딱 그런 곳을 찾았다 싶었다. 바로 웰스였다.

22-1 웰스

내가 트롤로프 소설 속의 풍경들을 갈망했던 이유는 정확히 말해 그 풍경 자체보다는 거기 담긴 황금기의 신화를 맛보고 싶어서였다. 물론 나도 트롤로프 특유의 익숙한 풍경들을 기대했다. 너른 뒷마당 가득 종소리가 울리고, 대학 조정팀 사진 — 성가대 선창자였던 돌아가신 삼촌이 노 젓는 모습을 담은 — 아래에서 멋지게 나이 먹은 여인들이 차를 마시는 그런 풍경 말이다. 내가 원한 건 나무좀버섯과 장바닥의 양배추가 뒤섞인 내음 같은 거였다. 눈을 돌리면, 서둘러 가운을 걸치며 저녁 예배를 위해 뛰어가는 오르간주자와 성가대 지휘자의 모

---
5 Barchester. 트롤로프가 잉글랜드 남부의 가상의 전원지방을 무대로 쓴 '바셋셔Barsetshire 연작'의 한 편인 1857년 작 『바체스터 교회Barchester Towers』의 무대를 이루는 곳이다. [역주]

습이 보일 것만 같은 그런 정경. 하지만 서방세계 곳곳의 다른 낭만주의자들과 마찬가지로, 내가 그토록 고대했던 건 사실 옛 잉글랜드의 듬직한 위계일 따름이다. 신앙과 근면, 충성과 독립, 그리고 권위, 트롤로프는 자신이 만든 작은 도시에다 이 모든 전설적 요소들을 교묘하게 버무려 넣어둔 것이다.

웰스는 적어도 일부분이나마 그런 요소들을 흠잡을 데 없이 갖추고 있다. 금방이라도 유령이 나올 듯한(실제로 동굴학자들과 거대한 로마달팽이들이 불쑥불쑥 나타나는 곳이다) 멘딥Mendip 구릉지대에서 내려가다 보면 언덕 그늘배기에 자리잡은 웰스를 만난다. 내려다보이는 도시 풍경은 아주 아늑하고 천진해 보인다. 소음 드높은 고속도로로부터 훌쩍 떨어진 곳. 가장 가까운 기차역도 23킬로미터나 떨어져 있다. 10세기 이래 웰스는 줄곧 '도시'였지만, 마땅히 그러해야 한다는 듯 대성당['도시'이므로 '대성당'이 있는 것!] 종탑 주위로 옹기종기 모여 앉은 촌락의 모양새는 아직도 '넉넉한 크기의 마을'이라는 표현이 더 어울린다. 웰스 너머로 글라스톤베리 평원의 비밀스런 오르막 내리막들이 눈길을 끌긴 하지만, 이 도시 자체가 사람들의 첫인상에 모종의 신비로움을 새길 일은 전혀 없다. 소박한 서머셋 억양이 섞인 말투, 불그레한 건물들이 도시의 외관을 수놓는 그런 곳이다.

도심광장을 내려다보는 크라운 호텔에 방을 얻는 데는 1초도 걸리지 않았다. 목구조가 드러나는 낮은 천장에 꽃무늬 벽지를 바른 방이었다. 광장 한켠으로는 옛날 하수도로 흘러드는 도랑이 조잘조잘 흐르고 있었다. 또 페니리스 포치Penniless Porch 인근에 너무 오래 주차했다는 이유로 내 차에 2파운드의 벌금이 부과되는 데도 몇 초 걸리지 않았다. 페니리스 포치의 비딱한 아치로 내다보니, 거대한 잿빛 몸집의 대성당이 주차단속원과 위반자를 똑같이 인자한 시선으로 내려다보고 있었다.

*

또 대성당 주임사제를 만나는 데도 얼마 걸리지 않았다. 말 그대로 그 포치 바로 밑에서였다. 이튼스쿨과 옥스포드대학을 나오고 웰시 가드[6] 출신인 그는 단박에 눈에 띄었다. 나중에 대성당에 갔더니 사람들이 그를 '미첼 신부님'이라고 부르고 있어서 또 한 번 당황스러웠지만, 내가 그의 주임사제 신분을 왈가왈부할 일은 아닐 터. '땡전 한 푼 없는' 포치 아래의 '거지들 벤치'에 그와 나는 앉았고, 그는 쩌렁쩌렁한 목소리로 내게 인사를 건네고선, 지나다니는 주민들과 안부를 주고받느라 바빴다. "굿 모닝, 굿 모닝! 날씨 정말 좋죠! 어제 진짜 잘했어요. 당신이 없었으면 우리 어떡할 뻔했어요? 모닝, 사이먼! 모닝, 버트! 모닝, 존!"(이 존은 중세교회건축의 권위자인 존 하비였다!)

웰스 대성당의 주임사제는 참으로 바쁘다. 내게 보여준 그의 다이어리는 완전 빽빽했다. 그가 단호하게 '쉬는 날'이라고 표시해둔 목요일조차도 '법원사택 위원회 참석'이라는 메모가 갉아먹고 있었다. 성직자보다는 어느 극단 감독의 일정 같아 보였다. 그도 그럴 것이 오늘날 대성당은 단순한 사원이라기보다는 그 사회의 중심이자 콘서트홀, 관광명소이기 때문이다. 특히 웰스 대성당 같은 경우는 '전국적 관심'의 초점이기도 하다. 몇 년 전이었다. 대성당의 서측면이 무너져 내리면서, 그다지 빼어나진 않지만 확실한 중세풍 조각 작품들을 소장한 유일무이한 갤러리가 피해를 입었다. 문화재전문가 집단을 중심으로 한 피해복구 요청 운동이 일어나면서 웰스는 마치 베니스처럼, 살아남은 것 보다는 허물어지는 것으로 더 유명한 곳이 되었다. 우리 주임사제 신부님의 삶도 한 차원 더 복잡해졌고.

복원공사의 흔적이 너무나 역력하여 절로 '대성당의 주된 기능은 스스로를 뜯어고치는 거로구나' 싶었다. 건물은 가설비계로 뒤덮인 채,

---

6 버킹엄궁 경비대를 가리키는 말. 한편 스위스 가드는 교황청 수비대를 가리킴. [역주]

뚝딱뚝딱, 석공들의 망치 소리가 드높았다. 성직자복 차림에 우산을 든 주임사제가 비늘 모양의 사도상이나 대롱대롱 아슬한 처마돌림띠를 꼼꼼히 뜯어보는 모습도 자주 눈에 띈다. 서측문 밖에는 빅토리아 시대에 설치된 노쇠한 원통형 우체통이 하나 서 있는데, 여느 붉은 색이 아니라 밝은 파랑의 이 우체통은 기부금을 받기 위해 세운 것이다. 예배당의 굵은 역아치 아래에서는 매주 수차례씩 기금마련 행사가 벌어진다. (이 역아치들 자체가 복원 장치였다. 1338년 중앙탑이 약 3.6미터 정도 기우뚱해졌을 때 이를 받치기 위해 급히 덧댄 아치인 것이다.)

하지만 함께한 점심 자리에서 주임사제는 그런 건 아니라고 했다. "대성당의 진정한 쓰임새는 아직도 매일매일의 예배랍니다." 아무리 적은 사람이 모여도, 예배당 한켠 얼기설기 칸막이가 쳐진 성가대석에서 빠짐없이 예배를 드린다는 것. 지켜보는 이 많지 않아도, 이제는 이름만 남은 직함의 명예직들[7]이 주관하는 가운데 대성당의 유서 깊은 의식들이 계속되고 있다. 주임사제는 대성당 참사회의 퀸퀴 퍼소우니Quinque Personae를 여전히 집도한다. 프리스트-비카, 레이-비카, 대성당 참사회원들 및 성당지기들, 21명의 성가대원들 등이 모두 거기 모여 날마다 신앙을 확인하는 데 자신들의 재능과 힘을 바친다.

그의 말을 믿고 나는 그날 오후 저녁기도회에 들렀다. 사실 기도회에 들렀다기보다는, 그곳의 대부분 사람들처럼 나도 성가대의 좁은 입구 너머에서 기도회가 진행되는 동안 그 근처 실내를 두리번거리며 돌아다녔다. 실내의 어둑한 구석에서 나는 그 공간의 느낌을 만끽했다. 바스락대는 뽀얀 성가대복과 악보, 등불이 만들어내는 그늘, 성가의 흐름. 그건 곧 마법이었다. 거대한 대성당의 나머지 부분들은 모두 숨을 죽였다. 움직이는 거라곤 조심조심 발을 떼는 관광객 무리들뿐이었다.

---

7 the Baron of the Exchequer, the Chancellor, the Master of the Fabric, the Communar, the Chief Steward 등등.

마치 천상의 동그라미인 양 환한 조명 아래 동그마니 도드라진 제단, 바로 거기에 사제와 그의 참사회원들, 성가대원들, 그리고 몇몇 열혈신도들이 저녁 의식에 한창이었다.

성가는 레파토리 중에서도 가장 서정적인 S S 웨슬리[1810~1876]의 '너희는 그를 평화롭게 하라'였다. 참으로 감동적이었다. 희미한 불빛의 실내 가득 아름다운 노래가 울리는 가운데, 많은 관광객들이 묵묵히 기둥에 기대 귀 기울이는 모습, 혹은 비문을 해독하느라 곰곰 생각에 잠긴 모습을 지켜보는 일은 말이다.

"이제 가서 아빠 만나도 되요?" 서층문 근처의 대성당 가게에서 어느 아이가 묻는다. "금방 저 위에서 아빠 내려오실 거야." 곧 온다는 그 아빠는 기도회가 끝난 뒤 레이디 채플로 퇴장한 자원봉사자들 중 마지막 인물로서 오르간주자와 성가대 지휘자를 겸직하는 이였다. 그의 아내와 두 딸은 나와 함께 참사회관에서 북쪽으로 길게 뻗은 14세기의 멋진 2층 건물인 비카즈 클로스Vicars' Close 안에서 벽난로를 쬐며 기다리는 중이었다. 이 건물은 웰스 대성당 경내에서 '클로스'[울타리로 둘러막은 안마당 같은 공간]라는 이름값을 할 만한 유일한 곳이다. 바로 여기가 제대로 된 바체스터다! 벽난로 위에는 옥스포드의 풍경을 담은 판화 하나가 걸려 있고, 화덕 옆에서는 고양이 한 마리가 갸르릉댄다. 책, 악기, 군것질 거리, 친자노Cinzano 포도주 등이 곳곳에 눈에 띈다. 소녀가 말한다. "우린 운이 좋아요. 정말 예쁜 곳에 살고 있잖아요. 이 집 진짜 예쁘죠. 우리가 깨끗하게 치웠어요. 다 선생님을 위해서요."

그런데 그 동네에서 그 건물만이 유일한 음악적 건물이라고 할 수는 없다. 왜냐하면 텔레비전 카메라나 패키지 관광객들이 그 동네에 오면 웰스 대성당 경내 전체가 하나의 거대한 음악당처럼 느껴지곤 하기 때문이다. 대성당 오르간의 우르릉대는 소리는 하루 종일 귓전을 맴돈다. 어느 집의 열린 문틈 사이로 흘러나오는 '너희는 그를 평화롭게 하라'의 가락도 거룩하다. 마을 공원 근처의 낡은 잿빛 집들에서는 현악4중주나 트롬본 아르페지오, 딸랑딸랑 체르니를 연습하는 소리가 들려온다. 그 오르간주자 겸 지휘자께서는 한 연주를 마치자마자 후다닥 페니리스 포치 뒤의 중세 연습실에 올라가 성가대원들을 데리고 다음날 공연할 우드Wood의 C마이너 오르간 곡을 연습할 것이다.

    신앙이 웰스의 존재이유라면, 음악은 웰스가 가장 열심히 하는 것이다. 웰스 대성당 학교는 음악영재들에게 특별한 교육을 제공하는 잉글랜드의 세 학교 중 하나다. 13세기에 세워진 노래학교 하나가 그 기원을 이룬다. 물론 대성당의 음악 자체도 아주 프로급이다. 난 이처럼 상업적 경쟁이나 단체의 통제와는 훌쩍 거리를 두고 별 사심 없이 갈고닦은 테크닉이 아주 좋다. 날마다 거기서 모인다는 찬양 모임이 내게는 참으로 고결한 스펙터클로 보였다. 최선을 다한 연주는 아주 빼어났지만, 합창단 관계자 말고는 청중이 거의 없었다. 이런 신앙 활동이 내게는 수도원 생활이나 명상보다 더 풍성하고 진솔하며 더 **잉글랜드스러웠다**. 문득 이런 분위기는 지난 수천 년 동안 끊임없이 이런 대접을 받았을 그리스도교의 신들에게보다는, 돌의 신 혹은 라벤더의 신 등 내가 소중히 여기는 그런 신들에게 더 잘 어울리겠다 싶었다.

    비카즈 클로스를 떠나기 전에 아이들이 내게 자기들 사인북에다 뭔가를 써달라고 했다. 방문객은 누구나 그렇게 한다면서. 그래서 전엔 누가 사인을 했나 보려고 책장을 흥미롭게 앞으로 넘겼다. 바체스터의 사인북을 넘기는 사람이라면 누구나 그렇겠지만, 난 당연히 정치인, 고관, 법조인 등의 이름을 기대했다. 그런데 웬걸! 모든 손 글씨들이 죄다 음악인들, 즉 작곡가, 연주자, 그리고 요즘 웰스 대성당 경내를 부단히 행렬을 이뤄 웅성대며 지나다니는 음악선생님들 것이었다. (그들이 얼마나 재치 넘치는 글들을 썼는지 넘겨보던 나는 그에 버금가게 핵심을 찌를 재간이 없어, 그냥 대성당 그림을 두엇 그리는 걸로 대신했다. 아이들이 친절하게 말해주었다. "선생님께서는 그림 못 그린다 그러실 줄 알고 글 써달라고 그랬더니…. 선생님은 진짜 멋진 분 같으세요.")

잉글랜드스러움이라는 신화의 핵심을 이루는 충성스러움은 물론 웰스 대성당 및 그 둘레의 풀밭, 정원, 오랜 돌덩이 등 전체적인 짜임새 그 자체에도 잘 구현되어 있다. 천 년의 세월 동안 이곳이 이렇게 짜여지도록 하는 데 이바지한 웰스 사람들의 공이 쌓인 결과인 것이다. 그래서 이 조그만 마을을 무슨 거대한 토템이나 페티시처럼 집단 소유하고 있음으로 인해 이곳 주민들의 공동체의식 혹은 동지애가 크게 드높아졌겠거니 싶었다.

내 생은 그랬다. 이런 건물과 사랑에 빠지는 게, 또 평생 싸목싸목 그걸 알아나가는 게, 혹은 좀 더 실용적으로 말하자면 그걸 거기 잘 있도록 지키는 게, 얼마나 자연스러웠을까! 그런 영속적인 구조물의 그늘 아래에서라면 인생의 일시적인 처참함도 금세 지나가 버리지 않겠는가! 내가 그런 생각을 말했을 때 대성당의 수석장인 Master-Mason은 알 듯 말 듯한 웃음을 지었다. 그는 참으로 실용적인 사람이다. 호기심 많은 소년 시절 그는 대성당의 매력에 빠진 나머지 큰 홍역을 치렀다. 경내의 어떤 금지된 틈새로 기어들어가 헤매는 바람에 그곳이 얼마나 무한히 복잡한 곳인지 온몸으로 체험한 것이다. 뜻밖에 나타나는 복도나 감춰진 지하도, 외진 납골당과 안뜰 회랑까지, 이제 그가 모르는 구석은 없다. 그의 정원과 사무실은 늘 건축가와 복원 전문가들, 석공과 회계사들, 측량관과 건축설비업자들의 발길로 붐볐다. 지난 세월 동안 늘 그랬듯이 이들은 이 성스러운 구조물을 보살피기 위해 끊임없이 드나드는 것이다. 그는 마치 어느 전함의 노련한 하사관 같다. 그의 숙련된 눈길 아래 배 위의 모든 일상사가 진행된다. 그의 배가 미끄러져 가는 걸 얼마든지 지켜보도록, 사람들을 다리 위에 남겨두고서(마치 그 저녁기도회의 성가대원이나 성직자들처럼) 말이다.

참, 시계 장인을 빼놓을 수는 없다. 웰스 대성당에서 가장 사랑받는 물건 가운데 하나는 교회건물 북쪽 날개의 중세 대형시계다. 대성당은 이게 여전히 작동하는 시계로는 유럽 최고最古의 것이라고 주장한다. 15분마다 네 명의 작은 말 탄 기사가 나와 빙빙 돌면서 창을 휘둘러 서로를 나무 말에서 떨어뜨린다. 한편 잭 블렌다이버라고 불리는 무표정한 인물은 근처의 벽 높은 곳에 무뚝뚝하게 앉아 그때마다 손에 든 망치로 종을 치고 발길질로 두 번 더 친다.

매일 아침 8시 반쯤 하이스트리트를 어슬렁거리면 이 시계 장인이 그 사랑스런 시계에게 밥을 주러 가는 걸 볼 수도 있다. 그의 아버지도 이 일을 했고, 그의 아들도 틀림없이 그의 뒤를 이을 것이다. 이보다 더 자랑스러워하는 노동이 또 있을까. "저기 잭 영감님 계시네." 시계 지지탑으로 올라가는 문을 따면서 그가 벽 위의 유서 깊은 나무인형을 올려다보며 애정 어린 목소리로 얘기한다. 역아치로 짜인 구조물 사이로 텅 빈 신도석 쪽을 내다보며 좁은 나선형계단을 올라간 그는, 마치 보물함을 열 듯이 시계장치의 거대한 유리문을 연다. 이 시계는 빅토리아 여왕 시대의 물건으로서, 원본은 런던 사우스켄싱턴의 과학박물관에 보관 중이다. 시계 장인의 칭찬은 끝이 없다. 놀라운 장인정신! 놀라운 정확성! 저 태엽들 좀 보세요! 태엽 손잡이가 얼마나 잘 도는지 느껴 보시라고요! 난 그의 기분을 단박에 알 수 있었다. 그 위에선 모든 게 놀랍도록 '손수 만든' 느낌이었다. 옛 나무와 다듬어진 돌들이 한데 어울려 자아내던 그 풍성한 느낌. 번쩍대는 그 정교한 기계장치의 재깍거림, 또 발밑으로 펼쳐진 그 아름답고 멋진 대성당의 공간까지.

"우리 인생의 **모든 게** 이런 느낌이라면, 아, 얼마나 좋을까요?" 내가 말했다. "좋고 말고요." 힘들게 태엽을 감은 뒤 다시 외투를 걸치며 그가 말했다. "하지만 공을 들여야 한다는 거, 아시죠? 얘는 스스로 돌보는 놈이 아니거든요! 이리 와서 저 밑을 보세요." 그가 가리킨 조그만 나무막대 아래를 보니 원판 위에 네 명의 그 기사들이 얌전히 서 있었다. 15분 뒤에 펼쳐질 다음 창 겨루기까지 멍하게 서서 쉬고 있는 것이다. "저 밑의 저 녀석들, 정말 공 들여 돌봐야만 해요. 얼마나 잘 망가지는지, 말도 못해요. 하긴 망가질 수밖에요. 때만 되면 창으로 서로 그렇게 때려대잖아요. 그렇게 치고 박는 놈들이 영원히 변함없을 수는 없지 않겠어요?"

희한하게도 난 그 대성당이 교회가 아닌 그 마을의 자산 같이 느껴졌다. 주교, 주임사제, 참사회원 등은 왔다 가지만, 상점 주인과 사업가, 농부들, 심지어 매주 웰스 시장으로 트럭이나 가판대를 끌고 오는 잡상인들까지 모든 마을사람들은 이 위대한 건물과 함께 자신들의 삶을 꾸려간다. 그리하여 대성당이 자신들의 일부를 이룬다고 느낄 것임에 틀림없다. 웰스에는 성聖커스버트 교구교회도 있는데, 이 또한 아주 멋있어서 관광객들은 종종 이를 대성당으로 오인하기도 한다. 또 웰스에는 부유한 지주들도 제법 있고, 소기업들이 꽤 번성하고 있기도 하다. 하지만 웰스의 모든 길은 페니리스 포치 너머의 그 유구한 건물을 우러러보고 있으며, 모든 골목은 거기로 통하며, 모든 대화가 그곳과 관련된 듯 느껴진다.

웰스 시민들은 스스로를 '웰렌시안'Wellensian이라는 복잡한 이름으로 부른다. 웰렌시안들이 이 클로스의 존재를 얼마나 애써 지키려고 하는지를 알아보고자 난 신문사 편집자를 찾아갔다. 웰스의 거의 모든 게 그러하듯 그의 사무실도 대성당에서 몇 발짝 떨어져 있지 않았다. 거의 스타the Star 맞은 편, 그러니까 실망스럽게도 중국 음식점으로 바뀌고만 킹스헤드에서 길을 쭉 따라 올라간 곳이었다. 신문사는 곧 보다 현대식 건물로 옮길 예정이라고 했지만, 당시는 하이스트리트의 수상쩍게 낡고 우스꽝스런 건물에 입주해 있었다. 곧 넘어질 듯 불안해 보이던 그 건물은 마치 어느 버려진 대저택의 주방 같은 꼴을 하고 있었다. 그곳에서 울려대던 식자기 소리는 얼마나 영악스러웠을까! 128년에 걸쳐 〈웰스 저널〉이 그 지역과 시장을 불편부당하게 살펴오는 동안, 얼마나 많은 음모와 복수, 빈정거리는 말들이 그 지면을 장식했을까!

"아, 그렇죠." 편집자는 비꼬듯 말했다. 웰스에서는 가십 혹은 논란이 모자라는 법이 없었다. 이들 웰렌시안은 이를테면 독립교회파의 분위기를 풍기는 사람들이다. "주교님이 해자의 야생 오리들을 쫓느라고 창문에서 총질을 해댔을 때 어떤 소동이 벌어졌는지 아세요? 고풍스런 주임사제관 뒤에다 최신 유행의 줄무늬 콘크리트로 그 험악한 참사회원용 건물을 지었을 때는 또 어땠고요! 아, 물론이죠, 웰렌시안들은 성직자들이 '저 높은 데서' 뻐기는 분위기를 곱게 봐주질 않아요. 교구의 성곽이 마을사람들의 공격에 맞서기 위해 세워진 건 아니지만, 가끔 그렇게 느껴질 때가 많죠."

올더먼Alderman[시의회의장]도 그런 진단에 열렬히 동조했다. 마을사람들 모두 그를 '논란투성이 올더먼'이라고 불렀다. 그는 불같은 성격의 웨일스인으로서, 스완지 골짜기의 낙하산연대에서 잔뼈가 굵은 인물이었다. 그는 시장으로 재임하던 기간 동안 철저한 보존론자의 입장을 취해 대성당 측과 심한 갈등을 빚었던 바 있다. 그는 내게 그때의 소란스런 분위기를 생생하게 들려주었다. 그때 뽕나무를 베어버린 주임사제를 고소하겠다고 협박했었지, 아마? 어느 시의회 행사 때 주교의 도착이 늦어지자 의원들에게 그 양반 없이도 그냥 자리에 앉으라고 지시했던 게 바로 그였다지, 아마? 그 올더먼은 정말 싸움닭 같은 인물임에 분명해 보였고, 난 얼마나 불꽃 튀게 싸우는지 직접 보고 싶어서 그가 어떤 싸움에 한번 휘말려주었으면 하고 바라기도 했다. 하지만 그런 일은 없었다. 비록 그가 내게 잘못된 하수도계획에 대해 심금을 울리는 설명을 하긴 했지만, 당시 웰스는 너무 잠잠했다. 그래서 그의 말투도 좀 실망스러운 듯 들렸고, 나도 그랬다. 결국 당장 싸움이 벌어지고 있지 않는 바체스터는 바체스터가 아닌 것이다.

혹은 미시즈 프라우디Mrs Proudie가 없는 바체스터는 바체스터가 아니라고 해야 할지도 모르겠다. 드디어 주교 교구에 다다랐을 때 난 이번 순례가 실패로 끝났구나 싶었다. 신앙심, 근면, 충성, 자존심, 그런 건 웰스에서 틀림없이 느껴졌다. 그렇지만 낭만주의적 잉글랜드라고 하면 결코 빼놓을 수 없는 것, 즉 권위의 느낌, 너무나 드높아서 감히 어찌할 수 없는 기성질서의 느낌은 사회변화와 역사적 필연의 바람을 맞고 어디론가 사라지고 없었다. 트롤로프의 이야기 속에서 옛 질서는, 주교직을 맡은 어느 특정 인물이 아니더라도 그 주교의 복장과 분위기, 그의 특권 따위로 멋지게 두드러지던 그의 공직에 의해 대변되고 있다. 그렇지만 물질적 풍요와 영적인 넉넉함으로 장엄한 활력을 갖추었던 전통의 성공회 주교, 그런 꿈속의 위대한 인물상은 대영제국을 세운 인물들이나 높다란 중산모 차림의 역장 등을 뒤따라 훌쩍 사라진 지 오래였다.

웰스의 주교관은 모든 주교관 중 가장 찬란한 건물일 것이다. 별도의 해자, 별도의 성곽, 별도의 숲과 공원을 거느린 채 이 건물은 대성당 옆쪽의 웰스 변두리에 서서, 녹지대를 가로질러 멀리 서머싯 깊숙한 곳을 내다보고 있다. 진짜 무슨 요새처럼 생긴 건물이다. 거대한 연회실은 이제 그림 같은 폐허로 전락하고 말았지만, 그래도 이 궁전은 엄청난 장관임에 틀림없다. 여러 종류의 오리들이 해자의 물 위를 떠다니고, 백조들은 자기들 먹이를 내놓으라고 교묘하게 수문조절실의 종을 두들긴다. 궁전 자체는 널찍한 마당에 당당하게 우뚝 서 있다. 늘어선 기둥이 인상적인 거대한 식당, 훌륭한 도서관 하나, 개인 예배당 하나까지 갖추고 있는데, 이 예배당에서는 최근까지도 주교와 그의 가족 및 하인들을 위한 찬양예배가 매일 거행되었다는 증언을 들을 수 있다.

그러나 미시즈 프라우디처럼 아주 장엄한 인물이 궁전 정문에서 우리를 맞이하지는 않는다. 사실 정문에서 인사하는 사람은 아무도 없다. 바스와 웰스 주교는 이제 이 건물의 북쪽 날개 부분에 기거할 뿐, 나머지는 각종 회의나 여러 다른 활동들에 쓰이고 있기 때문이다. 벽난로 위에 벗어둔 금빛 찬란한 주교관이 지켜보는 가운데 거대한 둥근 천정 아래에서 주교님의 식구들만 달랑 앉아 식사하던 시대는 이제 지나갔다. 개인 예배당에서 날마다 열리던 예배도 이제 사라졌고, 그곳은 오늘날 주교 혼자서 기도하는 곳이 되었다. 주교님을 알현하러 걸어가던 그 길을 옛 성직자들은 절대 못 잊었으리라. 궁전의 길고 웅장한 복도를 밟아 전임 주교들의 초상화가 걸린 침침한 회랑을 지나 거대한 서재의 문을 조심스레 밀면 거기, 빽빽하게 꽂힌 신학서적들을 배경 삼아, 지독스런 집중력으로 책장을 넘기는 주교님의 모습이 나타났으리라. 하지만 이런 압도적인 분위기의 알현 길도 이젠 영영 사라졌다.

주교님은 이 모든 사라진 것들을 날 위해 직접 떠올려 주었다. 그는 지금 자신의 전혀 프라우디스럽지 않은 아내와 보다 겸손하게 살고 있다. 미끈하게 잘 꾸민 그 북쪽 구석의 거처에서의 삶은 물론 보다 현명하고, 아마도 보다 그리스도교인다운 것이리라 여겨지지만, 틀림없이 그리 인상적이지는 않다. 교회감독관들이 만들어준 창백한 나무가구들로 구성된 그의 새 서재 책꽂이의 꼭대기에는 뜻밖에도 레위기나 [마태복음의] 산상설교의 문구들이 아니라 알프레드 국왕[8]의 말이 새겨져 있었다. 주교님이 내민 방명록에 서명하며 보니, 내 바로 앞에 배우 피터 오툴[영화 〈아라비아의 로렌스〉의 주인공]의 사인이 있었다. 그의 차는 로버였는데, "이렇게 좁은 서머싯의 도로에서 추월할 때, 정말 축복받은

---

[8] King Alfred. 9세기에 서머싯 지역에서 덴마크의 바이킹 침략자들을 격퇴시킨 잉글랜드 국왕. [역주]

차"라는 것. 정말 현대적이고 실용 위주인 이 주교관의 분위기와 얼마나 잘 어울리는 말인가.

주교관의 중심부에서 보면, 시대는 이미 바체스터를 추월한 듯하다. 위풍당당은 이 궁전을 떠났다. 수많은 사람들이 무리지어 회의장 시설을 오가며, 둥근 천장 아래 매점 탁자에서 간단한 점심을 먹고 있다. (여전히 주교관은 우람한 금빛으로 번쩍이고 있지만, 뭔가 좀 번지수를 잘못 찾은 듯한 모습이다.) 정원은 자주 대중에게 개방되며, 낮이면 거의 어김없이 관광객들이 해자를 지나 정문 위를 어슬렁거리는 모습을 볼 수 있다. 거대한 정문을 밀고 들어가면 그 안에 (내가 보기엔) 부당하게도 '주교님 사저이므로 출입을 금합니다'라고 써붙여 두었음에도 불구하고 말이다.

이런 변화를 현재의 주교와 그 부인보다 더 설득력 높게 표현해낼 사람이 어디 있을까. 여느 주교와 그 부인처럼 아주 겸손한 개인 정원의 한쪽 구석에 앉아 그들은 음미한다. 그곳의 모든 초록과 회색빛을, 그 고색창연한 성곽의 길고 침착한 빛깔을, 나무들이 만들어내는 부드러운 곡선과 늘어진 능소화 넝쿨을, 마치 터너의 그림처럼 폐허가 된 연회실을, 저 너머 고요한 대성당의 높은 건물들을. 하지만 예전 같지는 않다. 나는 워낙 고풍스런 기질의 웨일스인이지만, 때로는 웨일스의 엄격함을 잊고 우리의 놀라운 이웃 잉글랜드를 돋보이게 하던 그들의 막무가내로 멋진 확신이 그리워지기도 한다. 이런 식의 잉글랜드에 대한 향수를 가지기에 충분할 만큼 나이를 먹은 탓이기도 하지만, 나는 그 화려한 허세와 멋 부림이 참 그리웠다.

왜냐하면 한때 우리의 상상력을 사로잡았던 게 바로 그런 자부심, 트롤로프의 성직자들이 보여주던 콧대 높은 자세였기 때문이다. 좋건 궂건 간에 이젠 이 모든 게 사라졌다, [대영제국의 식민지 중심도시였던] 심라Simla나 싱가포르에서처럼 바체스터에서도!

22-2 샌프란시스코

> 내가 찾아 나선 둘째 가상의 장소는 샌프란시스코였다. 샌프란시스코는 내가 오래도록 일종의 이상도시로 여긴 곳이다. 1980년대에 샌프란시스코 지역신문인 〈이그재미너〉가 나를 그곳으로 초대했다. 마치 어느 대학에서 하듯이 거처까지 완비한 초빙작가 Writers-in-Residence 프로그램을 실시한 것. 내가 할 일은 그저 1주일에 한 번씩 신문에다 '더 시티'(샌프란시스코 사람들은 자기 도시를 '더 시티'the City라고 부르길 즐긴다)에 대한 에세이를 쓰는 게 전부였다. 그런데 이 도시의 멋진 꿈 또한 내게 적지 않은 공허함을 안겨주었으니….

그리고, 소노마 밸리 쪽에서 내려가는 순간 차창 밖으로 도시의 저녁 불빛이 보이기 시작한다. 마치 찬란한 꿈속에서처럼, 나는 그렇게 '더 시티'를 만난다.

그야말로 계시적인 순간이다. '그리고'라는 접속사로 한 문장을, 아니 한 에세이 전체를 시작하는 게 용납되는 순간이다. 그런 순간의 샌프란시스코는 그곳 시민들이 즐겨 부르듯 대문자를 써서 더 시티라고 불러도 제격인 거다. 지난 30년 동안 나는 그런 신비로운 입장을 간간이 즐겼으며, 그때마다 어김없이 최고의 기쁨을 맛봤다. 그럴 때 더 시티는 희망에 가득 차 보이며, 바다 위로 봉긋 솟은 언덕 위에 자리 잡은 그 모습은 너무나 교묘해 보인다. 마치 어떤 알레고리의 마지막 페이지에 등장하는 모든 욕망의 도시처럼 말이다.

그런데도 더욱 헷갈리는 건, 실제로 샌프란시스코의 길거리로 진입할 때는 늘 그렇듯이 내 반응이 특히 모호해진다. 그 모습은 퍽 실망스럽다. 그 모습이 사랑스럽다는 건 분명한 사실이다. 그렇지만 그 사랑스런 모습들과 딱 붙다시피 한 곳에서 이미 알레고리는 사라지기 시작한다. 부드러우면서도 창백한 어떤 것이 흥분을 잠식하는 것이다. 여기 올 때면 언제나(정말 늘 그랬다!) 샌프란시스코는 날 놀라게 한다. 가장 가슴 뻐근하게 아름다운 곳임과 동시에 세상의 모든 위대한 도시들 중 가장 감질나고 초조한 곳이기도 하기 때문에.

아, 그런데 샌프란시스코가 위대한 도시이긴 한가? 물론 길거리는 제법 메트로폴리탄해 보인다. 은행과 고급 상점들, 시내트라 가문이 묵은 호텔들이 늘어선 큰길, 온갖 세계 음식점과 성인전용 서점 등이 제대로 갖춰진 마을길, 잘 다듬어진 꽃밭과 범죄 퇴치용 경보장치가 잘 구비된 구석진 뒷골목의 세련됨까지. 하지만 아무리 육중해 보이는 것들이라 해도 샌프란시스코의 건물들이란 이상스레 가건물 느낌이다. 토대 없는 건물들, 그리 오래 갈 것 같지 않은 집들처럼 느껴지는 것이다. 뭔가 묘한 이유로, 아마 지진과 관련된 이유 때문에, 샌프란시스코는 메트로폴리스라고 하기에는 너무 얄팍하고 연약해 보인다.

게다가, 사람들은 다 어디로 가버린 건가? 도시의 반쯤은 텅 비어 보인다. 마치 임박한 대재앙 때문에 주민들은 말끔히 소개되었고, 사라져도 그만인 이방인들만 남아 암흑이나 불의 구렁텅이로 빠져들길 기다리고 있는 듯하다. 어느 토요일 저녁의 유니온스퀘어에서조차도 기껏 들려오는 소음이란 게 케이블카 케이블 홈통 속의 덜컹대는 소리 정도다. 한낮의 금융지구조차도 한담을 나누고 느릿느릿 산보하다 털썩 주저앉아 점심을 꺼내 먹기에 딱 좋아 보인다. 여느 대도시 사람들처럼 샌프란시스코 사람들도 교통문제와 범죄율 걱정을 자랑하듯 떠들어대지만, 한 방문자의 눈에 비친 이곳의 도시문제는 대도시의 문제들이 아니다. 그건 '소도시'까지는 아니더라도 틀림없이 '지방중심도시'쯤의 문제로 보일 뿐이다.

샌프란시스코의 색깔은 최고의 위엄을 표시하는 황금빛이나 자줏빛이 아닌 부드러운 파스텔 톤이다. 이곳의 햇볕은 맥 빠진 바다의 햇볕으로, 이른 아침의 안개를 뚫고 나온 것처럼 늘 먹먹한 느낌이다. 심지어 그곳 바다조차도 장쾌하고 전면적인 제대로 된 바다라기보다는, 무슨 거대한 호수 같다. 그래서 높은 데서 파도 찰랑대는 바위를 내려다보노라면, "저게 정말 짠물이 맞을까" 고개를 갸웃거리게 된다.

ⓒ김효선

그들은 이런 분위기를 '느긋함'laid-back이라 부르는데, 정말 딱 맞는 말이다. 그래도 내 취향에 견주자면 이런 느긋함은 일종의 미적 배신이다. 내 꿈의 도시는, 소노마 길에서 볼 때 가상의 도시처럼 반짝이던 그곳은, 이렇게 느긋해서는 안 되는 거다. 열정의 불길로 늘 활활 불타고 있어야 하는 거다. 리우나 시드니, 홍콩이나 맨하탄을 떠올려보시라. 이 찬란한 시각적 효과의 도시들을! 이런 도시들은 커튼이 올라갈 때 탄성을 자아내는 것만큼 막간의 휴식시간에도 저릿저릿한 흥분을 불러일으키는 법이다! 이처럼 빼어나게 아름다운 도시들 가운데, 첫인상의 눈부심이 가라앉은 뒤 몰아치는 느낌이 아니라 느긋한 분위기로 방문자를 맞이하는 곳은 오로지 샌프란시스코뿐이다.

물론 샌프란시스코 또한 자기만의 짜릿함을 가지고 있으며, 한때는 어느 도시에도 뒤지지 않을 만큼 활기차고 힘찬 곳이었다. 하지만 이제는 이곳을 가장 사랑하는 시민조차도 그렇다고 얘기할 수는 없게 되었다. 한번은 샌프란시스코 시민 한 명에게 이렇게 얘기해 보았다. "당신의 사랑하는 이 도시에 사람이 이 천 명 정도만 더 있으면 참 좋지 않겠어요?" 그는 샌프란시스코 특유의 쏘아붙이는 말투로 이렇게 멋지게 대답했다. "그럴 리가요. 아마 당신이 기질적으로 'LA 사람'이어서 그렇게 생각하시는 거 아닐까요?" 그는 진짜 내가 측은하다는 눈치였다.

그래도, 참으로 사랑스럽고, 참으로 깊이 의젓하고, 참으로 우아한 예절이 넘치지 않는가. 앞에서 온갖 무례한 말들을 늘어놓으면서 내 혀가 적잖이 불편했던 건, 샌프란시스코의 전통이 된 가치들이 실은 내가 최고로 손꼽는 가치들이기 때문이다. 관용, 개인성, 용기, 멋지게 즐길 줄 아는 센스 등등. 그런데…, 그런데….

햇살 좋은 유니온스퀘어의 아침이었다. 1906년 지진에서 살아남은 노인들을 위한 기념파티가 벌어지고 있었다. 참으로 유쾌한 자리였다.

재즈 밴드의 연주 속에 흰 장갑을 낀 웨이터들이 모두에게 공짜 샴페인을 따라 주었다. 클라크 게이블을 닮은 이가 무대에 올라 얼떨떨한 표정의 노인들을 즐겁게 했다. ("정말 대단한 분이시죠?" 그 진행자가 외쳤다. "예에~." 생존자들은 그렇게 멍하니 웅얼대며 대답했다.)

이 축하파티의 한켠에서는 독립군 기질의 두 노인이 따로따로 음악에 맞춰 몸을 흔들고 있었다. 할아버지 한 명은 야구모를 쓰고서 섬뜩할 만큼 깡마른 몸을 유연하게 돌렸고, 다른 한 명은 분홍빛 트레이닝 바지에 스니커즈를 신은 오동통한 할머니였다. 그는 관객들의 환호에 신이 나서 과장되게 몸을 흔들었다. 손에는 깃발 하나를 들고 흔들며, 다리는 풀쩍풀쩍거리면서 말이다. 반면 그녀는 나지막이 노래 부르며 오로지 자신만을 위한 아주 개인적인 춤을 추고 있었다. 이 두 노인은, 환한 햇살 아래서, 서로 알지도 못한 채로, 재즈 밴드의 연주에 맞춰 엉덩이를 실룩거리다가 지르박을 추다가 했다.

처음에 난 그 풍경이 참 매력적이라고 생각했다. 정말 샌프란시스코다운걸! 하지만 이들 연로한 재즈광들을 계속 쳐다보고 있자니, 이들이 점점 더 싱긋 웃고 있는 해골바가지 같아 보이기 시작했다. 젊음을 뽐내듯 그로테스크하게 휘젓고 다니던 그 패러디의 모습, 유니온스퀘어에서 벌어진 죽음의 춤판에서…. '더 시티'는 또다시 내 환상을 깨버렸다. 끝없는 기쁨 같아 보이던 게 결국엔 노망일 뿐이었다니….

그런데 희한한 건, 샌프란시스코가 손을 대기만 하면 모든 게 사소해져 보이는 경우가 많다. 20여 년 전만 해도 이 도시가 우리 모두를 이끌고 새로운 이상론의 시대로 데려가는 듯 보이던 때가 있었다. '물병자리의 시대'를 잊으신 건 아니겠죠? 먼 곳의 관찰자들이 보기에 진정 역사적인 해방과 계몽의 순간들이 샌프란시스코에서 펼쳐지고 있는 듯했다. 하지만 이제 와서 보니 당시의 활동가들 대부분이 그 모든 운동을 단순한 게임으로 여겼던 게 아닌가 한다. 마약과 록큰롤의 힘을 빌어 역사를 가지고 장난 친 것에 불과했던 거다. 그리하여 시간이 지남에 따라 이들은 모두 컴퓨터 회사에서 경력을 쌓고 부교수 직함을 따는 데에만 매달렸던 게 아닐까.

샌프란시스코가 온갖 형태의 인간적 다양성을 포용하는 도시라는 사실은 분명하다. 여기서 '절대 불가' 판정을 받는 일이란 거의 없다! 나이 지긋한 할머니들이 그토록 확실한 사회적 지위를 누리면서 그렇게 명랑한 기운을 뿜어내며 사는 곳이 다른 어디에 또 있으랴. (어느 날 밤에 들른 한 공연장의 안내인은 완전 할머니여서 돋보기를 쓰고서야 내 좌석번호를 확인해주었다.) 젊은 아가씨가 서점에 들어와 대뜸 "『섹스, 어떻게 즐길 것인가』 같은 책 있나요?"라고 그토록 쾌활하고 태연하게 물을 수 있는 곳이 다른 어디에 또 있으랴. 동정심은 샌프란시스코 특유의 기질이다. 오늘날 샌프란시스코 게이 공동체가 자신들의 에이즈 동료들을 돌보는 손길보다 더 숭고한 사랑의 감정을 찾기란 쉽지 않다.

그런데도, 내가 대개 가장 좋아하는 부류인 이런 주변부 사람들 fringe people 속에서조차, 난 샌프란시스코의 치명적인 위선스러움이 자꾸 느껴져 불쾌해지곤 한다. 당신 동네의 괴짜는 자기한테 무슨 별난 괴벽이 있는지 전혀 모를 수도 있다. 하지만 이곳의 괴짜들은 아예 그걸 자랑 삼아 드러내놓고 다닌다. 쫙 빼입고 거들먹거리며 돌아다니는 남자들! 수줍은 정신병자처럼 자신을 꾸며 연출하는 사람들! 특히 샌프란시스코는 유난히 비극을 탐닉하는데(샌프란시스코는 그럴 자격이 없다!), 나는 이 또한 못마땅하다. 결국, 우리네 엄마들이 늘 얘기하듯, 비극의 결말은 눈물뿐이지 않은가. 오늘날의 비극은 에이즈다. 한때 축제의 기운이 넘실거리던 카스트로스트리트의 커피숍들에 이제는, 창백하고 근심에 찬 얼굴들이 망연자실 내던지는 눈길만 가득하다. 지난날의 비극은 마약이었다. 샌프란시스코의 한 벤치에 앉아 1960년대 풍으로 마약에 절어 휘청휘청 겨우 걸음을 옮기는 어느 불쌍한 인생을 바라보며 나는 생각했다. '오 샌프란시스코여, 샌프란시스코여. 이따금 내 귀에는 들려요. 저 헤이트 앤 애시베리Haight and Ashbury에서 울려오는 사이렌의 노래가.'

그때였다. 내 방 커튼 사이로 샌프란시스코 해변 특유의 말끔한 햇살이 쏟아져 들어왔다. 누구나 그렇듯 나는 그 햇살을 두고 떠날 수가 없다. 아침에 힐끗 본 그 햇살, 샌프란시스코의 저 창밖에서 나를 기다린다는 생각, 그것으로 충분하다. 비행기 표를 연기시키고 그 방에서 하루 더 머무는 수밖에. 물론 말리부나 와이키키의 태양과는 다르다. 샌프란시스코란 도시처럼 그 햇빛 또한 한결 미묘하고 우회적이다. 유니온 스퀘어의 야자수들에 속아서는 안 된다. 샌프란시스코는 절대 열대도시가 아니다. 사실 나는 샌프란시스코를 북방의 최남단 도시라고 생각한다. 또한 동방도시들 가운데 가장 서구적인 도시이자, 태평양 도시들 가운데 가장 대서양스러운 곳이기도 하다.

이런 생각 끝에 바로 이게 그 수수께끼의 원천이 아닌가 싶었다. 샌프란시스코는 자기의 정체를 정확하게 말할 수 있을까? 물론 관광산업이 빚어낸 샌프란시스코의 정체가 자자하게 알려져 있다. 하지만 관광산업은 심지어 관광객 자신들조차 '가짜 인간'으로 둔갑시키고, 도시 전체, 나라 전체를 혼성모방으로 내모는 것이다. 코이트 타워와 케이블카, 피셔맨스 와프와 알카트라즈, 이런 익숙한 이미지들 뒤에 자리한 것, 그게 뭘까? 이게 전부인가? 샌프란시스코에서는 그런 의문이 자주 든다. 샌프란시스코에 있는 건 이게 전부인가?

아마 내가 너무 많은 걸 요구하는 건지도 모른다. 이 근사한 도시의 넘치는 매력과 친절에 그만 만족해야 하는 걸까? 그 언덕과 해변에서 행복하게 길을 잃고, 그 놀라운 스트리트들에 들어설 때마다 펼쳐지는 장관에, 표백한 듯 깔끔한 모든 것들에 그저 놀라기나 해야 하는 걸까? 멋진 할머니들, 하늘빛으로 푸르른 도시의 배경, 도시 전체가 마치 순박한 사기범인 듯한 인상, 거칠고 탐욕스런 세상과는 훌쩍 한발 떨어진 듯한 그런 느낌….

아마도 그랬나보다. 어느 날 아침 창밖으로 와프의 웅성대는 관광객들을 굽어보며 나는 생각했다. '내가 본 모든 게 일종의 위선이었던 거야.' 부두에 서 있는 퇴역 범선 한 척에선 그 어떤 생기도 느껴지지 않았다. 이제는 사라진 어느 공화국의 깃발만 나부끼고 있었다. 두어 대의 여객선이 이젠 사용하지 않는 감옥을 향해 나아갔고, 거리를 지나가는 케이블카는 실은 케이블카가 아니라 케이블카로 위장한 버스일 뿐이었다. 바로 창 아래의 수영장 주변은 인조잔디로 덮여 있었다. 주변의 어느 레스토랑에선가는 해동된 황새치와 비닐팩에 든 대합조개 냄새가 풍겨왔다. '젠장!' 나는 거칠게 물었다. '샌프란시스코에 진짜라곤 하나도 없는 거야?'

바로 그 순간, 내 시야로 잠수함 한 척이 들어왔다. 진짜 시커멓고 기괴한 그 괴물이 실제로 물 위를 움직이고 있었다. 분명 금문교 아래를 지나 태평양으로 미사일 감시 임무를 위해 나가는 것이리라. 내 평가는 바로 그 순간에 확 바뀌었다. 놀랍게도 내 창 아래의 그 조잡한 풍경들이 새롭고 거창한 의미를 지닌 것으로 보였다. 그토록 무례하게 생각하며 감사할 줄 모르다니, 난 부끄러웠다. 그 천하고 시커먼 전함이 미끄러져 가는 걸 보며, 난 스스로에게 힐난하듯 물었다. '음, 저기 진짜가 가시는군. 저런 걸 원하셨던 거지?'

22-3 리우데자네이루

> 셋째 가상도시는 충분히 실제적이었던 듯도 하다. 리우데자네이루의 모든 게 날 매료시켰던 것은 분명 아니지만, 내가 그곳을 처음 만난 30년 전에 썼듯이 "위대한 신이시여! 크고 작은 열댓 개의 자치도시들boroughs을 다 주고라도 이 아름답고 관대한 곳 하나를 얻게 되기를" 소망했다. 그 유혹이 어떻게 계속되고 있는지 확인해 보려는 맘으로 다시 리우를 찾았다.

리우데자네이루의 테아트로 무니시팔[시립극장] 계단에서 어느 네덜란드 악단이 딕시랜드Dixieland 재즈를 연주하고 있다. 아주 큰 덩치의 전형적인 블론드 백인들로 이뤄진 악단으로서, (그날의 홍보행사 취지에 맞춰) 네 명의 네덜란드 항공사 여승무원들이 나와 음악에 맞춰 카니발 기분이 흠뻑 느껴지도록 몸을 흔든다. 난 그들 옆쪽으로 계단에 앉아 있다. 우리는 그렇게 한데 어울려, 어찌나 떠들썩하니 북유럽 풍이고 어찌나 눈에 띄게 딕시 풍과는 거리가 멀었던지, 그 위대한 브라질 도시의 한복판에서, 대낮의 분주함이 정점에 다다른 그 시간에, 우스꽝스럽고 어울리지 않는 진풍경을 연출하고 있었다.

하지만 그런 건 별 문제 아니었다. 리우는 무난하게 우리를 받아들였으니! 계단 아래쪽에서는 나이도 피부색도 다양한 사람들 30~40명이 같이 발을 구르고 손뼉 치며 우리와 함께 웃었다. 잠시 후 반쯤은 정신이 나간 듯한 한 노인이 나타나 리듬에 맞춰 총총 계단을 오르며 연신 노래하고 사람들의 환호에 맞춰 텅 빈 웃음을 지었다. 그곳 분위기가 확 바뀌는 느낌이었다.

리우의 전설과도 같은 자극적 활기는 그저 전염성이 높은 게 아니다. 아예 사람을 사로잡는 수준이다. 리우는 사람을 빠져들게 한다. 리우의 비트에 몸을 꿈틀대고 흔들게 하고, 종종 울어야 마땅할 사람도 웃겨 놓고 만다. 그 밴드가 여전히 트럼펫을 불어대며 다음 무대를 찾아 옮겨갔을 때(그 불쌍한 바보 할아버지도 함께 따라갔다), 나도 자리에서 일어났다. 그런데 내 셔츠 등짝에 무슨 끈적거리는 초콜릿 같은 게 묻어 얼룩이 진 게 아닌가. 사람들은 그게 뭔지 열심히 분석해주었다. 어느 불만투성이 잡상인이 내게 뿌린 걸까, 아니면 어떤 비밀스런 브라질 새가 내게 떨어뜨린 걸까? 의견이 분분했지만 딱 부러진 해명은 없었다. 대신 그들은 나를 조그만 장식용 분수가 있는 곳으로 데려가 그 얼룩을 씻어내도록 일러주었다.

손수건을 그 거품 낀 물에 적시면서 보니까, 세상에, 거기 올챙이들이 살고 있었다! 리우 브랑코 대로 한쪽의 작은 물속을 수천의 브라질 개구리 새끼들이 꿈틀꿈틀 오가는 가운데 나는 셔츠에 묻은 얼룩을 지웠다. 네덜란드인들의 음악소리는 이 부글부글 들끓는 도시의 저편으로 아스라이 작아져 갔다.

마지막 얼룩과 질긴 올챙이 몇 마리를 함께 털어낸 뒤 나는 길모퉁이를 돌아 19세기의 풍경 속으로 걸어들어 갔다. 리우가 관광가이드 책자의 휘황찬란함으로만 가득하리라고 생각한다면 오산이다. 리우는 오래된 상업도시이자 항구도시다. 리우의 도심부는 고색창연하다. 사무소, 은행, 창고 건물들뿐만 아니라, 사업가들이 점심 먹으러 들르는 바, 도시의 골목길들, 동상이 세워진 광장 따위가 수를 놓고 있다. 옛 사진을 보면 바로 이 번잡한 상업지구가 진짜 리우데자네이루인 걸 알 수 있다.

곤살베스 디아스 거리의 카페 콜롬보는 그 시대로부터 살아남은 곳으로서, 세계 최고의 카페 중 하나다. 마치 베르사유 궁전처럼 온통 유리로 화려하게 장식된 카페 콜롬보는 '군것질의 왕궁'으로 불리기에 손색이 없다. 천장은 스테인드글라스, 바닥은 타일로 마감한 그곳의 유리 진열장들은 술병과 케이크, 쿠키, 깔끔하게 개어 차곡차곡 쌓아둔 탁자보 따위로 가득하다. 고풍스런 조명이 화사하고 선풍기들이 부지런히 돌며 카페의 열기를 식힌다. 나비넥타이를 맨 수많은 웨이터들은 마치 그곳에서 평생 그 일만 한 사람들 같다. 점심 무렵의 그들은 정말 하나같이 전문가스럽다. 거대한 홀을 꽉 채운 탁자들 사이를 미끄러지듯 내달리며 그들은 이쪽 손님에게 인사를 건네고 저쪽으로 손짓을 날리고 분주하게 주방 문을 드나든다. 간혹 홀 위로 높이 솟은 좁은 발코니의 금빛 찬란한 탁자에 불안하게 앉아 있는 손님들을 시중드는 모습도 눈에 띈다.

실내의 소음은 대단하고, 근엄하게 점잔 피우는 손님부터 아주 이색적인 손님까지 각양각색이다. 기괴하고 원시적인 꾸밈새의 귀부인들도 빼놓을 수 없다. 처음 문을 연 1894년 이래 이곳은 크게 바뀌지 않았으리라 싶다. 하지만 리우는 리우다. 그 분위기는 묘하게 편안하다. 식사를 마치고 케이크 진열장을 지나 계산대로 가는데 방금 내 식사를 내다준 웨이터가 거기 기대 자기 몫의 케이크를 맛보며 휴식을 즐기고 있었다. 검은 양복에서 빵가루를 털어내는 그에게 난 "봉 아페티"[맛있게 드세요]라고 인사했지만, 그는 한입 가득 케이크를 베어물고 있었기에 말 없이 살짝 고개를 까딱하고 미소 지을 따름이었다.

물론 리우의 특징으로 젊음을 빼놓을 순 없다. 이 유서 깊은 도시가 젊은 도시이기도 한 것. 관록과 패기가 함께 느껴지는 웨이터 같은 곳인 것이다. 주말 아침에 코파카바나 해변에 서면 인류의 노화 현상이 신비롭게도 중단된 듯한 착각에 빠진다. 바나나를 먹으며 그 유명한 해변을 거닐던 내 주변에는 자연법칙을 거부하는 산 증인들로 넘쳐났다.

저 할머니 같은 부인이 저렇게 쉽게 허리를 굽혀 발가락을 만지다니, 그건 신체적으로 불가능한 일이 아닌가. 저 나이 든 신사들의 모임은 또 어떤가. 공놀이를 하는 날쌔기가 그 나이 또래에 자연스러운 몸짓은 결코 아니지 않은가. 그들의 얼굴은 주름살로 시들었고, 그들의 머리는 백발이다. 하지만 희한한 브라질 특유의 연금술이 발휘되어 이들의 근육은 무쇠처럼 단단하고 그들의 몸놀림은 초인적인 탄력으로 넘치고 있는 것이다. 해변 산책로를 힘차게 걸어가는 저 노인 커플은 또 어떤가. 대체 저들은 어떤 신의 섭리로 창조된 이들이기에 자기들보다 두어 세대는 어린 사람들에게나 어울릴 신발과 모자, 수영복을 입고서도 저토록 멋진 스타일을 뽐낼 수 있단 말인가. 다른 노인을 보자. 다른 나라였다면 부엌 한쪽에 찌그러져 있거나 기껏해야 교회의 꽃장식 모임이나 기웃거릴 어르신인데, 여기 코파카바나에서 그녀는 넓고 노란 모자에 모조다이아몬드 선글라스 차림으로 일광욕 의자에 누워 물결치는 몸매에 오일을 바르고 있다. 이따금, 마치 얼음통에 꽂아둔 샴페인 병을 다루듯, 모래에 찔러둔 깡통을 꺼내 목을 축이면서 말이다.

이 마법의 해변에서는 젊은이들도 한결 더 젊어 보인다. 이들은 보다 열광적으로 서핑 보드를 타고 돌진한다. 그늘막 주변을 돌아다니는 그들의 발걸음도 한결 활기 넘친다. 모래로 거대한 단을 쌓아올리고선 거기서 대기업 총수처럼 다리를 꼬고 앉거나 카드 게임을 즐기고 떠들썩하니 말다툼 한판을 벌인다. 이들이 즐기는 놀이도 어지간하질 않다. 격렬한 배구 같은 게임은 머리 말고는 어떤 신체부위를 사용해도 좋다는 게 룰인 듯했다. 몸을 어찌나 심하게 던지고 비틀고 하는지 나는 그저 쳐다보는 것만으로도 숨 막히는 기분이었다.

리우에는 바다도 있다. 뽀얀 파도 위로 자잘한 물방울들이 피어오르면 그 너머로 섬들의 윤곽이 희미해진다. 거기 흰 요트 부대들이 바다를 수놓고, 마침 잿빛 전함 한 척이 물길을 돌아 나와 멀리 대서양으로 사라지고 있다. 거기 남대서양의 거친 바다가 펼쳐진다. 태양은 느리게, 아주 느리게 가라앉는다. 코파카바나의 못 말릴 회춘 과정은 그 속도를 더해간다. 길을 건너 한 카페에 들어간 나는, 한 모금만 마셔도 내 젊음을 재깍 회복시켜줄 강력한 위력의 브라질 술을 주문했다.

거기 페이긴의 꼬마들[9]이 어슬렁대며 훔칠 만한 손목시계를 찬 미

ⓒ김수련

국인이나 모래사장에 함부로 던져둔 핸드백을 기웃거렸다. 누가 봐도 어린 불량배 같던, 무대에서 흔히 보는 그런 꼬마 악당들 말이다. 서로 과장된 몸짓을 주고받고, 길모퉁이에 슬쩍 몸을 숨기고 뭔가 일을 꾸미는 듯 휘파람을 불고, 구두닦이나 자질구레한 장신구 팔이 소년 행세를 하는 건 마지못해 그러는 것임을 다 내보이던 그 아이들.

천만에요! 그 꼬마들이 사랑스럽단 소리는 절대 아니에요! 그 아이들 사이에 올리버는 없었다. 꼬마들은 무시무시할 만큼 거친 모습을 하고 있었고, 아이들 주변에는 개들이 오늘 아침을 시작했을 빈민촌의 파리와 벼룩도 함께 득시글대고 있으리라 싶었다. 잿빛으로 깊이 가라앉아 있는 그 빈민촌은 이곳 해변에서도 눈에 들어온다. 꼭 무슨 쓰레기 더미가 언덕을 굴러내리다 주저앉은 모양을 하고 있는 동네다. 더 높은 곳을 보면 코르코바도Corcovado 꼭대기에 팔을 넓게 벌리고 선 예수상도 보인다. 그렇지만 예수의 축복은 지금 이 해변의 도둑 꼬마애들처럼 그 언덕의 판자집들도 완전히 비껴가고 말았다.

사랑의 온기가 느껴지지 않는 자포자기의 기운은 리우의 삶 곳곳을 관통하고 있다. 특히 리우의 들뜬 기분에서도 그런 느낌은 역력하다. 거리의 인파들에게서 느껴지는 당당함 속에도, 어딘가 편치 않은 해변의 그 놀라운 활력 속에도, 리우의 부자 동네들에서 느껴지는 온갖 사치 속에도 그런 우울한 기운이 배어 있는 것이다. 볼품없는 벽낙서들이 도시 전체를 뒤덮고 있다. 어떤 건 정치적 구호를 외치지만, 대개는 별 뜻도 없는 선과 그림들을 갈겨쓴 것일 뿐이다. 어떤 벽에는 2층까지 그런 벽낙서가 그려져 있는데, 아니, 어떤 용감한 허무주의자께서 격자 틀을 짜서 기어 올라가 그렸단 말인가? 아니면 발코니에 대롱대롱 매달려 저런 걸 그렸다고? 이 이유 없는 뒤죽박죽 상태는 내게 공허함으로부터

---

9 디킨스 소설 『올리버 트위스트』에 나오는 소년 소매치기단의 노인 두목이 페이긴Fagin이다. [역주]

의 메시지를 들려주었다. 늘 어떤 무력감을 얘기해준 것이다. 리우데자네이루의 번쩍이는 겉모습 뒤에서는 그렇게 일종의 집단적 탈진 상태가 벌어지고 있는지도 모른다.

지금 난 체증에 갇힌 버스 안에 앉아 있다. 설탕봉Sugar Loaf 근처인 여기서 시작된 작은 공원 하나는 바다까지 이어진다. 근처에 군부대가 많아서 군복 입은 장교들이 두셋씩 서류가방을 들고 끊임없이 오간다. 엄마와 함께 다니는 아이들도 보이고, 푸니쿨라 정류소에 드나드는 관광객들도 있다. 하지만 내 눈길을 사로잡은 건 공원 담장 근처를 어슬렁대는 한 중년 남자였다. 그의 차림새는 근사했다. 늘씬한 몸매에 날렵한 회색 정장 차림이었는데, 그래도 뭔가 이상해 보였다.

신체적인 문제일까? 정신적인 문제? 아니면 커피를 너무 많이 마신 탓일까? 그는 편안해하는 법을 까먹은 사람 같았다. 벤치에 앉았다가도 금세 벌떡 일어섰고, 풀밭을 따라 슬슬 돌다가도 갑자기 뚝 걸음을 멈추는 식이었다. 어떨 때는 언덕 위 높은 데를 쳐다보았는데, 마치 자기가 찾던 게 거기 없기라도 한 듯 크게 실망스러워하는 눈치였다. 그는 지나다니는 장교들을 유심히 관찰했지만 — 한때는 그도 장교였던 걸까? — 누구에게도 아는 척을 하진 않았다. 그는 뭔가를 간절히 기다리는 눈초리로 바다를 응시했지만, 햇살 때문에 금세 눈을 돌렸다. 드디어 내 버스가 움직이기 시작했고 서서히 그 공원에서 멀어지기 시작했을 때, 나는 창밖으로 그에게 손을 흔들었다. 그도 멍하니 손을 흔들었다. 하지만 내게 흔든 건 아니었다. 아마도 아니었을 거다.

ch 23
시드니, 1983

> 1980년대에 다시 시드니에 갔을 때는 시드니에 대한 책을 쓰던 중이었다. 그러다가 『롤링스톤』지에 에세이를 하나 쓴 게 바로 아래의 글이다. 거기서 만난 많은 사람들이 내가 거의 사반세기 전에 썼던 시드니 에세이를 기억했다[이 책 12-2 참조].

"케브, 케브! 이제 가야 될 시간이야."

"아이고, 산드라. 밖에 비 오잖아."

"텔레비전에서 날씨 풀릴 거라 했어. 바보 같은 소리 자꾸 할래, 케브? 전부 다 그 놈의 술 때문이야, 케브. 의사가 뭐라 그랬나 알지? 술을 줄여라, 그랬지? 그러니까 아침마다 바보가 되는 거잖아. 사람 몸은 딱 그 정도밖에 감당을 못해…."

아침 잔소리가 이 정도에 이를 때쯤이면 케브는 벌써 밖으로 나갔을 터. 사무실에서 갈아입을 옷을 배낭에 쑤셔 넣고, 계단을 뛰어올라, 그 큰 다리로 이어지는 진입로를 벌써 절반쯤 통과했을지도 모른다.

케브가 바보였는지는 모르나, 더 이상은 아니다. 텔레비전의 일기예보는 옳았다. 비가 마술 같이 그치고, 그가 큰길가 조깅 행렬에 합류했을 때 황홀한 겨울 아침의 햇살이 막 바다 위에 부서지기 시작했다. 케브는 지금 생명의 물결에 합류하고 있다! 그의 오른쪽으로 교외선 열차가 덜컹대며 지나간다. 통근차량들은 도심으로 발작하듯 내뺀다. 그의 왼쪽으로는 나룻배들이 항구를 가로질러 부산히 움직이고, 오늘의 첫 고속정이 거품을 내며 크게 돌아 먼바다 쪽으로 나간다. 오늘의 첫 요트도 정박지를 떠나 미끄러져 나가고, 예인선 한 척도 하루를 시작하고 있다. 아직도 '승선 중'이라는 불빛을 번쩍이며, 아마도 막 곶을 돌아 나타난 저 거대한 화물선을 맞으러 나가는 길일 것이다.

하버브리지 위에는 벌써 사람들이 많다. 똑같은 콧수염을 기르고 똑같은 서류가방을 들고 빠른 걸음으로 출근 중인 샐러리맨 여러 명을 그는 추월한다. 땀받이 손목 띠를 하고 구호가 적힌 셔츠를 입은 건장한 체구의 사내들 몇몇이 그를 추월해 달려간다. 전형적인 학생들도 보인다. 작은 가방이 대롱대롱, 발걸음은 어슬렁어슬렁, 마지못해 교육의 현장으로 가는 아이들. 방수 외투 차림의 할머니 한 명은 과장된 아일랜드 사투리로 외친다. "해가 다시 나와서 진짜 멋지네요!" 또 다른 거인들의 무리가 헐떡이며 달려와 땀 내음을 풍기며 지나간다. 또 다른 학생들 한 무리도 함부로 자갈을 발로 차며 간다. 그의 앞쪽으로 브리지의 거대한 철탑 사이로 도심의 고층타워들이 햇살 아래 번들대는 모습이 드러난다. 높은 곳의 창문들이 번쩍거리기도 하고, 펄럭대는 깃발들이 모습을 드러냈다 그늘로 숨었다 한다. 유독 금빛 찬란한 저곳은 초고층타워들의 꼭대기에 설치된 전망대들이다.

이 아침의 순수함은 풍경 속으로 속속들이 물들어 모든 걸 한창 때 청년처럼 싱그러워 보이게 한다. 태초의 원기가 대기 중에 충만하다. 마치 오렌지 주스처럼 신선하고 건강에도 좋은 그런 기운 말이다. 17층의 사무실에 도착할 무렵 케브는 깡통 맛이 밴 포스터스 맥주를 다시는 안 마셔야겠다고 다짐한다. 그는 물끄러미 내려다본다. 서큘러 부두를 분주히 오가는 나룻배들을, 오페라하우스의 날렵하게 솟구치는 흰 지붕을, 브리지 위를 아직도 가득 메운 자동차 행렬을, 솟아오르는 태양과 바다, 그리고 곳곳에 자리 잡은 초록의 공원들을. 그러면서 그는 매일 아침의 의식처럼 다시 한 번 더 조용히 스스로에게 축하의 말을 건넨다. '아, 오스트레일리아에서 태어났다는 건 얼마나 큰 행운인가.'

케브가 누비고 달린 이 도시는 그런 고마운 오스트레일리아의 농축액과도 같다. 오스트레일리아의 모든 것, 그 역사와 특성, 명성과 태도는 이 거대한 땅덩어리의 조그만 이쪽 구석, 피오르드 같은 부두를 끼고 시드니가 자리 잡은 이곳에서 그 요체를 가장 잘 드러내고 있다. 세상 사람들은 오스트레일리아라고 하면 늘 하버브리지와 오페라하우스부터 떠올린다. 포말을 일으키고 달리는 배들과 요트들로 수놓아진 부두를 말이다. 세상 사람들은 오스트레일리아 사람이라고 하면 대충 케브 같은 사람을 떠올린다.

오스트레일리아는 극도로 도시화된 사회이고, 시드니는 그런 오스트레일리아의 도시성urbanissima을 대표한다. 물론 캔버라가 수도이고, 애들레이드는 기쁨이며, 퍼스는 아메리카스 컵[세계적으로 유명한 요트대회]의 도시다. 멜버른 사람들은 자기네 도시가 아주 성숙하고 문명도가 높은 곳으로서 말할 수 없이 사랑스런 곳이라고 자부한다. 하지만 오스트레일리아에서 진정한 거대도시의 풍모를 지닌 곳은 시드니뿐이다. 빽빽한 도심, 그 주위로 뻗어나간 광대한 교외 단지들, 시드니가 그 빼어난 항구를 굽어보고 서 있는 자세에서는 "이 정도 위엄은 갖춰야지"라며 흡족해하는 표정이 엿보인다. 휘황찬란한 업무지구의 빌딩들은 이곳이 월스트리트-런던-취리히-홍콩으로 이어지는 국제금융의 회로에 제대로 한발 걸치고 있음을 보여주는 듯하다. 시드니 항구의 단골 중에는 오스트레일리아 해군의 거의 모든 군함들도 포함된다. 부두 한켠에 정박한 모습, 혹은 임무를 마치고 깃발을 휘날리며 빙글빙글 레이더를 돌리면서 항구로 돌아오는 그런 배들의 위용은 시드니에 최전선 같은 느낌 또한 불어넣는다. 시드니에는 거대도시임을 보증하는 증표들이 넘친다. 시드니 국제 마라톤, 회전 레스토랑, 헨리 무어의 드러누운 묘령의 인물상, 아침 텔레비전, 바하이Bahai 사원까지.

그런데 이런 성장은 시드니의 보편성 혹은 거대도시 리그 소속이라는 자격증에서 비롯된 게 아니다. 시드니는 좋든 싫든 무소불위의 오스트레일리아다움에서 자라난 도시이다. 지극히 독자적인 거대도시인 것이다. 우선 그 겉모습을 보라. 건축적으로 보아 시드니는 그리 가슴 떨리게 하는 작품이 아니다. 교외는 기껏해야 편안하고 평범할 따름이다. 이따금 근사한 철제 조형물이나 매력적인 테라스 등이 있어, 생기 어린 악센트 노릇을 할 뿐이다. 도심은 분명 멋진 곳이지만 예외적으로 멋지진 않다. 어딜 가나 볼 수 있는 육면체나 원통형 건물들, 플라자와 유리 외벽 등 현대도시의 요소들이, 또 어디서나 볼 수 있는 19세기의 화려한 장식적 건물들을 둘러싸고 있다. 시드니에서는 도시계획의 우아한 역작을 찾아볼 수도 없다. 오히려, 시드니의 출발점이 되었고 여전히 도시생활의 중심을 이루는 시드니코브의 해변은 그 위를 가로지르는 고가도로가 건설되면서 처참하게 망가지고 말았다.

그래도 시드니는 세계에서 가장 아름다운 도시 가운데 하나다. 무엇보다 가장 오스트레일리아스러운 도시이기 때문일 것이다. 그 구불구불하고 모퉁이투성이인, 섬도 많고 숲도 무성한 항구를 볼 때면 사람들은 어김없이 탄성을 터뜨린다. 아, 이곳은 지상 그 어디와도 완전히 다른 한 섬 둘레에 자리 잡은 곳이었던가. 창백하고 말쑥한 시드니의 겨울 햇살은 남극의 빙산과 얼음 봉우리들로부터 직접 떨어져 나온 듯하다. 시드니의 공원과 정원의 초록 잎사귀들은 희한하게 축 늘어지고 뒤엉켜 있다. 틀림없이 노아 대홍수 이전부터 여기서 자랐을 무화과나무들이 교외의 길거리를 무성하게 뒤덮는다. 시드니 한복판을 끊임없이 지나다니는 배들의 행렬 탓에 이곳의 모든 것에는 가슴을 울렁거리게 하는 오

지의 느낌이 묻어 있다. 오스트레일리아에서는 싱크대로 내려가는 물의 소용돌이 방향이 [북반구에서와는] 정반대다. 만약 당신이 호기심 가득한 북반구로부터의 방문객이라면, 이 거대도시가 지구 아래쪽에 대롱대롱 거꾸로 매달려 있다고 상상하는 게 얼마든지 가능하다. 그래서 이 대척지對蹠地의 풍경은 참으로 묘하게 뒤집어져 있고 어쩌면 캥거루 주머니 같은 느낌이기도 하다.

그런 여행자들에게 있어 최고의 시드니 경험은 어느 쾌청한 아침 '매쿼리 여사의 의자'라는 지명의 곳을 한 바퀴 도는 산보이다. 이 길은 부두를 끼고서 여러 공원과 정원 사이로 걷는 산책로다. 이 길보다 더 빼어난 도시 공원은 밴쿠버의 스탠리파크 정도뿐이다. 그런데 이곳의 아름다움은 음흉하게 현혹하는 아름다움이다. 마치 무슨 상상의 공원 같은 것이다. 잔디는 너무나 선명한 녹색이고, 나무는 희한하게도 모조품 같으며, 관목 숲의 잉꼬들은 서로 자지러지게 짹짹거린다. 공원 둘레를 따라 한 바퀴 걷는 동안 눈에 들어오는 풍경의 변화는 사실이라고 하기에는 너무나 이상적이다. 어디서나 바다가 보인다. 부두의 그 잿빛 전함들, 언뜻 리비에라를 연상시키는 집들의 풍경, 한 정원에 만들어놓은 가짜 성채, 또 어김없이 분주하게 오가는 여객선들.

그런데 이 모든 것들 가운데 가장 음흉한 장면은 그 곳의 모퉁이 부분을 돌아갈 때 펼쳐진다. 잔디밭에 앉아 피크닉을 즐기는 가족들과 함께, 따오기 한 마리가 쓰레기 깡통을 집적대며 먹을 걸 찾고 있다. 그 순간 홀연 아득한 판타지처럼 등장하는 시드니 오페라하우스! 이 독특한 명작 건축물이 마치 한가로운 바닷새처럼 가뿐한 모습으로 햇볕 속에 하얀 날개들을 활짝 펼치고 서 있다. 그런데 그 곁에는 거대한 옛 하버브리지가 함께 드러난다. 비현실적으로 미끈한 미녀 곁에 선 야수처럼, 무지막지한 덩치를 내보이며 말이다.

*

이 두 인상적인 구조물은 이 도시의 특성을 미학적인 수준 이상으로 잘 보여준다. 하나는 바다에 단단히 뿌리를 내리고 서 있고, 다른 하나는 사뿐히 날아오르려는 욕망을 뿜어내고 있는 것이다. 대영제국에서 유래한 오스트레일리아라는 굳건한 토대 위에, 시드니는 인종의 무지개라는 상부구조를 덧입혔다. 그 결과 시드니는 한때 세계에서 가장 밋밋하고 진부한 곳이었으나, 이제 넉넉한 안정감과 실험 정신이, 확고부동의 탄탄함과 불가항력의 유혹이 멋지게 결합한 곳이 되었다. 한때는 시드니 하면 아무 특색도 없는 그저 그런 곳을 연상시켰다. 이제 이곳은 이국적인 암시들로 가득하다. 내게 시드니는 종종 스톡홀름을 떠올리게 한다. 나의 남반구에는 시드니가 있고, 북반구에는 스톡홀름이 있으며, 시드니의 오스트레일리아는 스톡홀름의 스칸디나비아이다. 시드니 오페라하우스를 설계한 덴마크인 건축가 [Jørn Utzon]가 이 걸작을 계획하면서 고향 스톡홀름의 옴폭한 바다를 껴안고 있는 시청사를 염두에 두었다고 해도 내겐 놀랄 일이 아니다. 이 남반구 피오르드의 햇살은 발트해의 햇살과 다르지 않다. 그 파리한 생기는 두 도시 모두에 공통적이다. 화려한 난간 장식과 격자 바닥이 돋보이는 시드니의 스트랜드아케이드에서 아늑히 햇살 속에 잠겨 앉아 있노라면, 나는 엉뚱한 기대에 빠져들곤 한다. 금세라도 쇼핑객들이 [마치 스톡홀름에서처럼] 덧신에 묻은 눈을 털고 언 손을 호호 불며 들어설 듯한, 그러면서 독주 쉬냅 한잔을 주문할 듯한 착각 속으로 말이다.

또 다른 때의 시드니는 내게 중부유럽의 어딘가를 떠올리게 한다. 이를테면 토요일 아침, 해변의 호화 교외주거지인 더블베이Double Bay에 가보자. 부유한 이민자들이 코스모폴리탄이란 이름의 노변 카페에 모여 루리타니아 말 같은 알아듣지 못할 말을 떠들거나 〈시드니 모닝 헤럴드〉의 금융 면에 코를 박고 있을 터이다. 프라하나 부다페스트의 부르주아들처럼 그들도 수다와 과시로 하릴없이 시간을 보낸다. 여기,

외투를 어깨에 걸친 네 남자는 작은 시가를 피며 베네오Beneö 대통령[체코 정치가]에 대해 열띤 토론을 벌인다. 저기, 가죽 같이 질겨 보이는 부인 두 명은 모피와 다이아몬드를 뽐내며 앉아 식전 반주를 고상하고 고요하게 홀짝이고 있다. 사냥모를 쓴 한 젊은 허풍선이는 기다란 비췌 곰방대에 담배를 꽂아 피고, 더블베이 사교계를 주름잡는 여인들은 너절하게 둘둘 만 옷을 펄럭거리며 ─ 무슨 격투기 도복 같기도 한 그 패션이 당시 시드니에서는 한창 유행이었다 ─ 조잘댄다.

    시드니에는 레바논 사람들이 특히 많다. 물론 그리스, 필리핀, 인도네시아 사람들도 많다. 베트남인들은 서쪽의 교외를 떠나 동부 시드니로 옮겨가고 있다는 얘기도 들린다. 마오리족 게이들이 본다이 지역[시드니의 교외단지]을 점령하고 있다는 풍문은 늘 그랬듯 유별나다. '스페인 클럽'의 광고 전단지는 금빛 아웃백Outback에서 돈키호테와 산초가 말을 타고 나오는 그림을 싣고 있다. 시드니 차이나타운은 홍콩의 투자 덕분에 한창 성장 중이며, 상상을 초월하는 혼합을 즐기는 중국인들의 취향이 이 도시의 음식문화 전체를 물들인 듯하다. 그래서 참으로 보수적인 정통 오지Aussie 레스토랑에서도 당신은 후추 열매가 둥둥 떠다니는 오렌지 수프와 뜨거운 버터를 바른 호박, 혹은 적포도주와 베이컨으로 만든 소스를 곁들인 메추라기 요리 따위를 맛보게 될 공산이 크다. 시드니 시정부는 가끔 납세자들이 사용하는 모든 언어들로 발표문을 내놓기도 하는데, 이 해독불능의 문서들이 중기 빅토리아 제국주의 풍의 육중한 시청 건물에 게시된 모습이야말로 시드니의 현실을 날카롭게 예시한다.

    그러나 아직도 시드니에서 군림하는 부류는 케브와 같은 사람들이다. 마치 오페라하우스 위로 높이 솟아 있는 그 다리처럼 말이다. 이민자들의 물결이 시드니를 누그러뜨리고 달래주고 채색하였지만, 그로써 이 도시의 원초적 혈류를 대체하기에는 너무 때늦었다. 반세기 전만 해도 시드니 인구의 98퍼센트가 영국계였으며, 바로 이들 '옛 오스트레일리아인'이 도시의 인류학적 색조를 결정하는 것이다. 카페 코스모폴리탄에서 루리타니아 말들에 파묻혀 한참 앉아 있다 보면, 둔한 몸집의 젊은 오커Ocker[전형적인 오스트레일리아인]가 나타나 병맥주를 마시며 분위기를 확 바꾸는 걸 보게 될 것이다. 오페라하우스의 〈라트라비아타〉 공연을 보러가도 얼마든지 이를 확인할 수 있다. 제1막의 여주인공 비올레타의 노래를 수많은 남녀청중들이 합창으로 따라 부르는 뜻밖의 광경은 얼마나 놀라운지 모른다. 아무리 크리놀린 스커트와 파리지엔 수염으로 가리려고 해도 오스트레일리아의 파도와 햇살로 다져진 이 청중들의 체격은 즐겁게도 드러나고 만다. 히긴슨이나 오루어키 같은 이름의 소유자들은 — 어쩌면 마지막 커튼이 내려오며 무대에서 물러나던 라트라비아타 그녀 자신도 — 무슨 오스트레일리아 특유의 결핵을 앓은 사람들 같아 보인다. 그래도 그녀는 앙코르가 끝나자마자 냉큼 지휘자와 격렬한 테니스 게임 한판을 펼치러 달려갈 기세다. 아니면 적어도 오렌지 소스와 캐러멜을 곁들인 바닷가재 구이를 먹으러 가든가 말이다.

케브의 동족들은 그런 힘을 지녔다. 그 힘은 모든 이민자들의 아이들도 그에 동화되도록 변화시킨다. 몇 년 전 맨리 섬으로 가는 배를 기다릴 때 본, 커피 매점에서 일하던 이탈리아 청년의 그 눈매를 나는 기억한다. 눈에 띄게 강인해 보이던 그 검은 라틴계의 눈을. 훗날 다시 그 매점으로 갔더니 내 기억 속의 그 청년은 그저 늙고 살이 찐 수준이 아니라 아예 다른 사람으로 바뀌어 있었다. 케브 효과 때문에 그의 얼굴은 다른 모양으로 부풀어 있었고, 그의 총기는 보다 신중하거나 보다 무뚝뚝해진, 혹은 보다 덧없어 보이는 기운으로 바뀌어 있었다. 그리고 그가 말할 때, 그에게 남겨진 마지막 나폴리스러움의 흔적은 우락부락 비트는 오스트레일리아 영어의 모음 발음에 죄다 가려지고 없었다.

그들이 말하는 이 언어는 민족성의 상징이다. 이 모래알 사회를 하나의 묘한 통일체로 묶는 것은 다른 무엇보다 바로 시드니의 언어다. 여러 해 전 작가 모니카 디킨스가 시드니의 한 사인회에서 '엠마 치셋에게 이 책을 드립니다'라고 적었던 얘기는 아주 유명하다. 그 부인은 책값이 얼마냐고 물었던 것인데 그 토속 발음을 잘못 알아들은 것이다[하우 머치 이즈 잇'을 '엠마 치셋'이란 이름으로 잘못 알아듣고 사인해준 것]. 이 특유의 발음법은 전혀 바뀌지 않았다. 요즘 난 가끔 가게에서 물건을 살 때 일부러 그렇게 발음해 보곤 한다. "엠마 치셋?" 그래도 가게 직원이 내 얼굴을 빤히 쳐다보는 일은 없다. 내가 당연히 진짜 오지라고 여기면서, 심지어 내게 패러마타[시드니 서쪽 근교 도시] 발 기차 서비스가 너무 엉망 아니냐는 둥의 불평을 늘어놓기까지 한다.

아니면, 우프우프[오지 부락을 일컫는 속어]에서 오는 기차 얘기도 했던가? 이 가상의 이름은 시드니 사람들 사이에서 머나먼 세상끝 도시를 가리키는 특유의 표현이다. 시드니 영어는 이런 공상과 농담으로 가득하다. 그런 언어 놀이를 의식적으로 어찌나 끊임없이 즐기는지, 새 은어 사전이 안 나오고 지나가는 해가 거의 없을 지경이다. 용법의 변화도 계속된다. 'It'll be OK'[별 일 없을 거야]를 뜻하던 'She'll be apples' 용례가 사전에서 빠진 대신, '분노를 터뜨리다'라는 뜻의 새 표현인 'throwing a mental'이 추가되는 식이다. 시드니 사람이라면 학생부터 현자까지 거의 예외 없이 이런 토속어의 현 상태를 열띠게 토의한다. 왜 시드니 여성들은 가장 단호한 의지를 실은 문장조차도 끝을 의문문처럼 잔뜩 올린 발음으로 말하는 걸까? 왜냐하면 워낙 억눌려 지낸 탓에 감히 뭔가를 단정적으로 말하질 못하기 때문이라는 것! 오커의 참뜻은? "머리에는 테리 수건으로 만든 모자를 올리고, 배 위에는 포스터 맥주 캔을 올린 채로 텔레비전의 축구 중계를 구경하는 남자!"

이런 언어가 사람을 만들고, 나아가 그 도시도 만든다. 이 언어 없이는 그대 시드니 시민들('시드니사이더'라고 부르던 버릇도 이젠 사라졌다)은 스칸디나비아인으로, 캘리포니아인으로, 심지어 잉글랜드인으로 오인되고 말 것이다. 그 말만 하고 있다면 이민 2세대조차도 다른 누군가로 오인될 리가 없으며, 그 말의 활기와 즐거움에는 시드니 특유의 항상성이 슬쩍 묻어 있다. 늘 떠들썩한 시드니 펍의 재즈와 록음악은 실내를 가득 메운 손님들의 귀를 멀게 하고, 바깥 길거리까지 쾅쾅 울려댄다. 음악이 휘몰아치면 손님들은 종종 광란의 도가니에 빠지곤 한다. 술집을 가득 메운 건장한 젊은 오커들이 머리 위로 손을 흔들며 진탕 떠들고 거대한 발을 마구 구른다. 이들은 유럽이나 미국의 술집에서 떠들고 있는 사람들과 질적으로 다르다. 그건 마치 그 오페라의 합창 때처럼 이들 모두가 신체적으로 너무나 원기 왕성하고 튼튼해 보이기 때문이다. 또 한편으로는 이들이 쓰는 언어의 톡 쏘는 기운이 그들이 행하는 모든 일들에 스며들어 있기 때문이기도 하다. 한때 나는 이들의 억센 디스코가 시드니에서 만들어진 완전 색다른 무엇, 1980년대 특유의 독특한 오스트레일리아화라고 생각했다.

하지만, 미친 듯 휘둘러대는 팔들의 도리깨질과 300밀리미터도 넘는 그 거대한 발들의 발길질을 간신히 뚫고서 후줄근해진 몸으로 '옵저버 인'을 빠져나왔을 때 우연히 나는 보았다. 길을 따라 내려가다 만난 어느 가게에 150여 년 전 처음 시드니에 자리 잡았던 초기 정착민들의 그 사진. 챙이 축 늘어진 모자에 체크 셔츠 차림의 그들은 온통 털복숭이였는데, 아마 감옥의 중노동에서 최근 풀려난 걸 축하하고 있는 듯했다. 그런데 그들도 발을 구르는 방식이 완전 똑같았다. 1980년대가 만들어낸 것이라고 생각했던 시드니 특유의 몸짓으로, 그 옛적의 헤비급 체구들도 흥청망청 떠들고 있었던 것이다. 아마 고함치듯 노래를 부르고 신나게 음담패설을 내뱉을 때의 배배 꼬는 말투도 비슷하게 고약하고 비슷하게 재미났으리라.

*

그러니까 시드니에도 과거가 있는 것이다. 1780년대 첫 영국 죄수들이 도착하면서 시드니의 역사도 시작되었다. 쇠사슬에 묶여 이곳 해변에 내려진 그들이 어쩌다 '오스트레일리아 건국의 아버지'라는 말도 안 되는 역할을 떠맡게 된 것이다. 그 시대는 1950년대 들어 유럽계 이민자들이 대거 이주하면서 막을 내렸다. 오스트레일리아를 반쯤 해방된 식민지에서 '태평양의 코스모폴리탄 세계'로 탈바꿈시키려는 의도로 마련된 정부 주도의 이민 행렬이었다. 그 무렵이면 감옥용 식민지로 개척되었던 시드니 일대는 놀랍지만 일면 달갑지 않은 특성을 지닌 도시가 되었다. 시드니의 쇼비니즘은 거의 코미디 수준이었고, 아주 속물적이고 천박한 왕당파들이 이 도시의 엘리트로 거들먹거렸고, 그곳 노동세력의 힘은 정말 대단해서 세계 곳곳의 노동조합 관련 인사들은 그곳을 '노동자들의 낙원'이라고 불렀다. 그 시기, 사회적 신분이 어느 정도 되는 시드니의 모든 중년 부인들은 자신이 머드카슬 백작의 먼 친척임을 자랑하고 다닌 반면, 시드니의 프롤레타리아들은 자존심 센 프롤레타리아라면 마땅히 그러해야 할 만큼 억세고 거칠고 적극적이었으며, 백작 따위 경멸하기를 마치 무장혁명파 아일랜드인처럼 했다.

오늘날 그런 집단들은 대개 지하로 숨어들었다. 그런 모습을 상징적으로라도 보고 싶다면, 시청 옆의 지하 철도역으로 가보면 된다. 덩굴식물로 뒤덮인 선큰플라자의 벽면들과 인공 폭포, 차양 등 최신 유행의 장치들 뒤쪽에 옛 오스트레일리아의 박물관인 양 기차역이 꿋꿋이 살아남아 있다. 황동 손잡이, 합성수지 스위치, 황동 틀의 유리액자 안 동판에 새긴 '근무자 수칙', 핌블이나 혼스비로 떠나는 다음 기차를 알리는 알전구 표지판. 시드니의 철도는 완전한 옛 오스트레일리아다. 여객선과 덜 해방된 선술집들도 그렇다. 왕이나 여왕, 로비 번스에 바쳐진 기념물들도 마찬가지다. 훌륭한 먼 친척을 지녔던 그 부인의 손녀들은 아직도 찰스 황태자가 오스트레일리아를 방문하면 얼토당토않게 들떠 넙

죽넙죽 무릎을 굽히고 몸을 숙여 인사한다. 우프우프 노선에서 벌어진 노동자들의 태업, 육중한 턱살의 사내들이 '오지 배 탑승에 기회 균등 Fair-Go을'이라는 구호가 적힌 플래카드를 들고 행진하는 모습 등은 노동자 낙원의 전성기를 떠올리게 한다. 그 유서 깊은 맥주 맛 남성미가 백포도주나 유니섹스 헤어컷에 밀려 완전히 자취를 감춘 것은 아니다.

무엇보다 옛 오스트레일리아로부터 시드니의 질서 의식과 페어플레이 정신이 생겨났으며, 이를 중심축 삼아 시드니의 변화무쌍한 활력이 뿜어져 나온다. 더블베이 초등학교의 교훈은 '친절과 예의'다. 옛 가치는 놀라우리만큼 널리 통용되고 있다. 세계의 저 밑바닥 후미진 바다에 움튼 이 포구가 어둡고 거칠고 험한 곳이라고 생각할 수도 있겠다. 물론 오스트레일리아 사람들도 다른 모든 곳의 도시인들처럼 치솟는 범죄율과 음주운전 풍조를 염려한다. 하지만 어떤 기준으로 보아도 시드니는 아주 얌전하고 착한 동네다. 길거리는 다른 어디보다 더욱 안전하고, 자동차들은 대개 차분히 달리며, 심지어 무단횡단 하는 사람들도 죄스러워하는 눈치다. 시드니는 적어도 방문자들에게는 어김없이 넘치는 품위로써 처신한다.

이런 덕목은 근본적으로 보아 의회민주주의와 관습법으로부터 비롯된 유산이며, 그 질긴 생명력은 자신들의 강인함에 바치는 찬사와도 같다. 지난 30여 년간 그들 주위에서 벌어진 일들은 거의 사회혁명 수준이다. 시드니는 스타일, 목적의식, 소속감, 미적 취향 등 여러 측면에서 완전 다른 도시가 되었다. 내가 보기에 한 세대 전만 하더라도 시드니의 분위기를 주름잡은 핵심은 지난 두 차례의 세계대전에서 그곳 사내들이 거두었던 희생의 기억이었다. 그들 자신과는 거의 아무 상관도 없는 대의명분을 위한 싸움이었지만, 그들의 왕실과 깃발, 제국을 향한 충성심은 사무치도록 실제적이었다. 갈리폴리[1차대전 때]와 알라마인[2차대전 때] 전투에서의 그 고난의 영웅들이 시민들의 긍지 깊이 자리 잡고

있었고, 어딜 가나 눈에 띄던 제대군인단체의 모습은 거의 신성불가침 수준이었다.

하지만 최근의 어느 겨울 일요일, 그 영웅 서사시의 성소라고 할 하이드파크의 거대한 전쟁기념비에 들렀을 때 그 비극의 영향력은 눈에 띄게 흐트러져 보였다. 물론 짙은 잿빛의 그 기념비는 여전히 나무들의 호위를 받으며 우뚝 서 있었다. 기둥 아래쪽을 빙 둘러 생각에 잠긴 신들처럼 앉아 있는 모습으로 조각된 병사들은 여전히 구슬픈 표정의 시선을 떨구고 있었다. 하지만 공원의 사람들은 그 기념비를 왠지 외면하고 있는 듯했다. 마치 재교육 과정을 통해 그 기억을 맘속에서 싹 지워버린 듯, 혹은 수명이 다한 원자로를 치명적인 에너지와 더불어 밀봉하듯 그 기념비 자체를 꽁꽁 봉인시켜 버린 듯.

다른 시드니 학교의 교훈인 '들었노라, 보았노라, 배웠노라'는 라틴어로 '오디오, 비디오, 디스코'로 번역되는 게 마땅해 보인다. 왜냐하면 그 학교의 어린 학생들은 시드니의 옛 이미지를 요란스레 벗어던지고 자기들 고유의 이미지로 거듭났기 때문이다. 오늘날 이 도시는 우리 세계의 멋진 미래, 보다 나은 상태에 대한 약속과도 같다. 당장은 그저 모호한 영속적 기대 속에서 살아가고 있는 처지이지만 말이다. 시드니는 아주 젊은 도시다. 풍속이나 성취 측면에서 젊을 뿐만 아니라, 개인의 면면 또한 남다르게 젊다. 어떨 때는 이 도시의 주요 인구가 학생이구나 싶을 때도 있다. 다리 위에서 돌멩이를 걷어차는 아이들, 장식용 분수대에서 흘러내리는 물길에 무화과 잎을 띄우고 경주하는 아이들, 마치 점령군처럼 오페라 하우스의 온갖 벽과 지붕으로 기어오르는 아이들, 혹은 뉴사우스웨일스 미술관 앞에 수천의 무리를 이뤄 운집한 모습까지. 이런 아이들은 참으로 성실한 동아리 같아 보였다. 하루는 그 미술관에서 어느 선생님이 얘기하는 걸 들었다. "자, 이게 피카소에요. 여러분, 피카소가 누군지는 다 알죠?" "모르는데요!" 저 뒤쪽에 따로 떨어져 있던 한 어린 오스트레일리아인이 그렇게 큰 소리로 대답했다. 나는 그 아이에게 고개를 끄덕여 보이며 속으로 말했다. '이 근처에서 완벽하게 솔직한 애는 너뿐이야.'

시드니는 젊은 발상에 맞춰 조율된 도시다. 어느 큰 백화점에는 "맨발의 손님은 에스컬레이터를 타시면 안 됩니다"라는 경고문이 붙어 있다. 시드니의 젊은 활기가 어찌나 철두철미한지 간혹 내 눈을 의심하게 될 때도 있다. 경범죄 재판정에 등장한 치안판사는 2년차 법대생쯤으로 보이고, 검사는 생전 처음 오토바이를 사서 막 타고 온 사람처럼 보이며, 과잉노출죄로 기소된 피고인은 틀림없이 아직 사춘기도 안 되어 보였다. 증권거래소로 말하자면 200여 명의 육상선수들이 미니스커트 차림의 몇몇 트렌디 걸들의 도움을 받으며 운영하는 곳 같아 보인다. 거래소 2층의 관중석에서 쌍안경을 들고 전광판을 보며 가령 콘솔리데이티드 메탈 회사의 주가가 어떤지 살피고 있는 나이 지긋한 사내들은 구경 나온 투자자라기보다는 그저 관음증 환자 같아 보였다.

시드니의 젊음 또한 다른 모든 젊음들처럼 약간의 분열증을 안고 있다. 무모한 한편으론 소심한 것이다. 예컨대 최고급 시드니 호텔이나 도도한 일류 레스토랑에서 손님들은 과도하게 예의 차리기에 연연한다. 얘기할 때도 소곤거리고, 웨이터가 추천하는 포도주를 아주 감사히 받아들이는 것이다. 지배인들로서야 이보다 더 기쁠 수가 있을까. 물론 시드니에선 그 밉살스런 직업인[지배인]들조차도 적정선을 넘지 않도록 스스로를 억제하며 처신해야 하지만 말이다. 오스트레일리아인들은 늘 열등감 콤플렉스의 소유자라고 얘기되었다. 오늘날 이런 평가는 아주 달라졌지만, 시드니는 아직도 제대로 무르익은 도시임을 확신하는 수준까지는 이르지 못했다. 참으로 매력적이고 지적인 한 시드니 아가씨가 내게 한 말이다. "캘리포니아에 가면 전 초라한 생쥐처럼 얼떨떨해져요." 이런 생쥐 본능은 늘 그렇듯 터무니없이 과도한 자기주장이란 형태로 폭발하기도 한다. 시드니 사람들이 예전보다 한결 여유롭게 비판을 받아들이긴 하지만, 선심을 베풀며 칭찬하거나 혹은 냉담하게 무관심을 드러내는 사람들에게 민감하게 반응하는 건 크게 나아지지 않았다. 한 시드니 지식인은 오스트레일리아의 실태에 대한 유럽인들의 무지가 지독히도 형편없다고 목소리를 높였다. 그는 확신에 차 말했다. "정말 형편없죠. 아니 어떻게 런던의 유명한 예술평론가란 인간들이 브렛 와이틀리라는 이름을 들어본 적도 없다고 말할 수가 있냐구요?"

"브렛 누구라고요?" 까딱하면 그렇게 반문할 뻔했다. (미술관의 그 학생처럼 말이다.) 그랬다가는 이런 식의 시드니 스타일에 대한 도전이 얼마나 단호하게 다뤄지는지 맛봤을 텐데. 이런 식의 천재 와이틀리 얘기 따위를 꽤나 자주 들어야 한다. 시드니 와이트나 패트릭 놀란 등등에 대한 가십을 귀 따갑게 들어야 하는 것이다. "아, 그렇죠. 〈쉰들러 리스트〉의 작가가 이곳 사람이죠." 결국 그렇게 고개를 끄덕거려야만 한다. 개인적으로는 최근 그곳에서 열렸다는 시드니 패션쇼를 못 본 게 얼마나 다행인가 싶었다. 정말 지겹도록 얘기를 들었다. 원주민 음악에 맞춰 발레 공연이 펼쳐졌다, 폐차 더미를 배경으로 플루트 반주가 흐르는 가운데 노래를 불렀다, 그 번들드 잽Bundled Jap 스타일은 정말 끝장 혁신적이었다, 등등.

그런데 사람에게든 도시에게든 젊음, 희망, 엉뚱함은 늘 함께 벌어진다. 이때의 희망이야말로 중요한 것이다. 아침에 브리지 위를 달리던 케브가 무의식적으로 느낀 것, 그게 바로 희망이다. 시드니의 길거리로 첫발을 내딛는 거의 모든 이방인들 또한 바로 그런 희망을 느낀다. 이 도시는 얼마나 젊고 강인한가! 그 전망은 얼마나 놀라운가! 그럴 때면 사람들은 깜박 잊기도 한다. 심지어 오즈Oz[오스트레일리아의 속칭]의 나라에서조차도 젊음은 영원하지 않다는 걸….

*

시드니의 리퍼반[독일 함부르크의 홍등가] 혹은 42번가[뉴욕 맨하탄의 홍등가]는 킹스크로스이다. 시드니코브에서 동남쪽으로 2~3킬로미터 떨어진 그곳은 원래 신나고 자유분방한 집시들의 동네였는데, 최근 너저분함과 애절함이 역겹게 결합한 양상으로 퇴락하고 말았다. 어슴푸레한 불빛 아래 죄스러운 모습으로 웅크린 채 우프우프에서 온 방문객들의 감탄의 눈빛을 받아내고 있는 포주들과 포르노업자, 스트리퍼, 타투이스트, 복장도착자 등 통상적인 리퍼반의 구성요소들 속으로, 이들보다 한결 더 가슴 찢어지는 인물들이 한밤중의 킹스크로스에 등장한다. 이제 겨우 십대 초반이나 되었을까? 어린 얼굴에 처절한 화장을 하고서 지나가는 취객이나 호색가들에게 서투르기 짝이 없게 매달리는 아동 매춘부들이다.

위대한 기자인 존 군터는 어딘가에 가면 늘 이렇게 물었다. "대체 누가 이곳을 경영하는 거죠?" 나는 대신 이렇게 묻는다. "대체 누구에게 유감의 말을 건네야 할까요?" 어떤 도시에서는 ─ 가령 캘커타, 혹은 요하네스버그(!) 같은 곳에서는 ─ 그런 질문이 부질없다. 다른 수많은 곳에서는 끔찍한 가난이나 정치적 폭압, 혹은 전반적으로 우울한 분위기 탓에 연약한 가슴이 비탄에 잠긴다. 하지만 시드니에는 절망적인 가난의 흔적이 거의 없다. 정치적으로도 이 도시의 사람들은 너무나 자유로우며, 사회적으로도 지구상 누구 못지않게 해방된 존재들이다. 시가지는 말쑥하고 대개 안전하며, 기후는 꿈과 같다. 아무리 이 사람들이 경기 침체에 대해 투덜거려도, 아무리 자주 파업을 벌인다 해도, 세계적 기준에 견줘 이들의 삶은 아주 빼어나다.

그렇다면 난 대체 누구에게 유감의 말을 건네야 한단 말인가? 시드니 사람들은 이 질문에 당혹스러워하며, 아무 이름도 떠올리지 못하곤 한다. 어떤 때는 별 볼 일 없는 축구선수나 잊혀진 정치인들의 이름을 대며 눙치기도 한다. 케브는 "저요"라고 말하지만, 그것도 진심은 아니다. 몇몇은 킹스크로스의 그 불쌍한 아이들을 얘기하기도 하고, 간간이 ('데로스'derros라고 불리는) 노숙자들이나 착취당하는 이민노동자들도 거론된다. 그러다 대부분의 사람들은 결국 내가 '애보스'abos 즉 애보리진스[원주민]를 고려해야만 한다고 얘기한다. 그들의 이름은 시드니 어디서나 발견된다. 울루물루, 패라마타, 우프우프 등등. 하지만 이 번성하는 도시에서 이들의 실질적 존재감은 한 줄기 연기 혹은 한 자락 그림자에 불과하다.

시드니 인근 애보리진스 대부분은 최초의 백인 정착 이후 불과 몇십 년 만에 수입된 질병 혹은 야만적 폭력에 의해 목숨을 잃었다. 그래도 200여 년의 세월을 견뎌낸 수백 명은 유럽인들이 도래했던 바로 그 땅 시드니에 아직도 뿌리를 내리고 있다. 여기선 그들을 쿠리스coories라 부른다. 마치 항구의 물처럼, 공원이나 곶의 이국적 식물들처럼, 이들은 케브와 같은 유형의 사람들에게는 낡고 낯선 것들을 상기시키는 암시일 따름이다. 어떤 오스트레일리아인들은 애보리진스를 양심의 얼룩이라고 여기고, 다른 이들은 단지 짜증나는 골칫거리라고만 생각한다. 어쨌건 대부분의 사람들은 결국 쿠리스에게는 유감의 말을 건네야 한다고 여기는 것이며, 나는 진정코 그들이 안쓰러웠다.

그 동안 쿠리스 마을에서 권투선수 등 몇몇 유명인이 배출되긴 했지만, 대개 이들은 시드니의 불운한 귀퉁이에 찌그러져 살면서 그다지 눈에 띄지도 않았다. 그런데 우연의 일치인지 이번에 내가 시드니에 머무는 동안 애보리진 데이 행사가 열렸다. 시드니 시청에 국기가 나부끼는 가운데 황금, 검정, 노랑이 어울린 애보리진 깃발이 곳곳에 펄럭였고, 옛 오스트레일리아인들의 눈에는 놀라는 기색이 역력했다. 시내를 관통하는 행진이 발표되고, 알렉산드리아 공원에서 집회도 예정되어 있다고 했지만 제대로 진행된 건 하나도 없었다. 행진이 언제 어디서 시작하는지는 아무도 몰랐고, 누군가는 시청에 게양된 국기를 끌어내렸고,

시위대의 구호(우리가 원하는 건? 땅의 권리! 우리가 가진 건? 개뿔도 없지!)도 일사불란하질 못했다. 행사 진행은 너무나 더뎌서 연설이 시작될 무렵 시위대는 벌써 모두 돌아가 버렸다. 쿠리 집회는 늘 이렇냐고 물었더니 단호한 대답이 돌아온다. "정말 **막돼먹은** 사람들이죠."

알렉산드리아 공원에 도착해 보니 애보리진 데이 행사는 완전 김이 다 빠진 뒤였다. 잔디밭 한쪽 끝 쓰레기 더미 근처에 모닥불을 피워 놓고 검은 피부의 사람들이 몇 명 서 있는 게 전부였다. 그들은 날 뜨뜻미지근하게 반겼다. 얼음통에서 맥주를 꺼내 건넸고, 내게 주뼛주뼛 다가왔고, 간간이 눈을 찡긋하기도 했다. 한쪽 귀를 솜으로 틀어막은 작고 깡마른 소년이 검은 강아지를 줄에 묶고서 여기저기 어슬렁거렸다. 다른 이들은 땅거미 내리는 풀밭에서 축구를 했고, 어른대는 불길 주위에 모인 나이 든 남녀의 얼굴들이 애처로워 보였다. 우리 주위엔 알코올 냄새가 흥건했다. 얼음통을 든 남자는 찬찬히 거듭거듭 내게 술을 권했다. "작별의 한잔 해야죠, 손님?" 난 시위가 성공이었냐고 물었다. "그럼요." 짤막한 대답과 함께 그들은 불길을 바라보았다.

난 그들이 **참으로** 안쓰러웠다. 저 옛날의 어떤 대학살에서 살아남은 마지막 쇠약한 생존자 같은 그들. 자기 고유의 문명에 대한 그들의 기억은 까마득한 과거에 까맣게 지워졌다. 나는 궁금했다. 그들도 한때는, 오랜 옛적 태초에는, 자기들만의 시드니를 갖고 있었을까? 그때는 저 깃발도 더 기운차게 펄럭였을까? 인사를 건네고 차를 몰고 그곳을 떠날 때 — "아니 손님, 한잔 하셔야죠" — 멀리 도심 빌딩숲의 불빛들이 반짝였다. 그러나 공원 한쪽 침침한 구석에서는 여전히 모닥불 불꽃이 춤추고 있었고, 그 원주민들의 연약한 윤곽선은 깜박이는 불꽃 속에서 불규칙하게 흔들렸다.

어느 날 아침 시드니 사람들이 스케이트 타는 걸 보려고 아이스링크인 '아이슬랜드'로 갔다. 다른 것들처럼 그들은 스케이트도 아주 잘 탔다. 크고 건장한 그들의 체구는 얼음 위에서도 퍽 멋있었다. 또다시 스칸디나비아 생각이 났다. '오스트레일리아 사람들, 추운 데 데려다 놓으니 정말 스칸디나비아 사람 같은걸.' 그래도 결국 내 관심을 사로잡은 건 속속들이 '오지'일 수밖에 없을 한 인물이었다.

다섯 살이나 되었을까. 금발에 명랑하고 끈덕지며 결코 웃지 않던 그 소년. 아이는 스케이팅을 잘하는 게 아니었다. 하지만 스케이트 날을 써서 링크를 뛰어다니는 데는 꽤나 능숙했다. 그날 아침 이 아이의 목표는 다른 사람들의 스케이트화에서 떨어져나온 얼음 조각들을 뭉쳐서 지나가는 스케이터에게 던지는 일이었다. 이 일을 하는 데 있어 아이는 솜씨도 좋았고 끝없이 열심이었다. 폴짝, 갑자기 얼음판에 나타난 그 아이는 움직이는 과녁을 하나 선택한다. 뒤뚱뒤뚱, 얼음 위를 달려 아이는 과녁 쪽으로 냉혹하게 접근해, 철썩, 미사일을 발사한다. 비틀비틀, 하지만 전광석화처럼 얼음판을 벗어난 아이는 다음 미사일을 빚을 재료를 그러모으기 시작한다.

그 애는 정말 대단했다. 거의 자빠지지도 않았고, 과녁을 놓치는 일도 별로 없었다. 뭘 하든 아주 부지런하고 빈틈없었다. 이름이 뭐냐고 물으니 링크의 손잡이에다 손가락으로 GORGE라고 썼다. 재미있냐고 물었을 때는 아주 비장하게 고개를 끄덕이기만 했다. 내 맘속에는 그로부터 30년 뒤, 훌쩍 자란 아이의 모습이 그려졌다. 아마 어떤 기업의 간부회의실 문을 뻥 차고 들어가 경영권 인수증을 휘두를 거야. 아니면 경쟁자 차관이 사임하도록 온갖 음모술수를 집요하게 꾸며대겠지. 아이슬란드 스케이트장을 빠져나오기까지 난 그 애에게서 한시도 눈을 떼지 않았다. 그 애가 틀림없이 나를 겨냥해 슬러시를 뭉쳐대고 있다는 걸 직감했기에.

오스트레일리아를 일으켜 세운 건 친절도 이상주의도 아니다. 순레자들이 아니라 범죄자들이 이 나라를 만들었으며, 시드니의 근본은 겉보기보다 퍽 냉혹한 상태 그대로다. 시드니는 그리 감상적인 도시가 아니다. 대부분의 호의는 뭔가를 기대하고 베푸는 호의가 아닌가 싶기도 하다. 시드니 사람들(특히 여성들)의 얼굴에는 특유의 뭔가가 있다. 처음 보았을 때는 아주 꾸밈없고 공평하며 든든해 보이는 얼굴이지만, 좀 더 유심히 살펴보면 — 가능하면 몰래, 옆자리에 앉아 신문 너머로 훔쳐보면 — 숨어 있던 심술과 간사함이 드러난다. '이건 틀림없이 저 감옥 식민지 특유의 험악함으로부터 유래하는 거야.' 그렇게 나만의 감상에 젖어 중얼거리게 된다.

이 도시의 그럴듯한 외관 뒤에서는 험악한 일들이 늘 벌어지고 있다. 말도 안 되는 정치 스캔들이 신문 지면을 달군다. 수도 없이 많은 왕립위원회들이 설치되어 온갖 비리들을 조사한다. 겉으로는 지극히 평등해 보이는 시드니 사회가, 실은 한줌 밖에 안 되는 거대자본가들에 의해 속속들이 장악되어 있다. 그들의 촉수는 도시생활의 모든 구석에 깊이 뻗어 있다. 그래서 시드니에서는 무엇을 하든, 아이스크림을 사건 혹은 항공권을 예약하건, 그런 오스트레일리아 부자들을 더 부유하게 만들어 주고 있다는 느낌을 받게 된다. 이민자들은 말한다. 퉁명스런 옛 오커들은 여전히 지독한 고집쟁이인 채라고. 요즘도 외국 억양을 썼다간 냉대나 모욕을 받기 십상이라는 것. 뉴질랜드 관련 농담이 시드니의 코미디계에서 한창 유행인 걸 보면 유럽 말투만 삐딱하게 보는 게 아니구나 싶다. ("어떡하면 뉴질랜드인이 소기업을 세울 수 있을까요?" "큰 기업 하나 줘놓고, 가만 놔두면 됩니다.")

나는 시드니 사람들이 사회적 태도에 있어 근본 신중하고 꽤나 의심 많다는 게 놀라웠다. 이들은 사람을 선선히 반기고 너그러이 맞아들이는 데 서툴고, 너무 쉽게 당황한다. 늘 웃음 짓고 도움을 주려고 하며 무척 공손한 시민들이긴 하지만, 나로서는 만약 정말 곤경에 빠졌다면,

친구도 없고 여권은 잃어버렸고 절박하기 짝이 없는 상태에서 길거리를 헤매야 한다면, 여기보다 맨하탄에서 덜 버림받은 기분이 들겠다. 그런 실험을 한번 해볼까 싶기도 했다. 서큘러 부두에서 행인들에게 뱃삯을 구걸해볼까 했던 것. 그러나 옆자리 할머니들의 눈빛이 떠올랐고, 순간 난 풀이 죽고 말았다.

세기가 두 번 바뀐 지금까지도 그 떳떳치 못한 태생의 흔적들은 시드니 곳곳에서 역력하다. 진실은 언젠가 드러나는 법! 이제는 희미해져 역사적 기억이 된 건 사실이다. 오스트레일리아인들은 말한다. 옛적 그 범죄자들은 기껏해야 시골지주의 연어를 불법포획했거나 혹은 자기 딸을 건초더미에다 팽개친 죄로 거기까지 오게 된 거라고. 아예 낭만적으로 포장되기도 한다. 가령 불량소년의 사례가 그렇다. 노래나 일화로 전해지는 시드니 거리의 떠돌이 소년들은 나팔바지와 뾰족 신발 차림으로 자기 구역을 휘젓고 다니면서 신나게 패싸움을 벌이거나 소매치기를 한다는 것. 요즘은 물론 얌전하고 세련된 상류층 아이들 얘기로 덧칠되어 통용된다. 하지만 근본은 아직도 그대로다. 만약 그걸 눈으로 보고 싶다면 일요일 오후의 알렉산드리아 공원으로 가면 된다. 거기 시드니의 가두연설가들이 저마다의 철학을 쏟아내고, 야유꾼들은 저마다의 훼방책을 발휘한다. 어느 나라에 가든 난 이런 표현의 자유가 느껴지는 곳을 즐겨 찾는다. 이들이 건네는 악한 이야기나 희한한 사건 얘기는 흥미진진하며, 간혹 슬기롭게 느껴지기도 한다. 하지만 시드니 스피커스 코너의 궤짝 위 연설가들을 뒤로 하고 돌아설 때는 몸서리를 쳤다. 그 자유의 연설들은 너무 천박하게 자유로웠고, 무지 지독하게 악랄했으며, 성차별적이고 지저분한 소리들로 얼룩덜룩 더러웠다. 주장이라기보다는 협박에 가까웠고, 유머는 짜증났다. 그리고 어느 궤짝 연설가 주위에나 눈에 불을 밝힌 인물들이 버티고 서 있었다. 베레모를 삐딱하게 눌러쓰고서 신문 다발을 거머쥔 그들의 유일한 목적은 그곳의 모든 연사들을 단상에서 끌어내리는 것이었다. 주제나 주장이 뭔지는 상관없었다. 험악하게 말대꾸해 분위기를 살벌하게 만드는 것이다. 가만히 귀 기울인다는 건 그들의 사전에는 없었다. 연설가나 옆의 청중들에게 온갖 조롱의 표현을 퍼부어대는 그들의 눈에서는 정말 쌍심지가 일렁거렸다.

가만 있자, 내가 저런 양반들을 어디서 봤더라? 마음이 뜨끔하며 나는 깨달았다. 맞네! GORGE로구나. 저기 스케이트장에서 잠시도 쉬지 않고 얼음 조각을 뭉치던….

시드니의 서쪽으로 가보자. 교외의 배후를 이루며 길게 펼쳐진 주거지들은 추하지도 아름답지도 않고, 부유하지도 가난하지도 않다. 레바논 사람들이 운영하는 세탁소, 글래드스톤 암스 혹은 로드 넬슨 따위의 간판을 내건 펍들, 점심 무렵 꽃무늬 홈드레스 차림으로 강아지를 운동시키는 여인들, 카운터 뒷벽에 색 바랜 베수비우스 화산 사진을 걸어둔 피자집, 머틀스트리트 혹은 메리랜드로드 같은 이름의 길거리들…. 거기 서부의 교외단지 너머로 블루마운틴의 윤곽이 저 멀리 내다보인다. 거기선 간간이 눈도 내리고, 리조트 호텔의 벽난로에선 통나무가 탄다. 거기서 좀 더 서쪽으로 오렌지Orange와 두보Dubbo를 넘어가면, 드디어 상상조차 힘들 만큼 텅 빈 오스트레일리아가 펼쳐지기 시작한다. 관목 덤불과 불모의 황무지가 끝도 없이 이어져 애보리진의 무한한 황야로 뻗어가는 것이다. 오스트레일리아는 거의 전부 비어 있다. 텅 빈 느낌은 오스트레일리아에서 중요한 사물의 속성을 이룬다. 이 느낌은 그 광야에만 머무르지 않고 시드니 한복판까지 뻗어온다. 그리하여 시드니의 섬뜩한 결핍감이 생겨나고, 그리하여 엘리베이터를 탄 광고회사 임원들의 반응을 자꾸 움츠러들게 하는 것이다.

관목 덤불은 늘 가까이 있다. 그런 초록 얼룩 덕분에 이 거대도시는 지금도 황야에 불쑥 끼어든 불청객처럼 느껴진다. 거의 태초의 관목 숲 그대로나 다름없는 농촌에서 사람들은 매일같이 시드니로 통근한다. 거대도시의 경계선 바로 바깥에, 호크스베리Hawkesbury 강을 따라 올라가면 아직도 도로로 연결되지 않은 마을이 있다. 날마다 통통배가 조심조심 강물을 헤치며 조그만 만과 수로를 들락거린다. 물길 양쪽의 숲에서는 캥거루가 풀쩍대고 코알라가 되새김질에 한창이다. 오두막과 방갈로 몇 채로 이뤄진 작은 마을의 삐걱대는 선창에다 짐을 부려놓고 나면, 늙은 굴 장수들을 태우고 다시 힘겨운 항해를 시작한다. 에어컨이 뺑뺑 돌아가는 시드니의 고층건물들이 바로 저 유칼립투스 숲 너머로 빼꼼 내다보일 법한 그런 곳에 말이다.

슬며시 도시 깊숙이까지 들락날락하며 수많은 후미들을 만들어 놓는 바다 또한 어디서든 일종의 공허한 바다 같아 보인다. 그래서 소금바람의 기운은 시드니 시가지의 길거리에서 느껴지지 않으며, 내겐 언제나 바닷물이 아니라 민물 같아 보였다. 시드니의 역사는 오스트레일리아의 역사처럼 그 근본이 비어 있으니, 여기서 벌어진 흥미로운 일이라곤 거의 전무한 것이다. 이곳의 성공담에조차도 일종의 핏기 없는 창백함이 묻어난다. 시드니의 스타일에서도 파리한 기운이 엿보이고, 심지어 출퇴근 시간에도 희한하게 먹먹한 기운이 느껴진다. 그로부터 저 언덕 너머의 광활한 황야가 끊임없이 상기되는 건 물론이다.

이런 감흥은 많은 오스트레일리아 예술가들을 사로잡았고, 내게도 아주 신기한 영향을 미쳤다. 시드니에 있을 때면 나는 가끔 느낀다. 내가 이 도시를 직접 보고 있는 게 아니구나. 유리창 너머로 보고 있구나. 아니면 거울에 비친 모습을 보는 것이든. 내 기분이 모호해지면, 거울 속 시드니의 윤곽선도 기이하게 흐릿해 보인다. 시드니의 맑은 햇살은 거의 아무런 굴절도 경험해 보지 못한 듯 반짝거린다. 여느 대도시들마다 떠다니는 먼지와 숨결, 역사와 슬픔의 그 텁텁하고 흐릿한 느낌 따위도 없는 것이다. 그곳의 바람은 마치 남쪽의 얇은 그물을 통과하며 여과

된 듯하다. 심지어 해산물 요리까지도, 딸기나 아보카도 등으로 아무리 요란하게 장식되었다 해도, 깊은 바다와 물살의 그 톡 쏘는 맛을 잃어버린 느낌이다. 나아가 오스트레일리아 말 자체가 가끔 메아리처럼 들리기도 한다. 마치 아주, 아주 먼 데서 내게 들려오는 소리처럼. 혹은 다른 시간으로부터 온 듯한.

시드니도 아주 신나는 곳일 수 있다. 하지만 이때의 신명은 '절제된' 신명일 따름이다. 가슴을 설레게 할지는 몰라도, 환희 수준은 못되는 것이다. 시드니의 길거리를 누비며 당신이 춤을 출 리도 없고, 이곳의 비트에 전율할 리도 없다. 착 가라앉은 시드니 사람들의 얼굴은 친절하지도 잔인하지도 않고, 그저 무표정할 뿐이다. 시드니에서는 놀란 표정의 얼굴을 보기 힘들다. 그래서일까. 그리 놀랍지도 않은 얼굴의 사람들이다. 물론 이렇게 낮은 곳에 이렇게 으리으리한 곳이 있다는 게, 이토록 근사하고, 이토록 완전한 거대도시가 황량한 땅 한 귀퉁이에 서 있다는 게 놀랍기는 하다. 그렇지만 다른 놀라운 젊은 도시들과는 달리, 이곳에서는 불끈 땅을 뚫고 솟아올랐다는 인상을 찾을 수가 없다.

시드니의 한 해변을 거니는 두 헝가리 노인을 만나보자. 낙타색 코트에 중절모 차림인 그들의 손가락에는 글자가 새겨진 가락지가 두툼하다. 반생을 여기서 보낸 그들은 유럽의 난장판을 피해 이곳으로 온 뒤 행복한 나날을 보냈다. 전쟁의 살육과 공산주의의 참상을 모면한 그들은 지구 반대편의 이 평화로운 안식처에서 성공한 인생을 살았다. 부인들은 지금 '코스모폴리탄'으로 커피 마시러 갔다고 한다. (기억하시는가? 모피 옷을 입고 캄파니 술잔을 묵묵히 기울이던 두 할머니를?) 아들, 딸, 손자들은 아마 바다에서 보트를 타고 있겠지. 그들은 아주 행운아고, 그 사실을 잘 알고 있었다. "우린 참 운이 좋아요. 시드니는 아름다운 도시죠. 오스트레일리아는 세계 최고의 나라고요." 하지만 그들의 어조는 '콘아모레'[애정을 가지고]도 '칸타빌레'[아름답게 흐르듯, 노래하듯]도 아니었다. 그들은 딛고 선 땅에 입을 맞추거나, 오스트레일리안 드림에 감사하며 손을 치켜드는 일 따위는 결코 하지 않을 것 같았다. 노인들은 단지 이렇게 결론지었다. "이 세상이 계속 평화롭기를 기대해야죠." 그건 마치 이런 기도 같이 들렸다. "죽는 날까지 우리의 행운이 계속되기를! 오, 이 남쪽 태양의 신이시여, 우리가 이렇게 십 년만 더 살게 해주소서."

많은 사람들이 오스트레일리아를 좋아한다. 하지만 반사신경이 둔하고 눈빛이 멍한 이 도시를 향해 마음을 활짝 열고 그 땅과 진정으로 하나가 될 사람은 아무도 없을 것이다.

시드니 해안선을 따라 한참 올라간 곳, 오스트레일리아로 들어오는 장엄한 관문인 시드니 헤즈Sydney Heads의 위 아래로, 부유층의 고급 저택들이 무화과나무와 유칼립투스 숲, 버팔로 잔디밭들 사이 곳곳에 몸을 묻고 있다. 거들먹대고 화려한 집은 거의 없다. [프랑스 코트다쥐르 지방의 부자 동네인] 앙티브 곶의 대정원을 낀 궁전 같은 저택들, 혹은 할리우드의 담으로 둘러싼 수도원 같은 집들과도 다르다. 물론 시드니의 돈 많은 귀공자들이 교외의 레스토랑으로 가서 점심 먹는 데 수상비행기를 이용하거나, 자기가 아끼는 페라리 자동차의 생일잔치를 벌이거나 하는 건 사실이다. 그렇지만 역사와 기질, 정치 따위가 결합하여 시드니로 하여금 화려한 소비의 도시로 나아가는 건 막고 있다. 다들 유럽이나 캘리포니아에 가 있기 때문인지도 모르지만, 이곳의 엄청난 부자들은 눈에 잘 띄지도 않는다. 이들의 번지르르한 저택도 잘 보이진 않는다. 저 언덕 너머 어딘가 양떼들이 몰려다니는 천만 제곱미터의 영지 안에 숨어 있는 전원주택이기 때문이다. 이 모든 게 시드니에 조용한 안정감을 부여한다. 혁명은 고사하고 경제위기 같은 발상조차도 여기선 터무니없는 소리로 들린다. 내 호텔 창밖의 풍경만 해도 그렇다. 부두엔 뽀얀 요트들이 노닐고, 어린 학생들이 깔깔대며 오페라하우스의 테라스를 휘젓고 다니며, 셔츠 차림으로 창가에 선 케브는 집으로 되돌아가는 길의 조깅을 맘속으로 준비하고 있단 말이다.

세계적 재앙으로부터 뚝 떨어져 지낸 덕분에, 이곳은 이런 성취를 이룩한 것이 아닐까. 바로 그것이다. 향후 더 풍요로워지고 더 많은 아시아인을 받아들일 테지만, 미학적으로나 형이상학적으로 말하자면 난 이미 시드니의 끝을, 혹은 나아가 오스트레일리아의 마지막을 보고 있는 건지도 모른다. 몇몇 고층단지가 더 세워질 테고, 교외지구도 몇몇 추가될 거다. 차이나타운은 좀 더 떠들썩하게 번성할 것이고, 보다 전위적인 여객선이 도입될 수도 있겠지. 하지만 달리 보자면 시드니의 미래는 이렇게 펼쳐질 수도 있다. 그 김빠진 창백함의 얼굴들, 그 유리창을 통해 보는 듯한 느낌은 사라지지 않을 것이다. 북반구의 방문자들은 항구의 희한한 나무와 널찍한 하늘을 내다보며 늘 상상할 수 있을 것이다. '내가 지금 세상 반대편에 거꾸로 서 있는 거로구나.' 쑥스러워하는 기질, 유서 깊은 험악함의 기미 따위는 잘 억제되어 숨겨져 있을 것이다. 또 다른 누군가가 늘 열심히 아이스링크의 얼음 조각들을 뭉쳐댈 것이고, 또 다른 세대의 만족한 기업가들이 운명의 신에게 행복의 시대가 좀 더 지속되기를, 그래서 세계 최고의 나라에서 자신들이 편히 눈 감게 되기를 기도할 것이다.

이따금 힘들어하면서도 나는 이제껏 시드니의 흑을 들춰내온 셈이다. 하지만 나도 인정한다. 지상에서 이토록 기분 좋은 성취를 이뤄낸 도시도 거의 없다는 걸. 그 헝가리 노인들이 맞았다. 그들은 참 운 좋은 사람들이다. 운명의 파도는 그들을 이 훌륭하고 의젓한 해변으로 실어다 놓았다. 그러나 영웅일지라도 시종에게는 여느 사람과 같듯, 빼어난 모범생 도시일지라도 주민들에게는 그저 그런 도시일 뿐이다. 특히나 사무실에서 힘든 하루의 끝을 맞는 이에겐 더 그렇다. 5시 30분. 케브가 아침의 행복감을 잊은 지도 이미 오래. 저 아래 여객선은 통근자들로 뱃전까지 꽉 찼다. 다리 위 차량 행렬도 어지간하다. 다시 비도 내리고 있다. 케브는 오늘 밤 앤드류와 마지가 저녁을 먹으러 온다는 걸 기억해냈다. '제기랄, 보나마나 또 아보카도를 먹겠군. 콧물을 찔찔 흘리는 도미니크란 꼬맹이를 데리고 와서 식탁 주변을 뽈뽈 기어다니게 할지도 몰라.' "안녕히 가세요, 에반스 씨." "잘 가, 에이브릴. 이 멍청한 암소야." "잘 있어, 케브." "잘 가, 짐. 이 똥배 불룩한 오커야." "참, 잠깐만, 케브. 이거 들어봤어? 어떤 뉴질랜드 인간이 말이야, …."

아이고 이거 비가 더럽구만. 야 임마, 길에서 뭐하냐, 얼른 비키지 못해. 맙소사, 누가 저런 말도 안 되는 오페라하우스를 생각했을까요? (글쎄요, 하지만 누가 돈을 댔는지는 잘 알죠?) 아보카도랑 새우일 거야, 틀림없지, 틀림없어. 아니 저 여자, 엘리베이터 안에서 대체 뭘 한 거야? 앗, 미지근한 샐러드! 으악, 차 밀리는 거 좀 봐! 저것 봐, 페어몬트 호텔의 그 미친 놈이군! 아니, 누가 이런 동네에 살고 싶겠어, 응. 미지근한 샐러드라니! 전부 다 완전 미친 거야, 전부 다….

"케브! 케브, 당신이야? 마지랑 앤드류 벌써 왔어, 여보. 애들이 애기 도미니크도 데리고 왔다구."

> 이 에세이는 옛날 글[이 책 13-2 참조]에 비해 대체적으로 우호적인 글이라고 생각했다. 하지만 내게 편지를 보낸 오스트레일리아 독자들의 수는, 수십 년 전에 썼던 삐딱한 시드니 에세이에 견주어 훨씬(!) 적었다.

ch 24
오 캐 나 다 !

> '구세계'의 피곤한 현실을 벗어나려고 찾아간 곳은 캐나다였다. 토론토에서 발행되는 잡지 『새터데이 나이트』에 글을 연재하면서 그럭저럭 80년대 대부분을 캐나다에서 보냈다. 캐나다인들은 20세기를 캐나다의 세기라고 즐겨 부른다. 예전에 들렀을 때 그곳은 대개 무미건조한 시골처럼 느껴졌다. 그러나 80년대에 캐나다를 제법 오래 경험하고 보니, 소름이 돋을 만한 쾌감의 나라는 아니더라도 수준급이라고 불릴 만한 충분한 이유를 갖춘 곳이라는 결론에 다다랐다. 그렇기에 아래에 소개된 네 편의 캐나다 에세이들은 이 책의 글들 중에서도 내가 특히 좋아하는 것들이다.

24-1 오타와

얼음장처럼 차가운 강물 위로 삐죽삐죽 점점이 펼쳐진 고층건물들, 그런 오타와는 내게 언뜻 스톡홀름을 연상시켰다. 그러다 바람 요란하던 어느 일요일 오후, 컨페더레이션 광장의 감자튀김 가판대에서 풍겨오는 냄새를 맡고는 문득 애버딘이 떠올랐다. 끝으로 나는 여기서 거듭거듭 체티네를 떠올렸다.

체티네? 체티네는 19세기 들어 몬테네그로 왕국의 지도자들이 그곳을 수도로 삼기 전까지는 이름 없는 한낱 산골마을일 뿐이었다. 그때 왕궁이며 오페라하우스, 위풍당당한 상점가와 자랑스러운 기념물들이 세워졌다. 강대국의 사절들이 속속 거기로 모여들었고, 그곳의 외교관들도 유럽 구석구석에 이내 자리를 잡았다. 한편 체티네의 지도자들은 유럽의 유명한 왕족들과 성공리에 혼인관계를 맺었으며, 자신들의 개성이 이 작은 도시 위에 아주 현란하게 자리 잡도록 하였다. 그리하여 결국 체티네는 [앤소니 호프의 1894년 소설] 『젠다의 죄수』에서 난공불락의 왕국 루리타니아[10]의 수도로 등장함으로써 이름을 떨치게 된다.

오해는 마시라. 오타와에서 무슨 코믹 오페라의 기운이 느껴진다는 건, 맙소사, 절대 아니다. 오타와야말로 한심한 격식과 요란한 깃털 덮개 따위로부터 가장 자유로운 수도일 것이다. 하지만 특유의 자기비난에 빠졌을 때의 오타와는 거의 체티네만큼 이국적으로 느껴지는 경우가 잦다. 이름 없는 땅 한복판에 깊이 들어온 듯한 느낌, 도시의 분위기가 거의 소설 같은 듯한 느낌 말이다. 그러면서도 대도시의 과시적인 요소들을 잘 갖추었고 지역 출신 영웅들도 듬뿍 배출했으며, 적어도 정부 및 외교 청사들 정도는 그럴 듯하게 꾸며져 있긴 하다.

이 쯤에서, 몇몇 믿기지 않는 사실들부터 살펴보자. 인류가 전기제품으로 요리한 식사를 처음 맛본 곳이 바로 오타와이다. 세계 최초의 쌍방향 엘리베이터[11]가 고층건물인 의사당에 약간 비스듬하게 설치되어 방문객들을 실어나르기 시작한 곳도 오타와이다. 하루는 오타와에서 정색한 얼굴의 주인장이 내게 얼그레이 차에 졸인 배를 곁들여 내놓기도 했다. 오타와에서는 파푸아뉴기니의 동전을 주조한다. 오타와 전역은 로고, 줄임말, 신비주의적 머리글자 따위로 뒤덮여 있으며, 리처드 스코트 경 빌딩, 가이 찰튼 경 빌딩, 존 칼링 경 빌딩 등 죽은 귀족들의 이름을 따 명명된 건물들이 허다하다. 이 수도의 한 유명한 수상께서는 숨을

---

10 Ruritania. 호프의 1894~1898 3부작에 등장한 독일과 보헤미아 사이 어디쯤으로 설정된 가상의 국가. 그 후 여러 문학작품과 학계에서 가공의 국가를 내세울 때 자주 쓰이게 된 이름이다. [역주]

11 bi-directional elevator. 특히 고층건물에서 보다 적은 면적을 차지하면서 효율적으로 승객을 수송하기 위한 엘리베이터 기술의 혁신. [역주]

거둔 자신의 테리어[애완견] 패트와 영적인 접속을 계속했다. 현재 오타와가 충성을 맹세한 대상인 국가원수는 대양 너머 몇천 킬로미터 떨어진 곳에 살고 있으며, 그 국가원수께서 임명했던 최초의 행정부는 오타와 인디언들 중 '위대한 토끼' Great Hare 가문이었다. 이른바 늘어진 귀를 한, 만물의 창조자 말이다.

좀 루리타니아 느낌이 나시는지? 오타와에서는 평범함에 매달리는 캐나다인들의 천재성에 늘 억눌려 있던 공상(혹은 독창성)의 세계가 그 틀을 깨고 나오기 위해 마구 몸부림치고 있다는 느낌에 거듭거듭 빠져든다. 오타와의 유명 로펌인 하니웰 앤 워더스푼의 파트너 명단에서 'E 몬테네그로'란 이름을 봤을 때 나는 기뻤다. 어디 그뿐인가. 설마 하시겠지만, 스파크스스트리트의 성공회 대성당은 '킹 아르놀디'의 설계이다! 이보다 더 체티네스러운 게 어디 있겠는가?

우선 분명히 해 둘 사실로, 발칸의 신화로 가득한 큰 도시들 중 그 어느 곳도, 근대국가들 중 가장 논리적이고 합리적인 나라의 수도인 오타와보다 더 황당한 배열을 지녔던 곳은 결코 없다. 이 대도시권의 한복판을 흐르는 오타와 강에 놓인 알렉산드라 다리의 딱 중간에 서면 방향 감각을 잃어버리는 느낌에 제대로 어리둥절해진다. 아니 세상에, 이렇게 생겨먹은 덴 대체 어디란 말인가, 그런 생각에 빠질지도 모른다. 한 발짝이라도 움직이려면 신중 또 신중해야 한다. 당신의 왼발은 영어 사용자들에게 두루 익숙한 관습법의 적용을 받는 데 반해, 당신의 오른발은 엄격한 나폴레옹 성문법의 적용을 받을 것이다. 서쪽에서 한 경찰관이 다가와 공공장소에서 부적절하게 서성거렸다는 이유로 당신에게 벌금을 매길 수도 있는데, 그는 틀림없이 프랑스어로 당신을 다그칠 것이다. 동쪽에서 다가오는 경찰관이라면 "혹시 사보타주[도로교통 방해 등] 하시려는 건 아니죠?"라며 영어로 확인하고 말 테고.

몇몇 독자적 입법기관들이 당신의 오른편 지역을 관할하고, 왼쪽을 맡은 기구들도 여럿이다. 주위를 둘러보면 적어도 셋 이상의 깃발이 펄럭일 테고, 지금 내가 떠올릴 수 있는 것만 해도 캐나다연방정부, 온타리오 및 퀘벡 주정부, 국립수도위원회, 오타와-칼튼 및 우타웨 지역 정부, 헐 및 오타와 시정부, 그 말고도 한 번도 들어보지 못한 대여섯 개의 위원회나 관청들이 더 있다.

캐나다 밖에서, 고등교육을 받은 사람들 1만 명 중 단 한 명이라도 오타와의 위치를 지도에서 정확하게 짚어낼 수 있을지 의문이다. 대부분의 외국인들은 그 옛날 바로 이 지점을 캐나다의 수도로 지정할 때 빅토리아 여왕이 했던 일을 당연히 거듭할 것이다. 눈을 감고 지도 위의 한 점을 그냥 쿡 찍는 것 말이다. 바로 이 다리 위에서조차, 당신도 나랑 약간이나마 비슷하다면 더 현명한 생각 따위는 떠오르지 않을 것이다. 법률적 영토들이 겹치는 데서 오는 일종의 어중간함이 당신을 사로잡을 텐데, 행정구역의 중복, 관료제의 대결구도, 모호하기만 한 지리와 정치, 역사의 불분명하기만 한 세력권 등이 당신 주위를 빙빙 맴돌 것이다. 어린 시절 우표수집을 해본 사람이라면 누구에게나 익숙한 모습으로 듬직하게 서 있는 캐나다연방 건물들만이 유일하게, 이 도시가 어디인지를 제법 확실하게 말해줄 따름이다.

하지만 더할 나위 없이 뚜렷한 것도 있으니, 바로 어디서나 느껴지는 풍경의 광활함이다. 이 도시를 둘러싼 자연 경관은 아마도 지상에서 가장 단조로운 것이면서 또 동시에 가장 도전적인 것이기도 하다. 오타와 교외에서는 가끔 곰들이 출몰하며, 비버들이 버릇없이 국립수도위원회의 정원수들을 갉아먹곤 한다. 도시의 공기는 정말 투명할 정도로 맑다. 그 중에서도 최고는, 멀리서 뿌옇고 흐릿한 물안개를 일으키며 오타와 곳곳을 격렬하게 흐르는 캐나다의 뽀얀 물들이다. 이 황홀한 물길들이 캐나다의 상상력을 줄곧 지배해왔다. 이 방랑자들의 나라의 역사에서 그 물이 차지한 의미는 실로 대단하다. 그래서 관광용 다리나 피크닉 사이트, 관광지의 설명판 등에 의해 아무리 순화된 외부인이라 하더라도 대번에 이곳이 '위대한 외로운 땅'의 수도임을 깨닫게 하는 것도 바로 그 뽀얀 물의 존재이다.

어찌 보자면 한 나라의 수도 노릇을 하는 게 오타와가 가장 따분해 할 일이기도 하다. 나라 전체의 풍습과 열망, 스타일을 반영해야만 한다는 것이니까. 캐나다의 기운을 꺾어놓는 것 중 딱 하나를 고르라면, 이 나라가 이도저도 아닌 어중간한 곳이라는 느낌(이게 캐나다 탓도 아니다!)일 것이다.

오타와의 영국 색은 빠르게 사라지고 있다. (내가 [영국화폐인] 투펜스 동전을 아주 소중하게 생각한다고 넘겨짚은 오타와 시민들이 내게 그 사실을 거듭 확인시켰다.) 하지만 뉴에든버러 동네의 성바톨로뮤 교회에서는 "글쎄요?" 싶어질 것이다. 이 어여쁜 작은 성공회 성당은 전통적으로 식민총독들이 예배를 보던 곳이다. 총독 문장을 새긴 별도의 신도석이 있는 그곳에는 깃발과 문장, 방패들을 비롯해 장군과 귀족들의 그림이 회랑 가득 걸려 있다. 보통 어느 대사님 관저의 그랜드 피아노 뚜껑 위에서나 발견됨 직한, 사인까지 곁들인 왕실 사람들의 초상화가 그 교회 현관 위에 떡 하니 걸려 있었다. 왕족은 신들과 그야말로 이웃사촌임을 일러주려는 듯 말이다.

작위라도 받은 듯한 사무단지들도 있긴 하지만 수도 오타와의 느낌은 아주 공화주의적이다. 공공건물에서 본 왕실 문장들이 날 낙심시키지는 못했다. 그건 그저 헌법적 편의를 위한 표현물들일 뿐이구나 싶었기 때문이다. 동쪽[유럽]으로부터의 옛 주문이 시들해지는 반면, 남쪽[미국]의 강력한 자석의 힘은 피할 도리가 없다. 의사당 정문 바로 맞은편에 버티고 선 미대사관은 잠들지 않는 전투사령부처럼 생겼다. 지붕에는 성조기가 펄럭이고, 인도 위에는 자살폭탄 차량을 막기 위한 쇠막

대기들이 촘촘히 박혀 있다. 그게 없으면 아마도 평화탑Peace Tower 쪽에서 난 길을 따라 돌진한 차들이 정문 앞에서 터져버릴 것이라고 여기는 것. 이런 상징들이 악랄해 보이긴 하지만, 그렇다고 유별나게 불공평한 건 아니다. 이 도시의 모든 양상들이, 어떤 태도나 어떤 의견이, 심지어 레스토랑 메뉴판조차도 거대한 남쪽 이웃의 존재로부터 눈에 띄게 영향받지 않은 것이라곤 거의 없으니까 말이다.

오타와가 처음에 국가적으로 중요해진 건 미국적이지 않은 곳으로서였다. 이 도시가 형성되는 데 거점 역할을 한 리도 운하는, 공격적 미국인들의 손길이 닿지 않는 전략적 통로를 캐나다에게 마련해주자는 목적으로 만들어졌다. 오늘날 미국은 기껏해야 바로 저 길 끝에 있는 듯하다. 물론 오늘날 미국문화로부터 완벽하게 단절된 곳은 없다. 그렇지만 오타와에서는 미국이 물리적으로 지근거리에 있다는 느낌이 너무나 생생해 거의 눈에 보이는 듯하다. 저기 지평선 너머에 도사린 채 언제든 캐나다의 일에 뛰어들 태세를 갖춘 거대한 신처럼 말이다. 오타와에서 일하는 사람이 플로리다에 — 여기서는 그저 "저 아래 남쪽"이라고 부른다 — 휴가용 별장을 가지고 있으며, 내가 이 도시에서 만난 사람 중 절반은 막 워싱턴DC에서 왔거나 아니면 곧 그리 가려는 것 같았다. 마치 어떤 성소를 찾아갔다 돌아오는 무슨 순례처럼 말이다. 그리고 실제로 어떤 이들은 진짜 경건하고 엄숙하게 그 경험을 얘기하곤 했다.

오타와 사람들은 미국인들과 크게 다르다. 태도나 자세, 대응방식 등을 볼 때 이들은 대체로 꽤나 캐나다인 특유의 기질을 선보인다. 어느 날 저녁, 시민권 공공법정에 나가 보았다. 오타와에 정착하려는 이민자들이, 미리 여러 절차들을 마무리한 다음에 드디어 어엿한 캐나다 시민으로 선서하는 자리였다. 이 의식이 열린 곳은 시민센터 체육관의 아래층이었는데, 행정교구용 여러 모임방들 중 가장 큰 홀로서 마

※ The Primrose Chill
Live music as part of the Camden Crawl—
Saturday 1st May, 2010
Booking now for major World Cup Games/June

※ Vivanco Wine Dinner @ The Lansdowne
Wednesday 28th April / £35 pr head

©Movana Chen

치 동굴 속처럼 소리가 울렸다. 홀 한쪽 끝에는 카페 탁자들을 쌓아 커다란 방 하나를 꾸며 놓았는데, 거기서 터키 어린애들이 뛰놀고, 크로아티아 음악인들이 민속음악을 연습하고, 한 티벳 음식 코너에서는 벽돌 모양 차와 고기만두를 대접하고, 농사꾼 앞치마 차림의 여인들은 서서 전통 샌드위치를 씹고 있었다. 다른 쪽 끝의 무대에서는 〈로즈마리〉 Rose Marie 식 복장을 잔뜩 차려 입은 기마경찰관 한 명이 홀로 약간 부끄러워하며 화려한 행사의 한 자락을 연출하고 있었고, 지나치다 싶을 만큼 상냥한 할머니 고관께서는 드레스에 하얀 칼라 차림으로 새로운 캐나다인들의 목표 달성을 환영하고 있었다.

그 행운아들이 한 명 한 명 연단으로 올라가 바다 건너편의 왕조에 대한 충성을 서약했다. 반대편의 크로아티아 악단은 다른 노래를 부르기 시작했고, 불쌍한 기마경찰관은 남들의 눈을 피해 무게 중심을 이쪽 발에서 저쪽 발로 살짝살짝 바꾸곤 했다. 폴란드부터 홍콩까지, 총 열다섯 나라의 이민자들이 거기 있었다. 다른 모든 귀화 절차가 그렇듯 그 모습 또한 내게는 좀 모욕적으로 보였지만, 정작 당사자들에게는 참으로 순수한 기쁨의 순간들임이 분명했다. 모든 사람들의 얼굴에 웃음이 가득했고, 수학자든 주부든 똑같이 열렬히 박수갈채를 보냈다. 흥분한 아이들은 부모가 연단에서 받아온 서류들을 — 내겐 그저 소득세 양식 같아 보였지만 — 열심히 살폈다. 그 할머니 말처럼 모두가 "우리 캐나다 가족의 모든 자격을 다 갖춘 구성원"이 되었을 때, 기마경찰이 경례 자세로 미동도 없이 서 있는 가운데 국가가 흘렀을 때, 모든 공식 행사가 끝났다. 그러자 행복한 표정의 새 시민들은 다음 순서를 잔뜩 기대하며 다들 자리에 주저앉았다. 캐나다인으로서의 자질을 측정하는 최종 검사 과정, 즉 다인종 전통문화 공연 순서였던 것이다.

난 그저 웃음이 났다. (난 캐나다인은 아니지만 일종의 풍자작가 자격증 정도는 가지고 있다고 자부한다.) 난 진짜로 감동했다. 레바논인들의 심벌즈가 울리는 첫 무대를 뒤로 하고 서둘러 그곳을 빠져나오며, 나는 이 희망에 찬 사람들의 안녕을 가슴 깊이 빌었다. 오타와가 진정 즐거운 이유 중 하나는 바로 이런 가벼운 코스모폴리탄 정신이다. 캐나다의 수도 오타와에서는 두 문화 병용체제가 탄탄하게 뿌리를 내렸다. 국립도서관에서의 오타와 도서전에 들렀을 때다. 마침 두 문화 문학의 밤 행사가 진행 중이어서 나는 너무 기뻤다. 두 문학이 어깨를 나란히 하고 찬미되고 있었다. 골수 영국계 부인이 내 눈앞에서 막 더듬더듬 프랑스어 낭독을 시작했고, 비썩 말라 성마른 퀘벡 사람이 이를 스스럼없이 받아 영어로 낭독했다. 논픽션 상 수상자는 콧대 높기로 유명한 프랑스계 캐나다인이었다. 유쾌하고 정감 어린 미남인 그는 내게 온갖 감옥에 갇혀 있거나 아니면 그런 데서 탈옥하느라 자기 인생 대부분을 써버렸다고 했다. 하지만 그는 내게 "불어 할 줄 아세요?"라고 물어보려는 시도조차도 하질 않았다. 아, 얼마나 다행인가. 문학적 업적을 이룬, 불어를 쓰는 은행강도들과 얘기할 때는 특히 더!

그 행사 직전에 난 콧물감기에 걸려 훌쩍거렸다. 손수건이 동나 버리는 바람에 나는 국립도서관으로 갈 때 호텔에서 쓰던 얼굴 닦는 수건을 대신 들고 갔다. 내가 코를 풀고 싶어 이 노랗고 커다란 네모꼴의 흡수성 좋은 천 덩어리를 꺼내 들 때 선량한 캐나다인들이 보이던 반응을 살피는 게 나는 너무 재미났다! 한두 명은 대화를 하다 말고 멈칫했다. 그러나 잠시 멈칫한 것일 뿐이었다. 어떤 이들은 옆 사람 옆구리를 찔러주며 같이 그 광경을 즐기려고 했다. 대부분은 고개를 단호하게 반대 방향으로 돌리며 못 본 척하려 했다. 얼굴 닦는 노란 수건으로 코를 푸는 게 오타와에서는 그다지 적절한 행동이 아닌 듯했다.

마땅히 그럴 거다. 그걸 어찌 어여쁜 습관이라 하겠는가. 그래도 파티에 가는 손님 복장을 한 사람들의 그 반응들이 오타와의 공적인 특성을 잘 보여준다 싶어 나로서는 즐거웠다. 한 세기 동안 수도의 지위를 누린 지금도 오타와는 액면 상으로는 여전히 점잖고 머뭇거리며 신중하고 인습적이며 세심하고 매력적인 도시이다. 오타와는 결코 재미를 모르는 도시가 아니다. 물론 위풍당당함이 좀 모자라는 듯하긴 하다. 이곳의 우스개는 느긋하다. 오타와는 아주 친절한 도시이다. 어찌할 수 없을 만큼 수수하고, 어찌나 신중한 위엄을 내포하고 있는지 그 깃발조차도 굳이 내세우지 않으려고 조심조심 나부끼는 느낌을 줄 정도이다. 어쩔 수 없이 예전보다 보안문제에 더 신경을 쓰게 되긴 했지만, 경찰들의 자세는 오늘날에도 사뭇 가족적이고 마치 미안하게 됐다는 듯한 눈치이기까지 하다.

    어느 정치집회에서 사진을 찍던 노란 옷의 한 여자는 내게 자신은 경찰이라며 즉시 신원을 밝히면서, 자신은 시위 참가자들 얼굴을 찍어 자료로 남기는 일을 하는 중이라고 했다. 평상복 부서에서 그녀와 함께 일하는 남자 동료들은 청부살인업자 같은 풍채에 CIA 식으로 옷깃을 높이 세우고서는 머리에 경찰 헬멧을 쓰고 돌아다니기도 한다는 것. ("자네들 오늘 여기 저기 많이도 숨어 있군." 어느 정복 경찰관이 절대 교묘하지 않은 위장술의 이들 정보파트 직원들에게 눈치 빠르게 던지는 말이 들려오기도 했다.)

    좀 더 살펴보니 그 시위 자체가 아주 오타와스러운 스펙터클이었다. 의사당 언덕에서는 10분마다 하나씩의 시위가 벌어진다. 이번 시위는 미국 정책에 반대하는 시위였는데, 분위기가 그다지 흉포하지 않았으며, 경찰들은 손쉽게 이들을 미대사관 거리의 반대쪽으로 통제하고 있었다. 시위대 중 너댓 명이 무리를 빠져나와 측면 돌파를 시도하였는데, 거기서 다음과 같은 대화가 들려왔다.

    경찰: "아시겠지만 이 시위대는 미대사관에 더 가까이 진출할 수

없게 되어 있는데, 혹시 이 시위대의 일원 아니십니까?"

시위자: "아니에요, 경찰 아저씨. 우린 그냥 이동의 자유라는 권리를 행사하려는 평범한 캐나다 시민인데요."

경찰: "그런데 손에 든 그 플래카드는 뭔가요?"

시위자: "아, 그건 그냥 저의 개인적 견해에요. 캐나다 시민으로서 말이죠."

경찰: "그렇군요. 좋습니다. 지나가시죠."

시위자: "고맙습니다, 경찰 아저씨."

경찰: "천만에요."

오타와는 그렇게 움직인다. 시위자는 맘대로 움직일 수 있고, 경찰은 친절하며, 대결 상황이 방지되고, 자유로운 의사 표현은 허용된다. 그 시위대는 계속해서 대사관 문밖에서 몇몇 구호를 더 외쳤고 ─ "레이건 레이건 틀려먹었어, 할리우드로나 보내버려!" ─ 자신들의 주장을 (내가 보기에 제법 효과적으로) 다 펼친 뒤 평화롭게 해산했다.

이런 상식, 이런 보편적 상냥함이 전부일까? 물론 아니다. 수도 오타와는 타협의 산물임을, 아니면 얼버무리기의 산물임을 명심해야 한다. 캐나다 자체가 영원한 타협 같기도 하다. 주와 주 사이에 균형이 맞춰져야 하고, 언어들도 잘 조율되어 있고, 이민자들을 웃으며 맞이하고, 시위자들은 조심스럽게 용납된다. 오타와에서의 며칠이 지나자 어쩌면 어떤 심오한 거처가 있어 한쪽으로 치우치지 않게끔 이 도시 자체를 수납하고 있는 건 아닌가 싶어질 정도였다. 평범한 측과 기이한 측이 이 도시에서는 적어도 무미건조한 평온을 유지하기로 무언의 협약을 맺은 듯한 생각도 들었다.

사실 이렇게 이야기할 수도 있을 것 같다. 캐나다에서 가장 흥미로운 점은, 우연히 그렇게 되었든 아니면 고안해낸 것이든, 몸서리나게 따분한 이들과 못 말리게 낭만적인 사람들 사이에 동맹관계가 만들어져 있다는 사실! 하루는 아침에 대법원에 들렀다. 심의 중인 사건은 그다지 흥미롭지 않았다. 재판관들(남자 둘, 여자 하나)의 말은 진부했고, 몇 안 되는 청중들도 나른해 보였으며, 언론용 좌석은 텅 비어 있었다. 실내 또한 화려하기만 할 뿐 칭송받을 만한 정도는 못되었다. 그래서 막 그 방을 나오려는데, 놀라운 일이 벌어졌다. 갑자기 벤치에 우아하고 영묘한 빛이 쏟아졌고, 천정에서 드리워져 있던 텔레비전 화면에 한 인물이 등장했다. 매니토바주 위니펙시의 한 변호사였다. 그는 무슨무슨 법률 22조에 의거, 자신의 의뢰인이 마땅히 항소할 자격을 갖추었음을 존경하는 판사님들께 확신시켰다.

내가 지켜본 것은 '렉스 캐나디아나'[12]였다. 전자적 사법, 오타와의 허세라고 할 이 잿빛 건물의 60도 각도 위에서 내려오던 참과 거짓, 죄와 죄 없음의 이미지들. 그것은 참으로 성대하고 화려한 과정이었다. 그때까지 아주 촌동네 재판관처럼 보이던 판사들도 갑자기 거의 천상의 호민관처럼 보이게 할 정도로.

그래서 나는 오타와에 머무르는 동안 따분함과 놀라움의 양극단 사이 이곳저곳을 오락가락했다. 그건 마치 두 분위기 사이에서 (물론 좋은 의미로) 망설이는 것과도 같았으니, 끝장 조심스러운 오타와인들은 내 방문이 가장 두드러지게 활기찬 형태로 마무리되었다고 하면 놀랄지도 모르겠다. 그 사연은 이렇다.

나는 직업상 으스대며 돌아다니는 인간이다. 내 묘사의 대상이 되는 곳들을 마치 내가 소유한 듯 두루 걸어다니는 걸 좋아하는 것이다. 그런데 오타와는 으스대며 돌아다니기에 좋은 도시라고는 할 수 없다.

---

12 Lex Canadiana. lex는 '**법률**'이란 뜻. [역주]

오타와의 루리타니아적 측면은 항상 그만그만한 수준에 머무르며, 그곳의 특이함은 보통 겉으로 드러나지 않는다. 전체적으로, 자랑하고 으스대기엔 너무 예의바른 곳인 것이다. 게다가 내가 거기 있는 동안 날씨가 예외적으로 훈훈해서, 원래의 드라마틱한 면모가 한 풀 꺾이는 듯한 느낌이었다. 자기애의 망상에 빠져들기에는 더더욱 별로였다.

하지만 오타와 체류 마지막 날, 〈시티즌〉지는 기록적으로 추운 날씨를 예보했다. 기온을 기록하기 시작한 이래 가장 싸늘한 그 무렵 날씨라는 것. 나는 침대에서 재깍 일어나 가져간 스웨터 네 개 중 셋을 껴입고서 운하를 따라 강물 쪽으로 서둘러 내려갔다. 와, 정말 추웠다! 물가를 따라 부지런히 걸어, 빅토리아 여왕의 동상 근처 계단을 올라, 의사당 정문 앞에 서서 막 잠에서 깨어나는 도시를 살펴보았다.

햇살이 반짝였다. 깃발도 어제와 다르게 기운차게 펄럭였다. 찬 기운이 내 볼을 쏘아댔고 내 기상을 날카롭게 했다. 그 찬란한 아침, 거기 캐나다의 꼭대기에서, 으스대며 활보해 보자는 기개가 나를 거세게 사로잡았다. 넓은 계단을 뻔뻔스레 콧대 높은 걸음걸이로 내려가기 시작했다. 내 뒤에서 거대한 건물이 일어서는 소리가 들렸다. 정문 바로 옆에서는 영원한 불꽃이 나를 기다리고 있었고, 웰링턴스트리트를 따라가는 동안 고층건물과 포탑들이 내게 경례를 올렸다. 어느새 평범한 건 하나도 없었다! 그 화창하고 쌀쌀한 아침에 오타와의 길거리를 행진하는 내내 나는 줄곧 휘파람을 불었고, 그 노란 얼굴 닦는 수건을 꺼내 뻔뻔스레 콧물을 훔쳤다. 그러다 어렴풋이 이런 생각이 들었다. '이런 행진을 너무 오래 했다가는, 또 극도로 조심하지 않으면, 이곳과 지나치게 감상적인 관계를 맺을 수도 있겠구나.'

하지만 다행히도 난 정오 무렵에 떠나는 비행기를 타야 했고, 행진은 그 수준까지 계속되지 않았다.

24-2 토론토

> 1980년대의 토론토는 전 세계 이민자들이 최고로 손꼽는 이민대상지였다. 당시 거기서는 이미 다문화주의의 여러 테크닉들을 꽃 피우고 있었으니, 훗날 세계인들의 지구 누비기가 나날이 늘어나면서 다른 나라들도 토론토의 그런 다문화주의를 수용하기에 이른다. 이 에세이는 토론토의 세스퀴센테니아 sesquicentennia 즉 150주년을 기념해 쓴 것인데, 그런 기념식 이름부터가 그야말로 금시초문이었다.

공항의 컨베이어벨트에서 가방이 나오길 기다리면서 나는 동료 승객들의 면면을 살폈다. 대부분은 아주, 아주 캐나다인다운 모습이었다. 차분하고 절대 흥분할 것 같지 않은 얼굴로 그들은 묵묵히 기다렸다. 스피커에서 운용상의 결함으로 인해 수화물 배달이 지연되어 죄송하다는 얘기가 나와도 눈썹을 희미하게 씰룩거리거나 장갑 낀 손을 꽉 쥐는 게 고작이었다. 자기 가방이 컨베이어벨트 위로 토해져 나와도 조심조심 앞으로 나오는 게 마치 먼저 가서 죄송하다는 것 같을 정도였다. 그들은 자신의 감정을 철저히 통제하는 듯 보였다. 잘 교육받고 잘 균형 잡힌, 행실도 바르고 의도도 바른, 짜임새 좋고 보존상태도 좋아 보이는 사람들. 간간이 짤막한 몇 마디 서로 나누는 소리가 들릴 뿐, 그들은 대부분 그냥 기다리기만 했다.

그런데 이처럼 유별나게 붙박이처럼 보이는 항성들 사이를 마치 망나니 유성처럼 쏘다니는, 참으로 희한한 생명체가 있었다. 모피모자에 희끄무레한 파랑색 롱코트 차림의 그 중년 여인은, 분명 다른 옷에 사용했던 것인 가죽 허리띠를 질끈 동여매고 있었다. 줄로 묶고 끈으로 잇고 갈색 봉투에 담은 짐도 어지간히 많았는데, 손에 들고 있던 여행용 서류 다발을 가끔씩은 입에 물고 있는 모습을 보이기도 했다. 그녀는 잠시도 쉬지 않고 움직이고 떠들고 손짓을 일삼았다. 그녀는 무표정한 구경꾼들에게 일부러 저러나 싶을 정도로 엉망인 영어로 질문을 쏟아 붓거나, 아니면 알 수 없는 말로 혼자 중얼거렸다. 그러다 빈정대듯 웃음을 터뜨리거나, 물건을 떨어뜨리는 경우도 잦았다. 짐수레용 카트를 끄집어낼 때 피운 요란도 대단했다. "슬롯- 안에- 돈을- 넣어야- 해요-." "슬롯이 뭐야? 어떻게 이거 꺼내지? 슬롯? 슬롯이 뭔데?" 그러다 마침내 그녀가 자신의 여행 장비들이 컨베이어벨트에 올라온 걸 발견했다. 질긴 캔버스 천과 가죽 조각들이 그야말로 산더미 같은 그 짐을 향해 그녀는 탱크처럼 돌진했다. 가만히 서 있던 캐나다 사람들은 그녀의 노련한 팔꿈치 공격에 오른쪽 왼쪽으로 마구 밀려나거나 자빠졌다.

내가 만들어낸 인물일 거다? 천만의 말씀! 물론 약간의 각색은 있을 수도 있다. 다른 등장인물들에게도, 예술보다는 알레고리의 효과를 드높이기 위해 종종 그런 각색을 덧붙이곤 하니까 말이다. 그녀가 어느 나라에서 왔는지도 모르고, 그녀가 캐나다에 머무를지 아니면 옛 나라에서 알고 지내던 결혼한 조카를 방문하기만 할 건지는 모르지만, 그녀는 내게 전형적인 이민자의 모습으로 보였다. 그리고 그녀는 20세기 말 가장 대표적인 이민 대상지로 손꼽히는 도시인 토론토에 도착하고 있었던 것이다. 토론토의 시민들 모두가 공항에서 본 그 승객들처럼 극도로 자제하는 사람들인 것은 분명 아닐 테지만, 적어도 토론토가 서방세계에서 가장 엄한 규율과 탄탄한 짜임새를 자랑하는 도시 중의 하나임에는 틀림없다.

그 첫 번째 대립의 장면을 지켜보며 난 양쪽 다 측은했다. 세관검역대를 통과하며 그녀는 내 시야에서 사라졌지만 — 아마도 세관원과 무슨 언쟁을 벌였거나, 혹은 짐을 동여맨 끈을 못 푼 게 아닐까 — 가끔 그녀 생각이 났다. 어쨌든 우리 둘 다 '선한 도시 토론토'가 세스케-, 세스콰-, 세스키-, 음, 그러니까, 도시 창설 150주년을 맞은 때에 함께 그곳에 도착했으니까.

*

신세계의 전성기에 벌어졌을 이민의 사악하고 지독한 흥분의 순간들을, 적어도 상상 속에서는, 토론토에서 지금 맛볼 수도 있다. 바로 그다음 날 아침 일어나자마자 그런 발견의 찰나가 나를 찾아왔다. 도심에 내린 자욱한 안개가 높은 건물들의 상층부를 죄다 가리고 있었다. CN 타워도 머리가 잘려나간 괴물 같은 그루터기 모양이었다. 낮은 구름 아래에서 토론토 도심은 바람에 휩쓸려 몰려다니는 하얀 수증기로 뒤덮여 있었다. 증기는 위로 소용돌이쳐 올라가 검은 구름에 합류하기도 했다. 그 몽롱한 연무 사이로 불빛이 빛나거나 반짝였고, 보이는 모든 곳은 눈으로 뒤덮여 있었다. 이 놀라운 풍경은 내게 기묘하고도 무시무시한 거대한 가마솥을 연상시켰다. 거기선 무슨 일이든 벌어질 것 같았다. 거기선 악당과 천재가 모두 걸어다녀야 하고, 거기선 난데없이 벼락부자가 탄생할 듯했다. 거기선 끔찍한 착취에 시달리는 세르비아계 재봉사들이 말도 못할 슬럼에서 살아가고, 훤칠한 자본가들은 금빛 번호판을 단 개인철도에서 내려 거대한 모피코트 자락을 펄럭이며 의기양양하게 활보할 듯했다.

안개가 걷히고 구름이 높은 하늘로 사라졌다. 첫 봄 햇살은 대기를 가득 메운 듯하던 증기조차도 밀어내버렸고, 풍경은 홀연 딴판이 되었다. 토론토는 코스모폴리탄주의를 받아들이는 데 있어 지각생이었다. (내가 여기 처음 왔던 1954년에조차도 토론토는 예컨대 에든버러만큼이나 인구 구성이 단조로워 보였다.) 지금도 '기회의 땅' 노릇을 제대로 하고 있는 건 아니다. 어느 아름다운 노부인도 [이를테면 뉴욕의 '자유의 여신상' 같은 게] 온타리오 호수를 바라보며 횃불을 들고서 자유를 호흡하고자 하는 수많은 사람들을 이끌고 있지 않다. 그래서 와글대는 슬럼이나 노동착취 게토들도 이곳엔 없다. 새로운 땅이나 지상천국을 외치는 열띤 주장들도 이곳엔 거의 없다. 시내로 향하는 전차 안에서 내게는 빽빽대는 트럼펫 소리도, 천사들의 합창도 들리지 않았다.

그제야 나는 깨달았다. 토론토의 약속은 어리둥절할 지경은 아니더라도 보다 산만하고 잠정적인 유형의 약속인 것을. 부두 초입의 어느 조그만 건물 밖에는 지정주차 팻말들이 서 있다. D 야누치, P 야누치, H 맥도날드, R 멧카프, F 무함마드. "이게 뭐하는 데죠?" 지나가는 사람에게 물었다. "다문화 텔레비전요." 그들은 불안한 듯 물러서며 대답했다. "다 무슨 텔레비전요?" 내가 다시 물었지만, 이미 그들은 내뺀 뒤였다. (그때까지만 해도 난 몰랐다. 토론토에서는 추가 질문을 던지는 게 대화를 끝내는 데 최고의 특효약임을.)

다문화주의! 그 전엔 들어본 적도 없는 말이었다. 하지만 그 후 계속해서 듣게 된 그 말. 바로 그곳 토론토의 오늘을 일러주는 키워드였던 것이다. 파리의 "울랄라"처럼, 로마의 "챠오"처럼, 모스크바의 "녜트"처럼. 맨하탄의 "그레이트" 같은 거로군요,라고 하실 분도 있겠다. 그렇듯, 토론토엔 다문화주의가 있는 것이었다. 다른 위대한 이민자들의 도시들에 비해 토론토는 모든 인종들의 비위를 맞추려고 더 많이 애썼다. '인종의 용광로'라는 개념은 여기서 큰 인기를 끌지 못했으며, 난 간혹 캐나다 국적이란 것도 실은 운전면허나 여벌의 선글라스처럼 보잘것없는 사회적 특전에 불과한 게 아닐까 싶기도 했다. '라사 사양'이라는 레스토랑에 가서 말레이시아 버미첼리 국수를, 혹은 우크라이나 포장마차에 가서 피로시키 pierogi [러시아빵]를 먹자고, 요크빌에 가서 베트남 음식을 같이 하자고 여러 번 초대를 받았다. 하지만, 내가 용기를 내어 캐나다 음식을 먹어보자고 했더니, 날 초대한 이의 얼굴에 대번에 친절한 근심이 어렸다. "그건 좀 어려울 겁니다."

새로운 도시 환경은 전부 이런 단호한 원심분리주의에 일종의 통합성을 부여하도록 진화해온 듯 보인다. (난 '헤리티지 언어'란 게 무언지도 토론토에 오기 전에는 몰랐다.) 하지만 난 그 모든 것에 금세 적응했다. 그리스 어원을 지닌 거리 이름은 거의 눈에 띄지 않았으며, 학생들이 악어를 배울 때도 동인도 악어와 서인도 악어를 반반씩 배우는 듯 했다. 토론토에 묵은 지 사흘째, 나는 물의를 일으킨 변호사에게 어느 판사가 한 이야기를 듣고 옆자리의 토론토 사람만큼이나 깜짝 놀랐다. "당신은 변호사 직업윤리뿐만 아니라 에스토니아 지역사회의 신뢰까지 무너뜨렸습니다." 한 캐나다 텔레비전 뉴스의 영구적 배경 그림으로 [대서양의 포르투갈령] 아조레스 제도 사진이 걸린 걸 보고 나는 전혀 놀라지 않았다. 제대로 된 우스개 모자와 특유의 편안함인 게뮈트리히카이트Gemütlichkeit로 무장한 게르만 클럽의 남녀들이 내가 보고 있던 스크린 앞을 마구 가로막으며 왔다 갔다 할 때도 마찬가지였다. 투철한 앵글로색슨계 백인 신교도인 한 주부가 내게 "내 사위는 리투아니아계"라고 했을 때도 눈 하나 깜짝하지 않았다. "아마도, 아버지쪽만 그렇겠지요?" "맞아요. 엄마는 인버네스[스코틀랜드 하이랜드의 중심지] 출신이에요."

하지만 다문화주의라고 해서 토론토가 죄다 형제애와 전통민속으로만 이루어졌음을 뜻하는 게 아니란 걸 나는 깨달았다. 그 반대였다. 어디를 가든 내부구성원들의 반목, 인종 간의 오랜 복수극, 메트로 가이아나Metro Guyanese 정치집회에서의 화난 얼굴들, 서로 원조라고 내세우는 피로시키들의 대결, 카틴Katyn 대학살에 대한 견해 차이, 에스토니아의 정당성, 콥트 교황의 승계 문제, 아르메니아의 운명 등에 대한 열띤 논쟁 등으로 시끄러웠다. 다문화주의에도 음모술수로 가득 찬 어두운 면이 있다는 게 자명해졌다. 세계 어딜 가도 그 유명세가 자자한 작가들의 소굴(시인들이 모여 맥주잔을 기울인다는 그곳)은 도무지 찾을 수가 없었다. 그렇지만 토론토에서 나는 어느 카페에 들어가든 음모가들이 멀리 떨어진 곳의 쿠데타 계획을 짜거나 혹은 걸쭉한 무정부주의자들의 회상을 나누고 있기 십상이겠다는 느낌을 받았다.

하지만 토론토가 그렇게 되기를 내가 바랬던 것은 아니다. 사실 나는 그다지 다문화주의 취향이 아니며, 그래서 이 거대도시에게 내가 바랬던 것은 저 북방의 옛 위엄, 그 엄청난 크기와 규모와 힘, 그 황무지의 장엄함이었다. 다행히 이따금씩 그런 면모들도 발견했다. 아프로-인디안 포장 전문 식당과 포르투갈 문화센터, 하이파크에서 발견한 유명 우크라이나 시인 기념비 등의 사이사이에서 드문드문 말이다. 나로 하여금 그렇게 드문드문 "얼음왕국의 수도에 와 있구나"라며 안도하게 했던 몇몇 지표와 상징들을 소개하자면 다음과 같다.

▶ 에토비코, 니파와 거리, 아토나비 항공, 그리고 정말 멋진 상상을 불러일으켜 준 부서였던 '북방문제담당국' 같은 이름들.

▶ 잭슨스 포인트의 얼어붙은 호수로 떠나는 주말낚시여행('모든 오두막 스토브 난방 기본').

▶ 베이스트리트 우체국 벽면의 돋을새김 조각들. 봉화, 인디언들의 추격을 받던 스테이지코치로부터 임페리얼 에어웨이즈의 비행정 및 로코모티브6400호에 이르는 우편제도의 역사를 아주 신나게 묘사해 놓았다.

▶ 길거리에서 만난 내게 크리Cree족이나 오지브와Ojibwa족 이야기를 하던 높은 광대뼈의 얼굴들. 나를 대번에 여우와 비버들의 숲으로 데려다 놓던, 모피상 진열대의 '생가죽 혹은 무두질한 가죽'들.

▶ 호숫가 부두에 정박해 있던 크고 비썩 마른 몸집의 호수 화물선들. 대형 트럭들이 여기저기 느릿느릿 기어다니고, 예인선 한 대는 반쯤 녹은 얼음을 바삭바삭 뽀개며 뚫고 나아간다.

▶ 네이선 필립스 아이스링크에서 얼음 위를 미끄러지던 젊은이들의 힘차고도 유려한 스케이팅 솜씨. 다른 어느 곳의 스케이터들보다 더 과감하고 더 건장하며 더 빠르고 더 거만한 그들.

그 중 최고는 어느 날 아침 유니온 역에서 본 광경이다. 뱅쿠버에서 토론토로 달려온 대륙횡단열차가 막 어둠을 뚫고 역으로 들어서고 있었다. 아, 캐나다! 이런 경험이 내게 어떤 반응을 불러일으킬지 난 속속들이 알고 있는 편이었지만, 그래도 나는 여전히 떨렸다. 열차의 쉭쉭거리는 기계음과 떨림, 객차의 번쩍대는 동체 위에 내려앉은 긴긴 여행의 더께들, 객차 창밖을 내다보는 잿빛 얼굴들, 그 모든 것들에서 느껴지는 뿌듯한 피로까지. 막 기차에서 내리는 승객들의 자욱한 어수선함, 구두와 럼버 재킷, 후드, 우르르 몰려오는 아이들이 자아내는 흐릿함, 저 무한하고 광대한 황무지로부터 이곳 토론토의 아침 속으로, 할머니를 찾아, 달그락달그락 계단을 내려오던 그 모든 것들.

이런 온갖 자극들이 날 당혹스럽게 했다. 이 도시의 의도는 대체 뭘까? 도심 증권거래소의 한쪽 벽에는 '노동자들'이라는 이름을 단 로벤 롱고의 조각 벽화가 걸려 있다. 결연한 목적의식 말고는 그 어떤 것도 느껴지지 않아, 대체 이 작품의 의미가 뭘지를 한참 생각해 보았다.

그 벽화 속의 주식중개인으로부터 여자 광부로 보이는 인물에 이르는 여덟 등장인물들은 전혀 행복해 보이지 않는다. 그러고 보면 캐나다 헌법에도 '행복의 추구'라는 조항은 없다. 어떤 선명한 명분이 그들을 딱히 자극한 것 같아 보이지도 않는다. 작품 중간쯤의 여군이 마치 소비에트 국영관광국 가이드처럼 불편해 보이긴 하지만, 그렇다고 해서 특정 이데올로기가 거기 깔려 있다고 보는 건 무리다. 그들은 결의에 찬 모습으로, 하지만 기쁨은 없는 얼굴로, 뭔지 모를 목표를 향해 팔에 팔 걸고 행진한다. 부? 명예? 안전? 천국? 정말 알 수 없었다. 마치 토론토 자체가 우리에게 일러주듯 '미디어가 곧 메시지'일 수 있는 것처럼, 증권거래소 사람들에게는 그런 행진의 움직임 자체가 곧 목표일 수도 있겠다 싶었다.

그런데, 도시에 늘 목표가 있어야만 하나? 반드시 그런 건 아니겠지만, 대부분은 또 그렇게 한다. 과거의 어떤 지점 혹은 이상 속의 어떤 지점을 목표로 설정해 두는 것이다. 나에게 토론토는 시간적으로도 정서적으로도 어중간한 도시 같다. 토론토는 잉글랜드의 런던처럼 자기 역사에 집착하는 곳이 아니다. 그렇다고 모스크바나 맨하탄처럼 어떤 신념의 표출인 곳도 아니다. 리우의 '빵 터지는 젊음' 같은 정체성과는 아예 거리가 멀다. 번지르르한 자본주의도, 딱딱한 공공영역도 아니다. 새로운 밀레니엄을 내다보지도 않고, 옛 황금기를 돌아보지도 않는다. 토론토는 지금 그대로의 모습 그 자체일 뿐이다. 지칠 줄 모르고 꾸준히 행군 중인 보병들 같은 속도로 거리를 걷는 행인들은 — 오직 토론토에서만 볼 수 있는 풍경이다 — 대체로 신랄함도 유쾌함도 없이 지금 그대로의 모습에 머무르겠다고 체념한 사람들처럼 보인다.

    사라진 대영제국의 주요 도시들 가운데 토론토는 옛 식민 시절의 물리적 잔재를 가장 무심하게('가장 무자비하게'가 아니라) 털어내버린 곳 중 하나였다. 한편 이곳을 미국의 어느 도시로 착각하는 일 또한 절대로 불가능하다. 만약 공항의 그 여인이 자유의 땅, 용감한 자들의 고향으로 (비록 뒷문으로나마) 입국하는 거라고 생각했다면, 그녀는 아마 토론토의 성질머리에 지레 주눅이 들었을 것이었다. 토론토 사람들은 미국적인 거라면 뭐든 끊임없이 씹어대지만, 그렇다고 해서 과거를 말끔히 잊고 새 출발 하기에 좋은 곳도 결코 아니다. 계급과 출신가족은 이 도시를 구멍이 숭숭 뚫린 벌집처럼 만들어 놓았다. 미천한 혈통, 부자 집안, 하층계급 주택들, 상층계급의 가치 등의 표현들이 토론토에서의 대화를 수놓으며, 여러 사교계 모임들은 꼼꼼한 평가를 거쳐 차곡차곡 분류된다.

    토론토는 느긋하게 격식 차리지 않는 '더럽게 양키 같은' 유형의 도시가 아니다. 결코! 심지어 토론토의 억양조차도, 가령 스코틀랜드나 핀란드, 에스토니아 등의 말과 섞여 평평해지고 나면 이상하게 조용해져서, 확신에 차 으스댈 때보다는 숨은 뜻이나 추측을 표현하기에 적합

ⓒ김수련

한 말처럼 들린다. [뉴욕의] 브룩클린 말처럼 시끌벅적한, 또 [런던의] 코크니처럼 씁쓸한 동네 말이 있지도 않다. 토론토에 사는 오스트레일리아인이 거친 말을 내뱉으며 맥주 캔을 들고서 카페 문을 열고 들어서 빈 의자 위에 다리를 올려놓고 올해의 속어들로 당신을 즐겁게 해줄 리도 없다. 시드니는 오로지 자기들만 알아듣는 생생한 언어를 만들어냈지만, 내가 아는 한 그 누구도 토론토 말 사전을 쓰지 않았다.

마치 보이지 않는 어떤 억제장치가 모든 것을 통제하고 있는 듯한 느낌이다. 심지어 사투리도 떠벌이지 못하도록 말이다. 토론토의 공공기관을 오웰 풍이라고 부르기란 거의 불가능하다. 아무런 적의도 없어 보이니까 말이다. 하지만 어느 누구도 이들을 무시할 수는 없다. 거의 어디서나 사사건건 이들의 간섭(적어도 발표문)이 느껴지기 때문이다. 이들은 에너지를 아끼라고 당신을 타이르든가, 아니면 오토바이 사이드카를 타고서 길거리에서 빈둥대는 반사회분자들을 찾아다닌다. 이들이 시청 밖에다 깃발을 내걸지 않았다고 안심하진 마시라. 온타리오 의회 밖에 다른 깃발을 내걸었을 테니. 어울리지 않게 쇼핑센터 한복판에 시청 출장소가 있는데, 놀랍게도 스카치위스키를 병째 살 수 있는 곳은 거기뿐이다! 범죄자를 '선생님'sir이라고 부르고("당신을 3개월 징역형에 처하오니, 선생님, 부디 교훈을 얻고 나오시길 바랍니다"), 교통규칙 위반자에게 "실례합니다"pardon라고 말하는 걸 들었다(위반자: "아, 젠장, 나더러 저 빌어먹을 짐을 어떻게 내리라는 거요?" 경찰: "실례합니다. 뭐라고요?"). 그래도 공공기관을 대하는 토론토시민들의 자세에는 존경심이 묻어났다. 적어도 킹스트리트에서 실제 폭탄 도화선이 불타고 있을 때에도 신호등이 바뀌는 걸 기다렸다가 지하도를 향해 돌진하겠구나 싶을 정도로 말이다.

토론토는 토론토다. 아마도 이 말이면 충분하지 않을까. 화창한 봄날의 오후, 지금 창가에 앉아 밖을 내다보나니, 뭐가 보이겠는가? 깔끔하고 말쑥하며 잘 정돈된, 그러면서도 사람들이 그리 위압을 느끼지 않을 크기로 지어진, 서두름 없고 상냥한 그 풍경에 사탄의 공장 같은 느낌은 전혀 없다. 당신의 주요 현대도시들이 갖춘 필수요소들이 여기에도 빠짐없이 있다. 회전 레스토랑, 헨리 무어의 조각상, 전깃불로 반짝이는 나무들, 게이 바, 실외 엘리베이터, 아트리움, 소더비 옥션 갤러리, 그리고 '육두구 향을 곁들인 시금치 위에, 숙성한 카망베르 치즈로 속을 채우고 튀겨낸 배' 요리를 내놓는 레스토랑(프린스아서애비뉴의 글로숍스Glossops)까지 말이다. 그렇지만 토론토는 근대도시를 뒤덮고 굴러다니는 비닐봉지들이나 지저분한 위협요소들은 용케 모면했다.

내 기억으로는 전차가 보행자 횡단 신호에 멈춰서는 곳은 오로지 토론토뿐인 듯하다. 이는 1980년대를 여행하는 이들 중 소수만이 누릴 수 있는 체험임에 틀림없다. 지하공간을 거니는 게 몸에 좋은 일로 느껴지고, 공원에서 강도를 만날 일이 그렇게 드물고, 아이들이 그토록 예의 바르게 행동하는 것도 — 심지어 전기회로를 뒤죽박죽 뒤섞고 레이저 광선의 방향을 엉망으로 헝클어 놓고 싶은 충동이 틀림없이 거의 견디기 힘든 수준에까지 치밀어오를 과학센터Science Center 안에서까지도 — 오직 토론토에서만 가능하다. 토론토의 극장과 영화관, 갤러리, 신문사, 다양한 레스토랑, TV채널의 개수, 그리고 초빙연주자의 자질 등을 능가할 곳은 세계도시들 중에서도 오직 몇몇뿐이다. 시인과 예술가들은 셀 수 없이 많고, 작가와 화가들이 즐겨 찾는 카페들에서 이들이 어울리는 모습을 볼 수 있다. [온타리오 호수 안의] 토론토 군도群島 위에는 진짜 보헤미안 생활을 하는 사람들이 — 비록 공공기관이 끊임없이 불량주거 개선 작업을 하겠다고 위협하긴 하지만 — 아직도 당당하게 남아 있다. 뒤죽박죽인 듯하면서도 똘똘 뭉쳐, 판잣집과 아늑한 단층집에서 수많은 고양이들과 함께 기거하며, 플라워 피플[13]의 향기를 그윽하게 풍기면서 말이다.

하루는 직접 그 섬에 가서 아침나절을 보냈다. 살얼음이 낀 호수 위에서 고방오리들이 깐닥거렸고, 몸집 큰 잿빛 거위들은 풀밭에서 벌레들을 쪼아 먹고 있었다. 그런 일종의 '인디언화된' 호숫가에 서서 건너편의 금빛과 금속색으로 높이 솟아 있는 토론토의 업적을 지켜보며 내심 '참으로 놀랍구나' 싶었다. 거기, 황무지의 끄트머리에다, 차고 텅 빈 호숫가에다, 150년 만에 조그만 식민지의 촌락에서 거대도시로 성장한 곳. 세상 절반으로부터 정착민들을 받아들인 곳, 그러면서도 자기 특유의 풍습은 너무도 눈에 띄게 잘 지켜낸 곳! 토론토의 업적이 놀라운 건 그게 여러 모로 옛 것을 보수적으로 지켜낸 것이기에, 즉 거의 '보존주의적인' 업적이기에 더욱 그렇다. 토론토에서 **벌어지지 않은 것들**이 **벌어진 것들**만큼이나 놀라운 것이다. 어떤 경우의 수를 따져 보아도 토론토는 눈부시게 잔혹한 도시였어야 했지만, 그렇게 되지 않았다. 도심은 천박하고 화려한 볼거리들로 가득해야 했으나, 실제로는 아주 근엄하고 잘 균형 잡혀 숭고해 보이기까지 할 정도다. 토론토의 '성과 범죄의 구역', 즉 젊은 매춘부들이 어슬렁거리고 록큰롤 가게에서 비명이 터져오르는 곳은 리퍼반[함부르크의 홍등가]에는 비길 바가 못 된다. 또 토요일 밤 영스트리트를 누비고 다니는 펑크족들의 허세 가득한 차림새는, 어찌나 주도면밀하게 무시되는지 처연해 보일 정도였다.

토론토의 실제 업적은 제 자신의 모습을 지켜내는 데 성공했다는 점이다. 이 도시의 캐릭터는 뭔가 특별하다. 150년이 지난 지금도, 30만 이탈리아계 주민과 5만의 그리스계 주민, 그리고 그 숫자를 알 길 없는 포르투갈, 헝가리, 폴란드, 라트비아, 칠레, 몰타, 중국, 핀란드계 인구까지 거느린 지금까지도, 마천루들이 지배자처럼 서 있고, 집집마다 텔

---

13 flower people. 1960년대 베트남 반전운동에서 비롯된 비폭력, 수동적 저항, 반문화 움직임을 'flower power'라고 하는데, 이를 추종하는 사람들을 가리킨다. [역주]

레비전에서 미국 방송이 잡히고, 아파트가 곳곳에 들어서고, 거대한 호텔이 호숫가를 주름잡고, 글로숍스에서 치즈 채운 배 튀김을 내놓는 지금까지도 말이다. 발치에서 맹크스 고양이가 가르랑거리는 가운데 죽은 남편의 초상화를 사이드탁자에 올려놓고 셰리 포도주 잔을 기울이던 한 할머니 시민께서 토론토를 두고서 "그렇게 형편없이 낡은 곳은 아니다"라고 평가했을 정도면 토론토에는 확실히 뭔가 특별한 게 있는 것이다.

그래서 이곳은 신세계다! 그리 형편없이 낡은 곳은 아닌! 다시 말하지만 내가 꿈꾸는(꼭 꿈꿔야 한다면) '약속의 땅'은 여기와는 거리가 멀다. 공항에서의 그 여자를 떠올리며 '내가 만약 그 여자라면, 그래서 멋대로 퍼져나간 이 도시 어디를 누비고 다니든'이라는 상상을 할 때면, 운명이 나를 이곳에 정착하려는 이민자로 만들었다면 난 깊이 깊이 불행하게 되었으려니 싶었다.

그건 토론토가 내게 불친절할 것이기 때문이 아니다. 토론토는 나를 길거리에서 굶주리게 만들지 않을 것이며, 병원진료비 때문에 파산하게 만들지도, 내 피부가 검다고 디스코 입장을 제한하지도 않을 것이다. 그런 건 아니고, 보다 미묘한 억압, 보다 조용한 탄압이 나를 짓누를 것이다. 토론토는 내가 아는 한 가장 적게 자신을 드러내는 도시이며, 꼬치꼬치 캐묻는 일도 가장 적게 벌어지는 도시이다. 이런 곳엔 워크맨[14]이 제격일지도 모른다. 클럽과 파벌, 문화모임들이 넘쳐나지만, 개인들은 장갑차 만드는 철판이라도 두르고 사는 듯하다. 길거리를 걸으며 혹은 지하철을 타고 다니며 좋게든 나쁘게든 너무나 외롭다고 느낄 수 있는 도시라고는, 세계를 통틀어 몇 안 된다.

지금 내 주변을 둘러봐도 그렇다. 공항 컨베이어벨트에서 보았던

---

14 Walkman. MP3 이전의 대표적 개인 휴대용 음악 플레이어. [역주]

그 침착하고 과묵한 얼굴들과 똑같은 얼굴들. 한번은 지하철 운전사의 눈을 보았다. 역내의 환한 빛 아래에서 잠시 정차해서 경비원의 통과 신호를 기다리느라 운전석에 기대 쉬고 있던 그의 눈은 깊이를 알 수 없을 정도로 가라앉아 있었다. 내가 아무리 쏘아봐도 그의 눈은 미동도 하지 않았다. 마침내 호각소리가 들려오고 그의 기차가 어둠 속으로 사라지기 전까지, 그의 눈에서는 아무런 흥미나 성가심의 반짝임도 전혀 없었다. 토론토인의 얼굴에 조그만 미소가 환하게 피어오르려면, 먼저 의심의 단계부터 해서 신경성 불안, 상대의 기분을 맞추려 조마조마해하는 단계까지 거치는 데, 꽤 오랜 시간이 필요하다. (지하철 운전사에게 허용됐던 그 잠시 동안보다는 좀 더 긴 시간이 말이다.) 그래서 난 가끔 생각한다. 학교의 헤리티지 언어 과목에 반드시 '일상 수다' 수업을 포함하는 게 마땅하지 않을까. 또 '엘리베이터에서의 평상시 인사말에 대꾸하는 법'을 가르치는 수업도 아주 유용할 테고.

간혹 나는 이렇게 정신이 납작해진 게 평평한 풍경 탓이 아닐까 짐작해본다. 끝이 없을 듯 뻗어나간 교외, 넓디넓은 호수, 놀랍거나 아기자기한 장소들을 죄다 말살시켜 버리는 그 긴긴 네모 틀의 도로망. 어떤 때는 신경을 얼얼하게 만들어 버리는 날씨 탓이 아닐까 싶기도 하다. 아니면 어디를 둘러봐도 언덕 하나 없는 게, 너무도 확실하게 지평선까지 닿아 있는 광활하기 짝이 없는 토론토의 저 하늘 탓일까. 혹은 이곳의 역사 탓이거나, 아직도 무단횡단을 단속하는 공권력에 대한 존중 탓일 수도? 인구가 적은 탓일 수도 있겠다. 이 도시에 뭔가 박진감이 흐르고 서로 밀치락달치락하려면 인구가 200만 정도는 더 있어야 할 것이다. 토론토 특유의 영원한 타협 탓은 아닐까? 딱 부러지게 이것도, 또 완전히 저것도 아닌, 자본주의적이면서도 연민의 정이 넘치는, 미국적이면서도 군주제를 지지하는, 다문화주의적이면서 동시에 전통주의적인?

'아니면 이거 전부 나 때문인가?' 난 가끔 스스로 그렇게 묻기도 한다. 토론토는 사람들의 자신감을 갉아먹고 내면으로 기어들게 만드는 도시이다. 시청의 선전문구나 가이드북의 요란한 허풍에도 불구하고, 대부분의 토론토 시민들이 아주 근사한 영혼의 충족을 맛보고 있다고 하기는 역부족이다. 봄날 아침에 눈을 뜨고서 이렇게 외치는 인물을 상상하긴 어려운 것이다. "네네, 여기는 토론토! 오 신이시여, 제게 이렇게 큰 복을 주시니 참으로 감사합니다!" 여러 국적의 이민자들에게 토론토를 좋아하는지 어떤지 물어보았더니, 다들 처음에는 노련한 외교관처럼 혹은 그저 예의 바르게 "좋아한다"고 대답했으나, 몇 분 정도 캐물었더니 그다지 열렬히 좋아하는 게 아닌 경우가 대부분이었다. 이유가 뭘까? "이곳 사람들 싸늘하잖아요." "여기 사람들은 자기 일만 신경 쓰고 돈밖에 몰라요." "이웃들을 만나도 웃지도 않고 헬로나 어떻게 지내요 같은 인사도 안 한다니까요." "아무도 말을 안 하니까요. 내 말 무슨 말인지 아시죠?"

내가 보기엔 시민들이 불친절하다거나 도시 자체가 불쾌하다는 건 말도 안된다. 다만 지난 150년간 치밀한 계산과 문명의 지휘 아래 신중한 진보의 과정을 거치면서 토론토는 그만 관계 맺기의 재능 혹은 유쾌한 떠들썩함의 재주를 잃어버린(혹은, 발견하는 데 실패한) 것이다. 주류통제청 소매점들보다 더 맥 빠지는 곳이 세상 어디에 또 있을까. 거긴 마치 레닌그라드의 결혼궁전처럼 소독약 냄새를 풍길 듯 간소하다. 술을 사는 사람에게 눈치를 주는 술집이라니! 그리고 춤추는 그리스인, 재간둥이 폴란드인, 서정적인 헝가리인 등 이민자들 중에서도 가장 타고난 명랑파들도 이 도시의 자유를 품에 안은 후 어찌 된 영문인지 자신들의 삶의 환희를 잃어버린 듯하다.

극도로 편리한 도시인 토론토에서 접할 수 있는 수많은 편의시설들 중에서도 가장 매혹적인 건 단연 터널 시스템이다. 도심의 길거리 지하에 깔려 있는 이 지하공간은 환하게 불을 밝힌 상점과 카페, 몰, 교차로 등과 함께 그 자체로 가히 제2의 도시를 이룰 지경이다. 토론토가 내게 준 큰 기쁨 중 하나는, 지상의 길거리에 비가 내리거나 매서운 바람이 들이닥쳐 홀연 인파가 사라져버릴 때, 그 순간 지하를 오가고 있을 수많은 행인들의 활기와 온기를 떠올리는 일이다. 거기엔 커피 향이 번지고, 상투적인 음악이 흐르고, 컵들이 달그락거릴 것이다. 이 안락한 미로 속을 목적지 없이 헤매는 일 또한 내겐 커다란 즐거움이다. 추억의 노래들이 연거푸 이어질수록 내 맘은 잠잠히 가라앉는다. 이따금 지상으로 올라가보면 어김없이 처음 보는 길모퉁이거나, 혹은 어떤 근사한 은행의 현관이 뜻밖에 나를 반긴다.

그러나 시간이 흐르면서 나는 그게 대피용 터널이라고 생각하게 되었다. 그곳은 단지 따뜻하고 건조하기만 한 게 아니다. 거기엔 머리 위의 거대한 도시에서는 느낄 수 없었던 어떤 친밀감이 깃들어 있고, 인간적 공감대마저 희미하게 느껴진다. 이런 환경이면 이 밑에서 새로운 종류의 토론토인이 진화할 수도 있지 않을까, 상상하기도 했다. 인공조명의 휘황함 덕분에 생명을 얻은, 복닥대는 인파들 덕분에 거리낌 없이 행동할 수 있게 되는, 나아가 통조림 음악의 비트 덕분에 터져나오는 노래를 참을 수 없게 된, 혹은 그 비트에 맞춰 에스컬레이터에서 몇 발짝 춤을 출 수 있게 된 그런 사람들로 말이다.

"당신 생각은 어때요?" 한 친구한테 물어보았다. "토론토 사람들의 캐릭터가 바뀌고 있는 건가요?"

"농담도 참." 그가 대답했다. "세스퀴센츄리[150년] 만에 어떻게 그런 일이 일어난다고."

그가 맞는지도 모르겠다. 땅 위든 땅 속이든 토론토는 토론토니까. 그리고 공항에서 그렇게 헤어진 뒤 어느 인종 집단의 소굴 속으로 스며들어 자취를 감추었는지 모르겠지만, 아주머니, 그 사람들이 당신을 좀 바꾸긴 바꿨나요? 그 희한하던 억양, 버리셨나요? 그들이 사람을 안 밀고, 혼잣말도 안 하고, 관청 사람들에게 욕도 안 하도록 가르쳤나요? 아직도 관세 부과된 거 못 내겠다고 버티시는지, 아니면 그들이 시키는 대로 서류를 작성해주고 또 그들이 시키는 대로 면세용 영수증도 받아 챙기셨는지? 아주머니, 행복하세요? 고향이 그리우세요? 아직도 당신 모습 그대로세요?

아주머니한테 무슨 일이 일어났든, 당신을 이 호숫가의 도시로 데려온 운명은 분명 당신 편이랍니다. 우리 인간들이 합리적으로 기대할 수 있는 모든 수준의 자유를 당신은 누릴 테니까요. 전차도 당신이 길을 건널 땐 멈춰설 테고, 저녁 접시엔 만두가 오르고 거실에는(비록 세로 홈 새겨진 고전적 기둥들이 즐비한 유리 온실까지는 아니더라도) 텔레비전이 있겠지요. 당신 주위의 선한 도시 토론토를 둘러보며 당신 가슴이 노래하진 않을지도 모르지만, 반대로 침울해할 필요도 없답니다. 기운내세요! 이런 건 어때요. 2등상에 당첨되신 겁니다. 인생의 로타리오 Lottario[캐나다 복권]에서.

24-3 밴쿠버

> 누군가 내게 캐나다 얘기를 하며 내 글의 일부를 인용하는 경우가 종종 있다. 그럴 때 가장 자주 거론되는 게 밴쿠버 에세이인데, 이 글은 사실 훨씬 더 폭넓게 적용될 만한 내용을 담고 있다.

캐나다는 어디에서나 침착하게 가라앉은 채 자신을 드러내지 않으며 잘난 체하지 않는 느낌이다. 거기엔 여러 이유가 있다. 나라의 크기, 사람의 기를 죽이는 날씨, 영국 영향력의 잔재와 그들의 쇠락해가는 전통, 그리고 기막히게 멋지고 막강하며 소름끼치는 남쪽 이웃[미국]의 존재 등. 하지만 뱅쿠버에서는 '점잔빼는 예법'이 또 하나의 이유를 이루는데, 이것이 도시 전체에 아주 독특하게 머뭇거리는 듯한 느낌을 — 뭐, 이방인이 느끼기엔 말이다 — 안기고 있다.

스마일 테스트 경우만 해도 그렇다. 이건 내가 세계 곳곳에서 도시들의 반응성을 측정할 때 애용하는 방법인데, 그냥 길을 거닐며 마주치는 사람들에게 마구 미소를 지어보이는 것이다. 불쌍하게도 내 실험대상이 된 사람들이야 꽤나 어리둥절 불안해하지만, 여행이라는 탐사저널리즘의 도구로서 그 가치는 대단하다. 스마일 테스트에서 뱅쿠버의 점수는 아주 낮다. 모르긴 몰라도 뱅쿠버가 다정하질 않거나 무례한 도시인 탓은 아니고, 수줍음과 낮은 자신감이라는 꽤나 심한 제약에 짓눌려 있는 탓이리라.

뱅쿠버의 도심 큰길들 중 가장 활기차고 생기발랄한 곳인 롭슨스트리트를 따라 이 실험을 펼쳐볼 테니 눈여겨보시라. 저런저런, 아예 눈 맞추기부터 저렇게 단호하게 거부하다니, 시작하자마자 탈락자 속출이다. 다른 이들도 너무 얼떨떨해하느라 나를 지나치기 전에 미처 반응을 내놓지 못한다. 대다수는 멍한 표정만 살짝 짓고서 바로 고개를 돌려버린다. 하지만 그 얼굴에서 짐짓 **유순한 표정**도 살짝 묻어나는데, 내 웃음이 다른 누군가가 아닌 바로 자신을 향한 것임을 잘 알고 있다는 표정으로, 내가 부탁이라도 할 것 같으면 바로 웃음을 지어줄 것처럼 보인다. 몇몇은 용기를 짜내 입꼬리를 소심하게 살짝 들어올리는 데 성공하긴 한다. 만약 단숨에 본능적으로 아주 기뻐하며 미소로 대꾸하는 사람이 있다면, 그건 아마도 뱅쿠버를 방문 중인 미국인이거나 앨버타[15]주 사람들, 혹은 아직 이곳의 세례를 덜 받은 이민자일 공산이 크다.

---

15 Alberta. 뱅쿠버 동쪽의 '대초원 3주'Canadian Prairies[앨버타, 서스캐처원, 매니토바] 중 하나. [역주]

> 다시 뱅쿠버를 찾을 때마다 사람들은 내게 요즘 뱅쿠버 시민들의 스마일 테스트 점수가 어떤지 묻곤 한다. 그럴 때면 나 자신, 어색한 웃음으로 대답을 대신한다.

24-4 세인트존스

> 뉴펀들랜드 주의 세인트존스는 내가 가장 좋아하는 캐나다 도시이자, 전 세계에서 가장 좋아하는 곳들 가운데 하나이기도 하다. 북미대륙에서 가장 신나는 도시라고 해도 좋겠다. 물론 내 취향에 비추어 그렇다는 말이다.

딱! 겉모습이야 어떻든, 마치 시민들이 정성스럽게 돌봐 잘 말린 대구로 얼굴을 한 대 얻어맞는 느낌, 그게 바로 세인트존스의 분위기이다.

그곳에 도착하자마자 사람들은 당신을 항구 위에 높이 솟은 시그널힐Signal Hill로 데려간다. 대서양에서 불어온 바람이 아우성을 치고, 낡디 낡은 대포들이 포좌 위에 시무룩하게 자리 잡고 있는 그곳에서 내려다보면 내로우즈Narrows의 좁은 물길로 배들이 들락날락거린다. 한두 시간쯤 지나면 당신 앞에 그들이 내놓은 바다표범 지느러미 파이, 순록 구이, 린곤베리partridge-berries 열매, 돼지기름을 두른 염장 대구 요리 등이 쌓일 것이다. 그들은 마지막 비아석Beathuk 인디언의 묘지와 마지막 뉴펀들랜드 늑대의 사체도 보여줄 것이다. 또 북미대륙에서 자신들이야말로 유일하게 그리니치표준시보다 3시간 반 느린 시간대를 살고 있음을 상기시킬 것이다.

그들은 죽은 자들의 연못에 가라앉아 있다는 시체들 얘기로 당신을 오싹하게 할 테고, 캐봇타워 럼주로 당신을 후끈 달아오르게 할 것이다. 세인트존스 최초의 (수동) 신호등이 있던 자리를 보여준 뒤에는, 1932년의 폭동 때 뉴펀들랜드 수상이 몸을 숨겼던 집도 보여줄 것이다. 1919년 해리 호커와 케네스 맥켄지-그리브라는 두 조종사가 실패한 대서양 횡단 비행을 시작했던 들판도 둘러봐야 한다. 회색, 녹색, 노랑, 보라색 클랩보드clapboard로 마감한 집들이 엉망진창으로 늘어선 거리를 구경시켜 줄 수도 있다. 그들은 당신에게 1948년의 연방제 도입 국민투표가 얼마나 불공평한 처사였는지 길게 설명할 것이다. 그들은 보스턴에 사는 친척들 얘기를 장황하게 늘어놓을 것이고, 길모퉁이에서 우연히 만나 종종 알아들을 수도 없는 대화를 후다닥 나눠야 하기도 한다.

바람과 생선의, 일화와 자존심의, 햇살과 비바람에 거칠어진, 변덕스럽고 오지랖 넓은, 괴팍한 성미지만 재미난, 바로 이런 게 이 도시의 분위기이다.

앞에서 '겉모습이야 어떻든'이라고 이 글을 시작했는데, 그건 세인트존스가 쇠락한 도시임에 틀림없기 때문이다. 경제 불황과 정치적 맹공, 해상 재난, 종파 간 적대, 폭동, 화재, 빈곤, 실업 따위에 시달린 나머지 이 작은 도시는 짐짓 그로기 상태에 빠진 듯하다. 겉모습 그 자체가 잔뜩 멍든 상태다. 세인트존스의 외곽은 쇼핑몰과 자동차대리점, 공항, 연립주택들, 커다란 현대식 대학교까지 갖추고 있어, 다른 수많은 북미 도시들의 상태와 엇비슷하다.

하지만 세인트존스 도심부는 꽤나 희한하다. 피요르드 모양의 항구 주위에 인상적으로 형성된 세인트존스의 도심을 거대한 석유탱크와 언덕 위 옛 요새들이 내려다보고 있다. 길거리에 서면 풍경을 압도하는 건 가톨릭 성당의 쌍둥이 탑이다. 땅딸막한 나무집들이 늘어선 도심의 길거리들은 마치 일회용 예술작품인 양 근사하게 도시의 언덕들 아래위를 수놓고 있다. 그래서 내게 이곳은 어떤 때는 원시적 샌프란시스코 같다가, 어떤 때는 노르웨이의 베르겐 같다가, 이따금은 중국 같기도 하고 또 종종 아주 오래 전 아일랜드 느낌도 준다.

"젊음의 원천인가 보죠." 항구의 바닷물 중 약간 부글대는 소용돌이 같은 게 뭔지를 물었더니 부두 노동자 한 명이 그렇게 말했다. "아니면 하수 배출구든가요." 세인트존스는 참으로 실제적인 도시이다. 그래서 보존주의자들이 아무리 노력해도 뱃사람들의 타고난 언구력을 이 도시에서 몰아낼 수는 없었다. 최초의 어여쁜 가로등이나 장식 볼라드가 설치되었을 때도, 최초로 장식품 가게의 향주머니 냄새가 세인트존스의 대기에 진동했을 때도, 터무니없이 이상한 클리셰 건축물인 반사유리 건물이 바닷가에 세워져도 — 심지어 과거 머레이 해산물창고였던 땅에 피카부티크Peek-a-Boutique가 들어서도 — 세인트존스를 세련된 멋이 느껴지는 도시로 만드는 데는 족족 실패했다. 수집광들이 주목하는 시대의 희귀함이 남아 있는 곳, 여전히 거의 진짜 같은 고대 항구의 느낌이 남아 있는 곳인 것이다.

여러 충고의 말들이 들린다. "어부들의 언구력은 정말 대단하죠!" 세인트존스 사람들은 아무리 사근사근해 보여도, 막상 글로 쓰다 보면 좀 까칠한 인물들로 그려질 것 같은 부류이다. 이곳 사람들 중 위엄을 중시하는 인물들은 도시가 어류 무역으로만 덧칠되는 걸 못마땅해하기도 한다. 하지만 이 도시의 내로라하는 귀부인조차도 세인트존스를 아주 세련된 곳이라고 우기기는 어렵다. 이곳은 마치 내부의 반목 탓에 늘 시달리지만 그래도 마지못해 피와 역사, 공통의 경험 따위를 접착제 삼아 하나로 묶여 있는 가족도시 같다. 세인트존스는 캐나다의 주도州都들 가운데 가장 가난한 도시다. 산업 기반은 거의 없고, 거창한 기념비도 적다. 북대서양의 한 섬 안에 영원히 고립된 항구, 세인트존스는 오로지 자기 자신에게만 대꾸할 따름이다.

사실 세인트존스의 도시경계선 안에, 뉴펀들랜드 그림엽서들이 그토록 애용하던 목가적 정취Arcadianism를 보여주는 곳들이 몇몇 있기는 하다. 조그만 나무집들이 해안절벽 위를 드문드문 수놓고 있고, 개들이 가파른 도로 한복판을 차지하고 누워 있으며, 곳곳에서 지난 400년 동안 그랬듯 생선을 전통의 나무판자 위에 쫙 펴서 말리는 풍경을 접할 수도 있다. 저 멀리 피카부티크가 보이는 곳쯤에서는 산으로 꿩을 잡으러 가는 사냥꾼을 만나기도 했다. 탄띠를 허리에 두르고 총을 어깨에 멘 그는 옛 그림 속의 개척자 모습 그대로였다.

이 도시에서 으뜸가는 멋쟁이 레스토랑인 '고색창연한 시간 속에서 식사를'이라는 가게의 창문 아래 테라스 자리에 앉아서 당신은 대구 혀 요리를 앞에 두고, 해양기지 뉴펀들랜드의 고전적 이미지란 이런 것인가, 생각에 잠겨볼 수도 있다. 망가지기 일보직전인 건물과 부자연스러울 정도로 격식을 차린 집들의 혼재, 물 위에서 까닥대는 배들, 긴 방수장화 차림의 노동자들과 상냥한 얼굴들, 그 온갖 어수선한 풍경들을 물끄러미 지켜보면서 말이다.

이곳은 사촌들의 공동체다. 마침 내가 머무르는 동안 세인트존스는 스와레이 Soiree[야회]라는 행사를 벌여 도시 승격 100주년을 축하하고 있었다. 이 축제의 마지막은 세인트존스 메모리얼 스태디엄에서의 대중 파티였는데, 그 가족적 느낌이 워낙 강해 내게는 마치 거대한 시골 결혼식 같았다. 다들 사돈지간이어서 가식도 허세도 없이 껄껄대며 애기를 나눌 듯한 분위기 말이다. 무대에서는 경쾌한 지그 jig 춤곡과 포크송 연주가 한창이었고, 몇몇 귀빈들은 마치 교외의 부자 친척들처럼 모두의 시선을 받으며 단상 한복판에 앉아 있었다. 사람들이 춤추는 속도가 느려진다 싶더니, 신이 난 세인트존스 시장이 플로어를 독차지하고선 자기를 따라 춤추는 사람에겐 무료음료쿠폰을 쏘겠다고 했다. "너무 꽉 잡지는 마세요!" 그가 내게 이 미끼를 건네며 한 말이다. 여전히 출랑대며 지그 춤을 추면서 말이다.

이방인들은 누구나 그렇겠지만, 난 이곳의 이런 자극적인 캐릭터가 얼마나 복잡한 유래를 지닌 건지 궁금해졌다. 가장 먼저 떠오른 생각은 물론 아일랜드계 혈통이었다. 내 관찰에 따르면, 세인트존스의 단순 명쾌함에는 눈에 띄게 아일랜드스러운 잔소리와 기지, 비꼬는 농담이

군데군데 배어 있었다. 어떨 때는 항구의 입구를 돌아나가면 금세 아일랜드가 나오는 게 아닐까 싶을 정도였다.

'북미대륙에서 가장 오래도록 한 나라에 의해 점령되었던 길'이라는 별칭을 달고 있는 워터스트리트에서 볼 수 있는 까칠한 인상의 노인들이나 노숙자들은 그야말로 [아일랜드의] 코크나 웩스포드 거리에서 보는 사람들 같다. 거의 모든 사람들의 무조건반사에서 느껴지는 기운들도 아일랜드 일색이다. 세례요한 성당을 빙 둘러싸고 형성된 성공회 감독교회, 수녀원 및 친환경, 사회적 용도의 건물군을 보면 다시 한 번 더 알 수 있다. 이곳에 뿌리내린 영국 식민주의자들의 기득권이 아무리 압도적이어도, 아일랜드의 가치와 기억들을 말살시키기는 영영 불가능하다는 걸.

그런데 그 기득권 측의 깃발 또한 여전히 휘날리고 있다. 이건 정말 문자 그대로 사실인데, 시청에 가면 시와 주, 연방 깃발뿐만 아니라 유니언잭[영국국기]까지 실제로 걸려 있다. "순전히 정서적인 이유" 때문이라는 것. 해변의 한 표지판이 일러주듯 "대영제국은 바로 여기서 시작되었다." (1583년에 험프리 길버트 경이 최초의 영구정착촌인 뉴파운드-랜드를 건설하면서 말이다.) 그에 걸맞게 이 도시에는 영웅들의 기념물과 기념표지, 왕실 기념 식수나 기념 기초석 따위가 숱하다. 뉴펀들랜드는 내가 태어난 뒤까지도 영국 자치령이었다. (학창시절 우리들의 우표 수집은, 가장 오래된 식민지에서 나온 1¢[센트]짜리 순록 우표를 갖춰야 비로소 완성된 것이라 할 수 있었다.) 세인트존스 중심부에서는 아직도 팍스 브리태니카의 옛 권력기관들을 쉽사리 만날 수 있다. 총독관저는 모든 영국 식민지들에서 그랬듯 두드러진 사회적 받침점 역할을 하고 있다. 주둔군 교회는 지금도 갓 지은 듯 아주 말쑥하다. 성공회 대성당은 공식적으로 여전히 미완이다. 대영제국의 모든 최상위 성공회 대성당들과 마찬가지로 말이다. 제대로 된 기둥을 갖춘 옛 식민입법원

205

의 위풍 또한 장중하기 이를 데 없다.

그래도 언뜻 보아서는 대영제국이 자신의 가장 오래된 식민지를 위해 크게 뭘 한 거 같질 않다. 내가 물어본 사람들은 대부분, 적어도 감상적으로는, 1949년에 이 섬을 독립시켜 캐나다의 일부가 되게 한 걸 기쁘게 생각했지만, 꽤 많은 이들은 선택권이 주어졌다면 미국의 일부가 되기를 원했을 거라고 했다. 그런 의견이 내겐 그리 놀랍지 않았다. 어떤 면에서 세인트존스는 아주 미국적이다. 억제란 걸 전혀 모르고 사는 듯한 게, 조금도 캐나다스럽질 않은 이곳. 오히려 반쯤은 아일랜드 같고, 또 반쯤은 [미국 북동부의] 뉴잉글랜드의 후미진 친제국, 친왕실파 지역 같다.

100년 전만 해도 뉴펀들랜드 사람들은 내키는 대로 맘껏 미국인들과 거래를 했다. 만약 영국 정부의 개입이 없었다면 뉴펀들랜드는 미국 쪽으로 붙었을 것이다. 오늘날에도 내가 만난 사람의 절반쯤은 대개 보스턴을 중심으로 한 미국과 이런저런 관계를 맺고 있었다. 한번은 어느 할머니에게 미국과 가까워지는 건 결국 부패와 착취, 전반적 수준 저하로 이어질 수 있다는 우려를 표했더니, 그녀가 화난 표정으로 말했다. "그런 건 저 밑에서 벌어지는 일의 극히 일부 자투리일 뿐이죠." 그렇지만 그녀가 이 말을 하는 동안 그녀의 얼굴 속에서 난 뭔가 다른 게 느껴지는 듯했다. 오랜 세월의 더께로 고색창연해 보인 그 모습의 이면으로, 옛적 미국 병사들에게 환호하느라 잔뜩 들떠 있던 한 소녀의 표정이 떠오를 것이다. "미국 사람들이 가슴 깊은 데에선 아주 선한 사람들인 게 확실하다고요." 그녀가 다짐하듯 내게 말했다. 우리가 헤어질 때, 내 귀엔 틀림없이 들렸다. 마치 역사의 메아리 속에서 들려오는 듯하던 그 소리는 그늘 진 맥머도즈McMurdo's 길에서 낄낄대는 여자아이의 웃음소리였고, 그 배경에는 [글렌 밀러의 빅밴드 재즈 음악인] '인 더 무드'의 가락도 섞여 있었다.

이처럼 다채로운 유산과 관계들 덕분에 세인트존스는 궁색한 지방주의에 빠지는 위험을 모면할 수 있었다. 역사가 그렇게 만든 거라고 말할 수도 있겠다. 운명처럼 벌어져 있는 내로우즈의 좁은 틈은 단지 캐나다가 아니라 훨씬 더 큰 세계를 향한 관문과도 같고, 배나 생선, 빙하, 바다표범, 아주 위험한 항해 등 이곳 특유의 특기 덕분에 세인트존스는 딱딱한 정중함 따위를 훌쩍 뛰어넘은 곳이 되었다. 뉴펀들랜드 메모리얼대학의 명성은 엄청나게 자자하며, 해양연구소 또한 세계적으로 유명하다. 대서양 연안의 어딘가에서 출항한 잔뜩 녹 슨 어선들, 거대한 몸집의 해안경비선, 연안화물선, 해양탐사선, 컨테이너선, 전투함, 그리고 겨울에 도로에 뿌릴 소금을 실은 배까지, 여러 나라에서 온 갖가지 배들이 끊임없이 세인트존스 항구를 드나들며 이 도시에 국제적인 활력을 불어넣는다. 거기 머무르면서 아침을 먹기 전에 해변을 거닐었는데, 거의 매일 아침 내가 잠든 사이 홀연히 등장한 밤의 전령사 같은 새 배들을 발견할 정도로, 정말 오고가는 배들의 행렬이 끝도 없었다.

세인트존스의 역사적 연속성 또한 자그마한 이 도시의 빼어난 지위를 다지는 데 크게 기여한다. 저 옛날의 바스크인과 네덜란드, 프랑스, 잉글랜드인들부터 2차대전 때의 미군들과 오늘날 이곳을 애용하는 러시아, 일본 선원들까지, 온갖 세상 사람들이 캐나다의 그 어디보다 이 도시에서 더 오랜 시간을 보냈고 더 끈끈하게 이곳을 거쳐갔다. 그 모든 이들의 흔적이 지금 이 도시의 페르소나에 이러저러하게 흡수되었다. 한 지방의 수도에 불과했음에도 불구하고 세인트존스가 그토록 단호하게 자기중심적인 곳으로 남아 있었던 것도 어찌 보면 당연하다. 여기선 '대충 공손하게 대해주는' 따위란 없다. "당신 말이 맞아요. 하지만 세인트존스에선 안 그렇죠." 캐나다 도시에서 만난 사람들이 대개 자기 자신에 대해서말고는 아무 얘기도 안 하려고 하더라고 말했더니, 한 세인트존스 남자가 그렇게 대답했다. 그리곤 자기 도시가 낳은 유명 인물들을 자기가 얼마나 사랑하는지, 그들에 관한 얘기들을 미주알고주알 계속해서 거듭거듭 늘어놓았다.

실제로 세인트존스 사람들은 자기 자신 얘기를 멈출 줄 모르는 수다쟁이들이다. 놀랍게도 아일랜드와 데번[잉글랜드 남서부], 그리고 대서양 바다표범의 억양을 뒤섞어 놓은 듯한 이들의 희한한 말투는 그들의 뜨거운 자기애를 더욱 끈적끈적한 것으로 만든다. 세인트존스에 머무는 동안 나는 뭔가에 둘러싸인 기분이었다. 그것은 마치, 서로 잘 아는 사이 같은 그들의 추억과 기쁨, 불평들이 마구 뒤엉켜 만들어낸 거대한 거미줄 같은 것에 칭칭 묶여 있는 느낌 같았다. 세인트존스에서 소문은 정말 활기차게 흘러다닌다. 소문 난 사진, 농담, 못된 짓 따위가 마치 천박하고 큼지막한 스크린 위에 쏘듯이 내 앞에 펼쳐졌다. 이 도시에서 돈푼깨나 있었다는 집안은 살아 있건 죽었건 간에 온갖 풍성한 표현들 속에서 난도질 되어 내 귀에 들어왔다. 정치가들은 저 날카로운 뉴펀들랜드 인습타파론자들의 공격에 시달렸다. 이 길 저 길을 누비고 다니며 가이드의 설명을 듣다 보면 그 집들에 얽힌 가문의 기가 막힌 일화들이 하나씩 하나씩 까발려지는 것이었다. 이 가게 좀 보세요. X의 전 재산 중 남은 거라곤 이게 전부죠. 저 저택 좀 보세요. 놀라운 성공을 거둔 Y가 살던 곳이랍니다. 어지간한 존경을 받은 부총독들 가운데 한 명이 이 집에 살았지요. 한 젊은 사업가는 최근에 저 집에 욕실 여덟 개를 설치했대요.

이 모든 것들로 인해 이 도시의 삶은 굉장히 '즉각적'인 듯 느껴진다. 소개받자마자 지체 없이, 즉각, 굳은 믿음으로 돈독해져야 하는 곳. 이튿째 날, 나는 어느 유명한 정치인이 그 지역 판사들에 대해 은밀한 험담을 늘어놓는 걸 들어야 했다. 셋째 날에는 뭔가 엄청난 금융계의 수작에 대해 야비한 말을 쏟아 붓는 걸로 나에 대한 대접을 대신하는 인물과 만나야 했다. 세인트존스에서 가장 오래 된 한 집안의 사람은 — 이 유명한 인물과 그의 부인은, 일종의 뉴펀들랜드 식 이동방목 시스템의 신봉자인 양, 도심에도 집이 있고 외곽에도 집이 있는 인물이었다 — 인사를 나누자마자 대뜸 왜 자기 고양이 이름을 그딴 식으로 지었는지 설명하기 시작했다. 뭐, 왜 그랬는지는 고사하고, 그 이름이 뭐였는지도 차마 얘기할 수 없는 게 안타깝지만 말이다.

시청 바깥의 한 횡단보도에는 이런 표지판이 있다.
1) 팔을 뻗으시오.
2) 도로 위에 발을 올리시오.
3) 차들이 멈출 때까지 기다리시오.
4) 운전자에게 감사 표시를 하시오.

참으로 세인트존스다운 안내문이 아닌가. 붙임성 넘치지만 뜻밖이기도 하고, 농담처럼 빈정대듯 표지판을 세우다니! 이 에세이를 읽으며 당신도 말린 대구로 얼굴을 한 대 얻어맞는 느낌이 든다면, 그건 이 도시의 모든 것과 그 주민들에게 내가 완전히 매혹되어 이 글을 쓰고 있기 때문이다.

도시 곳곳을 그토록 즐겁게 쏘다니면서도 나는 이 도시의 삶과 역사가 한시도 호락호락하지 않았음을 상기하려고 애썼다. 한꺼풀 매력의 막을 벗기면 거기 쓰라린 고통이 도사리고 있다. 세인트존스는 실망으로 가득 찬 곳이며, 여러 면에서 폭로되고 또 고립된 곳이기도 하다. 어느 날 오후, 잠시나마 북미대륙의 동쪽 끝에 선 사람이 되고 싶어 차를 타고 케이프스페어Cape Spear로 몇 킬로미터 달려간 적이 있다. 거기서 바람 속에 서 있다 문득 이런 생각에 오싹해졌다. '내 등 뒤로는 거대한 바다뿐인데, 내 앞으로는 상상력이 가 닿는 저 끝자락까지, 캐나다의 바위와 숲, 평원과 산들, 그 어마어마한 덩치가 아득하게 펼쳐져 있구나.' 세인트존스는 모든 곳의 가장자리요, 모든 것의 끝과 시작이다. 캐나다

횡단고속도로Trans-Canadian Highway의 '0'킬로미터 표지판이 세인트 존스 시청 바로 앞에 서 있다.

비록 세인트존스의 많은 활동들이 내륙 쪽으로 옮겨가긴 했지만 아직도 이 도시의 모든 것들의 눈길은 — 단지 메타포뿐이라 하더라도 — 죄다 내로우즈로 쏠려 있다. 심술궂은 해변으로부터 훌쩍 떨어진 곳에 서 있는, 멈칫대는 듯한 모습이 딱 어울리는 육중한 연방관 건물조차도, 대서양을 향해 좁게 벌어진 그 인상적인 틈을 멀리서 주의 깊게 지켜보고 있다. 나는 마치 뭔가에 홀린 듯 그 곶머리 위로 자꾸 차를 몰고 올라갔다. 아니면 남쪽 해변을 달려 끄트머리의 등대까지 가거나, 조심스레 부표들 사이를 헤치고 [내로우즈를 통과해] 대양을 향해 떠나가는 배들에게 손을 흔들곤 했다. 그럴 때면 그 멀리서, 조타실에서든 혹은 선실에서든, 나를 향해 흔들어주는 희미한 팔 동작이 내 작별인사에 화답하곤 했다. 지난 수백 년 동안 대서양 항해자들이 줄곧 그러했듯이 말이다.

한번은 뉴펀들랜드 호텔의 바에서 바로 창밖의 내로우즈와 그 너머 대서양이 자아내는 몽롱한 풍경을 내다보며 생각에 잠겨 있었다. 저녁 무렵이었던지라, 내 뒤로 앉은 사람들과 화분, 호텔의 변화무쌍한 흐름들이 판유리 창문에 어른거려, 창밖 풍경과 뒤섞여 분간하기 어려웠다. 그렇지만 그 묘한 이미지들의 혼돈 너머로 나는 보았다. 해안절벽들의 억센 윤곽, 시그널힐 위 캐봇타워의 환한 조명, 해안선에서 뽀얗게 부서지는 거대한 대양의 파도, 바다로 떠나가는 배의 돛대 꼭대기의 등불이 천천히 움직이는 모습까지.

호텔 피아노에서는 쇼팽의 곡이 흘렀다. 워낙 심하게 오르락내리락거려 알아듣기 힘든 뉴펀들랜드 사람들의 억양이 내 주위를 가득 메운 가운데, 유리잔 쟁그랑거리는 소리와 웃음소리 등이 한데 뒤섞여 어수선한 가운데, 그의 연주는 계속되었다. 그때였다. 떠나가던 그 배의 조명등이 마치 움직이는 행성처럼 바 창문 속의 이미지들을 스윽 가로질러 휘돌아나갔다. 그 모습에 나는 전율과 함께 사무치게 깨달았다. 세인트존스의 장난스런 활기 아래에 내재된 웅장한 신랄함을. 거기, 에어컨이 씽씽 돌아가는 그 바에서, 그것은 애처로우면서도 짜릿한 느낌이었다.

> 세인트존스에 처음 간 때는 1960년대였다. 당시까지 대영제국의 식민지였던 뉴펀들랜드에서는 외환표시 수표를 현금으로 바꾸려면 현지인의 보증이 꼭 필요했다. 그곳에 아는 사람이 없었던 터에, 마침 동네 도서관에 내가 쓴 『베니스』가 꽂혀 있기에 도서관 사서 양반에게 내 소개를 하고 여행자수표에 서명을 해줄 수 있는지 물어보았다. 그녀는 또박또박 되물었다. "당신이 진짜 그 책의 저자인지 제가 어떻게 알지요?" "책 내용으로 테스트 해 보시면 되죠." 나는 그렇게 대답했다. 지구별의 다른 어느 누가 내 책 『베니스』의 마지막 구절을 나보다 더 절절하게 낭송할 수 있으랴! 그 책은 그녀의 책꽂이에도 꽂혀 있었고, 그녀는 마치 무슨 시험감독관처럼 엄한 표정으로 책을 꺼내들었다. 나는 아연 긴장하여 그녀의 책상 앞에 섰고, 그녀는 마지막 페이지를 펼쳐서 끝부분을 눈으로 더듬고 있었다. "어디 해 보시죠." 그녀가 그렇게 말했던 듯도 하다. 나는 목청을 가다듬었다. 내 책의 마지막 부분은 그다지 장엄하지 않았다. "조지 엘리엇…" 나는 그렇게 더듬대며 낭송을 시작했다. "조지 엘리엇의 남편이 대운하에 뛰어든 것도 그리 놀랄 일이 아니다." 유서 깊은 세인트존스의 그 사서께서는 주저 없이 책을 덮고서 책꽂이에 꽂더니 내 수표에 서명을 해주었다.
> 내가 쓴 캐나다 책은 런던에서 『오, 캐나다』란 제목으로 발간되었다. 런던 사람들은 "캐나다? 도대체 캐나다에 대해 글로 남길 만큼 흥미로운 게 뭐가 있습디까?"라고 반문하며 내 책을 거들떠보지도 않았다. 한편 토론토에서 그 책을 펴낸 출판사는 제목을 『시티 투 시티 City to City라고 붙임으로써[즉, '캐나다'를 쏙 빼버림으로써] 자기 나라의 평판을 드높이기도 했다.

ch 25
저기 중국이 서 있었다

> 중국에 가려고 여러 번 시도했지만 번번이 퇴짜를 맞다가, 드디어 1983년에야 〈롤링스톤〉지의 의뢰를 받아 중국 땅을 밟았다. 당시 중국은 아직도 문화혁명이라는 악몽에서 깨어나고 있는 중이었다. 또 마오쩌둥이 죽고 '문호개방'Open Door이라고 알려졌던 자유화정책이 시작되면서 짐짓 어지러운 동요를 겪기도 했다. 홍콩 발 연안여객선을 타고 나는 그런 중국으로 처음 들어갔다.

저 멀리, 객실의 둥근 창 너머로, 중국이 서 있었다.

물론 당신이 세상 그 어디에 있든 중국은 늘 저 멀리에 '비유적으로' 서 있다. 수평선 너머 어딘가에, 엄청난 존재로 희미하게, 은밀한 메시지를 내보내며, 온갖 대륙을 가로질러 해묵은 자기장의 기운을 뿜어내며 말이다. 그러니까, 샌프란시스코에서 혼자 권투 연습을 하던 중국계 미국인들을 보면서, 진짜 질질 끌려가 경극京劇 구경을 했던 그 어딘가에서, 타이완으로 탈출한 애국자들을 인터뷰하면서, 혹은 더블린에서 피쉬-앤-칩 가게에 갈 건지 아니면 광둥 식 포장요리집으로 갈 건지를 두고 설왕설래하면서, 나는 그럭저럭 여러 해에 걸쳐 중국 주위를 어슬렁어슬렁 배회했던 셈이었고, 그러다 간간이 중국의 기나긴 팔이 내 어깨를 툭툭 건드리기도 했다. 중국은 내게 늘 당당한 단순성의 땅이었다. 무표정하게, 좌고우면하지 않고, 역사 속으로 뚜벅뚜벅 자기 길을 내면서 걸어간 나라. 모든 것들이 다른 어디에서보다 더욱 절대적인 나라. 모든 장애물과 역류들을 장엄하게 헤쳐나간 인간들의 나라. 그렇게 난 내 인생의 절반에 걸쳐 중국을 궁금해하고 놀라워했다. 그러다 드디어 이제 직접 중국을 만나러 간다. 선미에 붉은 기가 걸린, 옅은 황백색의, 잔뜩 녹 슨 후줄근한 중국제 증기선을 타고, 청록색 중국해를 가로질러 북쪽으로 북쪽으로 말이다.

내 동료 승객들은 나를 예행연습 시키느라 열심이었다. 훈제잉어에서 좋은 부분만 쏙 빨아 먹는 데 가장 좋은 방법이 뭔지를 보여준다든지, 북경어로 열까지 세는 법을 가르친다든지, 『그림으로 본 중국』을 펴서 광둥성 방귀벌레들의 번식에 대한 부분을 일러준다든지 하면서 말이다. 타이완에 사는 여동생을 방문한 뒤 본토로 돌아가는 왕 여사는 내게 침술로 자궁절제를 했던 경험을 내게 생생하게 일러주었다. ("그 사람들이 내 몸에 긴 구멍을 내서 열었을 때, 아, 정말 아팠어요. 하지만 그리고 나서는 아주 이상한 느낌이었어요. 정말 이상했죠…..") 홍콩을 공식 방문하고 귀환 중인 중앙관료는 중국정부정책의 4대 원칙을 내게 속속들이 설명했다.

그런 우리를 둘러싼 바다 또한 마치 중국 지리 수업시간 같았다. 그건 텅 빈 바다가 아니었다. 버려졌음에 틀림없는 삼판sampan 목선들이 파도 속을 들락날락했고, 저인망 어선 떼가 우리 배 주변에서 요란스레 작업을 하기도 했다. 바다 한복판 아무것도 없는 데에 불쑥 붉은 기를 단 부표들이 나타나기도 했고, 잿빛의 대형선박들이 물 위로 툭 튀어 오르기도 했다. 섬들도 나타났다. 바다의 뾰루지 같은 섬, 자잘한 혹이 많이 난 긴 뱀 같은 섬, 등대가 있는 혹은 통신안테나나 하얀 저택들이 있는 섬들. 그리고 서쪽으로는 늘 중국 본토의 산지들이 서 있었다. 어떨 때는 완만한 구릉으로, 어떨 때는 가파른 경사로, 그러다 두어 번은 꼭 원뿔이나 반구 모양으로 마치 중국 서예가들이 창조해낸 것 같은 모습으로 말이다. 아, 그런데 그 관료는 내게 말했다. 그런 산들을 제대로 보려면 내륙으로 한참을 더 들어가 남부의 광시 지역까지 가야 한다고 말이다. 그의 말로는 다른 어디서도 볼 수 없는 산들이 거기 있다는 것인데, [구이린桂林의] 천하제일 기암괴석, 학자의 하인의 산 등 설명이 이어졌다. "그런데 저거 보세요." 자기 말을 자기가 끊으며 그가 말했다. "보이죠? 물 색깔이 누렇게 바뀌잖아요. 양쯔 강 하구에 가까워지고 있는 거예요."

그랬다. 그날 밤, 자정을 넘긴 시간에 객실의 둥근 창 너머를 다시 내다보았을 때, 어둠 속에서 희미하게 식별되는 수많은 배들의 끊임없는 행렬 속을 꿰뚫고 우리 배가 나아가고 있음을 깨달았다. 가랑비가 내리는 새벽에 갑판에 올랐을 때도 여전히 배들의 행렬 속을 통과하는 중이었다. 배는 지저분한 거품이 낀 강물 위를 달렸다. 바지선과 예인선, 컨테이너선들, 그리고 전함 한두 척 등 배들이 진짜 많았다. 잡동사니 나무들을 새끼줄 같은 걸로 얼기설기 엮어서 만든 발명품 수준의 배들은 온갖 풀과 섬유질로 얼룩덜룩해서, 무엇이든 먹어치우는 중국인들이라면 저 걸로 식사를 할 수도 있겠다 싶을 정도였다. 계속해서 경적을 울리며 우리 배는 황푸 강을 거슬러 올랐다. 나룻배들과 스칠 정도로 길을 내며 가야 하는 거라, 조그만 삼판 배들은 우리 배의 덩치를 피하기 바빴다. 그렇게 배들을 뚫고, 도크와 너절한 창고, 공장들을 지나치며 50킬로미터에 이르는 물길을 거슬러 올라 어느 강변에 당도하니, 고층 건물과 사무용 빌딩들의 외관이 빗속에 붉고 우중충한 모습으로 우리를 맞았다. 그것이 내가 처음 당도한 중국 땅, 상하이였다.

"문라이트 세레나데! 또 연주해줘요!" 평화 호텔의 바에서 나이 든 미국 관광객들이 목청을 높였다. 밴드는 요청을 받아들였다. 피아노의 여인, 나이 지긋한 바이올리니스트, 빼어난 솜씨의 트럼펫 주자 등 여섯

©Movana Chen

명의 잘 차려입은 중국인 연주자들 덕분에 글렌 밀러['문라이트 세레나데'를 부른 미국 팝가수]가 상하이에 환생한 듯했다. 꽝꽝 울려대는 옛 음악이 절정을 향해 치달리는 가운데 현란한 드럼 연주가 펼쳐졌다.

미국인들은 발을 까닥거리고 머리를 흔들다가 "스윙 잇!" 같은 추임새를 넣어가며 장단을 맞췄다. 나는 놓치지 않았다. 마치 그 곡은 너무 자주 연주한 노래라는 양 밴드 멤버들의 시선이 아무데나 이곳저곳 살피고 있음을. 그러니까 그들도 어리고 그 노래도 어릴 때부터 그들은 줄곧 그 곡을 연주해 온 것일 터. 그들 음악의 기억들은 마치 그들의 개인적 경험처럼 저 먼 과거까지 걸쳐 있다. 문화혁명, 대약진운동, 인민혁명, 국민당, 일본의 대동아공영권 등 온갖 다사다난했던 중국사의 사건들을 지나 '코스모폴리탄 상하이'의 시절까지 말이다. 그 끔찍하지만 멋스러웠던 시절에, 유럽의 상인들은 상하이에서 왕족처럼 살았고, 중국 갱단은 싸움박질 속에 번성했고, 가난한 사람들은 길거리에서 수백 명씩 떼죽음을 당했으며, 그레이트 월드 오락관Great World House of Pleasure에는 노래하는 여자들과 도박 탁자뿐만 아니라 마술사, 불꽃놀이, 스트립쇼, 이야기꾼, 마작교습소, 결혼중개실, 기괴한 막장 쇼, 안마시술소, 포르노 사진가, 10개도 넘는 댄스용 무대, 연애편지 대필 사무실까지 갖춰져 있었다.

그 연주자들이 세상에 지쳐 보인 것도 무리가 아니다. 그레이트 월드는 현재 상하이 청년궁전이다. "여기서 일하던 창녀들의 과거는 오직 혁명위원회 지도자들한테만 공개될 뿐이죠." 누군가가 새침하게 일러준 말이다. 그 밴드의 연주는 변함없이 계속되었고, 다른 여러 측면에서도 '옛 상하이'의 면면이 그 모든 변화 속에서도 살아남았다는 게 나는 너무 놀라워 얼떨떨했다. 믿기 힘드시겠지만 경마클럽 건물은 상하이 공공도서관으로 개조되었는데, 옛 경주 트랙은 일부 인민 광장으로, 또 일부는 인민 공원으로 바뀌었지만 나머지 거의 대부분은 예전 그대로 남아 있다. 예전 상인들의 거점으로 쓰이던 부둣가에 길게 늘어선 집들은 지금도 거만한 자세로, 한때 그들의 부를 일궈주었던 요란한 무역의 행렬을 지켜보고 있다. 세관원의 시계는 지금도 웨스트민스터 같은 종소리로 매시 정각을 알린다. '아시아에서 가장 긴 바'에서 최고의 마티니를 즐길 수 있는 곳으로 유명하던 상하이클럽의 '롱 바'는 이제 레모네이드와 함께 국수를 먹는 사람으로 꽉 찬 동펑 호텔의 식당이 되었다. 평화 호텔도 원래는 노엘 코워드Noel Coward가 〈프라이빗 라이브즈〉[16]의 각본을 써내린 케세이 호텔이었다. 옛적의 붉은 양탄자도 그대로고, 바 메뉴의 135가지 마실 것들, 밤마다 홀을 가득 메우던 빅밴드의 연주도 케세이 시절 그대로다.

    상하이의 거리들 또한 — 가난한 이들은 이제 거기서 죽지 않아도 된다 — 뜻밖에 가정적인 느낌이었다. 인구 1,100만의 이 도시에 개인 승용차는 거의 1대도 없지만, 그런 결핍이 거의 느껴지지 않을 정도로 거리는 북적대고 떠들썩했다. 요란하게 경적을 울려대는 택시들과 굴절 버스, 그리고 그 엄청난 자전거들! 길가의 행인들에게서 화사한 꽃무늬 복장을 기대하기는 어렵다. 거의 넥타이를 안 맨 셔츠나 평범한 바지 차림이었고, 내가 예상했던 것처럼 헐렁한 바지에 푸른 색 조끼, 마오 모자 차림도 오히려 드물었다. '10호 백화점'에는 〈보난자〉[17]의 테마 음악이 흐르고 있었다. 예전에 리슬링 티룸이었던 시라이린에서는 크림 케이크를 팔았고, 신야 레스토랑에서는 지난 100년 동안 그랬듯 외국인 손님들을 2층의 커튼 쳐진 은밀한 방으로 안내했다. 상하이에서 처음 맞은 아침에 나는 인민 공원에 들러(입장료 2텡teng) 아이스크림을 먹었다. 그곳의 짙은 녹음과 구불구불한 산책로, 콘크리트 탁자에서 장기를

---

16 노엘 코워드의 1930년 작품. 당시 코워드는 아시아 곳곳을 여행 중 감기에 걸려 상하이에서 회복하면서 작품을 구상한 후 단 나흘 만에 작품을 써내렸다고 한다. [역주]
17 1960년대 미국 NBC의 유명 서부극. [역주]

두는 노인들, 책 읽는 학생들, 미용체조에 열중하는 사람들, 잡다한 복음의 전파자들, 숲 너머로 보이는 고층건물들 따위에 눈길을 주며 나는 생각했다. '강도랑 4륜마차만 없지, 이거 센트럴파크랑 무지 비슷하구만.'

왕 여사는 그녀의 아파트로 나를 초대했는데, 그 점심 또한 문화적 충격과는 거리가 멀었다. 그랬다. 우리는 애스픽aspic으로 절인 계란과 작은 순무 피클 같은 것, 그리고 꼭 바닷물로 만든 젤리 같은 맛의 길고 물컹물컹한 것을 먹었다. 그래도 그녀의 집은 이를테면 오하이오 주의 클리블랜드에 옮겨놓아도 그리 이국적이지 않을 법한 곳이었다. 그것은 아주 빼어난 부르주아의 집이었다. 법으로 정해진 바에 따라 거기엔 번듯한 피아노가 있었고, 거실장에서는 음악이 흘렀다. 작은 탁자 위엔 16인치 컬러텔레비전도 올려져 있었고, 털실 뭉치를 갖고 노는 고양이 두 마리의 사진, 소설책들이 꽂힌 서가, 파출부 한 명도 있었다. 거기엔 점심 상 차리는 걸 도우러 건너온 딸이 있었고, 사무실로 일하러 가며 안부를 전해달라고 했다는 남편도 있었다. 상냥한 왕 여사가 말했다. "우린 행운아죠. 사회적 지위가 확실하잖아요."

그런데 **이런 게 중국**이었던가? 난 스스로를 꼬집어야 했다. 인민독재(정책 원칙 제3번이었지, 아마?)가 눈에 띄게 상하이를 길들인 것 같지는 않았다. 이따금씩 안경을 쓴 인민혁명군 병사들이 사이드카까지 달린 오토바이를 타고 요란하게 시내 거리를 달렸고, 시당위원회(원래는 홍콩상하이은행이었던 곳) 바깥에는 비썩 말라 보이는 병사 두 명이 멋쩍은 표정으로 보초 근무를 서고 있었다. 하지만 그 정도 말고는 정부기관의 흔적이랄 게 눈에 띄질 않았다. 조그만 하얀 박스 안에서 담배를 피우던 경찰관이 확성기로 뭐라고 지시를 하면 차량들은 쾌활하게 교차로로 뛰어들어 뒤엉켜 북적댔다. 길은 또 어디나 무단횡단의 천국이었다. 옛 도심의 쭈글쭈글한 뒷골목에서 복숭아 바구니, 비닐봉지에 담은 오렌지 주스, 자기들이 만든 거품 속에서 꼼지락대는 뱀장어들, 운명의 시간만 기다리고 있는 오리들을 당당히 내놓고 파는 사람들과 좌판 주인들에게 '자유시장의 옹호자'라는 낙인을 찍으려는 시도는 어디에도 없었다.

누구든 내게 말을 걸고 싶어 했고, 아무도 부끄러워하지 않았다. 공원에서 만난 공장 노동자 한 명은 나를 대뜸 근처의 자기 아파트(컴컴한 방 둘은 요리 기구와 여러 대의 자전거로 그야말로 꽉 차 있었다)로 데려갔다. 상하이의 길거리를 다니는 데 유일하게 방해가 된 것은 영어를 연습하려는 학생들뿐이었다. 이를테면 부두에 잠시 서서 지나는 배를 구경하거나 저녁 하늘을 날아다니는 바다박쥐를 헤아리다 보면, 머지않아 수많은 젊은이들이 당신을 난간으로 밀어붙이며 숨 막히게 할 것이다. 인텐드intend라는 동사 다음에 'ing' 동명사가 오는 게 맞는지를 물어보면서 말이다. 공원에 가서 아이스크림을 빨고 있으면 마법의 숲은 틀림없이 금세 미스터 루와 그의 수많은 노인 친구들을 당신 앞에 출현시킬 것이다. 그들은 모두 미션스쿨에서 미스 멧칼피의 영어 수업을 들었다고 기쁜 표정으로 회고할 것이다. 단 그들 중 어느 누구도 to 부정사 사이에 부사를 끼워서 쓰는 게 옳다고 확신하진 못할 테고.

음! 중국에 모더니티를 도입하는 작업, 그리고 외국인과 그들의 방식을 존중케 하는 '문호개방' 정책의 양상은 그와 같았다. 아주 자유로워 보이는 분위기였다. 대화 중에 정치 얘기를 꺼내도 상대방은 누구 눈치 살피는 일 없이 자기 의견을 말했다. 문화혁명요, 1960년대의 그 소름끼치는 사건 말이죠? 끔찍스런 실수요, 비극이었죠. 중국의 미래요? 이 나라가 어떤 나라가 될지 확실히 아는 사람이 어디 있겠어요. 공산주의 대 자본주의요? 둘 다 좋은 점도 있고 나쁜 점도 있죠. 사람들이 미국에 가고 싶어 하냐고요? 물론이죠. 하지만 아마 다들 다시 돌아올 겁니다. 저우언라이[1898~1976]의 얼굴은 정말 온화해 보여요! 그럼요.

멋진 얼굴이죠. 참 선하고 자상한 사람이었죠. '인민의 아버지'였다니까요. 네? 사람들이 마오쩌둥 얼굴도 좋아하냐고요?

아, 이 질문에는 그들의 말문이 막혔다. 다들 잠시 생각에 잠긴 뒤 말했다. "잘 모르겠어요." 그렇게 웅얼대는 대답이 전부였는데, 그 순간 나는 깨달았다. 이 사람들, 내게 솔직했던 게 아니었구나. 지금 현재 정치적 정통성을 지닌 집단에 의해 승인된 게 아니면, 그들은 아무 대답도 하질 않았던 거다. 그들은 수령동지 마오의 '얼굴'을 좋아했던가? 그들은 안다, 그가 위대한 인물이었으나 말년에 실수를 저질렀다는 것을. 거기까지는 다들 인정했지만, 그 누구도 사람들에게 마오의 얼굴을 좋아할지 말지를 일러주지는 않은 것이다. 그 순간 바로 거기서 내 느낌은 완전 달라졌다. 그때까지 참 솔직하구나 싶었던 대목들이, 이제는 얼버무리거나 함구해 버리는 애매한 표현들이었다고 느껴지기 시작했다. 난 스스로에게 타일렀다. 이곳이 열성적 외국인 혐오자들의 패거리인 [문화혁명을 주도한 과격파인] 4인방의 고향이자 온상이었음을. 동물원 근처 노출목구조의 사랑스런 저택에서(나무그늘 우거진 정원으로 둘러싸인 프랑스 풍 집이다) 4인방의 '사람 잡는 광기'가 처음으로 터져올랐다. 10여 년 전만 해도 나는 이곳에서 전혀 다른 대접을 받았을 테고, 왕 여사는 내게 점심 대접을 했다는 이유로 저 시골의 양파 콤뮨들 중 하나로 내쫓겼을지도 모른다.

그렇다. 그러니까 처음부터 그다지 분위기가 가정적이지는 않았던 건지도 모른다. 어느 날 밤 분트Bund지구에서였다. 수염 그늘을 짙게 드리운 얼굴의 한 젊은이가 인파 속을 뚫고 내게로 와서 서류 뭉치 같은 걸 불쑥 내밀었다. "이 시험지를 살펴보고, 제가 뭘 틀린 건지 좀 가르쳐주시겠어요?" 하지만 그날 오후 내내 난 이미 충분히 많은 문법 바로잡기 의무를 다 했다고 생각했으며, 또 얼른 10호 백화점에 가서 비단제품을 보고 싶었다. "아뇨, 못 하겠는데요." 난 그렇게 대답했다.

그러자 그 학생은 눈꼬리를 치켜세우고 입끝은 내려깔며, 마치 쏘아보는 연기를 하듯 얼굴을 구겼다. 턱 주위에 거무튀튀한 수염 자국까지, 그는 마치 징이 울리면 대번에 싸움판을 벌일 듯한 게, 꼭 조악한 옛 영화의 중국인 악당 같았다. 그럼에도 불구하고 나는 그 자리를 떠나버렸다. 그러면서 생각했다. 이 새로운 깨달음에 견주어 보건대, 만약 아직도 4인방이 활개를 치는 시절이라면, 난 지금쯤 목에 무슨 구호가 적힌 판을 걸고 벽에 기대 서 있어야 할 테고 무리들이 내게 야유를 보내겠지. 저렇게 분사구문이 어떻게 되는 건지를 갖고 시비를 거는 게 아니라 말이다.

얼른 일러드리건대, 상하이에서 본 모든 사람들이 내게 친절하였기에, 또 사실 양심이 좀 찔리기도 하여, 난 되돌아가서 그의 엉망진창 시험지를 결국 싹 바로잡아주었다. '문호개방' 즉 문을 연다는 게 이 도시에서는 제대로 실감 나는 구호이다. 가이드의 안내를 따라 친선상점들로 들락날락거리는 패키지 관광객들로부터 자전거를 타고 도시를 누비고 다니는 수염 더부룩한 어학연수생들에 이르기까지 '외국 손님들'은 열렬한 환영을 받고 있다. 배낭여행자들은 도미토리 숙소를 찾아 도시 이곳저곳을 헤맨다. 떠돌이 작가들은 [1907년에 세워진] 와이바이두 다리外白渡 난간에 기대서서 아래를 지나가는 바지선들을 쳐다본다.

이런 여러 부류들 가운데 떠돌이 작가들이 뭐하는 건지 중국인들은 선뜻 이해하질 못한다. "당신 **분야**는 뭡니까?" 루 씨의 그런 질문에 나는 시편의 한 구절을 인용해 대답했다. 내가 하는 일이 "개처럼 히죽거리며 성안을 두루 돌아다니는"[18] 일이라는 뜻으로 말이다. "수의학 관련 글을 쓰신다는 건가요?" 그런 대꾸가 돌아왔다. 다른 이들은 내게

---

18 구약성서 시편 59장 6절과 14절에 "개처럼 울며 성으로 두루 다니게 하소서"란 표현이 나온다. [역주]

작가동맹에 연락해 보라고 했고, 혹은 적어도 "여러 지식인들이 모여 사는 곳"이라며 도시 북동부에 조성된 새 주거단지를 찾아가보라고 얘기했다. 그래야 공통의 문학 문제를 토론할 수 있을 거라면서. 도시를 두루 싸돌아다닌다는 게 이들에게는 무척 못마땅한 일이었던 것이다. 그건 생산적인 일이 될 수 없으니까.

 상하이를 방문하는 사람이면 누구나 그렇듯, 서커스 구경을 갔던 날 밤이었다. 나는 꿈틀하는 경련처럼 — 일부러 이 표현을 골라 썼다 — 깨달았다. 중국에서 어떤 역할을 맡는다는 게 대체 뭘 뜻하는지를 말이다. 이 나라에 직업 곡예사가 생겨난 지가 벌써 2000년도 넘었다. 상하이에도 에어컨 설비를 갖춘 원형극장이 있어서, 비밀통로, 도르래, 크롬 공중그네 등이 완비된 환경에서 믿기 힘든 곡예들을 날마다 펼치고 있었다. 물론 그들은 놀라웠다. 그들은 마치 고무덩어리처럼 통통 튀어다녔으며, 그들이 무대를 가로질러 마구 내던지는 접시들은 어찌나 빠른지 우리 눈으로는 제대로 살필 수도 없었다. 그들은 다른 사람의 머리 위에 한쪽 발로 선 채로 수많은 작대기를 들고 그 끝에다 자기 그릇들을 쌓아 엄청난 피라미드를 만들었다. 그들은 천장에서 머리부터 곤두박질치며 떨어지다 사람들이 비명을 질러대는 지점에 와서야 딱 멈춰서곤 했다.

 "참 흥미롭죠." 내 동행이 말했다. "옛 중국에서는 곡예사들이 집시 같았답니다. 아주 천한 신분이었죠. 이제 그들은 영예로운 공연자들입니다. 그들도 사회에서 자신들의 맡은 바 역할을 다하는 거죠." 그러니까 그들은 자기 자리에 꼭 맞게 끼워 넣어진 것이다. 그들의 연기를 구경하며 나는 그들이 곡예사의 팔다리와 근육, 곡예사의 눈뿐만 아니라, 곡예사의 생각과 정서, 특히 곡예사의 리비도libido 또한 가진 게 틀림없겠다 싶었다. 그리곤 상상했다. 곡예사들이 가면처럼 쓰고 있는 화장을 걷어내면, 그 아래에 또 다른 가면들이 있을 거라고. 아마도 그 전에

했던 공연들의 숫자만큼 많은 수의 가면들이 말이다.

　이런 생각도 들었다. 상하이 길거리의 저 가정적이고 다정해 보이는 사람들도 열쇠만 있다면 죄다 헤어날 길 없는 어떤 역할에 꼭 맞게 끼워넣을 수도 있겠네? 그들은 내가 애초에 생각했던 것처럼 [뉴욕의] 3번가나 [런던의] 옥스포드스트리트의 인파들과는 결코 같을 수가 없었다. 이들은 다들 전체 판도 속에서 저마다의 불변의 자리를 배당받은 것이다. 당신 분야는 무엇? 나는 주부예요. 나는 퇴직 노동자. 나는 농부. 나는 곡예사. 나는 학생인데요, 그러니까 다음 영어 문장의 뜻을 아주 쉬운 말로 제게 설명해 주신다면, 정말 감사하겠습니다….

　상하이에서 거지를 보기도 했다. 옛 파크 호텔 맞은 편 인도에서였다. 그는 다리가 부러진 듯했고, 온통 붕대를 두른 채 연신 굽신거리며 흐느꼈다. 옆의 동료는 부러진 데를 찍은 X레이 사진을 들고 있었다. "나는 거지입니다." 마치 그렇게 얘기하는 것 같지 않은가! 그를 본 행인들은 깜짝 놀란 눈치였다. 하지만 그게 그 거지 때문인지, 아니면 그의 질환 때문인지, 나로서는 알 길이 없었다. 상하이 사투리가 '내 분야'는 아니었기에.

　난 의무감 때문에 유유안豫園으로 갔다. 현재 국가지정보물인 이 정원은 실은 명나라 때 한 관리가 순전히 자기만족을 위해 지은 것이다. 그는 수천 킬로미터 떨어진 데서 가져온 돌들을 쌀로 쑨 풀로 이어 붙여 이 정원의 바위언덕을 쌓도록 했다. 하지만 나는 거기서 아이들에게 홀딱 빠져들고 말았다. 바위언덕 조망관 바깥은 백 명 가량의 서너 살 또래 아이들로 어수선했다. 어떤 아이들은 서로 줄로 묶여 있기도 했다. 아마 '헤엄치는 물고기 조망관'으로 풍덩 빠지지 않게 하기 위해서려니 싶었다. 난 거기서 그 꼬마들과 노느라 30분은 족히 허비해야 했다. 얼마나 사랑스럽고 명랑한 얼굴들인지! 무서운 척, 걱정하는 척하며 놀라운 속도로 기분을 바꾸며 반응하던 그 아이들은 완벽한 재미 그 자체였다! 그 검정 머리의 오동통한 꼬마도깨비들이 마치 긴 악어처럼 두 명씩 짝을 지어 그곳을 떠나 '신비로운 옥 전시관'으로 이끌려 갈 때까지 난 그 아이들과 함께 있었다.

아기들 구경에는 상하이만 한 데가 없다. 그런데 갈수록 난해하고 기만적인 이 도시의 거주민들 가운데 나를 가장 당황스럽게 만든 것 또한 아이들이었다. 아이들은 특히 외국인들을 좋아해서, 멀찌감치 떨어진 데서도 광장 저편의 인파 속에 묻힌 (혹은 거대한 탑 뒤편에 꼭꼭 숨어 있는) 외국인을 찾아내는 신기한 재주가 있었다. 그리곤 손가락을 꼼지락대며 인사 같은 걸 한다. 아이들에게 눈에 띄는 악의가 있는 건 아니다. 아이들은 울지도 않고, 손가락은 어떻게 빠는지도 모르는 것 같다. 비록 아이들 바지의 엉덩이 부분에 편리하게도 훤히 구멍이 나 있긴 하지만, 아무리 봐도 옷을 더럽히는 실례를 할 것 같지는 않아 보였다.

난 정말 그 아이들의 머릿속으로 들어가 인민혁명의 땅에서 보내는 어린 시절이 어떨지를 직접 느껴보고 싶었다! 애들은, 이 중화의 아기들은 칭얼대지도 않나? 그 사랑스런 침착함은 강제로 주입된 것일까, 아니면 타고난 것일까? 인종적인 걸까, 아니면 세뇌된 걸까? 이 사회는 진정 기저귀가 필요 없는 그런 민족을 낳고 있는 것일까? 유유안의 어린이들은 쿵쾅대는 걸음으로 멀어지며 내게 손을 흔들고 장난스런 표정을 지어댔지만, 늘 그랬듯 내 기분은 그만 또 뒤숭숭해지고 말았다.

그래서 다음 날 나는 악명 높은 어린이궁전들 중 하나를 찾아갔다. 이런 방과 후 센터들에 모여 중국의 아이들은 신나게 놀든가 혹은 어떤 특정 적성을 지도받든가 하는 것. 내가 굳이 '악명 높다'고 한 이유는, 이런 곳을 외국 방문자들에게 자랑 삼아 구경시킨 지 벌써 여러 해여서 이미 때 묻은 정치적 선전 도구로 전락해버렸기 때문이다. 내가 들른 그 어린이궁전에서도 관광객 방문자들의 행렬이 끝없이 이어졌다. 어김없이 선발된 아이들이 그 행렬을 가이드했는데, 친밀하게 구는 아이들 모습을 보고 있는 것부터가 벌써 속을 불편하게 했다. 오후 들자 아이들이 뮤지컬쇼를 펼치기도 했다. 그건 뭔가 '산시성 포크댄스' 같은 느낌이었는데, 순진한 발랄함은 전혀 없고 오직 환심을 사려는 몸짓으로만 가득했다.

그렇지만 그런 무대 연출보다 내 속을 더욱 뒤집어놓은 건 따로 있었다. 그 주먹만 한 대표선수 어린이들이(그런데, 이들은 자기들이 담당한 관광객들을 '숙모님들'이라고 부르는 겁나는 버릇을 갖고 있었다) 이 방 저 방 데리고 다니는 관광객들이 기웃거리고 쏘아보고 플래시를 터뜨려도 방안의 아이들은 완벽하게 아무런 반응을 보이지 않았다! 사람들의 시선을 투철하게 무시하며 아이들은 탁구를 계속하거나 비디오게임에만 열중했다. 참으로 무심히, 부교재로 갖다 둔 자전거 페달만 젓고, 선박 모형만을 만들던, 피리로 소수민족 위구르족의 추수 노래 중 마지막 크레센도 연습을 반복하고, 내가 보기엔 너무나 부자연스러울 정도로 빠르게 책장을 넘기며 만화책 보는 일에만 열중하던 그 아이들…. 아이들의 눈은 우리를 향해 단 한 순간도 깜박이지 않았으며, 그들의 태도에는 한 치의 흐트러짐도 없었다. 아이들은 거침없는 집중력으로 자기 활동에만 매달렸다. 꾀 부리는 녀석도 없었고, 옥신각신 다투는 아이들도 없었다. 오로지 책장만을 넘기고, 탁구공만 때리고, 페달만 젓고, 땡땡 줄만 튕기고 삐리리리 중국 피리만 불었다.

난 그 아이들 때문에 놀라 멍한 기분이 되었다. 저 아이들이 정말 읽기는 읽는 걸까? 저 애들, 우리가 쓰는 '놀다'라는 뜻 그대로 놀 줄 알긴 알까? 난들 어찌 알겠는가! 나로서야 그저 이 어린이궁전을 떠날 때 특히 나를 편치 못하게 만들었던 작고 유별난 에피소드 하나를 일러드릴 수 있을 뿐이다. 이 에피소드는 상하이에 대한 내 기억 전체를 물들였다. 다섯 살 미만 아이들로 구성된 오케스트라가 '징글 벨'을 연주할 때다. 도입부에서 실로폰을 치는 어린이 대가께서 어쩌다 그만 완전 엉뚱한 음을 연주하고 말았다. 그 여자아이는 음이 틀린 줄도 모르는 것 같았다. 한결같이 보조개에 화사한 웃음을 머금고 고개를 까닥거리던 무대 위의 다른 어린이 연주자들도 전혀 모르는 듯했다. 그렇게 그들은 그 불협화음을 시작했다. 딸랑딸랑, 쨍그렁쨍그렁, 환하게 웃으며 보란 듯이 의기양양하게, 끝까지 말이다.

상하이에서 베이징으로 가는 CAAC1502편 항공기의 기내 잡지는 이미 6개월이 지난 것이었다. 이건 꼭 어느 치과의 대기실에 앉아 비행하는 것 같군, 난 그렇게 생각했다. 707기의 좌석 또한 폐차된 낡은 비행기에서 뜯어낸 고물 같아서 어떤 건 기우뚱하고 어떤 건 뻣뻣했다. 비흡연석에 앉은 승객들도 아무 제약 없이 담배를 폈고, 싹싹하지도 않은 여승무원이 기내 음료수로 가져다 준 머그컵에 담긴 커피는 미지근했다. 이 모든 게 내겐 그리 놀랍지 않았다. 내가 행운아임을 난 잘 알고 있었다. 예약 초과 때문에 통로 중간에 임시로 앉은뱅이 의자를 내놓지도 않았고, 다른 비행기들을 이용했던 승객들의 증언과는 달리 내가 탄 비행기에서는 비행기납치범에게 일제히 레모네이드 병을 던져 제압해달라는 안내멘트 따위는 하지 않았기 때문이다.

수수께끼는 점점 커져 갔다. 왜 중국인들은 이토록 스스로를 근대화하는 데 서투른 걸까? 서구보다 천 년 먼저 수레바퀴를 발명한 게 바로 이 사람들 아닌가? 이들도 핵 분리 기술을 터득했고 우주에 로켓을 쏘아올린 사람들이잖아? 머리 회전이 아주 빠르고 관찰력이 빼어나며 미묘한 추론에 능한 사람들이기도 한데? 오늘날 중국의 지도자는 대인배 덩샤오핑이다. 그는 유래를 불문하고 모든 기술 진보를 앞당기는 데 헌신하는 인물이다. 그가 한때 말했다는 유명한 문구처럼, 쥐만 잘 잡는다면 고양이 색깔이 검든 희든 아무 상관없다는 것이다. 중국 전역이 서방세계에서 들여온 혁신과 기술들로 부글부글 끓고 있는 것이다. 그런

데도 1502편 비행기의 커피는 서늘하다니.

오늘날 중국의 벽돌쌓기 기술을 보면 아칸소 주의 자기 뒷마당에서 솜씨를 닦은 아마추어조차도 코웃음을 칠 것이다. 건축물들은 경악할 수준이다. 가장 최근에 세운 거대한 건물들의 시멘트가 쩍쩍 갈라지고, 수도는 나오질 않고, 에스컬레이터는 고장 난 상태다. "위생 철저"라고 길거리 포스터는 역설하지만 대중화장실은 용납할 수준을 넘어섰고, 귀한 유물인 명나라 황제의 무덤 곳곳에 침을 받을 타구를 갖다 놔야만 했다. 듣기로는 서구 건축가들이 와서 에어컨이 난방용 배관과 연결된 거나 피난용 비상계단이 뒤집혀 시공된 걸 보고 절망하는 일이 잦다고 한다. 내가 묵은 상하이 호텔의 중국산 엘리베이터가 이제껏 내가 사용한 것들 중 가장 '친절'하긴 하지만(단추에 '여시오', '닫으시오'가 아니라 '부디 여세요', '부디 닫으세요'라고 적혀 있었다), 그 친절이 다 무슨 소용이란 말인가, 가다 말고 중간에 멈춰서 버리는데.

왜 그럴까? 만리장성을 쌓고, 정교한 용마루의 곡선을 만들며, 아름다운 중국 풍 호수를 꾸밀 줄 알았던 그 기술과 감수성에 대체 무슨 일이 벌어진 것일까? "봉건체제가 우리를 질식시켰죠." 공식 대변인들은 그렇게 말한다. "고립이 우리를 위축시켰죠." 역사학자들은 주장한다. "마오주의가 우리를 짓눌렀죠." 실용파들은 말한다. "공산주의가 다 죽인 거잖아." 관광객들은 다 안다는 듯 말한다. 하지만 사태의 진상은 더 심오하지 않을까 싶다. 옛 마법을 잃어버린 중국인들은, 명나라가 왔다 가고 마오도 왔다 가고, 그렇게 영원히 존재하는 건 없다는 걸 봐버린 탓에, 단순한 유물론이나 효율성 따위에 아무런 기대도 신뢰도 걸진 않도록 되어버린 게 아닐까. 만물의 형태에 신비로운 의미가 깃들어 있음을 역설하는 고대 중국의 사고법인 '풍수'는 인민공화국에 의해 금지되었다. 하지만 웬걸, 금지하건 말건 풍수는 저기 저렇게 훤히 드러나 보이는걸!

아무렴 어떤가. 공공주소체계가 어떠어떠하다는 안내방송이 더듬더듬 이어지는 가운데, 좌석 앞 간이탁자를 제자리로 되돌려 접지 못해 씨름하느라 낑낑대는 사람들이 만드는 덜그럭덜그럭 소리와 더불어, 우리는 베이징에 무사히 착륙했으니.

전체 지구 거주자 넷 중 한 명의 운명을 떠맡고 있는 이 굉장한 수도에서 내가 제일 처음 놀랐던 건 도시의 빛이었다. 그건 대륙의 빛이었다. 그것은 광활한 스텝이나 대평원의 빛 같아서, 살짝 초록의 기미가 느껴지는 듯했다. 처음에는 금속성이다 싶었으나, 이내 콘크리트에 더 가깝다는 느낌으로 바뀌었다. 수도 베이징을 통째로 뒤덮은 거대한 아치형 돔 안에 녹색 기운이 감도는 콘크리트 하늘을 채워둔 듯한!

그 하늘 아래에서도 콘크리트는 이 도시의 가장 지배적인 구성물이었다. 콘크리트를 쌓아 건물을 올리고, 콘크리트를 펼쳐 운동장을 만들고, 공원도 죄다 콘크리트로 뒤덮었다. 땅은 조그만 구멍으로만 남아 공원의 나무들이 창피하게 그곳으로 뿌리를 내리고 있었다. 거대한 고속도로들이 마치 콘크리트 빙하처럼 도시를 쪼개며 가로지르고, 덩치 큰 고층건물들로 이뤄진 단조롭고 육중한 스카이라인은 음산했다. 그 위로 삐죽 불거져나온 건 오로지 마지막 콘크리트 슬래브를 최상층에 얹어놓으려는 크레인뿐이었다. 밥풀로 뭘 붙일 일은 없겠군, 베이징에서 내가 내린 결론은 그랬다.

내가 묵은 곳은 도시 외곽인데, 거의 시골 같았다. 거기서는 이따금씩 야채를 기르는 밭이 콘크리트 숲속을 침범하기도 했으며, 아침나절 거리를 오가는 탈것들 중엔 농촌임을 일러주는 것들도 제법 되었다. 버스들 틈에 끼인 노새 수레들이나 요동치듯 움직이는 트랙터 같은 것들 말이다. 운전사들은 대부분 피곤에 절어 반쯤은 시체 같았다. 콤뮨에서 어지간히 꼭두새벽부터 깨워댔나 보군, 내 짐작은 그랬다. 도로의 차량들도 아주 지리멸렬하게 탈진한 듯 털털대며 흘러갔다. 어느 날 아침, 한때 외국인들에게 도시 관문 역할을 하던 루거우 다리盧溝橋엘 들렀다.[19] 각기 다른 모양을 한 282개의 사자 조각상이 서 있는 다리 아래로 녹색 강물이 우당탕대며 흘렀다. 거기서 나는 그 피곤한 지원병력의 행렬이 도시 안으로 밀려들어가는 모습을 또 지켜보았다. 상류 쪽의 다른 다리에서는 시커멓고 큰 화물열차가 찢어져라 경적을 울리며 콧소리를 내뿜었다. 남쪽의 다음 다리에는 못난 갈색 트레일러트럭들이 길게 늘어서 있었다. 내가 서 있는 그 유서 깊은 다리 위, '루거우 다리에 쏟아지는 아침달빛'을 칭송하는 글이 쓰인 옛 기둥을 지나 50만의 자전거가 지나갔다. 반은 깬 듯, 반은 자는 듯, 아무 생기없이 일터로 가는 베이징 사람들….

저 위쪽 어딘가 중국의 발원지, 중국의 꼭짓점이 있으리라. 베이징 시내, 한때는 페킹Peking이었던, 또 한때는 페이핑Peiping이었던, 쿠블라 칸의 다두Dadu였던 곳. 등샤오핑의 고향, 마오 주석의 고향, 또 만주족 황제들과, 그 전 명조와 한조의 고향이었던 곳. 나는 그곳으로 조심조심 다가갔다. 천자의 부르심을 받고자 1년이든 2년이든 기다리고 또 기다린 옛 중국의 알현자들처럼, 난 부르심을 기다리는 듯 그곳 주변을 어슬렁거렸다.

나는 크게 활짝 웃은 뒤, 달리기 시작했다(기온이 35도 근처여서 마구 달리진 않았다). 상하이의 첫 인상이 뜻밖에 익숙한 느낌이었다면, 베이징은 거의 상상을 초월하는 이국異國의 느낌이었다. 여기선 모든 게 달랐다. 얼굴도 달랐고, 눈빛도 달랐으며, 사람들의 태도도 더 싸늘하고 냉담했다. 동명사 활용법 좀 알려달라는 이도 하나 없었다. 상하이에서보다 사람들의 입성이 훨씬 매력적이기는 했지만, 즉 치마에 블

---

19 마르코 폴로가 이 다리를 극찬한 이래, 서방에는 '마르코 폴로 다리'라고 널리 알려지기도 했다. [역주]

라우스 차림인 아가씨들이 더 많고 어떤 젊은이는 정장에 넥타이 차림이기까지 했지만, 베이징 사람들은 내게 훨씬 생경했다. 머리를 빡빡 밀었거나 혹은 아주 짧게 자른, 높은 광대뼈의 아이들은 그다지 태평스런 반응을 보이지 않았다. 어딜 가든 뭔가 심각하고 거창한 생각에 잠긴 듯한 얼굴들이 나를 맞았다. 그건 마치 지린吉林에서 윈난雲南에 이르는 십억의 중국인들이 나를 지나칠 때마다 자신들의 사려 깊은 눈초리로 나를 뜯어보는 듯한 느낌이었다.

그 거대한 초록 하늘 아래로 끝도 없이 이어진 콘크리트 보도를 뚜벅뚜벅 거닐며 나는 절감했다. 집에서 참으로 멀리 떨어져 있음을. 그리고 그 아득한 옛적의 관광 루트를 따라 차를 타고 팔달령Badaling의 만리장성으로 갔을 때는, 그 햇살 눈부신 석축 위에 서서 북방의 광활한 평원과 자줏빛으로 물든 산악지대를 바라보면서는, 내가 어떤 묘한 일생의 꿈을 깨뜨리고 있다는 느낌에 휩싸였다. 팔달령 관문 근처의 만리장성은 새로 쌓아올린 것이었다. 차와 버스, 그리고 사해만방의 관광 인파로 지나치게 붐비는 그곳. 사진을 찍고, 현지인의 낙타를 타보고, 작은 복숭아를 먹고, 크어코우 크어르어('맛좋은, 행복한' 可口可樂이란 뜻이라는데, 알고 보니 코카콜라였다)를 마시는 관광객들. 하지만 이 모두를 외면하는 건 어려운 일이 아니다. 그 관문에서 서쪽의 전망대쪽으로 겁나게 가파른 오르막을 올라가기만 하면 되니까. ("우리 모두 정말 감사드려요, 쿵 선생." 땀을 뻘뻘 흘리는 한 미국 사업가가 그 가파른 계단을 힘겹게 오르면서 펄펄 뛰는 관자놀이를 겨우 눌러가며 그렇게 믿기 힘든 감사의 뜻을 전하는 게 들렸다. "이 여행을 올 수 있게 해주신 거 말입니다. 정말 **대단한** 여행 아니에요, 여러분?")

그 전망대에 오르면 거기서부터는 장성이 아직 재건되지 않았음을 알 수 있다. 너울너울 이어진 능선을 따라 다 허물어진 돌무더기들의 행렬이 비틀비틀 이어지는 것이다. 그리고 거기엔 아무도 없고. 그걸 따라

난 텅 빈 전원의 풍경 속으로 한참을 걸었다. 바람소리 말고는 완벽한 정적이 흐르는 그곳. 내 발아래 돌덩이 위를 이리저리 기어다니는 털복숭이 송충이들 말고는 아무런 생명체도 느껴지지 않던 그곳. 그런데 우와, 별 특징 없는 돌난간에 털썩 주저앉아 내 외로운 처지를 곱씹어보려고 했더니, 그 황무지 어디선가 성긴 인물 너댓 명이 불쑥 나타났다. 그들은 들고 온 종이가방과 마대 자루를 펼쳐 골동품 방울이나 효자손 따위를 사주기를 청했다. 중국은 나를 또 한 번 발칵 뒤집어놓았다. 난 어느새 옛 친구들과 어울리는 듯한 기분에 젖었다. 그들이 번갈아가며 내 쌍안경의 성능을 살피는 동안, 난 넋두리했다. '그래, 까짓 만리장성이 묘하긴 뭐 그리 묘하다고, 안 그래?'

동쪽에서 바라보면 베이징은 그리 머나먼 외딴 곳도 아니다. 바다에서 겨우 160킬로미터 안쪽인 곳, 도쿄에서 비행기로 대략 세 시간쯤 거리인 것이다. 베이징이 그토록 낭만적으로 멀리 느껴지는 건 오로지 서쪽으로부터 다가갈 때, 더 정확하게는 서구적 감수성으로써 다가갈 때에만 그렇다. 월요일 오후에는 쌍둥이 탑과 녹색 천장을 자랑하는(에스컬레이터는 수리 중) 거대한 기차역에 들러 모스크바 발 시베리아횡단특급의 도착을 지켜보기로 했다. 그건 정말 극적인 시간이었다. 나처럼 그 기차를 보러 온 사람이 수백 명이었다. 우리는 동굴 같은 국제여행자 대기실에서 여러 시간을 기다렸다. 마침내 도착 벨이 울리자 큰 문이 활짝 열리고 우리는 승강장으로 쏟아져 나갔다. 뭔가 흥분에 찬 기대감 같은 게 넘실거렸다. 몸의 무게중심을 이쪽 발 저쪽 발로 옮기기를 반복하며, 우리는 시계를 들여다보며 일어났다 앉았다 했다. 칭얼대는 아이들을 달래느라 크어코우 크어르어 한 병을 더 따야 했다. 그러자 길게 원호를 그리며 기차가 역으로 들어왔다. 아주, 아주 위풍당당하게 시베리아횡단열차가 나타난 것이다.

의기양양한 기적 소리와 함께 기차는 장엄하게 베이징에 도착했다. 모자를 쓰고 앉아 있는 세 명의 엔지니어들은 마치 기선의 함교艦橋 위에 도열한 세 명의 해군 제독 같았다. 기다리던 사람들이 박수와 환호를 보내며 들고 있던 신문을 흔들었다. 객실 문이 열리자 몽고나 시베리아에서 온, 옴스크 혹은 모스크바에서 온, 긴긴 여행의 기색 역력한 사랑하는 이들이 고향 베이징 땅 위로 내려서기 시작했다. 한 객실은 유럽인 관광객들로 가득했다. 멍하고 초췌한 표정의 그 승객들이 승강장 위로 내려서며 두리번두리번 주위를 살피는 걸 보면서 난 그들이 마치 오래도록 실종되었던 우주선으로부터 마침내 지구로 귀환하는 우주인들 같다 싶었다.

'보존 유물'[자금성 일대를 가리키는 듯]을 제외하면 이제 '올드 페킹'은 대부분 사라지고 말았다. 도시 성곽은 허물어졌고, 요새형 관문들도 거의 다 사라졌으며, 옛 여행자들을 그토록 사로잡았던 어수선한 중세의 흔적들은 마치 전혀 존재하지 않았던 듯 깨끗이 청소되고 말았다. 장안대로라고 불리는 큰 길이 도심을 무자비하게 가로질러 자리 잡았고, 그 길을 전차버스와 자전거들이 엉망으로 뒤섞여 달린다. 하지만 아무리 그래도 이 2,000년 역사의 도시에 자연스레 깃든 강력한 연속성의 끌림이 곳곳에서 나를 사로잡았다.

가령 마지막 만주 황후의 여름궁전이었다가 현재 대중용 공원인 곳에서 난 그런 느낌을 받았다. 그곳은 누가 봐도 여전히 중국 황실의 한적한 뒤뜰 같은 곳이었다. 불탑과 높은 사원들, 연꽃 위로 놓인 장식용 다리들, 맑은 호수 위를 떠다니는 수많은 배들, 중국 전설 속의 수천 장면들로 장식된 지붕 덮인 보행로(그곳을 걸은 연인들은 반드시 약혼해야만 한다고!), 그리고 선착장에 영원히 정박해 있는 듯한 우스꽝스런 대리석 외륜선까지(황후는 원래 중국해군을 재무장시킬 돈을 가지고 이곳을 조성했으며, 전해지기로는 이 멍청한 배도 발끈한 해군 제독들의 낯짝을 후려갈기는 기분으로 발주한 것이라고 한다).

　천안문거리를 걸어가다 문득 고개를 들었는데 눈앞에 큰 길을 가로막고서 엄청난 크기의 천안문이 거만하게 서 있었다. 그때 난 이 도시의 불변성을 불길하게 깨달았다. 그건 마치, 늘 그랬듯이, 오늘날에도 그 너머의 도심부로 들어서는 오싹한 관문 같아 보였다. 베이징 서쪽 외곽의 팔리장八里庄에서 제비들만 재잘대는, 외로이 버려진 탑 옆에 서서는 이 도시의 불변성에 깃든 넘치는 매력을 깨닫기도 했다. 탑 발치에서는 밀짚모자를 쓴 현지 쿰뮨의 여인들이 콩밭에 쪼그리고 앉아 마치 그 제비들처럼 반쯤 몸을 묻은 채로 재잘대고 있었다. 1669년에 세워졌다는 공애당共愛堂이란 전통 약국에서는 난 한층 섬뜩하게 그 불변성을 깨달았다. 거긴 신비로운 특효약의 보고였다. 불가사의한 가루들이 차곡차곡 쌓여 있었고, 뿌리와 씨앗을 넣어둔 갈색 병들, 강장제로 쓰이는 견과류와 해마, 사슴 뼈, 사슴꼬리 추출물, 원숭이 심장 등을 넣어둔 조그만 유리병들이 즐비했던 그곳….

　이른 아침이면 나는 늘 후통이라 불리는 꼬부랑 골목길들을 누비고 다녔다. 새로 들어선 큰 도로 바로 옆에도 그런 마당 딸린 작은 집들의 마을이 곳곳에 남아 있었다. 그런 곳들은 신기하게 고요하다. 골목길엔 모터 달린 탈것들의 통행이 전혀 없고, 높은 담벼락이 어지러운 마당들을 가리고 있다. 빼꼼히 열린 문틈으로 그 안의 다글다글 어수선한 살림살이를 ─ 널린 빨래와 작은 화분들, 웃통을 벗은 채 금속 그릇에 담긴 죽을 먹는 사내, 첫 아침 담배를 피우는 노파, 하얀 블라우스를 말쑥하게 차려입고 쓰레기더미 같은 곳에서 자전거를 꺼내고 있는 소녀 등을 ─ 엿볼 수 있을 뿐이다. 희미한 아지랑이 같은 연기가 마을의 공기를 꽉 채우고 있으며, 공공화장실에서는 분뇨와 소독약이 뒤섞인 강렬한 냄새가 코를 찌르고, 거친 숨소리와 미친 듯 휘몰아치는 빗질 소리는 어느 재수 없는 동지가 이른 아침의 노역을 수행하고 있음을 짐작케 한다. 그 누구도 해가 떠오르는 가운데 그 조용한 골목길을 거니는 내게 그닥 관심을 보이지 않았다. 어떤 여인이 대야에 담긴 물을 하수구에 버리려고 나타났을 때나 혹은 자전거 벨이 울리며 나를 길가로 밀어낼 때에만 정말 졸음 겨운 눈길이 내게로 향했을 따름이다.

한번은 어느 언덕을 넘어 해자 주위의 무성한 풀밭 사이를 헤맨 적이 있었다. 나를 그곳으로 끌어들인 건 고함과 노래, 윙윙거리는 악기 소리 등의 불협화음이었다. 거기는 내가 경험한 곳들 중에서도 가장 섬뜩하게 시간을 잊은 곳이었다. 그곳은 자기수행의 장소였다. 마치 통곡의 벽을 마주한 유대인들처럼 그곳 해자의 높은 돌벽을 단호하게 마주한 남녀들이 그 새벽에 은밀하게 자신만의 독특한 임무를 단련하고 있었다. 우리가 초저녁 욕조 안에서 하는 것들을, 베이징 사람들은 그 벽으로 가서 하고 있었다. 얼굴을 거의 그 돌벽에 갖다댄 한 남자는 무슨 영웅담의 독백을 힘 있게 읊고 있었다. 한 여인은 소프라노와 바리톤이 서로 주고받는 듯한 놀라운 아르페지오의 음역을 연습하고 있었다. 멋진 베이스 가수는 낭만적인 발라드를 불렀고, 한 시인은 어떤 서정시를 낭독하는 듯했으며, 자전거에 앉은 한 할아버지는 골동품 류트의 현을 튕겼다. 나도 저기 합류할까 싶을 만큼 그 충동은 너무나 보편적이었다. 그 벽에 대고 "죽느냐, 사느냐"를 읊어도 좋았을 테고, 아니면 나만의 미사여구를 낭송해도 좋았을 터. 하지만 '외국 손님'인 나는 참았다. 그리고 그냥 휘파람을 불며 아침을 먹으러 갔다.

난 150킬로미터가 훌쩍 넘는 거리를 걸었음에 틀림없다! 그렇게 나는 더듬더듬 이 도시의 중심을 향해 점차 범위를 좁혀 들어갔다. 그것은 아마도 옛 중국인들이 만물의 중심[즉 중화中華]이라고 부른 게 아니었을까. 이 도시의 침착하고 숨죽인 듯한 태도는 마치 햇빛 속의 안개 같다. 온화하고 느긋하며 공손한 이곳 사람들은 늘 내 경탄을 자아냈다. 그래서 난 번쩍이는 섬광과도 같은 도시의 하위세계가 그리웠다. 모름지기 그런 것들이 있어야 모든 도시가 선명하게 손에 잡히는 느낌인데 말이다. 개구쟁이들과 취객들, 매춘부와 흥정꾼들, 경극 표 있다며 (오 신이시여, 이런 표는 제게 안 주셔도 됩니다!) 나를 꼬드길 암표상들이 그리웠다. 이 도시에서는 다진 새우 요리를 앞에 두고 생각에 잠긴 도스토예프스키를 볼 수도 없었고, 포스터를 붙이는 비운의 레지스탕스도 볼 수 없었다. 모든 게 단조로운 질서 속에 자리 잡고 있는 것 같았다. 아찔하게 서구화된 신식 장워 호텔에서였다. 누가 저 사람들 좀 보라고 했다. 비싼 정장 차림의 공산당 간부들이 자기 여자들을 데리고 점심을 먹으러 온 것이라는데, 웬걸, 내가 본 건 미대사관 경호대원 같이 생긴 사람들이 '살 찌고 싶지 않은 분들을 위한 특제 샐러드'를 먹는 광경뿐이었다.

도대체 지구의 이쪽 부분은 왜 이렇게 따분하단 말인가! 도시 거주 중국인들은 비록 법률로는 아니라 해도 강력한 교화를 통해 애도 마음대로 못 낳는다. 도박을 해서도 안 되고, 춤 출 곳도 없으며, 자전거로 몇 킬로미터나 달려야 극장이 나온다. 텔레비전을 켜 봤자다. 발전상을 홍보하는 다큐, 영어 수업, 적절한 교훈을 담은 역사 드라마, 혹은 경극 따위가 전부니까. 이들이 적극적으로 감정을 표출하는 한 경우는 아무래도 뭔가를 먹을 때이다. 자신들의 모든 열정이 확실히 승화된 듯 열렬히 먹는 사람들! 베이징의 대형 레스토랑들은 보통 두 구역으로 나뉜다. 하나는 거물들과 외국인들을 받는 곳, 다른 데는 일반인들을 받는 곳이다. 비록 리놀륨 식탁보에 끽끽대는 낡은 선풍기가 윙윙 돌아가는 아래층 방들이 엉성하고 조잡하긴 해도 식당 안은 아래 위 할 것 없이 늘 축제 분위기로 왁자하다.

중국인들이 대단한 우울증 환자들인 건 어찌 보자면 당연하다. 그토록 불행하게 불확실성과 세뇌를 겪으며 너무나 괴상하게 살고 있는 사람들이어서 정신질환이 만연할 게 분명하다고 나는 생각하게 되었다. 한번은 300년 전통의 다른 허브 가게의 지원 아래 운영되는 식이요법 컬트 전문 레스토랑에 들렀다. 그곳이 엄청나게 북적대는 걸 보고도 나는 별로 놀라지 않았다. 웨이터에게 두통과 만성피로를 호소했더니 그는 내게 구기자 열매를 넣어 잽싸게 볶아낸 닭고기와 생강을 넣고 찐 왕새우 요리를 처방했다. 정말 끝내줬다. 난 날아갈 것 같은 기분으로 그 집을 걸어나왔다.

하지만 중국의 새우를 총동원한다 해도 역사의 스트레스를 치유할 수는 없다. 베이징의 진짜 문제는 하나의 이데올로기에 의해 짓눌려 있다는 것임을 나는 깨달았다. 너무나 만연한, 너무나 작위적인, 여러 점에서 너무나 고결한, 하지만 누가 봐도 너무나 변덕스러운 그 이데올로기가 해마다 전 국민의 생각하는 방식을 이렇게 저렇게 바꿔놓는 게 가능했다. 오늘은 자유주의와 환영의 기운이 넘친다. 중국의 전통이 존경받고, 좋아하는 걸 아무 거나 입을 수 있고, 원한다면 외국인과 어울려도 무방하며, 자유 시장에다 자기 오리를 내다팔아도 괜찮고, 심지어 이윤을 남겨 자기 집을 지을 수도 있다. 하지만 어제는 숨 막히게 편협했다. 혁명적 상황은 영원히 계속될 듯했고, 외국인은 악마였으며, 마오 모자와 헐렁한 바지가 필수품이었고, 반으로 접는 사다리와 페인트 붓을 든 성난 전위들이 여름궁전의 곳곳을 누비며 사회진보에 누가 되는 신화를 담은 그림들을 마구 지워댔다. 그리고 내일, 새로운 세대가 현 지배의 판도를 물려받게 되면 모든 게 뒤바뀔 수도 있었고, 그렇게 되면 대중들의 의식 속에 그토록 고달프게 자리 잡았던 모든 가치들이 또다시 발본색원 색출되는 일을 겪을 수도 있었다.

이 폭정에는 뭔가 빈 데가 있다. 그게 뭐지? 그게 누구지? 텔레비전 뉴스에서 보는, 외국 대표단을 영접하며 너그럽게 웃음 짓는 그 사람들인가? 아니면 눈에 보이지 않는 악당들이 있는 걸까? 그 심장부는 고귀할까, 아니면 썩었을까? 그건 다정한 둥샤오핑일까, 아니면 여태 들어본 적 없는 떠오르는 다른 폭군일까? 명나라의 마지막 황제가 그곳 회화나무에 목을 매 자살한 언덕인 징샨 혹은 석탄산Coal Hill 정상에 오르면 유희용 연못들이 길게 이어진 모습을 내려다볼 수 있다. 그중 북쪽의 베이하이北海 공원 안의 물길들은 갖가지 유람선들로 붐비며, 물가의 길에도 늘 인파들이 넘친다. 반면 남쪽의 연못들은 쥐 죽은 듯 버려진 모습이다. 노 젓는 나룻배 하나 없고, 서로 사진 찍어주느라 바쁜 연인들도 없다. 그 호숫가의 호화로운 건물들은 높은 담 뒤에 숨어 문을 꼭꼭 걸어 잠그고 있다. 아주 간간이 커다란 검은 차가 그곳을 빠져나와 장안대로로 접어드는 걸 볼 수 있을 따름이다.

여기가 바로 폭정의 거처이다. 그 높다란 붉은 담 너머에서, 그 조용한 호숫가에서 중국의 현실이 결정된다. 그곳의 주인이 여자들을 끼고 일본 전자제품을 탐닉하는 냉소적 기회주의자들인지, 혹은 붓글씨를 쓰느라 허리를 숙인 침울한 분위기의 철학자들인지는 알 수 없지만. 이 구역은 종난하이中南海라고 불린다.[20] 비록 징샨에서 보면 쥐죽은 듯 보이지만 그곳은 엄청난 추진력과 계산으로 펄펄 끓는 곳임에 틀림없다. 남쪽으로 난 정문은 비딱한 처마 지붕을 이고서, 두 마리 거대한 사자상의 호위를 받고 있다. 바깥의 깃대에서는 붉은 국기가 용감하게 휘날리고 있다. 정문 안의 내벽(옛 중국의 '영혼의 벽')에는 신비주의 종교의 가르침 같은 어구인 '인민을 위해 복무하라'爲人民服務라는 [마오쩌둥의] 글이 새겨져 있다. 하지만 그 너머를 살필 수는 없다. 두 명의 무장 보초병이 거기 서 있고, 그들의 어깨 너머에서도 두 명이 더 눈을 부라린다. 미동도 없이 무표정하게 거리로 시선을 던지고 있는 그들은 심지

---

20 미국에 '백악관'이, 러시아에 '크레믈린'이 있다면, 중국엔 '종난하이'가 있는 것. 원래는 쟌 모리스가 말하는 유람 연못들 중 유람객들로 붐빈다는 북해를 제외한 '중해'中海와 '남해'南海를 합쳐 중남해 즉 종난하이라 부른 데서 유래한 이름이다. [역주]

어 '외국 손님들'에게조차도 눈에 띄게 비호의적인 듯 보였다. 내가 그들에게 종난하이 내부를 거닐 수 있냐고 물었을 때 그들은 틀림없이 그건 안 되겠다는 표정을 지었다.

어리둥절하고 눈이 부셔서 또 속속들이 영향을 받은 채로 나는 그 중국이라는 존재로부터 물러났다. 만리장성을 기던 그 송충이들 중 몇몇은 결국 건너편으로 넘어가지 못하고 포장면의 갈라진 틈으로 빠지고 말았다. 거기서라도 모든 게 잘된다면 이들은 끝내 나비가 되어 가장 중국적인 것으로부터 저 창공으로 나풀나풀 날아가리라. 내가 중국을 떠날 시간이 다가오자 나는 왠지 그 애벌레들 같은 느낌이 들었다. 왜냐하면 관료 양반이 내게 건넨 충고를 따라 저 습기 찬 남쪽 광시廣西성 일대의 산악지대를 거쳐 중국을 빠져나가기로 결정했기 때문이다.

내가 겪은 중국 도시들은 상충하는 감정과 모순된 결론들로 내 시야를 흐리게 했다. 나는 마치 몽유병자처럼 해안을 향해 돌아가는 발걸음을 옮겼다. 비옥한 농촌 콤뮌들을 관통하는 흙먼지 길을 나는 자전거로 달렸다. 일하던 처녀들이 내게 손을 흔들며 우스운 모자 아래에서 깔깔거리며 웃었다. 마치 선전 포스터의 그림처럼 말이다. 가파른 언덕을 기어올라 요정의 오두막 같은 데서 재스민차를 마시기도 했다. 배 앞으로 광활하게 펼쳐진 리 강漓江을 따라 날마다 내려가는 관광객들의 행렬에 합류하기도 했다. 내내 리체荔枝를 까먹고 있는 동안 우리 배는 중국의 판타지 속으로 흘러갔다. 동그란 산봉우리들, 푸르고 푸른 논들, 잠자리 떼, 뱃사공들, 귀뚜라미 울음소리 속에 묻힌 강변 마을들, 대나무 뗏목에 쪼그리고 앉아 있던 가마우지 낚시꾼들, 완벽한 꼬부랑 할머니들이 지팡이를 짚은 채 힘겹게 상류로 실어나르던 잡동사니들, 얕은 물에서 첨벙대던 거위 떼, 낭떠러지 암벽길을 가던 농부들, 코를 킁킁거리던 물소 떼, 가쁜 숨을 몰아쉬던 낡은 증기선들…. 그러는 사이 리체는 햇살 속에서 갈수록 물크러졌다. 내 옆의 서글픈 사내는 뱃머리에 서서 바람에 가슴을 풀어헤치고서 젊은 시절의 혁명 노래를 자랑스레 부르며 그 전설의 풍경 속을 흘러갔다.

그렇게 나는 중국의 심장부를 벗어나 또다시 바다로 나왔다. 결국 나는 절대적인 건 아무것도 발견하지 못했다. 불변인 건 아무것도 없었다. 다른 누구나처럼 헷갈리는 사람들을 나는 만났다. 난 황홀한 것도 보았고 끔찍한 것도 보았다. 왕 여사와 순무 피클도 먹었고, 종난하이에서는 보초병이 날 쫓아내기도 했다. 구기자 덕분에 두통을 고치기도 했다. 경극 공연장으로 끌려가는 일은 겨우 모면했다. 난 대나무 염소 하나를 샀고, 공원의 바둑 시합에서는 루 선생을 꺾기도 했다. 난 내 상상 속의 그 당당하던 단순성들을 직접 찾아갔고, 그게 진정 당당하다는 걸 깨달았다. 하지만 그래도 혼란스러워 갈피를 잡을 수가 없었다. 나는 마침내 그 거대한 존재에게 가 닿은 것이다. 그리고 그 존재는 초조하게 웃음 짓고 있었다.

주장 강珠江으로 접어들자, 후줄근한 삼판 목선들에 둘러싸인 연안여객선이 우리를 기다리고 있었다.

> 그 후 중국의 모습은 실로 엄청나게 바뀌었다. 중국인들은 최신기술 분야에서도 두드러졌고, 상하이는 거침없는 모더니티의 전시장 같은 대도시로 탈바꿈했다. 베이징에 어려 있던 이데올로기의 수수께끼도 많이 엷어졌고, 천안문 광장에는 색다른 상징적 의미가 깃들게 되었다. 중국에서 사온 대나무 염소는 이제 웨일스의 내 집에 서 있다. 거기서 나는 접착제 냄새가 중국을 떠올리게 해준다 싶어서 나는 아이들에게 코를 대고 맡아보라고 시키곤 했다. 웨일스 학생들의 본드 흡입이 심각한 중독증으로 떠오른다는 이야기를 듣고 그만두었지만….

ch 26
빈, 1983

> 내가 빈을 처음 접한 것은 2차대전 말이었다. 그렇지만 거의 40년 동안 빈을 다룬 글은 한 편도 쓰지 않았다. 마침내 빈 에세이를 썼을 때도, 빈이 선사하는 즐거움을 감사하는 맘으로 받아들이긴 했으나 빈을 좋아하는 데까지 마음을 열지는 못했다. 나 같은 웨일스 공화주의자에게 빈은 너무나 부대끼는 곳이었다.

전차(우리 유럽인들이 흔히 스트리트카streetcar 대신 트램tram이라고 부르길 즐기는 것)와 도시는 어쩜 그리도 잘 어울리는지. 특히 키클롭스[외눈박이 거인]의 눈알 같은 전조등 하나를 앞에 달고서, 지붕에는 깃발 두엇이 펄럭인다면, 또 뒤쪽의 객차들과 온갖 파이프와 연결고리들로 묶여 있다면 더욱 제격이겠다. 그 육중함, 그 듬직함, 그 확실함이란!

전차가 가장 투철하게 자신의 도시적 역할을 완수하는 곳으로는 오스트리아의 빈이 으뜸이다. 그도 그럴 것이 낮이든 밤이든 전쟁 때든 평화기이든 우리의 전차 양반께서는 자존심 드높은 자신의 본능과는 철저하게 동떨어진 이 도시 속으로 묵묵히 덜컹덜컹 달려야만 하기 때문이다. 빈, 이곳에서는 환상 위에 환상이 덧칠되고, 허세 위에 망상이 덧붙여지며, 자기 성찰은 끊임없이 콤플렉스로 악화된다. 이 모든 게 뭉뚱그려져 비참한 우화 같은 도시 상황을 연출하는 곳이 빈이다. 빈은 일면 대도시들 중에서도 가장 세련된 도시성을 지닌 곳이며, 가장 완벽하고 촘촘한 곳이다. 자신의 도시성에 철저하게 매달리는 곳이 바로 빈이다. 무엇보다 오스트리아 전체 인구 중 다섯에 하나가 바로 이 독특한 수도에서 살아가지 않는가. 그렇기에 빈은 단순한 도시의 지위를 훌쩍 뛰어넘어 하나의 기질 혹은 감수성이기에 이른다. 실제로 그러하듯 빈은 온갖 의심과 후회, 모호한 자긍심 따위의 레퍼토리를 차마 떨쳐내지 못한 채 몸에 새기고 살아간다. 이곳은 정녕 세계대전이 닥치기 전의 우리 시대에 합스부르크 왕조의 본거지이자, 오스트리아-헝가리 제국의 수도, 그리고 세상에 널리 알려지게 되는 '제국'이라는 표현을 처음 낳았던 곳이 아니었던가?

이 모든 것들에도 불구하고 작은 깃발들을 펄럭이며 전차는 철컥철컥 빈의 선로 위를 하염없이 무심하게 맴돈다. 눈에 띄는 강렬한 색상으로 칠해진 빈의 전차들은 마치 선로 앞쪽으로 밀려드는 파도를 헤치고 나아가는 바지선처럼 생겼다.

분주하게 오가는 전차들을 굽어보며 서 있는 구조물들이 바로 링스트라세의 건물들이다. 19세기 들어 중세 빈의 성벽을 허문 자리에 세운 대로가 링스트라세이다. 예나 지금이나 이 길은 빈의 어리석고 그릇된 값어치를 극화시켜 보여주는 무대로서 기억에 남는다. 빈 예술과 사상을 가리켜 '링스트라세 장르'라고 부르는 것도 그 때문이다. 어느 미치광이 건축가의 꿈을 실현한 곳인 양 링스트라세의 건물들은 하나 둘 터무니없는 모습으로 마구 튀어나온다. 고딕 건물 다음에 그리스 풍 혹은 바로크 풍이 나타나는 식으로 말이다. 저속하게 덕지덕지 고전적 암시들을 처바르고, 꼭대기엔 첨탑이나 기괴한 돔을 이고 있다. 여신상, 마차, 고약하게 생긴 방패, 장식 기둥, 트로피 조각 더미 따위의 온갖 형상물의 실루엣이 떼거지로 버티고 서 있기도 하다. 불쑥 나타나는 거대한 오페라하우스! 번지르르한 아테네 풍 의사당! 프린스턴, 파두아, 캠브리지, 소르본느를 죄다 합친 것보다 더 철저하게 학구적으로 보이는 대학! 박물관이 정말 박물관다우면 저러려니 싶을 정도로 압도적인 박물관! 링스트라세의 이런 건물들을 목격하며 순환도로의 저쪽 편에 다다르면 호프부르크Hofburg 황궁의 으리으리한 기둥들이 위용을 뽐낸다. 이곳이 바로 1차대전 뒤 제거되기 전까지 합스부르크 황실의 궁전이었던 곳으로서, 그 위용은 아연 후줄근하다. 그토록 막대했던 영향력의 무게에 짓눌렸으니 그리 보이는 것도 당연하다.

빈은 영향력의 도시이다. 알프스의 저 먼 쪽 끄트머리에 선 역사의 허풍선이 야경꾼 꼴인 곳. 빈의 길은 도시 외곽과 지방 도시들로만 이어진 게 아니다. 고대의 총독령과 전장으로 나아가던 길이 바로 그것이다. 오스트아우토반Ostautobahn은 당당하게 부다페스트와 프라하로 뻗어 있고, 트리에스테스트라세Triestestrasse는 당신이 꿋꿋하게 페달을 밟으면 유고의 달마시아 해안까지 네려다 줄 것이다. 오스트리아의 재상 메테르니히가 말했듯이 란트스트라세Landstrasse가 끝나는 곳에서 [유럽은 끝나고] 아시아가 시작된다. 이곳에서는 모든 게 영향력에 맞춰 디자인되었다. 링스트라세에서 2, 3킬로미터 떨어진 곳으로 다뉴브가 흐른다. 전략 요충지에 다리가 놓였고, 성채를 세워 이를 지키게 했다. 탱크나 기마대용으로 조성된 평지들이 바로 빈 교외에서부터 시작해 동방의 습지들로 내달리듯 퍼져나갔다. 옛 도심 한복판에 우뚝 솟은 성슈테판 대성당의 종탑은 마치 이방인들이나 대상隊商을 이끌고 침략군에게는 엄포를 놓는 장치와도 같다.

신 또한 이곳을 영향력의 본거지로 만들었던가. 그 옛날 이곳은 숭배의 자리였다. 기고만장했던 합스부르크 왕조의 그늘 아래에서 빈 사람들은 역사 속 아첨꾼의 전형이 되어, 그들의 도시 전체를 저속한 계급체제에 바치는 거대한 감사의 선물로 만들어 놓았다. 도대체 어쩌다 그렇게 된 것일까? 수백 년 동안 그들이 생의 모범으로 삼았던 인물이 바로 '친애하는 황제이자 국왕'이라는 이름의 사내들이었기 때문이다. 어디 그뿐인가. 이 사내들이 곧 예루살렘, 달마시아, 보헤미아, 트란실바니아, 크로아티아, 갈리시아의 국왕이자 토스카나의 대공이며 티롤의 대군이 아니던가. 수많은 공국과 헤아릴 수 없이 많은 영지를 거느렸던 합스부르크의 사람들! 이 살아 있는 사교계의 명사들, 중부유럽의 이 위대한 두목님들께서 근대기 들어서까지도 빈을 주름잡는 정신 노릇을 하였으니, 오호라, 그들의 멍청한 기준과 미신이 아직껏 깡그리 사그라지지 못한 것이려니….

빈을 보면 베이징을 떠올리게 된다. 베이징 또한 중세의 성곽을 걷어내고 으스대는 광장과 대로를 뚫었으며, 웅장함에 기대어 자존심을 지키려는 유치한 수작도 서로 똑같고, 죽은 전제 군주의 망령에 사로잡혀 있는 것도 닮은꼴이다. 위대한 합스부르크 가문의 마지막을 장식한 프란츠 요제프는 19세기 오스트리아의 마오쩌둥이었다. '빈의 조타수,' '위대한 아버지' 요제프 황제는, 마치 마오처럼, 그의 이데올로기에 대한 충성은 저버릴지 몰라도 유전적으로 세뇌된 나머지 그의 가치체계를 맹목적으로 떠받드는 수많은 추종자를 남기고 떠났다.

이 장면을 보시라. 오스트리아 의회의 한 회의실에서 중후한 몸집의 의원님 두어 분께서 중대한 국사 의논을 마치고 계단으로 내려오신다. 그 순간, 짐꾼 한 명이 쏜살처럼 대기실에서 튀어나온다. 후다닥! 그 일꾼, 윗도리 단추를 허겁지겁 채우고 숨을 헐떡대면서도 잽싸게 머리를 매만진다. 계단을 두 칸씩 뛰어내려오며, "비테, 비테!"[죄송, 죄송]를 거듭 외치며, 겨우겨우 천만다행으로 딱 제 때에 맞춰 귀하신 의원님들에게 문을 열어드리려고 그 소동을! 귀하신 의원님들은 굽실대는 그 짐꾼에게 그저 살짝 머리를 까닥 할 뿐, 자기들끼리 나누던 얘기를 계속하느라 여념이 없다. 그렇게 의회 건물을 빠져나가 미네르바 여신상과 그 주변의 현인상像들을 지나 대기 중인 자기들의 리무진 쪽으로 육중한 몸집을 옮기시는 그 모습….

이런 고관들은 어찌나 귀족스럽게 걸어가는지 길거리의 여느 행인들도 고개를 숙여 절을 해야 하는 거 아닌가 생각이 들게 할 지경이다. 예법에 있어서든 상징에 있어서든 프란츠 요제프의 위계에 대한 확신은 아직도 빈의 모든 것을 물들이는 듯하다. 빈은 엄연히 공화국(당시 제2공화국)의 수도이지만, 그럼에도 불구하고 왕자와 대공들로 — 백작, 남작 부인 등 흔해빠진 작위는 차치하더라도 — 넘실거린다. 어느 레스토랑에서나 이들은 반지르르한 금발의 머리칼에 마자르인의 피가 섞인 고압적인 얼굴들을 하고서 번쩍거린다. 칵테일 파티에서 이들을 만나면 "혹여 카린시아Carinthia로 내려오실 일이 있으시면, 저희의 조그만 집이 마침 거기 있거든요…"와 같은 우아한 친절을 베풀며, 선정적인 이탈리아 차를 몰고 링스트라세를 달리는 (물론 아주 젊은) 이들을 힐끗 보게 되면 아직도 깃털술이 달린 뾰족한 샤코shako 군모를 쓰고 덜렁대는 경기병輕騎兵 칼집을 차야 할 인물들 같아 보인다.

이런 귀족들 아래로 위신과 체면의 정도를 달리 하는 사회계층들이 지금도 즐비하다. 원래 스위스에서 알바니아에 이르는 영토를 관리하게끔 만들어진 제국의 관료제가 그 방식 그대로 이제 권력을 잃은 750만 중립공화국 사람들의 대소사를 지휘한다. 사람들은 느려 터진 관료제의 거대한 몸집과 공연한 소란, 번지르르한 비밀주의와 공공연한 부패가 지겹다고 늘 투덜대면서도, 한편으로는 스스로 관료제의 생존에 몰래 이바지한다고도 느낀다. 관료제는 위대한 오스트리아가 남긴 마지막 얼룩에 다름 아니다. 프란츠 요제프가 거기에 희미하게 살아 있고, 빈의 무수한 유명인사 및 고관들, 모든 각하분들, 모든 교수님과 여박사님들, 온갖 길드와 상류사회의 모임이 지금도 그 관료제를 칭송하며, 각종 의전에 깃든 미묘한 뉘앙스들은 그 흔적이나 마찬가지이다. 오늘날까지도 매일 거행되는 제국의 말 리피자너Lippizaner의 아침 훈련 장면은 그런 위엄에 눌린 듯한 존경심을 상징적으로 보여준다. 대궐 같은 승마장을 빙글빙글 달리는 그 말 뒤를 삽을 든 하인 한 명이 말의 고귀한 배설물을 치우러 졸졸 따라 다닌다.

빈은 과거를 먹고 산다. 초콜릿 케이크, 감자를 곁들인 삶은 쇠고기(프란츠 요제프가 즐겼던 음식) 등 오스트리아인들이 한결같이 즐겨 온 여러 식단은 오늘도 끊임없이 비너발트Vienna Woods 지역에서 나온 새 백포도주와 함께 빈 사람들의 뱃속을 채우고 주문 또 주문된다. 앞에서 베이징을 떠올리게 한다고 했지만, 빈은 간혹 남아공에서 접했던 아파르트헤이드의 느낌을 주기도 한다. 빈은 뭔가에 사로잡힌 곳이자 동시에 사로잡는 곳인 것! 모든 대화는 결국 잃어버린 위대함으로 귀결되며, 모든 말은 어영부영 서열과 신분, 역사적 영향력을 따지는 데로 빠진다. 왕세자 루돌프와 그의 17살짜리 애인인 '어린 여남작' 마리아 벳세라의 슬픈 이야기(둘은 1889년 마이어링Mayerling의 어느 전원저택에서 동반 자살했다)는 오늘날에도 빈의 낭만파들이 탐닉하는 얘깃거리이다. 적당히 신사연하고 회고적이며 시시하게 눈물샘을 자극하는 이 이야기는 빈의 통속적인 취향에 제대로 들어맞는다. 어느 일요일에 이 어린 여남작의 무덤을 찾았을 때 마침 어느 나이 지긋한 빈 할머니가 미국인 관광객들에게 그 비운의 러브스토리를 소개하고 있었다. 할머니는 딱 부러지게 말했다. "어찌 되었건, 그녀는 어느 이름 없는 부르주아의 딸이었을 뿐이었죠, …."

바로 그 할머니가 기차를 기다리는 모습이 종종 내 눈에도 띄었다. 그녀는 그만큼 빈의 유명인이다. 다갈색의 정장 윗도리를 자주 입는 편이었는데, 허리께 단추를 꽁꽁 동여맨 차림새였다. 진주 장식이 치렁치렁했고, 우리 같은 일반인들처럼 쇼핑백과 우산, 혹은 막 사 들고 나온

토스터 따위를 주렁주렁 들고 다니는 법이 전혀 없었다. 그녀에게 미소를 지어보여도 되돌아오는 건 싸늘히 쏘아보는 눈빛뿐이다. 마치 '저 녀석은 타펠스피츠Tafelspitz[오스트리아 특유의 쇠고기 수육 요리]에다 케첩을 뿌려먹는 놈이리라'고 생각하며 노려보는 듯한 눈빛으로. 하지만 말을 거는 순간 그녀는 돌변한다. 화려한 꽃과 같은 매력을 눈부시게 내뿜는 존재로 말이다! 빈 사회의 부조리함은 저 유명한 게르만 특유의 편안함 게뮈트리히카이트와 불가분의 관계로서, 질서정연하게 계산된 이 아늑함은 웨일스 태생의 무정부주의자인 나를 흠칫 옹송그리게 만든다. 빈은 그야말로 게뮈트리히카이트와 함께 굴러간다. 마치 옛 빈 사람들을 친애하는 아버지 황제 폐하의 자식으로 한데 묶었듯이 오늘날에도 게뮈트리히카이트는 이 도시의 태도를 단단히 고정시킨다. 마치 향기 나는 접착제처럼, 즉 미국 봉투의 접착 부분에 침을 바를 때 느껴지는 맛처럼 화학적 향기임에도 불구하고 달콤한 그런 향기처럼 말이다.

빈에는 톡 쏘는 맛이라곤 없다. 굳이 예외를 찾자면 산뜻한 백포도주 정도? 빈에서는 마른 것도 용납되지 않는다. 가장 야윈 귀족조차도 결국에는 뚱보가 되고야 마는 곳이 바로 빈이다. 도심에서 모던 건축물을 전혀 찾아볼 수 없다는 점은 대대로 물려받은 풍성함이 이 도시의 모든 태도들을 감독하고 있음을 푸짐하게 상기시킨다. 오스트리아-헝가리 황실을 상징하는 쌍두 독수리, 오스트리아 공화국의 단두 독수리 등 빈에는 독수리 장식이 넘치지만, 독수리 부리 같은 매서운 맛은 이 도시에 전혀 없다. 빈은 뾰족바위 위의 독수리 둥지 같다! 여자들의 내실에 걸어둔 새장 같다! 쇤브룬 궁전의 연못 위를 선회하던 갈매기를 본 어느 날 아침, 나는 그 새가 마치 미지의 다른 대륙에서 이곳을 찾아온 거침없이 자유로운 방문자 같다고 느꼈다.

거침없음, 자유로움, 무모함, 이런 걸 빈에서 찾지 마시라! 하루는 조그만 법정에 들렀다가 어느 혐의자가 잠깐 동안의 여유시간에 도로지도를 들여다보며 뭔가를 궁리 중이기에 도망 칠 계획이라도 짜는 거냐고 물어보았다. 그는 대답했다. "아닙니다. 그라츠에 계신 숙모님을 뵈러 가려면 어느 길이 제일 좋을지 찾고 있지요." 빈의 스카이라인을 아름답게 수놓는다고 사랑받는 프라터 놀이동산의 거대한 관람회전차는 어찌나 점잔빼며 신중하게 움직이는지, 덤벼들어 한 대 뻥 차고 싶을 지경이었다. 아니면 회전차 안의 좌석에다 상스러운 낙서를 휘갈겨 놓거나. 수많은 예술가들에게 숭고함을 향한 열정을 불어넣었다고 얘기되는 '비너발트'는 어느 영국 지방교구 사제의 바위 정원만큼만 딱 초보적으로 멋진 자연을 보여줄 따름이다.

하지만 빈이 색달랐으면 하고 바라는 건 어불성설이다. 커피하우스의 도시가 바로 빈 아닌가. 상인들도 뽀얀 나비넥타이 차림으로 무도회에 가고, 밤이면 선술집마다 아코디언 연주 흥겨운 곳이 바로 빈이다. 빈은 지긋하고 편안하고 예스러운 도시이다. 내 친구의 제자가 내게 말했듯이, 뭔가 자극적인 걸 바란다면 뮌헨으로 가거나 아니면 평화집회에 참석하는 게 옳다. 무릇 거대도시가 갖춰 마땅한 모든 감각과 장치들을 다른 어느 도시들에서보다 빈에서 가장 손쉽게 접할 수 있다. 인도를 가득 메운 보행자들의 물결, 연못과 카페를 갖춘 초록의 공원들, 오랜 전통을 자랑하는 수많은 가게들, 화려한 은행과 붐비는 극장들, 비에 젖은 포도에 반사되어 우리를 위로하는 레스토랑의 불빛들, 막간 휴식시간에 가십과 샴페인을 나누는 오페라 관객들의 모습, 큰 길을 따라 즐비하게 늘어선 서점들, 자신만의 독특한 전통과 조리법을 자랑하는 호텔들, 숱한 영웅들과 역사적 사건을 기리는 기념물들, 〈르몽드〉 혹은 〈스벤스카 다그라데〉[스톡홀름의 지방지]를 파는 신문가판대, 광장을 집어삼킬 듯한 위용의 첨탑들을 매단 대성당, 보행자전용로의 버스커[거리예술가]들, 껌벅껌벅거리는 텔레비전 송신탑, 잠들 줄 모르는 전차….

하지만, 다른 도시들도 별 수 없다시피, 빈 또한 이토록 놀라운 사람들의 에너지와 상상력의 정수를 돌이킬 수 없이 통상적이고 길들여진 어떤 것으로 바꿔놓고 만다.

카를 성당으로 걸어간 날이었다. 바티칸의 성베드로 대성당 같은 돔 하나, 이슬람 식 첨탑처럼 장식한 의기양양한 기둥 둘, 중국 식으로 지붕을 씌운 보조 탑 둘 등, 빈에서 가장 화려한 바로크 교회다웠다. 성당 안에서는 결혼식이 한창이었다. 정말 대단한 장관이었다. 거대한 성당 안의 모든 조명을 다 밝혀 휘황한 금빛이 찬란했고, 로코코 식 천사 장식이 하늘에 둥둥 떠다녔다. 신랑과 신부는 중앙제단 앞에 나란히 무릎을 꿇고 앉아 있었다. 어느 빼어난 현악4중주단이 연주하는 하이든의 곡이 앰프를 거친 뒤 시원시원하고 당당한 음색으로 건물 전체를 휘감고 흘렀다. 하지만 그런 화려함이 내게는 빈 특유의 교묘한 뻥튀기이거나 버튼을 쿡 눌러 만들어낸 상황처럼 느껴졌다. 하객들의 얼굴에서 아무런 감동과 기쁨도 읽을 수가 없었기 때문이다. '단순한 집안일인데, 뭘'이라는 식의 편안함만 묻어나던 얼굴들. '우리 아버지께서는 아마 저 아다지오를 좀 더 기교를 부려 연주하셨을 텐데' 정도의 가벼운 아쉬움뿐, 이 모든 분위기의 어울림이 저으기 흡족하다는 듯하던 그 표정들.

물론 그렇다. 가장 게뮈트리히카이트스러운 분위기를 연출할 힘이 있는 예술을 꼽으라면 단연 빈의 음악계가 으뜸이다. 베토벤, 모차르트, 하이든, 리스트, 슈베르트, 브람스, 브루크너, 말러, 그리고 스트라우스(1세건 2세건), 이 모두에 대해 빈 사람들은 사촌 얘기하듯 하며 실제로 '자기 것'이라고 생각한다. "연주회 가는 거 진짜 지긋지긋해." 어느 날 저녁 함께 밥을 먹던 빈 친구에게 난 그렇게 성마른 선언을 던져버렸다. 그 후 화기애애하던 우리 둘 사이는 결코 예전의 상태로 회복되지 못했다. 아니, 쿠어잘롱Kursalon 정원에서의 그 떨리던 침묵의 순간을 어떻게 섬뜩해하지 않을 수 있단 말인가? 대략 하루에 20~30회쯤, 펑펑 도는 빈 왈츠 연주가 펼쳐지기에 앞서, 지휘자는 활과 바이올린을 머리 위로 올리고, 단원들은 당장이라도 현을 켤 자세로 준비 완료를 하고, 관객인 우리들은 아이스크림을 퍼다 만 숟가락을 엉거주춤 멈추던 그 정적의 순간은 참으로 견디기 힘들었다.

여느 순례자들처럼, 나도 젠트랄프리도프 즉 중앙묘지의 '영예의 숲'에 위치한 베토벤의 묘지를 찾아갔다. 시신이 아무 표시도 없는 극빈자의 무덤에 방치되는 우여곡절을 겪은 뒤 모차르트도 늦게나마 이곳에 안치되었다. 요한 스트라우스 1세도 그 근처에서 천사 케루빔의 보호를 받으며 누워 있다. 모퉁이를 돌아 관목 숲에는 나를 가장 의기소침한 상태로 내몰았던 장본인인 [독일서정가곡] 리더Lieder 작가 휴고 볼프의 묘지도 있다. 베토벤의 묘지는 어찌나 많은 화환으로 뒤덮여 있는지 금세 찾을 수 있었다. 그날 아침에도 벌써 한 명이 화환을 두고 갔다. 히사코 고초 교수는 '오이타 현 민속오페라협회 회장, 전화번호 오이타 5386'이라고 적힌 명함까지 그 화환에다 끼워놓았다. 그렇지만 이 으리으리한 안식처도 내 심장을 뛰놀게 하거나 영웅적 갈망이 솟구치게 하지는 못했다. 묘비 머리께의 금장 두른 악보대 모양, 독일어 고어체의 비문, 언뜻 보기에도 메트로놈 혹은 페터스 출판사Edition Peters 악보처럼 생긴 그 묘비를 보면서, 나는 끔찍하게도 피아노 연습하던 기억이 떠올라 몸서리쳤다.

하지만 밤이 되면, 가로등 불빛이 전차 위쪽의 전선에 내려앉는다. 이 빛들은 마치 독자적인 생명체라도 된 듯, 프란츠-요제프 카이Franz-Josefs Kai로 달리는 그 어느 2번 전차들보다 훨씬 더 경쾌하고 빨리, 더 가볍고 익살맞게, 전선 위를 미끄러지며 링스트라세를 순환한다. 아마 빈의 유명인사인 프로이트 교수께서도 긴긴 사색의 산보를 나섰다가 이 불가사의한 빛들을 꾸준히 살피게 되었을지도 모른다. 틀림없는 사실은, 프로이트가 빈의 일반적 심리상태로부터 자신의 잠재의식 개념을 계발해냈다는 거다. 모든 사람, 모든 도시의 잠재의식은 표면적 성격 아래에 감추어져 있는 법. 아니면 그게 오로지 전차 전선의 희미한 반짝임에 의해서만 밖으로 표출된다?

빈의 현대시민 가운데 가장 유명한 사람은 정신적 충격의 분석가가 아니라 탐색가였다. 경찰관들은 밖에서 발을 의자에다 올린 채 축 늘어져 있고, 자신은 죽음과 관련된 데이터들에 무시무시하게 푹 파묻힌 채, '나치 사냥꾼' 시몬 비젠탈 박사는 잘토스트라세의 사무실에 앉아 있었다. 옛 유대인 지구나 한때의 게슈타포 본부와 가까운 곳이다. 박사는 거기서 가장 어두운 고통의 기록들을 끝없이 뒤적인다. 그는 화려한 수상경력을 자랑하는 나치 사냥꾼이다. 그의 주위에 온갖 기관들의 감사패가 널렸지만, 유독 빈의 어느 단체에서 수여한 건 거의 없다. 박사의 말이다. "이 근처에만도 가장 악독한 나치 수백 명이 살고 있어요. 그 중 한 명은 아주 존경받는 교회 건축가죠. 그는 아우슈비츠의 가스실을 지었을뿐만 아니라, 그걸 **수리하기까지** 했어요." 빈 사람들에게 비젠탈 박사는 그다지 게뮈트리히하지 않은 존재이다. 얼마 전에도 그를 암살하려는 시도가 있었고, 그의 말에 따르면 빈 시정부는 비젠탈이 제발 어디 딴 데로 가줬으면 하고 바랜단다. 그때까지는 우선 박사의 집 앞에 그 흐리터분한 경찰관이 배치되었고, 자이텐슈테텐가세의 시나고그 앞에도 만약의 경우를 대비해 자동소총을 든 무장경찰 한 명이 서 있게 되었다.

비젠탈 박사를 만나고 나온 뒤 몇 시간 동안은 내 주변의 사람들 얼굴이 전부 아이히만 같아 보였다. 뾰족뾰족하면서도 평범한 아이히만의 얼굴은, 몇 년 전 예루살렘의 법정에서 본 뒤로 아주 또렷이 기억에 남아 있다. 그런 그의 얼굴이 '악의 평범함'을 상징한다는 한나 아렌트의 말은 길이 기억될 것이다. 빈 사람들은 참 억울할 거다. 물론 비젠탈 박사의 얘기대로라면, 다른 어느 독일 도시와 비교해서도 살아남은 전

범자 비율이 빈에서 훨씬 더 높게 나타난다. 그렇지만 빈 인구의 절반은 나치 시절을 기억하기에는 너무 젊고, 나이가 많은 나머지 절반의 사람들조차도 무엇보다 그곳 분위기의 피해자들임에 틀림없다. 결국 아돌프 히틀러를 자극해 웅대한 제국의 꿈을 꾸게 한 건 애초에 빈의 존재 자체였다. 허영에 찬 링스트라세의 지독함이 『아라비안나이트』에 나오는 마술 같은 효험을 부리리라고 히틀러는 생각했던 것이다.

그렇지만 다갈색 정장의 그 할머니가 나치 시절 금발의 머리를 땋은 채 팔랑대는 던들dirndl 스커트 주머니에서 장미 꽃잎을 꺼내 던지며 나치 돌격대원들을 반겼을 이미지를 애써 머릿속에서 털어낸 뒤에도, 빈의 거리를 걷다 보면 '내가 걷는 여기가 하나의 거대한 노이로제 덩어리 같구나'라는 느낌을 떨쳐낼 수가 없다. 그 이유들을 찾는 건 크게 어렵지 않다. 왕조가 남기고 간 사회적 유산들의 불구성, 게뮈트리히카이트의 집요한 압력, 역사적 수치, 지리적 노출까지. 오늘날 메테르니히의 란트스트라세를 차로 달리면 한 시간 안에 체코슬로바키아나 헝가리 국경에 닿는다. 동방세계의 초병들이 어깨에 총을 메고서 거대한 초원을 등진 채 서 있는 곳이다.

이쯤 되면, 빈이 모든 의미에서 프로이트의 도시라는 게 너무 당연해 보인다. 베르가세에 위치한 프로이트의 집은 성지처럼 보존되고 있다. 거기서는 그의 유명한 침상 사진 액자도 살 수 있으며, 최초로 오이디푸스 콤플렉스의 비밀이 밝혀진 바로 그 방에서 꿈의 해석을 시도하는 상상도 해볼 수 있다. 어디 그뿐인가. 빈 어디를 가든 프로이트의 통찰력과 그의 문구, 그의 연구대상들을 만날 수 있다. 왕족이나 사도들의 조각상에는 이념형적인 부친상들이 우뚝 서 있고, 리비도 덩어리들은 디스코나 프라터Prater 공원의 창녀들을 찾아 어슬렁댄다. 억압의 표상들은 일요일 오후에 서로 팔짱을 낀 채 젠트랄프리도프의 매력적인 길들을 돌아다닌다. 그건 마치 독특한 인사법과 미소, 예절 등으로 유명한 이 거대도시가, 정작 내면적으로는 소파에 벌렁 드러누워서 눈물을 줄줄 흘리며 고백하는 일을 가장 좋아하는 건 아닐까 싶을 정도다. 물론 아무데서나 그러는 건 아닐 거다. 제대로 게뮈트리히하고 자격과 경험을 완비한 친애하는 박사 교수님 앞에서만 말이다.

    빈의 번득이는 천재성이 가장 놀랍게 피어난 사례는 그 모양부터가 벌써 노이로제 가득한 꽃처럼 생겼다. 합스부르크 왕조의 쇠락과 붕괴를 총괄 조정한 게 바로 그런 엄청난 스타일과 새로운 발상들, 매너리즘들의 거센 물결이었다. 낡은 질서에 저항한 이 도시의 건축가, 화가, 작곡가들이 채택했던 새로운 예술 형태들은, 서정적 해방의 기쁨으로부터는 아무런 자극도 받지 못한 듯 보인다. 이들이 이끈 혁명의 전당은 분리파 전시관Secession House이라는 아트갤러리였다. 1898년 건축가 요제프 올브리히에 의해 지어진 이 건물은 지금도 새것처럼 번지르르하다. 그러나 이 건물을 공식적으로 개관한 인물도 황제였으며, 잔뜩 웅크리고 앉아 있는 형태나 금빛 월계수 잎으로 뒤덮인 돔 따위는 공원묘지 숲에서 불쑥 나타날 듯한 거대한 영묘靈廟 같아 보인다. (비록, '베르 새크럼'Ver Sacrum 즉 성스러운 봄맞이를 자신들의 주제로 삼은 분리파 작가들은 이 건물을 온천의 광천수 끽음실처럼 생겼다고 보았지만 말이다.) 이 분리파 르네상스의 경우로부터는, 즉 유독성 분노와 금붙이로 뒤덮인 여인을 보여주는 이들의 그림에서는, 또 어찔어찔한 소용돌이와 쓰라릴 만큼 간소한 것 사이를 오락가락하느라 특히나 싸늘해 보이는 이들의 건축으로부터는, 상큼하고 자연스러운 환희를 그다지 기대할 수 없다.

    하지만 여기에도 신들린 듯한 매력이 있다. 이 가학적이고 비뚤어진 천재성은 좀처럼 사라지지 않았으니, 오늘날에도 빈 내면의 갈등이 뿌연 빛으로 외화되어 내뿜어지는 듯한 기질로 남아 있다. 내게는 그게 링스트라세의 넘치는 허세보다, 덜 눈부시긴 하지만 더욱 인상적이었다. 왜냐하면 이런 기질은 삶 속에서든 예술에서든 보다 간접적으로 자신을 드러내기 때문이다. 갑자기 꼬여버린 장식물, 아무 장식 없는 콘크리트 건물의 정면, 어느 지하철 남자의 움푹한 눈, 커피를 마시러 앉는 어느 여인의 비뚤어진 얼굴(중풍으로 뒤틀린 걸까? 아니면 성격 탓일까?). 빈의 온갖 안락과 아름다움, 그 모든 부와 자긍심에도 불구하고 이곳은 '행복한 도시'로 여겨지질 않는다. 빈 사람들은 지금도 갖은 애를 기울이고 있다. 구체제 막바지의 그토록 삐딱하던 예술가들이 섬찟하게 토해내던 의문과 좌절감들을, 자기들 나름대로 털어내기 위해서 말이다. 그들은 왕왕 실패한다. 빈의 자살율은 늘 높았다. "형편없이 죽었구만." 마이어링에서 동반 자살한 자기 아들과 어느 이름 없는 부르주아의 딸 얘기를 듣고서 프란츠 요제프 황제가 밉살스레 내뱉은 한마디다. 이 말로써 황제는 인정하고 있는 셈이다. 자기 아이들, 자기 백성들의 자기파괴적 충동이 얼마나 흔하고 얼마나 일상적인지를 말이다. 죽음은 빈에서 가장 죽음답다. 그런 점에서 합스부르크 인물들의 주검이 보관된 카푸친 교회의 지하납골당이야말로 가장 게뮈트리히한 곳일지 모른다. 그 납골당엔 조그만 작업실이 딸려 있다. 제국 가족들의 대리석 관을 수리하는 곳이다. 작업실 창문으로 잘 들여다보면 거대한 관이 내용물 없이 활짝 열려 있는 걸 볼 수 있다. 문짝을 수리하거나, 혹은 떠받치는 천사상의 목을 새로 만들어 붙이는지도 모른다. 아무튼 그 모양은 꼭, 1만 킬로미터 주행 후 정기 서비스를 받기 위해 정비소를 찾은 자동차, 혹은 마당의 창고 안 바구니와 물뿌리개용 호스 사이에 세워둔 잔디 깎는 기계처럼 보인다.

　전차 때문에 거의 죽을 뻔한 적도 있었다. 링스트라세 가운데 어떤 곳에서는 전차들이 차량 진행방향과 정반대로 달린다. 그래서 알파로메오 차량을 모는 귀공자께서 나를 깔아뭉개지 않게끔 오른쪽만 열심히 보고 길을 건너다 왼쪽에서 올라오는 전차에 거의 부딪힐 뻔한 거다.

©김수련

"아흐퉁! 아흐퉁!" 다갈색 트위드 정장 차림의 아줌마 몇 명이 고함을 질렀지만, 멍청하다고 나를 힐난하는 눈치는 아니었다. 바로 그 자리에서 UN사무총장이던 발트하임 박사도 똑같은 방식으로 생을 마감할 뻔하지 않았냐고 서로 중얼거리면서 말이다.

 과거와 무덤, 권력자가 어떻게 허물어지는지 따위에 너무나 집착하는 이 도시에서 사람들은 어쩔 수 없이 프로이트의 '자살충동'이 예시되고 있음을 본다. 그래도 내가 보기에는 빈이 그런 충동을 다른 데로 능숙하게 전가시키고 있다. 빈의 충동은 스스로에 대해서가 아니라 오히려 자기만 뺀 나머지 우리들에 대해 더 치명적이다. 빈은 노이로제 속에서도 마냥 번성한다. 그 충격과 외상을 견뎌내야 하는 건 우리인 것이다! 빈의 모더니즘은 빈의 겉모습을 거의 하나도 바꿔놓지 않았지만, 세계 곳곳으로 퍼져나가 건축과 공공의 취향 사이를 마구 처참하게 떼어놓고 말았다. 빈의 무조無調음악은 빈 안의 음악협회에서는 거의 거론되지 않지만, 다른 모든 곳들에서는 오래 전에 '생의 난해한 즐거움'을 더욱 난해하게 만들었다. 1930년대의 사회학자들이 그토록 애지중지했던 대규모 주택단지에 가시적으로 구현된 빈의 공동체주의는, 결국 세상 곳곳에 사회보장병에 걸린 고층 주거들이 우후죽순 솟구치게 하는 참상의 시발점이 되고 말았다. 빈의 반유대주의는 우리 모두를 유대민족 말살 정책으로 내몰았으며, 빈에서 탄생한 시온주의는 숱한 젊은 유대인과 이방인들의 시체를 밟고 이스라엘로 옮겨갔다. 심지어 대략 20년 전까지만 해도 빈의 심리학 세미나에서 프로이트의 이름이 거론되는 경우가 거의 없었다고 하지만, 나머지 세상은 오래 전부터 프로이트의 천재성에 의해 돌이킬 수 없는 혼란을 겪어야만 했다.

 이보다 더 독창적으로 골치 아프게 하는 도시가 또 있을까? 빈은 마치 모든 억압의 실험실 같다. 어떻게 우리들을 혼란 속에 가두어둘지 새로운 방법을 끊임없이 실험하는 것이다. 빈이 드러내 보이는 건 우리 모두의 자살충동이라기보다는 우리 모두의 정신분열증 아닐까? 나는 그게 맞는 것 같다. 그러니까, 바로 그때, 내가 가까스로 철로에서 뒷걸음질 쳐 죽을 위기를 모면했을 때 — "아흐퉁! 멈춰요! 전차가 온다구요!" — 나는 지나가는 전차를 올려다보았고, 거기 흐릿하게 김 서린 차창에 비친 내 얼굴을 한순간 또렷하게 보았다. 우리 둘, 이드와 에고 혹은 꿈과 깨어남은 희미한 미소를 주고받았다.

ch 27
아울라드바, 아르헨티나의 웨일스

> 웨일스 애국자라면 누구든지 자기 생애 단 한 번이라도 그곳을 찾고 싶어 한다. 그곳, 해외의 웨일스 공동체 중에서도 가장 두드러지게 웨일스다운 그곳은 아르헨티나의 파타고니아 지방에 위치한다. 이제 웨일스에서도 누구나 잉글랜드 말 즉 영어를 쓴다. 그러므로 여행자들이 아르 헨 이아이스yr hen iaith 혹은 '신의 언어'라고 표현되기도 하는 웨일스어를 써야만 하는 지상 유일의 곳이 바로 거기 아울라드바Y Wladfa이다.

아르헨티나 파타고니아 지방 누에보만Golfo Nuevo의 푸에르토 마드린이라는 조그만 항구에 내리면 뜻밖의 동상이 뱃사람들을 반긴다. 사실 경사진 발사대 같은 거대한 콘크리트 받침대 위의 그 인물은, 엉덩이를 바다 쪽으로 향하고 있으니 '반긴다'고 하긴 좀 그렇다. 여기가 남미니까 자유나 충성, 혹은 시몬 볼리바르 정도를 기리는 동상이리라 하실 터. 그런데 이 동상이 기리는 게 실은 '웨일스의 여성성'이다.

웨일스의 여성성이라고? 믿기지 않는다면 기울어진 받침대를 둘러보면 된다. 앞쪽의 조그만 명판에 아주 고풍스럽고 마술처럼 발랄한 언어 캄라에그Cymraeg가 적혀 있다. 세상 사람들이 웨일스어라고 알고 있는 말이다. 나는 웨일스 사람이다. 그래서 대규모의 연례축제인 전국 에이스테스보드Eisteddfod 때면, 속속들이 웨일스인인 사람들과 어울려 다니는 게 나는 그저 너무 좋다. 더 좋은 건 이 사람들이 행하는 모든 게 너무나 활기차다는 거다. 여기 이 동상을 남긴 사람들은 파타고니아의 웨일스인들이다. 1865년 푸에르토 마드린에 첫발을 디딘 163명의 웨일스인들을 기념해 바닷가의 그 이미지가 만들어진 것이다.

그들은 아르헨티나의 파타고니아를 찾은 유럽 이주민들로서, 파타고니아를 완전히 가로질러 대서양에서 안데스까지 일사천리로 뻗은 땅에 추부트Chubut주를 일궈낸 장본인들이다. 그들이 찾아온 것은 손쉬운 삶이 아니었다. 이윤은 더더욱 아니었다. 그들은 고향의 잉글랜드 압제자들을 피해 여기다 자기들만의 새로운 웨일스를 세우고자 했다. 자신들의 신을 섬기고 자기들이 바라는 질서대로 삶을 꾸리고 자기들의 언어로 말을 하고자 했다. 그래서 사람의 손길과 통치를 거의 받지 않는 곳, 그저 기술적으로만 아르헨티나 영토일 뿐인 곳을 골라, 그곳을 아울라드바라고 불렀다. 영어로는 콜로니Colony 즉 격리된 공동체 마을이란 뜻이다. 이들은 시적이고 음탕하고 술통에 빠져 지내는 웨일스인들이 아니라, 동네 교회에 모여 성경 읽기를 좋아하고 신을 두려워한 19세기 웨일스인들이었다. 거의 도착하자마자 난 제대로 된 웨일스 교회 행사에 참석하게 되었다. 교회 부속실의 차 모임이었는데, 웨일스로 돌아가는 한 신부님을 환송하는 자리였다. 그건 난데없이 아울라드바의 가장 깊은 데로 풍덩 뛰어드는 느낌이었다. 그야말로 저 높은 곳의 웨일스스러움이었다. 환영은 무지 뜨거웠다. "웨일스에서 오신 손님이세요? 들어와요, 들어와. 차 좀 드시고. 앉으셔서, 여긴 윌리엄스 부인이고요, 여긴 존스 씨예요!" 캄라에그가 아닌 말은 한마디도 들리지 않았다. 누가 봐도 웨일스인임을 단박에 알아볼 수 있는 얼굴들이었다. 참석자 중에는 콜로니의 창시자인 루이스 존스의 손녀도 있었다.

다음날 험한 바람이 불었다. 모든 걸 뒤흔들어 엄청난 소리를 지르게 한 대단한 바람이었다. 먼지, 종이, 나무조각, 깡통 따위가 데굴데굴

정신없이 굴러다녔다. 나는 창가에 서서 그 폭풍 너머로 먼지 속에 뿌옇게 움츠리고 있는 디프린 카무이Dyffryn Camwy를 보았다. 추부트 남부의 저 계곡이 원래 아울라드바였다. 이곳 웨일스인들은 오늘날 거길 그냥 아디프린 즉 계곡이라고 부른다.

그 계곡은 정착민들이 얘기 듣고 기대하던 땅과는 거리가 멀었다. 웨일스와는 완전 딴판이었고, 젖과 꿀이 흐르는 땅도 절대 아니었다. 잡목 우거진 황무지엔 그럴 듯한 나무 한 그루 없었다. 일대를 관통해 흐르는 강물은 진흙탕이었고, 걸핏하면 엄청난 홍수를 겪어야 했다. 몇몇 웨일스인들은 당연히 다시 고향으로 돌아가거나 북쪽의 캐나다로 옮겼지만, 대부분은 그냥 거기 정착했다. 웨일스에서 새 이민자들도 건너왔고, 곧 길이만 60킬로미터가 넘는 황무지가 비옥한 농토로 바뀌었다. 얼기설기 운하를 파서 물을 댔고, 농지는 정착민 가족들에게 체계적으로 분할 제공되었으며, 열네 곳의 웨일스 교회가 곳곳에 세워졌다. 아주 짜임새 있고 인종적 응집성이 높은 사회가 만들어진 것이다.

이제 애초의 그런 짜임새가 거의 흐트러졌고 공동체마을도 다른 데로 흩어졌다. 웨일스인들이 만든 수로가 아직도 쓰이고 있지만, 지금 거기서 낫질을 하고 손으로 땅을 일구는 사람들은 아마도 볼리비아에서 온 이민자들일 것이다. 농장들 사이를 지나다 만나는 좌판에서 야채나 과일을 파는 사람들은 거친 인상의 인디안계 사람들이다.

그래도 여기저기서, 초록 울타리 안에서 정말 뜻밖에, 그 열네 교회들 가운데 하나를 만날 수 있다. 붉은 벽돌로 아주 간단하게 지어진 정육면체 건물이지만, 거기엔 고요한 사색의 분위기가 아직도 살아 있다. 그 계곡 곳곳의 아홉 개 교회가 아직도 드문드문 — 신부님이 계실 때면, 또 노래축제가 벌어질 때면 — 운영 중이다. 웨일스 감상주의자의 눈에 비친 이 교회들은 거의 고통스러울 만큼 옛 추억을 떠올리게 한다. 어떤 교회에는 묘지도 딸려 있는데, 이 또한 가슴을 적신다. 존스와 에

반스 집안, 윌리엄슨과 모간 집안 전체가 거기 묻혀 있기도 하다. 어떤 묘비는 저 멀리 웨일스의 석공들이 웨일스 석판에다 직접 전통적 비석 장식을 새겨 넣어 만들어 온 것이기도 하다.

아직 그 계곡에서 아주 웨일스인답게 살아가는 웨일스 사람들도 있다. 아무 집 문이나 두드려보시라. 계속 스페인어 대답만 들리다가, 드디어 열 번째, 행운의 집에서 "웨일스어 할 줄 아세요, 세뇨르?"라고 물었을 때 비바람에 씻기고 햇볕에 탄 거무스름한 얼굴에 환한 환영의 웃음이 번질 것이다. 그런 집은 분명히 아주 조촐할 게다. 당신은 즉시 식탁의 딱딱한 등받이 의자로 초대되고, 주인은 얼른 불 위에 찻물을 올릴 게다. 뿌리를 따지는 얘기부터 시작될지도 모른다. 웨일스에 한 번도 가본 적 없는 파타고니아의 웨일스 사람들조차 웨일스 지리를 훤히 꿰뚫고 있으며, 자기 할아버지 가족이 어느 마을에서 왔는지를 알고 있다. 당신 마을을 지도 위에서 재까닥 찾아낼 공산도 크다. 이들이 하는 웨일스 말은 약간 무디고 느릴 테지만, 나처럼 그 말을 기껏해야 서투르게만 알고 있는 이들에게는 무척 편안하게 들린다.

요즘 웨일스에서 흔히 그렇게 믿고 있듯, 그곳 웨일스 사람들도 웨일스 현지와 똑같이 살고 있을지도 모른다. 아니면 적어도 바로 엊그제처럼 살고 있거나 말이다. 같은 종류의 가구를 쓰고, 같은 종류의 자질구레한 골동품들을 물려받고, 집안에 직립형 피아노 한 대가 있을지도 모른다. 책장이 따로 있고, 냉장고에는 집에서 만든 버터가 들어 있고, 문간에는 보더콜리 한 마리가 누워 있을지도 모른다. 100년이 넘도록 파타고니아에서 발간되어온 웨일스어 잡지(이젠 잡지라기보다는 집안 사람들끼리 돌려보는 회람 같은) 아드라보드Y Drafod 한 권이 식탁에 놓여 있을 수도 있겠다. 그런 집들은 대개 깔끔하게 정돈되어 있고, 아주 상큼하고 말쑥하다. 이런 상태를 가리키는 '타클리스'taclus(영어의 '단정한'tidy을 거의 추상적인 뜻으로 쓴 것)란 웨일스 표현은 아울라드

바에서 아주 유명하다.

그런데 당신이 찾아간 데가 하필이면 찢어지게 가난한 웨일스 농부들의 집이었을 수도 있다. 그런 사람들은 아직도 중세 유럽에서처럼 엮은 윗가지 위에 진흙을 발라 지붕을 이은 조악한 벽돌집에 산다. 대롱대롱 전구 한 알 매달아 놓고 살아가는 이들. 아마도 이들의 선조가 애초에 웨일스를 떠나지 않았더라면 이들은 지금쯤 훨씬 더 깨끗하게 살고 있을 것이다. 그런 집은 대개 이제 히스패닉계와 혼혈일 테고, 엄마 아빠 세대만 웨일스어를 쓸 줄 알 터이다. 한 세대가 더 흘러가면, 이런 집에서 그 언어는 잊혀지고 말 것이다.

계곡은 엘도라도가 아니었다. 그래서 좀 더 서쪽으로 깊이 진출한 초창기 웨일스인들도 있었다. 계곡 너머의 넓고 건조한 고원지대로 말이다. 거기는 야생짐승과 테후엘체Tehuelche 인디언의 땅이었고, 디프린 카무이의 웨일스인들은 거길 가로질러간 최초의 외국인이었다. 계곡에서 안데스산맥까지는 720킬로미터. 한 발 한 발 안데스에 가까워질 때마다 내 가슴은 점점 더 빠르게 약동했다. 계곡을 떠나 미지의 땅을 가로질러 서쪽으로 달리던 아울라드바의 젊은 남녀들도 그런 흥분으로 기운을 북돋웠으리라.

드디어 나도 그들처럼 젖과 꿀이 흐르는 땅을 보았다. 우선 멀리 안데스의 눈 덮인 산마루들이 보이고, 뒤이어 나타나는 굽이치는 언덕들과 호수, 싱그런 풀밭과 빽빽한 초록 숲, 너른 농토, 그리고 그 초원을 달리는 말들…. 그 찬란한 여름날의 햇살은, 사람들에게 종교적 확신을 보여주기 위한 알레고리로 화가가 자기 그림에 구사했을 법한 그런 성취의 빛으로 반짝였다. 진정 놀랍고 눈부신 땅이었다.

그 웨일스 사람들은 거기 정착한 최초의 유럽인이 되었고, 그곳을 쿰하브리드Cwm Hyfryd 즉 '사랑스런 계곡'이라 불렀다. 여기서도 웨일스 문화가 차츰 사라지고 있기는 하지만, 여기서는 그 사라지는 방식 또한 아주 멋있어 보였다. 이곳의 웨일스 농장들은 높은 산악지대를 배경으로 해 아주 자유롭게 곳곳에 흩어져 있었으며, 웨일스인들이 만들어낸 조그만 도시 트레벨린Trevelin에는 재미와 햇볕이 넘실거렸다. 난 들뜬 기분에 이 농장 저 농장으로 차를 달렸다. 여기선 치즈를 사고, 저기선 웨일스 말의 미래를 얘기하고, 매서운 겨울과 경제 위기 얘기에 귀기울였다. 어느 '약속의 땅'에서도 삶은 호락호락하질 않다. 어디서나 말들이 보였고, 개들도 어여뻤다. 한 젊은 웨일스 농부는 나를 위해 웨일스에 있는 그의 아버지에게 초단파 무전기로 전화를 해주었다. 한 늙은 웨일스 농부는 자기가 직접 돌을 져다 나르고 직접 벽돌을 굽고 낡은 시보레 부품을 써서 직접 만든 기계로 직접 지었다는 집을 내게 보여주었다. "전부 손수 만든 거죠. 전부 내가 직접 했어요."

　트레벨린 외곽의 한 농장에서 나는 아울라드바의 마지막 전형을 보게 된다. 그는 이를테면 체셔 고양이의 얼굴에 피어난 웃음 같았다. 내 마지막 파타고니아의 웨일스인은 유쾌하게 역사를 이야기했다. 그의 가족 중에 한마디라도 웨일스 말을 알아듣는 사람은 그를 빼곤 아무도 없었다. 그래도 모두 함께 둘러앉아 우리의 대화에 뜨겁게 같이 했다. 그의 쾌활한 아르헨티나인 아내, 어떤 혈통인지 알 수 없었던 아이들과 손자 손녀들, 여러 마리의 개와 닭, 그리고 울타리에 묶인 말 한 마리까지. 천으로 된 모자를 비뚤게 쓰고 주머니에 손을 꽂은 채로 그 남미의 웨일스인은 내 가슴을 적셨다. 그건 애잔함이 아니었다. 내 가슴을 적신 건 감사의 마음이었다. 나 스스로 웨일스인임이 자랑스럽고 고마워지는….

ch 28
베를린, 1989

> 80년대는 베를린장벽이 허물어지면서 끝났다. 그 사건은 냉전의 종말을 상징하는 징표였을 뿐만 아니라 오래도록 분단되었던 도시 베를린의 하나됨을 선언하는 의미이기도 했다. 80년대는 그렇게 모두가 기뻐하는 가운데 막을 내렸다.

나는 지금 옛 서베를린의 중심 쿠르퓌르스텐담에 주저앉아 뭘 먹고 있다. 처참한 장벽이 이 도시를 두 동강 내던 시절은 이제 지나갔다. 어느 길거리 음악가가 기타로 '다운 바이 더 리버사이드'를 지루하게 연주하고 있다. 나는 내 맘속을 들여다본다. (어느 나이부터인가는 내 가슴속 또한 들여다보게 되었다.) 거기서는 대체 이 지독히도 모호한 도시에 대해 어떤 이미지들이 떠돌아다니는 걸까?

음, 신나게 기존 질서를 파괴하는 재미의 상징들? 음, 꽃바구니와 촉촉한 케이크를 든 편안한 인상의 아주머니들? 음, 르카레의 소설에서처럼 사악한 인간이 꼴사나운 인간과 어울리는 것 같은 느낌들? 또, 음, 그렇군, 무엇보다 비극과 맞붙어 악전고투하던 무시무시한 권력의 상징들! 베를린의 명성은 한둘이 아니다. 하지만 아무것도 딱 부러진 건 없다. 2차대전 직후부터 나는 간간이 베를린을 찾았다. 이곳에 대한 내 느낌이 시간이 흐름에 따라, 또 신화와 낡은 정서 탓에 흐릿해졌음을 깨달고서, 나는 그 가련한 음유시인에게 마지못해 동전 몇 푼을 던져준 뒤 베를린 거리를 향해 걸음을 옮겼다. 허물어진 이데올로기의 장벽이 갈라놓고 있던 동쪽과 서쪽으로, 내 맘속 이미지들 중 실제로 확인 가능한 게 어떤 것들인지 알아보려고 나선 길이었다.

신나는 볼거리는 가까이에 있었다. 서베를린에서 가장 눈부신 거리인 쿠르퓌르스텐담의 꼭대기께는 유럽 거리들 중에서도 가장 활기차고 아무 거리낌 없는 풍경을 보여준다. 오후가 시작되는 순간부터 새벽이 아침에게 자리를 내주고 물러갈 때까지, 이곳 쿠르퓌르스텐담의 현란한 네온사인 아래에서, 붐비는 길가의 카페들을 지나치며, 소란스런 자동차들 사이로 거침없이 쏟아져 들어가면서, 무수히 많은 젊고 활기찬 인구들이 여기서 웃고 활보하며 주저앉아 먹고 음악을 연주하며 입맞추고 과시한다. 기품 있는 사람들이 건달들과 뒤섞이고, 극빈층과 부유층이 어울리는 곳. 그건 마치 끝없는 축제나 장터 같다. 애들을 주렁주렁 달고 다니는 집시 거지들, 개를 끈에 묶고 다니는 부르주아 여인들, 레스토랑 탁자에서 포옹하는 연인들, 면도도 안 한 침침한 골목의 환전상들, 환하게 불 밝힌 구두 가게 밖에서 스칼라티의 곡을 연주하는 우아한 관악기 트리오, 두 그루의 가로수에 걸친 줄 위를 걸어가는 서투른 광대, 힘 좋은 드럼 연주자, 따분한 마임, 예측불허의 스케이트보더들, 초상화가들, 커다란 휴대용 스테레오를 쾅쾅 울려대며 마구 쓰레기를 버려대는 주눅 든 표정의 젊은이들, 신선한 커피와 갓 구운 빵 내음, 미끄러지듯 지나가는 이층버스, 물을 내뿜는 분수들, 가죽옷과 보석들을 내놓은 쇼윈도, 그리고 이 모든 것 위에 군림하듯 훤한 조명 아래 우뚝 선 카이저 빌헬름 1세 기념교회! 거대하고 눈꼴사나운 그 건물은 끔찍했던 옛 일의 징표로서 거기 앞뒤가 맞지 않게 보존되어 있다.

베를린 사람들은 자신들의 무례함과 쾌락주의를 절대 억누르지 못하는 걸로 늘 유명했다. 그 어떤 압제에 시달리면서도 이런 기질을 잃지 않은 사람들. 심지어 내가 처음 이곳에 왔을 때, 그러니까 도시 절반은 폐허 상태일 때도 그런 베를린 특유의 기질은 숨겨지질 않았다. 쿠르퓌르스텐담에 해당하는 베를린 동쪽의 공간은 무미건조한 스탈린주의 풍인 알렉산더 광장인데, 심지어 거기서조차도 독재가 사라진 뒤 권위주의적 투덜거림이 팽배한 가운데 — 40년의 공산주의 탓도 있지만 그 전 국가사회주의 한 세대를 거친 탓도 크다 — 간간이 혈기왕성한 기운이 서광처럼 비치기도 했다. 한 웨이터는 살짝 윙크를 하면서 커피 한잔 마실 시간은 지났다는 지배인의 지시를 슬쩍 무시해주었다. 요란하게 브레이크를 밟아 시커먼 타이어 자국을 남기며 칼-맑스 거리에서 기세 좋게 U턴도 아닌 V턴을 해치운 한 젊은이는 태연히 웃고 있는 여자친구를 태웠다. 이제껏 근처에 갈 수도 없었던 장벽의 한쪽(이른바 '장벽의 나쁜 쪽')은 이제 벽화로 뒤덮인 채 '동쪽 갤러리'로 불린다.

이제 베를린의 공기에선 자유가 느껴진다. 여기서 사는 건 좋은 일이며, 거기다 젊다면 아주 천국일 것이다. 모든 게 요동치고, 모든 게 변화무쌍하다. 새로운 지평들이 열리고, 그 무엇도 무조건적 존경이나 충성을 강요하지 않는다. 비록 베를린의 절반이 철저한 불신임을 받아 이제 곧 해체될 운명인 동독인민공화국의 이론적 본부이긴 하지만, 그게 전부일 뿐 이 도시는 다른 어떤 것의 본부 노릇도 하지 않는다. 그런 베를린의 무책임함은 아주 자극적이다. 신나게 즐길 게 정말 널려 있다. 터무니없는 소형차 트라반트Trabant보다 더 사랑스러운 게 어디 있겠는가. 동베를린을 빠져나와 하룻밤 즐기거나 뭘 사러 서쪽으로 가는 그 차들은 꼭 도깨비 차처럼 요란스레 절거덕거리고, 원시적인 엔진은 연신 숨을 헐떡댄다. 그래도 창문마다 환히 웃는 얼굴들을 싣고 그 차는 서베를린으로 간다.

*

한두 해 전만 해도 겁이 나 찾아갈 수가 없었던 동베를린 한쪽 구석의 무겔제Muggelsee 근처 숲속을 거니는데, 나무들 사이로 유쾌한 게르만 음악이 들려왔다. 신나는 바리톤 솔로가 허허허 노래하면 명랑한 합창단이 쿵쾅쿵쾅 강조하는 식으로 그걸 받았다. 호숫가 갈대밭을 따라 난 조용한 길을 밟아 음악소리를 쫓아갔다. (옛 노동자 낙원의 시커먼 공장 굴뚝들이 호수 건너편에서 이쪽을 굽어보고 있었다.) 비록 내가 거기 다다랐을 때는 곡이 톰 존스의 유명한 '그린, 그린 그라스 오브 홈'으로 바뀌어 있었지만, 거기서 내가 만난 풍경은 여전히 게뮈트리히카이트의 정수를 보여줬다. 약간의 감상적인 느낌도 묻어나는 가족적이고 아늑한 기분, 바로 내가 본 둘째 베를린 이미지였다.

"내가 보스다."I'm The Boss 공처가와는 거리가 멀어 보이는 자기 남편과 격렬하게 디스코 파티를 즐기고 있던 어느 주부의 풍만한 가슴팍을 장식하던 티셔츠 문구였다. 동독의 어느 공휴일이었다. 호숫가의 호텔에 증조할머니부터 갓난아이들까지 수천의 시민들이 손에 손을 잡고 나와 환한 햇살 아래 가족 축제를 즐기고 있었다. 내가 그린 이미지를 어쩜 그렇게 완벽하게 보여줄 수 있을까! 웃고 노래하고 춤을 추며 맥주를 마시고 식초에 절인 돼지 관절을 먹는 그들의 모습이 어쩜 그렇게 상냥할 수 있단 말인가! 두 밴드는 줄곧 기분 좋은 미소를 머금고 서로 번갈아가며 곡을 연주했다. 한쪽은 품파품파 오래된 멜로디를, 다른 쪽은 좀 덜 시끄러운 록 음악을. 거기서 그 사람들을 지켜보며, 그 떠들썩하고 우애 깊은 장면을 보며, 나는 깨달았다. 그 숱한 세월 동안 전쟁과 평화, 독재와 혁명, 희망과 재앙을 거치면서도 탱커드 잔을 기울이고 아이스크림 콘을 빨며 지켜온 베를린의 게뮈트리히카이트는 참으로 무한히 질기고 튼튼하다는 것을!

국경도 이데올로기도 이들의 즐거워지려는 욕구를 막지 못했다. "기쁨을 통해 힘을 기르자"는 명분 아래 히틀러도 이를 장려했다. 공산

정권조차도 장벽을 가로질러 가족들이 서로 만나는 것을 허용하지 않을 수 없었다. 하지만 나는 그처럼 질긴 게뮈트리히카이트가 어쩌면 역사를 깡그리 무시할 수도 있겠다 싶어 약간 불편하기도 했다. 이를테면 서베를린 어디서나 볼 수 있는 터키 이민자들을 대할 때처럼 잠재된 편견으로 작용하는 건 아닌가 의심스러운 거다. 베를린 곳곳에 널린 웃기는 조각품과 천박한 호수들, 그리고 완전 지루한 유머에서 극명하게 드러나듯, 그 멍청한 측면들이 난 너무 싫다.

좋고 나쁜 걸 떠나 베를린의 아늑함은 그 자체로 하나의 사회 기풍이 되어 벗어날 길이 없게 되었다. 여기 스판다우Spandau의 평범한 결혼식에서도 그걸 확인할 수 있다. 길고 뽀얀 드레스를 입은 신부, 긴 하얀 스타킹 차림의 신랑, 신부님과 귀여운 복사服事 소년들, 걸핏하면 서로 토닥대는 성가대의 소녀들, 안경을 쓴 신부 들러리(분홍 드레스에 맞춰 분홍 안경을 쓴), 엄청나게 과도한 복장을 차려 입고 나타난 하객들, 심지어 평범한 길거리의 행인이나 우리까지도, 그 즐겁고 쾌활한 분위기는 죄다 받아들인다. 또 그뤼네발트Grünewald 숲의 야외 레스토랑에서도 그걸 확인할 수 있다. 두 중년 여인들이 아스파라거스 요리를 앞에 두고 낄낄대며 얘기를 나눈다. 간간이 우리를 향해서도 정답게 웃으며 고개를 끄덕거리기도 한다. 포도주 잔마다 조심스레 올려둔 그녀들의 지갑들은 밤나무 꽃잎이 그리 떨어지는 걸 막기 위해서다.

이 기질이 가장 노골적으로 드러난 건 서베를린 북쪽 끝의 뤼바르스Lübars에서였다. 여긴 대도시의 경계 안에 있으면서도 목초지와 습지로 둘러싸인 진짜 농촌마을이다. 뤼바르스는 게뮈트리히카이트의 결정체와도 같다. 아담한 마을 공원에는 어여쁜 마을 교회가 있고, 농장과 마구간들, 레이스 달린 탁자보를 덮어 두는 레스토랑도 하나 있다. 간혹 뚱뚱한 농부가 두 마리의 말이 끄는 이륜마차를 타고 지나가기도 한다. 마을 한복판을 빠져나가면 온통 초록으로 둘러싸인 요정의 마을을 발견할 테고, 거기서 사람들이 조그만 장난감 집 같은 걸 지어놓고 구스베리 나무 덤불을 울타리 삼아 조그만 잔디밭을 말끔하게 손질하고선, 정말 동화 속의 게르만 사람들처럼 살아가는 걸 보게 될 거다.

예전 찰리 검문소 근처의 베를린장벽에는 누군가 망치로 커다란 구멍을 뚫어 놓았다. 거길 들여다보니 완충지대 가득 망가진 건물들과 버려진 철조망 덩어리들이 을씨년스럽고, 바닥에는 모래와 자갈, 온갖 파편들만 널렸다. 지난 30년 동안 엄청나게 뿌려댄 제초제 탓에 초록색은 아무것도 없다. 도망자들이 몸을 숨기지 못하게 하는 것뿐만 아니라, 장벽 자체의 오싹한 알레고리를 초록으로 흐지부지하게 만드는 걸 용납하지 못했던 것이다. 세 명의 동독 병사들이 보였다. 한 명은 눈까지 가리게 모자를 눌러쓰고 의자 위에 다리를 올리고 뒤로 기대 누웠고, 다른 둘은 먼지더미 속의 낡은 쇠 철모를 뻥뻥 차대고 있었다. 그것은 지저분함의 상징이요 안타깝게 허비한 시간들의 축도縮圖 같았다.

그렇다. 베를린에는 냉전의 지저분함이 아직도 덕지덕지 묻어 있다. 장벽을 따라 좀 더 가면 포츠담 광장이다. 한때는 유럽에서 가장 붐비는 교차로이던 이곳이 이제는 거무튀튀한 자갈과 보잘것없는 집들로 뒤덮인 황야와도 같다. 차들은 마치 사막을 빠져나가듯 그곳을 휙 지나친다. 얼룩덜룩 더러운 토끼들이 그 인근을 깡충깡충 뛰어다니고, 머리띠를 하고 어린애들을 데리고 다니는 무정부주의자 히피들이 그곳의 우중충한 천막에서 기어나와 이런저런 불만들을 외치며 시위를 한다. 그리 멀지 않은 곳에서는 수백의 폴란드 사람들이 다 쓰러져가는 장터를 연다. 낡은 트럭을 세워놓고 차양을 내걸고서 미국 담배, 조잡한 라디오, 섬뜩한 색깔의 치즈, 고약한 고물들을 내놓는 것이다. 내가 거기 갔을 때, 이들은 마스티프[영국 맹견]처럼 생긴 거대한 개들의 호위를 받고 있었다. 턱에 침을 질질 흘리던 그 개들은 내가 이제껏 본 개 중에서

©Swedish Tourist Board/St Clair—Renard

도 가장 소름 끼쳤을 뿐만 아니라, 다른 어느 종보다도 더욱 끔찍해 보이는 동물이었다.

심지어 지금도, 베를린의 중심부쯤에 있다 난데없이 수상쩍게 황폐한 풍경이 나타난다 싶으면, '아, 이쪽이 장벽으로 가는 길이군' 하고 알 수 있다. 그건 베를린의 동쪽과 서쪽이 크게 다르지 않다. 폭격의 흔적 혹은 쓰레기가 마구 버려진 곳들, 뜯어진 포스터들, 까무잡잡한 옷을 입고 모여 선 사내들, 좌판이나 이동식 주택을 이용해 길거리에서 물건을 파는 사람들, 틀림없이 버려진 자동차들, "레이건을 죽여라"나 "펑크들이여, 단결하라" 따위의 빛바랜 벽낙서들…. 관광객들이 조금이나마 드나드는 지역의 기념품 임시판매장에서는 소비에트 군대 모자나 옛 장벽 조각을 플라스틱 곽에 넣어 판매한다. 도시 한복판을 추하게 두 동강 내는 이 끔찍한 허리띠를 도대체 어찌할지 아무도 모른다. 현재 이곳은 반창고 떼어낸 뒤 살갗에 남은 허연 띠처럼 남아 있다.

이 억지 국경을 사이에 두고 서로 스파이들을 교환하고, 단지 그걸 넘어가려 한다고 젊은이들을 쏴죽이고 하던 기억이 있으니 이 장벽은 기분 좋은 곳일 수가 없다. 하지만 내 셋째 이미지의 그 사악한 느낌은? 이제 그런 느낌은 찾아볼 수 없다. 검은 구름처럼 장벽 위를 맴돌던 그 섬뜩한 두려움은 아예 흩어져 사라졌다. 그때는 동쪽에서 서쪽으로 장벽을 건너가는 일이 오싹한 공포 체험이었다. 이제는 인민군대의 병사들이 감시탑에서 총을 겨누고 쏘아보지 않는다. 자갈밭에서 쓸데없어진 철모나 뻥뻥 차대고 있을 뿐이다. 또 한때는 정말 반듯하게 일 밖에 모르는 로봇처럼 움직이던 민주공화국의 출입국 관리들도 이제는 아연 인간적인 모습을 보여주어서 모두를 놀라게 한다. 잠도 안 자고 험악하게 모두를 감시하는 눈알처럼 동그랗게 생겼던 알렉산더 광장의 텔레비전 타워도 이제는 그저 200미터쯤 올라가면 회전식 레스토랑이 있고 지상층에는 친절한 관광안내소가 하나 있는 건물로 기억될 따름이다.

모든 적대의 울림들 또한 이제 깡그리 사라졌다. 적대를 이야기하던 모든 신화와 정치, 예술과 유머가 하룻밤에 뜬금없는 소리가 되어버렸다. 하루는 옛 장벽의 이쪽과 저쪽 출신인 두 명의 베를린 관리와 모임이 있었다. 그런 약속 자체가 10년 전만 해도 꿈도 꾸지 못했을 자리였다. 이들에게서 스스럼없는 반응을 끌어내는 건 마치 아주 부서지기 쉬운 도자기의 포장을 살살 벗기는 것과 같았다. 둘 다 너무 오만하게 또 너무 미안해하는 듯 보이지도 않으려고 무지 애썼다. 하지만 나는 느꼈다. 이 둘 사이에 원한이나 분노는 없다는 것을. 비록 한쪽은 정말 깔끔한 서구적 스타일로 옷을 빼 입고서, 내게 건네준 출입증도 영어 및 일본어 안내문과 더불어 고급스럽게 표면처리가 된 것이었던 반면, 다른 쪽은 바느질이 엉망인 시커먼 정장에다 넥타이도 매지 않고 나와선 두꺼운 종이 앞엔 자기 이름을 타이프하고 뒤엔 로고를 비뚤하게 스탬프로 눌러 찍은 걸 내게 주었지만 말이다.

한때 프로시아의 경례와 무릎을 쫙 펴서 걷던 나치들 앞에서, 그들의 당장黨章 스와스티카swastika와 사나운 독수리 앞에서 세상을 굽실거리게 했던 그 베를린의 힘을 이제 어디서 찾아볼 수 있을까? 우리 시대의 분단 베를린은 실제 권력을 갖지 못했다. 한쪽 반은 그저 모스크바의 꼭두각시였고, 다른 반쪽은 너무나 노골적인 자본주의의 광고판 같았다. 이 도시에서 기고만장한 풍모를 찾아내려면 엄청난 노력을 기울여야만 했다.

그런 기운을 약간, 아주 약간 느낀 건 오싹한 프로시아 왕조의 유물들 속에서였다. 특히 옛 왕실이 있던 동네에서는 더 그랬다. 거대한 승리의 기둥들로 장식된 으리으리한 왕실 건물들은, 험악하게 노려보는 사자상이나 날뛰는 괴수 그리핀griffin, 날개 달린 말, 영웅, 여러 성인들의 호위를 받고 서 있다. 대성당의 무지막지한 돔은 맑스-엥

겔스 광장(원래는 루스트가르텐Lustgarten) 위로 불룩불룩 부풀어오를 기세다. 파시즘과 군국주의 희생자 위령탑(원래는 뉴 가드하우드New Guardhouse)에서는 철모를 쓴 병사들이 저벅저벅 행진한다. 새로 지어졌지만 여전히 돔이 없는 채인 제국의회Reichstag 건물은 포츠담 광장 너머로 버림받은 듯 서 있다. 슈프레 강 옆으로는, 19세기 후반의 베를린에서 자신감 넘치는 문화가 부활할 때, 그 움직임을 이끌었던 기관들의 당당하고 고전적인 건물들이 웅장한 모습을 드러낸다. 망가진 브란덴부르크 문은 여전히 운터덴린덴의 거대한 길을 압도하듯 내려다본다. 그 길의 나무들 사이를 유심히 아주 유심히 들여다보면 혹시 보일지도 모른다. 깃털술 달린 샤코shako 군모를 쓴 기병대장의 모습이, 프로이센 융커당원의 매서운 콧수염이, 혹은 모든 게르만 땅의 황제이신 카이저 전하께서 덮개 없는 마차를 타고서 자기의 전쟁청부터 여러 성 schloss[城]에 이르기까지 곳곳에서 모집한 창기병槍騎兵들에 의해 호위 받고 있는 모습이….

프러시아의 흔적은 그 정도나마 있지만, 히틀러의 오만과 폭력이 남기고 간 건 더 적다. 템펠호프Tempelhof라는 도심 공항은 멋진 발상이 번득이는 곳으로서, 나치가 만든 것 중 최고의 작품이다. 또, 불행히도 훌륭한 1936년 올림픽 경기장이 있다. 바로 히틀러가 제시 오언즈의 놀림감이 되었던 곳이다.[21] (제시 오언즈는 바로 그 경기장 근처에 자기 이름을 딴 거리까지 가지게 되었다는 점에서도 퓌러Führer[히틀러]를 능가한다.) 이 둘 말고는 거의 대부분 사라졌다. 내게는 그 모든 게 악독함을 싹 걷어내고 말끔해진 듯한 느낌을 준다. 그 공항은 몽상의 공항일 뿐이고, 그 경기장은 그냥 하나의 경기장일 뿐이다. 게슈타포 본부를 지나치면서도 아무런 전율이 느껴지지 않았고, 한때 히틀러의 벙커가

---

21 Jesse Owens. 미국의 흑인 대표선수로 베를린 올림픽에 참가해 육상 종목에서 두각을 나타냄으로써, 흑인이 백인보다 열등하다고 주장하던 히틀러의 코를 납작하게 했다는 뜻. [역주]

있었던 불룩한 땅을 전혀 두려움 없이 밟고 다니기도 했다. 공군청의 계단에 앉아 있어도 괴링의 뚱뚱한 귀신이 나타나지는 않았다. 사악한 것들은 멀리멀리 쫓겨났던 것이다.

전쟁이 끝나고 세워진 주요 건축물들에서는 뭔가를 장악하는 힘이 전혀 느껴지지 않는다. 공산 동독 쪽의 관공서 건물들은 거대하고 위압적이기는 하지만 그 근본은 아주 빈약하며 거기서 진정 힘찬 원기를 느낄 수는 없다. 자본주의 서독 쪽의 기념비적 건물들은 얄팍하거나 맥없으며 아니면 부자연스럽다. 콩그레스홀의 지붕은 바로 얼마 전에 내려앉았으며,[22] 필하모닉홀은 온갖 잡동사니들을 닥치는 대로 끌어모아 떡을 쳐 만들어낸 듯하다. 미스 반 데어 로에의 신국립미술관 설계도는 원래 쿠바의 바카디Bacardi 빌딩을 위해 그려진 것이었다.

1989년의 베를린은 지상의 그 어떤 도시보다도 단호하게 권력을 위한 권력을 거부한다. 꼬불꼬불한 가발을 씌운 듯한 융커 식 바로크 건물이건, 나치의 신고전주의건, 쇠와 콘크리트의 스탈린 식 교조주의건, 자본주의적 정크 건물이건, 모든 기성집단의 기념비들은 실로 어리석어 보이기 마련이니!

재미, 게뮈트리히카이트, 사악함, 지배성. 이런 상징적 기질들 중 어떤 건 아직도 살아 있었고, 어떤 건 편안히 파묻힌 뒤였다. 내 베를린 체류의 마지막을 나는 다른 기질 하나를 찾는 데 썼다. 그것은 베를린의 과거나 현재에 대한 내 반응을 대변하는 게 아니라, 그 미래에 대한 내 직감을 보여주는 것일 터이다. 오늘날의 베를린에서 작가들이 가장 좋아하는 일터인 카페 아인슈타인에서 — 커피 한잔 시켜놓고 종일 소설

---

22 Congress Hall. 1957년 베를린 국제건축물박람회 때 미국의 벤저민 프랭클린 재단이 기금을 출연해 지은 건물로서, 지붕이 거대한 열린 굴 껍질 모양이어서 베를린 시민들은 대번에 '임신한 굴'이라는 별칭으로 놀려댔다. 그게 무너진 건 1980년이었다. [역주]

을 써도 되는 그런 곳이다 — 나는 내 1913년 바데커 출판사 판 베를린 지도를 활짝 펼쳐놓고 거기서 어떤 예감을 읽어내려 했다.

거기 1913년 지도엔 위대하게 찬란한 도시가 그려져 있다. 브란덴부르크 문을 의전의 중심점 삼아 오밀조밀하고 질서정연한 도시 베를린. 서쪽으로는 공원과 주거지구가, 동쪽으로는 국가기관과 금융지구가 펼쳐진다. 지금은 모든 게 멋대로이고 들쭉날쭉하고 오락가락하는 곳이, 그 옛 지도 위에서는 합리적이고 영속적인 질서를 보여주고 있었다. 전쟁에 의해 무참히 파괴되고 그 지긋지긋한 장벽에 의해 금가고 만 현대의 베를린에는 실질적인 중심이나 균형이 없다. 하지만 묵직하고도 자존심 높은 옛 베를린은 내 지도 위에서 자신이 수도의 한 모델임을 보여준다.

베를린이 이제 와서 다시 한 번 더 제국의 수도가 된다는 상상은 아주 매력적이다. 즉 유럽 대륙의 서쪽 반쪽이 동쪽을 만나는 바로 그 지점에 유럽의 미래 수도가 자리한다는 구상이다. 사실 어찌 보자면 베를린은 벌써 국제적 거대도시로 자리 잡은 듯하다. 서유럽의 온갖 나라 사람들부터 해서 터키인, 루마니아인, 폴란드인, 아랍인, 아프리카인, 집시들까지 얼마나 다양한 세계인들이 그곳을 얼마나 즐겨 찾는지 모른다. 베를린의 도로표지판에는 프라하 가는 길, 바르샤바 가는 길이 표시되어 있다. 주Zoo 기차역에 가보시라. 침대칸 창문으로 밖을 내다보는 여행자들의 눈길은 아주 피곤해 보인다. 열심히 모스크바에서 달려와서 곧바로 파리로 떠날 여행자들이다.

물리적으로야 베를린은 분명 제대로 다시 하나가 될 수 있다. 평화 때나 전쟁 때나 꾸준히 나무를 심고 가꾸었던 공원, 정원, 숲, 대로들은 이미 서로 훌륭하게 어울려 사랑스런 모습이다. 유기적으로 하나가 된 듯한 느낌마저 자아낼 정도다. 장벽이 걷힌 황무지에 새 건물들이 들어서면, 칼-맑스 대로와 알렉산더 광장에 거들먹거리던 공산주의의 흔적들이 자유 기업들의 지독한 배설물들로 명랑하게 뒤덮이고 나면, 유서 깊은 이 도시의 논리가 다시 모습을 드러낼지도 모른다. 삶의 초점은 옛 제국 지구로 옮겨질 테고, 브란덴부르크 문이 다시금 공적인 것과 사적인 것을 나누고 이어주는 통로 역할을 하게 될 것이다.

하지만 형이상학적으로는 문제가 또 다르다. (나의 옛 바데커 가이드북은 이런 얘기까지 싣고 있다.) 이제는 사라진 베를린의 공간 계획은 전쟁에서의 승리에 바탕해 구성된 것이었다. 1871년 프랑스와의 전쟁에서 승리함으로써 독일은 통일을 이룩하였고, 그에 따라 베를린은 지상에서 가장 콧대 높고 가장 군국주의적인 수도로 거듭났다. 그곳의 모든 것들은 승전보와 제국, 향후의 보다 많은 승리를 얘기했다. 오늘날의 베를린에서는 승리라는 발상 자체가 터무니없다. 승전보? 시민들은 그런 데 아무런 소명의식을 갖지 않는다. 바깥세상은 아마도 독일 통일과 게르만 권력의 부흥을 가슴 저 밑바닥에서는 짐짓 무서워할지도 모른다. 하지만 내 의견으로는 베를린은 더 이상 두려워할 곳이 아니다. 나는 지금부터 반세기쯤 후 이 도시가 자신의 하나 된 자아를 완전히 회복하면 유럽의 수도라는 지위보다는 훨씬 덜 결정적인 자리에 있지 않을까 생각한다. 아주 멋진 도시가 될 것임은 분명하다. 황홀한 오케스트라와 유명한 극장들, 놀라운 학식과 연구, 너무나 만족스러운 예술품들의 도시! 그렇지만, 내 직감과 내 바데커가 동시에 얘기하듯, 한 대륙의 정치경제적 꼭대기에 서는 도시는 절대 아닐 것이다.

베를린의 미래를 꼭 집어 하나의 추상적 개념으로 표현해야 한다면, 음, 결국 커피를 두 잔째 주문하면서 좀 더 생각을 해야겠다. 뭔가 다정하면서도 수수해야 할 텐데…. 안도감relief이라면 어떨까? 최악의 것들은 이제 틀림없이 사라졌고, 이 재미있는 시대의 베를린에서 우리는 비로소 한시름 덜고 크게 맘을 놓아야 하지 않겠는가?

신이시여, 제발!

5부 _ 1990년대

The 1990s

20세기의 마지막 10년은 내게 징검다리 같은 10년이었다. 그 무엇도 결론적이지 않았던 10년이었으니. 세계대전도 일어나지 않았고 그렇다고 세계평화가 달성된 것도 아니었다. 비록 '국제사회'라는 추상적인 개념이 각광받긴 했지만 말이다. 세계의 절반은 더 부유해졌으나, 나머지 절반이 더 가난해지기도 했다. 미국은 누가 봐도 냉혹한 행진을 계속했다. 모든 대륙을 지배하겠다는 그 행진의 길 위에서 이라크와의 전쟁도 벌어졌다. 공산주의 제국은 마침내 와해되었다. 와해 과정을 지휘한 보리스 옐친은 이 대단원을 가리켜 '20세기의 끝'이라고 불렀다. 하지만 그 후계자인 러시아연합 또한 부패와 환멸의 늪에 빠져 허우적대기는 마찬가지이다. 통일을 향한 유럽의 진일보는 끔찍한 유고슬라비아의 왕위계승전[1991~1995 유고내전] 탓에 수포가 되다시피 했다. 근본주의 이슬람 종파들의 위세는 불길하리만큼 강력해졌다.

그보다 더 나빠지지 않은 걸 다행이라 여기라고 할 수도 있겠으나, 더 좋아질 수도 있지 않았을까. 내게 있어 1990년대는 유럽의 시대였다. 다른 데로 가는 일은 곁가지에 불과했다. 그렇게 유럽에서 보낸 시간 대부분을 나는 『쟌 모리스의 50년간의 유럽여행』 집필을 위한 자료 수집에 바쳤다. 그 결과 나는 "중국이 나고 죽을 그 오랜 세월보다 유럽에서 보내는 50년이 더 좋아"라고 노래한 시인 테니슨 경에게 동의하게 되었다.

ch 29
급류 속의 유럽

> 소비에트 제국이 와해되고 임시적으로 독립국가들이 생겨났다. 유럽의 오랜 민주국가들은 '하나 된 유럽'을 꿈꾸었다. 각 나라의 정체성들을 대륙 전체 차원에서 하나로 아우르면서 극복하는 꿈을 말이다. 이처럼 유럽은 급류 속에 있었다. 계속된 불확실성을 곱씹다가, 불현듯 어디론지 마구 떠나고 싶어진 나는 어느 날 후다닥 차를 몰고서 이 대륙에서 가장 고전적으로 변함없는 세 곳으로 내달렸다. 유명한 포도주의 땅들로 말이다. 이 보잘것없는 에세이는 원래 "오, 작가로서의 내 삶은 너무나 사랑스러워"라는 경탄으로 끝을 맺었다. 그러나 이렇게 느긋한 글이 실은 1990년대의 유럽에 대한 보다 진중한 탐색의 프롤로그였던 셈이었다.

29-1 포도원 세 군데

맨 처음 내가 들른 곳은 스페인의 하로Haro였다. 근처 마을인 알베카Albeca에서 나는 아베이카Abeica 보데가[술집]에 들러 1990년산 레제르바 한 병을 샀다. 최신 리오하 포도주의 아주 색다른 맛을 경험해볼 좋은 술이라고 했다. 마을 한복판 광장에서 '카페 마드리드'의 야외 탁자에 앉아 커다란 타파스 요리 한 접시와 함께 그 술을 마셨다.

하로가 자리한 지역은 그야말로 완전한 스페인 시골이다. 꾸밈없는 산지에 흩뿌려진 듯한 포도밭, 성채, 대성당 같은 마을 교회, 언덕 꼭대기의 외딴 집, 뻐꾸기와 귀뚜라미, 괭이질 하는 외딴 노인, 그런 풍경들이 이어지는 곳이다. 순례자들의 길인 '산티아고 가는 길'이 근처를 지난다. 내가 포도주를 마시던 라파즈 광장은 스페인다움이 물씬 풍기는 곳이었다. 화사한 야외음악당 주위의 완만한 경사지에 만들어진 그곳은 가로등, 비둘기, 시계탑, 자갈길, 아케이드 상가, 노인들이 졸고 있는 벤치, 물이 마른 분수 등 필수적인 구색을 잘 갖춘 광장이었다. 빤히 올려다보이는 지붕 위에는 황새 한 쌍이 둥지까지 틀고 있었다.

라파즈 광장의 모든 사람들은 서로 잘 아는 사이 같았다. 뽀얀 양산을 함께 쓰고서 카페 앞을 오르락내리락하는 두 할머니를 모르는 사람은 없었다. 엄청나게 점잔 빼는 복권 가게 주인에게도 누구나 인사를 건넸다. 광장을 오가는 땅딸막한 야레뇨스들Jarreños(하로 사람들은 스스로를 이처럼 '물병쟁이들'이라고 불렀다)이 야외음악당 근처에서 서로 인사를 나눌 때마다 외쳐대는 "옴브리"Hombre[영어의 "Man"] 소리가 광장을 울려댔다. 어느 친구가 바에서 턱을 괴고 있나 확인하려는 듯 행인들은 누구나 떠들썩한 카페 마드리드의 실내를 들여다보았다. 또 몇몇은 햇빛을 피하려고 탁자 아래에 내려둔 포도주 병을 들어 올려 빈 잔을 채우는 내 모습을 호기심 어린 눈빛으로 쳐다보기도 했다.

그렇다고 해서 이런 풍경을 이상적이라고 봐야 하는 건 아니다. 상냥한 스페인 사람들 한 무리가 길가의 탁자 두 개를 차지하고 앉았다. 부르고스에서 왔다고 한 이들은 금붙이 장식을 주렁주렁 달고 실크 스카프에 선글라스로 무장한 그런 부류의 사람들이었다. 또 바스크 테러리스트들이나 무슨 암살단원처럼 생긴 두 사내는 무시무시한 개를 끌고서 으스대며 지나갔다. 가죽 웃옷을 걸치고 자전거를 타던 이, 요란하기 짝이 없는 유모차를 타고 가던 아기들처럼 몇몇 이상한 사람들도 보였다. 그렇지만 마을사람들은 대체로 허세도 없고 마구 다정하지도 않은 사람들 같았다. 투박하지만 고요한 사람들, 거칠지만 평화로운 그 땅을 닮은 사람들….

내 포도주에 대해서도 한마디 안 할 수가 없다. 우선 입안의 이 새

©Movana Chen

우부터 삼키고 좀 더 천천히 생각해 봐야겠다. 음음…. 거칠다기보다는 고요한 느낌에 더 가깝다고 할까? 작년 보르도에서 큰 상을 받은 8,400병의 최고급 빈티지 포도주 중 1,301번째 병이다. 오크통에 잘 저장되어 순수하고 선명하며 거침없는, 아주 유기적인 맛을 간직한 진정한 리오하 포도주! 그리고 새 스페인, 나아가 새 유럽에 걸맞게 그 포도주 회사 사장은 여자였다.

다음 행선지는 아주 색다른 유형의 전통을 찾아서 간 곳이다. 프랑스 부르고뉴 지방의 코트드봉Côte de Beaune이 그곳인데, 여기서는 스위스에서 넘어온 벤츠와 재규어 차량들이 값비싼 점심을 먹을 곳과 최고급 포도주를 몇 궤짝씩 싣고 갈 곳을 찾아다닌다.

그러니까 스페인 시골 하로의 황새 둥지와 광장을 오가는 마을사람들과는 멀어도 한참 먼 곳이다. 다닥다닥 붙은 이곳의 포도주 마을들은 죄다 부자동네 특유의 사근사근함을 내보이며 길게 이어져 있어서, 사뭇 진부해 보일 지경이다. 좁은 골목길들은 먼지 하나 없이 깔끔하고, 정원을 거느린 매력적인 저택들은 죄다 지난주에 스팀청소를 해치운 듯 반들거린다. 이런 마을들에서는 대개 인기척이 느껴지지 않는다. 정처 없이 거니는 식도락가나 레인지 로버를 몰고 나온 포도원 주인 정도가 예외일 뿐이다. 하지만 골목에 접어들면 색다른 별미를 맛볼 수 있는 기회를 알리는 정성어린 표지판을 어김없이 만날 수 있다.

생짜배기 섬사람으로서 색다른 실험에 스스럼없이 달려드는 편인 나는 이곳을 맘껏 조롱해 보리라고 맘먹었다. 난생처음, 그리고 아마도 마지막으로, 마키드라귀Marquis de Laguiche 포도원에서 그랑 크뤼 몽라쉐Grand Cru Montrachet 한 병(1993년 산 빈티지)을 샀다. 어느 카페에 들어가 친절한 여종업원의 도움으로 마개를 딴 나는 거창한 햄-치즈 바게트를 곁들여 포도주 맛을 보았다. 마침 그 포도원 주인이 레인지

로버에서 내리는 걸 본 나는 그에게 부탁했다. "이 포도주를 만들어낸 땅이 정확하게 어디인지 저한테 좀 일러주세요."

그는 병의 딱지와 내 손에 들린 냅킨 속의 샌드위치를 번갈아 보고선 살짝 눈살을 찌푸렸다. "피크닉 나설 만한 날은 아니지만, 그래도 포도주가 있으니 좋긴 좋겠지요." 그렇게 말함으로써 참으로 교묘하게 나를 힐책한 그는 르몽라셰 쪽을 가리켰다. "맛있게 드세요." 모든 부르고뉴 포도원 주인들은 매력 덩어리들이며, 그 또한 예외가 아니어서 그런 친절의 말을 덧붙이는 데 성공했다. 그렇게 하여 나는 몇 분 뒤 유명한 르몽라셰 포도원의 낮은 돌담에 앉게 된다. 마치 피크닉 나온 사람들을 위해 만든 포도원 같았다. 손을 뻗으면 포도를 만질 수 있었고, 내 앞의 조그만 길 위로는 커다란 잿빛 달팽이 한 마리가 길 건너편의 역시 빼어난 다른 포도원을 향해 느릿느릿 움직였다.

그렇게 나는 그 돌담에 앉아 바게트 샌드위치를 먹으며 플라스틱 머그컵을 써서 세계에서 가장 유명한 드라이 백포도주를 마셨다. 너무나 평화로웠다. 꼭 최고급 공동묘지에서 피크닉 하는 것 같았다. 후드득 날아오르는 새도, 혀를 나불대는 도마뱀도 없었다. 좁은 포도원 길을 달리던 자동차 속의 사람들이 돌담에 앉아 다리를 흔들어대고 있는 나를 지켜보느라 한두 번 속도를 늦추기는 했다. 내가 머그컵을 들어보이자 그들은 경계의 눈초리 속에도 웃음으로 화답했다. 주변의 포도나무는 더 할 나위 없이 깔끔하고 질서정연하게 자라고 있었다. 그 땅의 지형 또한 그런 완벽한 규칙성을 낳는 데 일조했을 것이다. 거기에는 인간의 손으로 경작되거나 심어졌다는 느낌이 전혀 없었다.

포도주는 물론 거룩했다. 부르고뉴의 핵심을 모두 머금은 듯한 맛이었다. 교양이 넘치는, 까다롭고 세심한, 극도로 친절한, 아마 레인지 로버의 맛도 약간 곁들여진 그 맛, 뒷맛에서는 약간 거만한 당당함도 느껴지는…. 하지만 생각해 보시라, 당신이 만약 400년 동안 당신의 이름을 전문가들 사이에서 존경받도록 만들어준 바로 그 포도밭에 앉아 햄 샌드위치를 먹으며 머그컵의 포도주에 취해간다면, 당신에게서도 남을 얕잡아 보는 속물근성이 생길 수밖에 없지 않겠는가?

400년이라고? 그까짓 건 아무것도 아니다. 내가 마지막으로 들른 포도원은 독일 최대의 포도주 산지인 라인가우Rheingau였다. 라인가우는 14세기 이래 한 집안에서 일구어낸 농장이다. 내가 마신 라인 포도주는 1993년 산 아우스레세Auslese로서 쉴로스 요하니스베르크Schloss Johannisberg 포도원에서 난 것이다. 이 포도원은 합스부르크 황제가 빈 회의[1814~15년] 직후 메테르니히 공작에게 하사한 것으로서, 지금도 일부는 그 후손의 소유다.

신사의 우아함이 부르고뉴의 특징이라면, 라인가우 땅에는 권력이 스며들어 있다. 견인불발, 확고부동의 권력, 역사에 좌우되지 않는, 때론 잠복하는 듯하다가도 불현듯 요란을 떠는. 내가 머문 곳은 강 서편의 바트크로이츠나흐Bad Kreuznach의 온천이었다. 1917년에 뾰족 헬멧을 쓴 게르만 대장군들[힌덴부르크 혹은 루덴도르프 등의 1차대전 중 독일 장군]이 지휘본부를 둔 곳이 바로 거기이고, 그로부터 30년이 지나 콘라드 아데나워[서독 초대총리]와 샤를 드골[프랑스 대통령]이 만나 유럽연합의 초석을 놓은 곳도 거기였다. 바로 언덕 너머 북쪽으로, 게르만인들이 1870년 프랑스를 무찌르고 — 그리하여 제2제국의 기반을 다지고서 — 세운 무시무시한 승전기념물이 자리한 곳이기도 하다. 일대의 포도원들은 늘 유력한 거물들의 영지였다. 프로이센의 프레데릭 공작, 헤센의 란트그라프Landgraf 가문, 로벤스타인 공작, 온갖 귀족과 호족들, 메테르니히의 후손들까지.

그러니 쉴로스 요하니스베르크의 테라스 말고 다른 어디에서 내가 포도주를 마시겠는가. 그 자랑스런 언덕에 우뚝 서서 마치 또 다른 승전

기념물인 양 라인 강을 굽어보는 그 성에서! 아, 그곳 경치는 장엄하다. 흩뿌린 듯한 마을들은 꼭 옹기종기 셋집들 같다. 그곳의 라인 강은 물로 쓴 권력이다. 로렐라이를 지나 코블렌츠로, 저 멀리 로테르담으로, 바다로 우당탕탕 행진하듯 구비치는 그 물은 바지선의 행렬로 끝없이 북적댄다. 배의 엔진 소음은 포도원의 정적을 가로질러 언덕 위의 내게 마치 먼 벌떼들의 소음 같이 들려온다. 고개를 돌리면 더 할 나위 없는 게르만의 상징 하나가 미끄러져 가노니, 바로 유서 깊은 외륜선〈괴테〉호 Goethe(522톤)이다. 깃발들을 펄럭이며 물거품을 일으키고 미끄러지는 이 배는 1차대전 이전부터 지금껏 같은 가문에서 운영 중인 라인 강 왕복선이니, 이야말로 견일불발 게르만의 상징 아니겠는가!

내 눈을 가득 메운 저 강은 유럽 대륙에서 가장 기구한 경계선이었고, 가장 큰 돈벌이의 통로였다. 저 아래 구비치는 저 물결은 다름 아닌 온 유럽의 에너지이다. 뽀얗게 만발한 밤꽃 그늘 아래 쉴로스 요하니스베르크의 전망대에서, 나는 병을 들었다. 마치 성찬 봉헌이라도 행하듯이…. (병에는 그 성 모양을 한 멋진 딱지 위에 'Fürst von Metternich'라는 문구가 새겨져 있었다.) 최고 등급의 라인 포도주를 나는 생전 맛본 적이 없었으니, 바로 이 높은 역사의 발코니가 딱 그런 포도주를 딸 곳 아니런가. 잔 속으로 풍성한 황금색의 포도주가 차오른다. 너무나 대단하며 웅장한 포도주, 달콤하면서도 결코 창백하지 않은 그 맛. 이 복잡 미묘한 포도주에는, 마치 주교나 영주들이 신성로마의 황제에게 건배를 청하는 듯한, 혹은 커다란 콧수염의 야전사령관들이 승리를 자축하는 듯한 정교한 위엄도 깃들어 있다.

꽃잎 한 둘이 눈앞을 미끄러져 탁자 위로 떨어진다. 〈괴테〉호는 구비를 돌아 뤼데스하임 쪽으로 사라진다. 이제 고향으로 돌아갈 시간이다. 생생함의 아름다움[스페인], 자존적 우아함[프랑스], 괴팍하게 우아한 교만[독일], 이번 포도원 여행의 이런 풍미들이 멋지게 어울려 깊은 대륙의 끝맛을 느끼게 하는 가운데 내 맘속엔 유럽의 확실성들이 잠시나마 든든하게 자리 잡았고, 나는 차 한잔과 게임파이Game Pie[야생동물이나 조류 고기를 넣은 파이]의 고장 웨일스로 향했다.

29-2 스위스

> 당시 유럽공동체에 아직 가입하지 않았던 스위스였지만 이 나라는 내게 유럽의 심오한 항상성을 단적으로 보여주는 나라 같았다. 1990년대 들어 금융 스캔들이 불거지고 전쟁 때의 나쁜 짓들이 밝혀지면서 스위스의 명성에 먹칠을 했지만, 다음 에세이는 부당하고도 심술궂게 스위스 공화국을 헐뜯는 견해들에 반박하고자 쓴 글이다.

오스트리아에서 제네바를 향해 남쪽으로 달리다 '웨기스'라는 표지판을 본 나는 생각했다. '저런 이름은 꼭 디킨스 소설에 나올 법한 기분 좋은 이름이잖아…." 거기서 하루를 머물 요량으로 나는 고속도로를 빠져나왔다. 그렇게 해서 여장을 푼 곳이 루체른 호숫가의 흠 잡을 데 없이 빼어난 어느 가족 호텔이었다. 구닥다리 외륜선들이 호텔 정원 옆으로 느릿느릿 지나갔다. 휴가 중인 보험설계사들의 무리가 라운지를 점령하고, 잿빛 감도는 카디건 차림의 할머니들이 근처의 한길을 따라 산책하는 가운데, 한 노변무대에서는 왈츠 음악이 울려퍼졌다. 어슬렁대는 백조와 거위들은 모이를 던져줄 토실토실한 아이들을 태운 유모차의 등장을 기다렸다. 친절하면서도 왠지 생색을 내는 듯한 중성적인 매력이 마치 위생향수처럼 대기 중에 그득했다.

간단히 말해 나는 바로 스위스라는 이름의 보금자리나 둥지 혹은 전형 속으로 빠져나간 것이었다. 여기서 며칠을 더 머물리라, 그러면서 유럽의 소수인종인 웨일스의 한 구성원으로서 내가 스위스다움을 두고 곱씹어온 복잡한 감상들을 한 올 두 올 풀어보리라 맘먹었다.

영국인들의 맘속에서 스위스라는 말은 경멸과 조롱 사이의 어떤 감정을 불러일으킨다. 늘 그랬던 것은 아니었다. 중세 시대에 스위스는 가장 사납고 든든한 전사들의 나라로 존경받았으며, 19세기 당시 영국인들은 헬베티아 연합Helvectic Confederation에 거의 전폭적인 경탄을 바쳤다. 당시 스위스를 두고 경멸할 건더기는 전무했다. 스위스는 이상적인 국가를 이룬 듯 보였다. 그들은 건장한 산악인과 농부들이자, 타고난 신사였다. 대단위 엔지니어링 사업과 관련해서는 심지어 19세기의 영국인들까지도 한 수 배우려 들 정도였고, 전 국민의 시민군市民軍화라는 발상은 제국을 만들려는 이들의 마음에 쏙 드는 것이었다.

이런 명성을 바꿔놓은 건 두 말 할 나위 없이 두 차례의 세계대전이었다. 여러 잉글랜드인들에게 영구중립이라는 원칙은 겁쟁이의 선택일 따름이었다. 도피적 발상 혹은 아예 얼간이 짓이라는 것. 그 원칙 덕분에 스위스는 20세기 들어 두 차례씩이나 유럽 전역을 휩쓴 비극을 피할 수 있었으며, 나아가 그로부터 돈벌이를 할 수 있었다. 영국인들에게 스위스다움의 고상함은 크게 퇴색되기에 이르렀다. 이런 영국인들의 분노를 짚어낸 표현 가운데 캐롤 리드의 영화 〈제3의 사나이〉(1949)만큼 유명한 것은 드물다. 스위스인의 창조성을 얘기하는 대목이다. "스위스 사람들 500년 동안 민주주의와 평화를 누렸지요. 그래서 이뤄놓은 게 뭔지 아세요? 바로 뻐꾸기시계라니까요." [19세기 사람이었던] 내 증조부께서 이런 비방을 듣는다면 어리둥절해하겠지만, 영국인들은 그 후 줄곧 이 얘기를 입에 올린다. 너무나 깔끔한 웨기스의 호숫가를 거닐면서 나는 이 얘기를 가끔 떠올리며 씁쓸하게 웃음 지었다. 꿋꿋하게 고난을 감내한 끝에 전쟁의 상처와 빈곤을 겪고 있는 제국주의 왕국[영국]이, 우리의 문명을 지키는 데 손끝 하나 까딱 않은 이 안락하고 질서정연한 초콜릿 공화국을 바라보는 비아냥거림을 생각하며….

긴 굴뚝의 고색창연한 외륜선들이 웨기스의 부두에 정박할 때면 높은 선교船橋에 홀로 우뚝 선 승무원이 배를 이끈다. 레버 두 개와 엄청나게 닦아대어 반들거리는 전성관傳聲管을 든 그는 아마도 [영국인들처럼] 북극탐사선을 본 적도, 몰타로 구축함을 끌고 다닌 적도 없겠지만, 너무도 침착하게 배를 선착장에 대는 그의 모습에서 웃기는 구석을 찾기란 불가능하다. 그에게서는 긍지와 건장함, 유능함과 스타일이 풍겨난다. 스위스가 스타일로 유명한 나라는 아니다. 하지만 내 취향에 견주어 스위스의 스타일은 아주 풍성하다. 스위스 부자들은, 세련된 스타일로 자신을 과시하느라 여념이 없는 그런 부류가 아니다. 루체른 호숫가에서의 1주일보다 시드니 항구에서의 30분이 더 많은 노골적인 멋쟁이들을 구경시켜 줄 것이다. 사실 스위스 부르주아들은 보통사람들과 달라지지 않으려고 이를 악문 사람들 같다. 그래도 보편적인 스위스다움에는 분명 참된 광채가 빛난다.

가령 샬레[산장 풍 별장]를 보시라. 오늘날 저 악명 높은 뻐꾸기시계와 늘 함께 거론되는 신세가 되어버리고, 개발업자와 투기꾼들 탓에 터무니없이 흔해빠진 게 되어버렸지만, 또 도킹Dorking[런던 근교]의 고위직 주거단지의 멀리언mullion 틀 창문을 단 집들 같은 대접을 받는 일이 잦아졌지만, 스위스 전역에서 찾아볼 수 있는 원조 샬레 명품들은 그저 아름다울 뿐만 아니라 웅장하기까지 하다. 샬레는 당당하고 빼어난 대저택으로서, 최상급 장인들이 지체 높은 인물들을 위해 견고하게 지은 친근한 집이다. 끝이 없는 디테일과 장식의 변화로써 모든 샬레는 저마다의 특징을 갖게 되었다. 때로는 잉글랜드의 어느 귀족 저택에도 뒤지지 않을 만큼 한 집안에서 오래도록 써내려온 샬레도 있다.

아니면 스위스와 시스알파인Cisalpine[로마에서 보아 알프스 이쪽, 즉 이탈리아 쪽] 세계를 연결하는 고산지대의 길들을 보시라. 19세기에

이 길들은 경이 그 자체였으며, 이제는 불가사의가 되었다. 멋진 도로와 환한 터널! 산악지대 한복판을 휘감고 도는 철도망! 우뚝 솟은 요새들! 그 엄청난 규모감과 목적의식, 그리고 자로 잰 듯한 치밀성! 이 모든 게 '초강대국' 스위스가 쌓아올린 것들이다. 조그만 땅덩어리만 부여잡고 있는 650만 인구의 공화국 스위가 아니라 말이다.

    스위스인들도 이제 그토록 오랫동안 연방의 통일성을 유지시켜준 스위스 군대에 대해 의문을 갖기 시작했다. 최근의 국민투표에서 군대를 없애자는 의견이 1/3에 이르렀다. 하지만 스위스 군대는 아직도 내게 대단한 감동을 준다. 시민 예비군들이 산악지대로 훈련을 나서는 주말이면 숲속의 기병대 본부에서 안장을 닦는 모습, 한들대는 무전기 안테나와 함께 짝을 지어 말을 타고서 힘겹게 언덕길을 오르는 모습, 도무지 사람의 발길이 닿을 수 없을 듯한 계곡에서 뿜어대는 대포 사격의 굉음. 비록 그들이 지난 150년 동안 적을 향한 증오의 포탄을 날린 적은 한 번도 없지만, 오히려 그래서 더 대단하지 않은가!

    분명하고 간단명료한 스위스 국기에도 스타일이 넘친다. (캉통canton[스위스연방의 자치구들]의 표식을 거기에 덕지덕지 붙이고픈 유혹이 얼마나 컸겠는가!) 또 그만큼 스위스의 정체성도 분명하기 짝이 없다(적어도 외부인이 보기에는). 좋든 싫든 누구나 스위스다움이 무엇인지 안다. 비록 스위스에서 네 가지 언어가 쓰이지만, 이들 특유의 표현 형식은 다른 어느 나라말보다 더욱 명쾌하다. 프랑스어화한 영어나 영어화된 독일어, 미국화된 이탈리아 말 따위는 스위스 땅에 거의 발을 붙이지 못했으며, 내가 아는 한 로만시어Romansch가 전혀 훼손되지 않은 채 쓰이고 있다. 스위스 특유의 몸가짐이나 예법, 분명한 겉모습과 눈에 띄는 당혹감 따위는 오해의 여지를 전혀 남기지 않는다.

    웨기스에서 호숫가를 따라 배로만 갈 수 있는 곳에 — 아니면 높고 가파른 언덕길을 오르내려야 한다 — 뤼틀리Rutli(스위스의 러니미드

Runnymede)²³ 들판이 있다. 전설에 따르면 1291년에 이곳에서 고산족들이 합스부르크 왕조에 항거해 반란을 일으켜 스위스공화국을 수립했다고 한다. 지금도 이곳은 순례지이다. 내가 그곳을 거닐던 그 일요일에도 수천의 스위스 애국자들이 그 움푹 꺼진 곳을 이리저리 가로지르며 오가거나 숲 속을 가득 메웠다. 사람들과 마주칠 때마다 정답게 아침인사를 건넸건만 돌아오는 반응들이 너무나 뜻밖이어서 좀 놀라웠다. 상대방의 비위를 맞추려는 과장된 몸짓 따위는 아예 없고, 오로지 극도로 절제된 호의만 살짝 내비칠 뿐이었으니, 이 또한 스타일 아닌가!

이런 반응은 너그럽거나 천하태평인 사람들의 태도일 수가 없다. 사실 그것은 무례한 반응이며, 대부분의 사람들이 스위스에 대해 짜증을 내는 것도 그들의 '내뱉지 않은 우월감' 탓이 크다. 물론 스스로 역사적으로 더 우월하다고 생각하는 사람들에게는 이런 스위스인들의 태도가 더더욱 미치도록 짜증 나는 일일 테고, 〈제3의 사나이〉류의 빈정대는 말에 스위스인들은 전혀 아랑곳하지 않을 테고, 어쩌면 칭찬으로 여길지도 모른다. 사실 스위스인들은 이른바 '뻐꾸기시계 정신'에 속속들이 젖어 있으며, 자신들이 본질적으로나 근본적으로 틀림없이 옳다고 굳게 믿고 있기 때문이다.

이런 태도는 농부들의 특색이며, 그리고 보면 스위스는 아직도 많은 점에서 농경민들의 나라 같다. 루체른 호숫가에서 며칠을 보내며 나는 꼬부랑 노인들이 너무 자주 보여 거듭거듭 놀랐다. 오늘날 서유럽에서 그런 노인들의 모습은 거의 찾아볼 수 없다. 산골사람들을 덮친 갑상선종goitre이라는 역병 탓에 사라져버린 세대이기 때문이다. 비록 스위스가 유럽의 다른 어느 나라보다도 더 긴 평균수명을 자랑하는 나라이

---

23 영국 런던 서쪽 테임즈 강변의 러니미드 평원은 1215년에 잉글랜드 국왕 존John과 귀족반란군 사이에 근대헌법의 토대를 이룬 '마그나카르타'가 체결된 곳이다. [역주]

고, 알프스 외딴 곳의 농장이라도 온갖 가전제품을 골고루 갖춘 경우가 많긴 하지만, 이런 꼬부랑 노인들의 말라빠진 주름투성이 얼굴은 여러 세기에 걸쳐 흙을 갈아엎던 역경과 고립을 웅변하는 듯하다.

영국인들이 누누이 말하듯 스위스가 관용의 나라가 아니라는 사실은 이제 너무나 자명하다. 방어적이며 내향적인 스위스인들은 편협한 판단에 기울곤 한다. 옹졸한 동네의식이 도시화 시대의 교외에도 팽배하며, 그래서 스위스는 괴짜나 무정부주의자, 아시아인, 심지어 너무 스스럼없이 낯선 이들에게 "좋은 아침"을 연발하는 사람들에게도 그리 호락호락한 곳이 못 된다. 스위스에서는 유머조차도 억지로 쥐어짜낸 듯하다. 꼭 정형성의 틀 밖으로 끙끙대며 비집고 나온 듯 말이다. 공공의 자유 같은 사안에 있어서 너무나 보수적인 나머지, 또 정부의 간섭이 너무나 크나큰 나머지, 행여나 스위스공화국이 유럽연합에 가입하게 되면 [스트라스부르의] 유럽인권재판소의 피고석에 거의 매일 출근해야 하리라는 말을 듣기도 한다.

스위스도 이 모든 걸 알고 있다. 충분히 지적받았다는 것도 누구나 다 안다. 도시의 진보파들은 이를 목청껏 비판한다. 한 유력한 지식인 단체는 개국 700주년 행사 참여를 거부하며, 그 700년이 지긋지긋하다는 명분을 내세웠다. 전문가들은 스위스 식 사고법이 구닥다리라고 꼬집는다. 하지만, 아름답게 보존된 나라에서 풍요롭고 평화로이 살고 있다면, 불과 몇 세대 만에 노새 썰매에서 벤츠의 나라로 진화하였다면, 아이들의 교육은 거의 완벽하고 연금을 받는 노인들이 웨기스의 호수를 바라보는 널찍한 발코니가 딸린 호텔 방에 묵으면서 1박 2식에 4코스의 저녁상을 즐길 여유가 된다면, 당신은 당신 나라의 체제가 대체로 제대로 되었다고 생각지 않겠는가?

웨기스 체류의 절반이 지날 즈음 나는 헤엄치려고 호수에 뛰어들다 그만 머리가 깨져 병원 신세를 졌다. 그때 내가 느낀 스위스다움은 참으로 즐거운 것이었다! '헤르 독토르'[의사 선생]께서는 프라우 독토르[의사 사모]와 컴퓨터 전문가인 그들의 아들 도움을 받으며 참으로 차분하고 침착하게 내 머리를 기웠다. 그의 솜씨는 섬세했고, 장비는 최첨단이었다. 눈을 뜰 때마다 말끔한 유리창 너머로 반짝이는 호수가 내다보이는 병원이었다. 겹겹의 푸른 언덕들로 에워싸인 채 느긋한 파도가 줄무늬로 일렁거리는 그 호수는 마치 시각적 진정제와도 같았다.

이런 생각들이 깊어질수록 영국인들이 스위스를 비웃는 이유를 점점 알 수가 없었다. 그들이 스위스 사람들보다 더 자유로운가? 그들은 덜 한 인종주의자들 아닌가? 영국의 사회보장서비스는 개인들의 삶에 덜 간섭하는가? '아니다'가 그 대답일 것이다. 영국의 권력구조는 보다 개방적인가? 웃기지 마시라. 그들의 학교가 스위스만큼 좋은가? 소득이 스위스만큼 높은가? 실업률은? 생산량은? 길거리는 스위스만큼 깨끗한가? 공공의식이 훨씬 드높은가? 범죄율이 낮은가? 그래서 영국인들이 스위스인들보다 더 행복하게 느끼는가? 글쎄, 여론조사 결과는 이랬다저랬다 한다. 그렇지만 오늘날을 가능케 한 중립적 고립책을 종식시키고 스위스가 유럽연합에 가입할 것인지를 묻는 국민투표가 벌어지면 대다수 스위스인들은 '가입 불가' 쪽을 택할 공산이 아주 크다. 마치 1986년에 UN 가입을 반대했듯이. 이 분야의 권위자들은 이 선택이 큰 실수로 판명될 것이며, 스위스는 낙후되고 당황하리라고 목청을 높인다. 어느 쪽에 돈을 거시겠는가?

웨일스 공화주의자이자 유럽 연방주의자인 나는 스위스가 아직도 모델이자 희망이라고 본다. 이제 여러 유럽 민족국가의 시민들이 스위스의 경우를 무시하곤 하지만, '새 유럽'이 소수인종 사람들에게 신선한 기회를 제공하리라고 보는 나와 같은 사람들(카탈로니아, 코르시카, 바스크, 브르타뉴, 스코틀랜드, 웨일스 등 여러 유럽 구석의 사람들)에게는 스위스 연방이 결코 낡은 이념형이 아니다.

　루체른 호수 주변을 서성이다 보면 작고 보잘것없는 경계석들이 간간이 눈에 띈다. 네 캉통이 루체른 호수를 에워싸고 있어서, 현지인들은 이를 '네 캉통의 호수'라고 부른다. 루체른, 유리, 운터발덴, 슈비츠, 이 네 캉통 이름을 딴 외륜선들도 떠다닌다. 각 캉통은 상당한 자치권한을 누리며 대부분의 사안들에 결정권을 행사하지만, 큰길에서 멀찍이 떨어진 그런 자그마한 돌들만이 캉통 사이의 경계를 표시할 뿐이다.

　스위스가 인권에서는 뒤처졌을지 몰라도, 정치적 민주주의에서는 아주 뛰어나다. 공화국을 이루는 스물여섯 캉통이 드높은 '지방의 자율성'을 누리는 건 물론이고, 연방정부의 정책 또한 아주 근본적이고 필수적이라고 여겨질 경우 늘 국민투표를 통해 직접 의견을 묻는다. 영국에서 군대를 없애는 문제를 국민투표에 붙이는 걸 상상해 보시라. 스위스에서는 국민의 뜻이 진정 존중된다. 가장 깊은 골짜기의 주민들 목소리도 꼼꼼히 귀담아 듣는다. 오늘날 우리가 스위스에 대해 싫어하는 것, 경탄해하는 것, 개탄하고 부러워하는 것, 우리를 즐겁게 하고 화나게 하는 것들, 이 모든 게 실은 스위스인들의 뜻으로 정한 바이다.

　수백 년 동안 그 어느 캉통도 서로 전쟁을 벌이지 않았으며 이웃 위에 군림하려고 하지도 않았다. 그 수수한 경계석들은 민족이라는 발상을 아주 부드럽게 고양시키고 있다. 부드러운 것과는 가장 거리가 먼 그곳에서 말이다. 유럽의 국경들이 그렇게 표시되어도 좋겠다 싶었다. 가령 프랑스의 상징인 수탉을 콘크리트로 만들어 '프랑스'라 새겨진 나무 토막 위에다 올려놓으면, 독일이나 이탈리아에서 프랑스로 접어드는 여행자들이 그걸 보고서 한마디씩 하는 거다. "앗, 국경이네! 불어사전 어디 있지?" 열렬한 웨일스 애국자인 나로서는 웨일스인들도 마치 운터발덴 캉통의 주민들처럼 다민족·다언어 연방국가의 주권 아래에서 스스로의 사안들을 스스로 결정하였으면 더 바랄 바가 없겠다. 그런 식으로

[웨일스의] 람네이Rhymney 계곡이나 두이포Dwyfor 지방의회처럼 외딴 곳 사람들도 중앙의 정책에 미미하지만 당당하게 영향력을 발휘하고, 모든 사람들이 국가의 큰 결정에 직접 얘기할 수 있을 터이니….

맑스는 공산주의가 [민족국가의 광기를 잠재울] 최종 결론이라는 잘못된 꿈을 꾸었다. 웨기스 마을에서 한 주를 머무르자니, 반신반의 속에서도 나는 기대했다. "역사의 끝은 스위스다움에서 나오리라."

> 1992년에 스위스인들은 실제로 유럽연합에 가입할지 말지를 두고 국민투표를 실시했다. 투표 결과는 '가입 반대'였으나, 스위스 사람들은 지금껏 별 탈 없이 잘 살고 있는 듯하다.

29-3 프랑스

> 채널터널이 뚫리기 전인 1990년대는 영국이 진정한 의미의 섬이었던 마지막 10년이었다. 그래서인지 도버에서 칼레까지 40킬로미터 남짓 되는 거리는 지금도 뭔가 확실한 이동의 느낌을 선사한다. 아래에 쓴 개괄적 검토tour d'horizon를 위해 프랑스로 건너갈 때 나는 가장 극적인 운송수단인 호버크래프트를 이용했다.

최고의 여행을 위해 마련된 흠잡을 데 없는 엔지니어링의 개가, 호버크래프트는 바로 그런 교통편이다. 마지막 순간 저승의 삼도천Styx을 건너는 일이 이와 같으리라. 물줄기가 쉭쉭 용솟음치고 선실의 문짝이 우당탕 덜컹대고 나면 칠흑 같은 어둠을 뚫고 볼품없는 양서류 꼬락서니의 이 공기부양선이 슬몃 모습을 드러낸다. 저 위쪽 조타실에는 카론Charon[삼도천의 나루지기]이 배를 이끌고. 이 심상찮은 장치의 도움을 빌어 프랑스 땅에 발을 디디는 일은 이처럼 돌이킬 수 없는 느낌이다. 실제로 돌이킬 수 없는 경우도 왕왕 벌어진다. 먼바다의 물살이 살짝 바뀌기라도 하면, 해협에 돌풍이 일기라도 하면, 카론은 이 호버크래프트

안에 몇 시간씩 꼼짝없이 갇힌 신세가 되어 파노라마 레스토랑의 높은 바 의자에 앉아 시무룩하게 옛 추억에 잠겨야 하기 때문이다.

나는 이런 완전한 느낌의 상륙이 아주 좋다. 나란 인물은 모든 종류의 애국심에 쉬 동화하는 자 아니던가. 럭비 경기 결과에 눈물짓는 웨일스 사내들을 볼 때나, 행진을 구경하며 경건하게 모자를 가슴에 대는 미국인들을 볼 때, 혹은 도무지 뭐라 설명할 수 없는 스와질란드의 기념식이나 로마의 비토리오 엠마뉴엘 계단에 거꾸로 총을 들고서 고개 숙인 채 정물처럼 서 있는 과묵하고 처연한 초병들을 볼 때, 내게서는 거의 똑같은 감정이 일어난다. 하지만 '애국심'이라 하면 프랑스부터 떠올리는 세간의 평가에 발맞추어 나는 무엇보다 프랑스인들이 자랑스러워하는 프랑스스러움에 가장 확실하게 반응하고 동화한다. 그들이 내게 잘해주기를 바라기에 그러는 건 아니다. 이들이, 합당하고 마땅한 것이라는 명분 아래 외부세계의 영향력을 이래저래 받아들이기를 바라지도 않는다. 늘 그랬듯이, 지금도 나는 느끼기를 원한다! 차를 몰고 항구를 빠져나와 칼레 길거리의 우수에 찬 경치 속으로 들어갈 때면, 내 세계와 전혀 동떨어져 색다를 뿐만 아니라, 다른 모든 세계보다 우월하다고 투철하게 믿으며 "받아들이든가, 아니면 말든가" 식으로 나를 초대하는 세계로 들어서는 듯한 그런 느낌을 말이다!

사실 이런 호감은 아주 예스러운 것이다. 오늘날 코스모폴리탄 정신이 대세라는 것 또한 잘 안다. 다른 나라들을 자기 이미지대로 뜯어고치려 드는 사람은 거의 없다. 철저하게 자기 방식을 고수하려는 민족은 더더욱 드물지 않은가. 내가 보기에 작금의 추세는 획일화의 따분함으로 빠지기 십상이다. 간간이 '국경 없는 단일 유럽'이라는 기치에 가슴이 뛰기도 하지만, 대개는 코스모폴리탄의 대세 앞에서 서글퍼지곤 한다. 모난 것들이 미끈해지고, 변덕투성이가 심심해져 버리고, 이례와 예외가 합리화되어 버리고, 대조와 대립이 뭉뚱그려지는 것, 사람들은 바로 이런 걸 범유럽적인 공통분모라고 힘주어 말한다.

그렇기에 불로뉴의 호버크래프트 전용항구를 나와 생각에 잠긴 채 파리를 향해 차를 몰 때, 그것은 내게 은밀한 암시 같은 것이었다. 결국 프랑스도 자신의 스타일을 고수하지 못하고 타협하고 말리라는 예감이 끈질기게 일었다. 고속도로 휴게소의 카페에 들렀더니, 이런, 거기엔 벌써 볼썽사납게도 초코바Choc-Bar[영국제품]와 풀레파웨스트Poulet Far West밖에 먹을 게 없었다. 게다가 운전자의 안전 운운하며 포도주를 못 마시게 하는 게 아닌가!

그래도 처음에는 나를 안심시키는 게 많이 보였다. 사람들의 걸음걸이는 여전히 독특한 프랑스 풍이었다. 우리만큼 너풀너풀 걷지 않는 이들의 걸음걸이는 보다 정확하고 면밀하며, 마치 다리가 무릎에서 접히지 않는 듯한 모습이다. 오토바이를 모는 교통경찰은 여전히 지극히 프랑스스러운 자세를 고수한다. 마치 수많았던 '백마의 기사들'처럼 연료통 위로 잔뜩 상체를 수그린 그 모습을 보면, 어딘가 사람들 눈에 띄지 않는 곳에 다다르면 이들 또한 [옛 기사들처럼] 데굴데굴 굴러떨어질 듯하다. 근무수첩이 멋대로 날고 무전기 줄이 마구 꼬이는 와중에 말이다. 요란하게 경적을 울리며 고속도로를 역주행하는 트럭 운전사들은 결백을 호소하는 내게 도대체 알아먹을 수 없는 중얼거림과 더불어 빳빳이 고개를 쳐든 채 경멸의 시선을 던진다. 자신의 고갯짓이 마치 프랑스의 용감무쌍함을 보여주는 징표이기라도 한 듯 말이다.

또 나는 보았다, '작은 프랑스 마을의 아침' 같은 건 세상 그 어디에도 없음을! 빵 내음이 잠 깨어나는 대기 위로 짙게 퍼지고, 새벽 미사를 위해 수도승들이 마을 성당으로 검은 행렬을 이루고, 역전광장 근처에서 부르릉대는 동력 자전거들은 첫 관광객이 철커덩 기차 문을 열고 나타나 햇살 속에서 오렌지 주스를 홀짝대기를 기다린다. 프랑스 시골의 부르주아 레스토랑에 견줄 만한 것 또한 어디에도 없다. 조그만 마을의 모든 길들이 텅 비어 나른한 일요일 점심 무렵이면 더 좋겠다. Auberge de Gourmets, 혹은 Chez Boudin, 혹은 Au Relais de la Chanson 등의 이름을 내건 레스토랑은 텅 빈 자갈길의 바다에서 만나는 열렬한 먹을거리의 섬과도 같다.

딱 그처럼 무덤덤한 일요일에 딱 그런 레스토랑을 찾아간 적이 있었다. 물론, 험상궂게 노려보는 듯한 중세 성곽을 지나, 저지대의 철로에서 언덕 위로 구불구불한 길들이 기어오르는, 프랑스 중부의 딱 그런 유서 깊은 마을에서였다. 꼬부랑 골목길이 끝나는 거기에, 교회를 낀 광장이 홀연 나타난다. 교회 탑의 큼지막한 동물 석상들이 광장을 샅샅이 살피고 있다. 일요일 아침이면 고양이와 관광객들만 어수선하게 어슬렁거린다. 광장 한 모퉁이 레스토랑을 보니 변한 건 아무것도 없었다. 차양이 그대로이고, 반들거리는 황동 테를 두른 메뉴판을 내건 것도 그대로이다. 수백 년 동안 섬마을 영국 사람들이 한편으로는 사랑하고 한편으로는 혐오한 바 그대로, 속속들이 프랑스스럽게 남아 있는 것이다.

레스토랑의 마담은 여전히 속 좁은 사기꾼 같은 게, 험한 인상의 집대성을 보여주는 듯하다. 웨이터 한 명은 늘 그렇듯 무슨 왕족 같고, 다른 한 명은 누가 봐도 마을 최고의 얼간이 같다. 우리 바로 옆자리에는 일요일 점심을 먹으러 나온 지역 유지의 식구들이 앉을 게다. 레스토랑 안주인과도 잘 알고 지내는 사이인 듯한 그는 마을사람들 모두의 존경을 한 몸에 받는 인물 같다. 잔뜩 무게 잡고 앉아서 냅킨을 칭칭 두르고 진지하게 먹는 데만 열중하면서, 이따금씩 게걸스런 눈초리로 나를 힐끔대고선 상스럽고 음흉한 영국인 혐오증을 자기들끼리 나지막이 주고받다가, 다시 느릿느릿 송아지 고기 질겅대는 일에 열중한다.

계산서는 틀림없이 실수투성이로 적혀 나올 것이다. 우리가 그 마담을 못 미더워하는 만큼, 그녀 또한 우리를 멸시하는 눈치다. 송아지고기는 또 어찌나 질긴지! 하지만 뒤집어 보면 이 모든 게 얼마나 큰 기쁨인지! 그렇지 않은가? 그 집 채소들은 어찌나 신선한지! 프랑스에서 마시는 포도주는 또 얼마나 훌륭하고! 그 왕족형 웨이터는 얼마나 품위 있었던가! 그 얼간이 웨이터는 또 얼마나 사랑스러웠고! 옆자리의 마지막 감시의 눈초리를 슬쩍 눙치면서, 마담의 의뭉스럽고 번지르르한 웃음에 미끈하게 마주 웃으면서, 나는 얼마나 감사했던가. 마치 외투처럼 내 몸을 감싸던 그 카페의 프랑스스러움을 꼭꼭 여며 고이 감싸 안고서 나는 다시 고속도로로 차를 올렸다.

대부분의 경우 프랑스의 전통적 삶은 늘 굳건해 보였다. 샤르트르 성당의 복사服事들은 마치 고관 주위를 둘러싼 종자들처럼 사제 주변을 에워싼다. 루브르 박물관의 노동자들은 거장의 작품들을 마치 가구 철거꾼들처럼 떠들썩하게 이 방 저 방 옮기며 거들떠보지도 않는다. 생오노레 거리의 명품가게들의 여점원들은 무관심한 듯하면서도 실제로는 가장 끈질기게 판매하는 기법의 여왕들이다. 마치 자기네 어머니들이 예전에 그러했던 것처럼, "그토록 세련된 옷감이 **진정으로** 손님께 잘 어울릴 것 같다고 생각하신다면, 그저 손님 **맘대로 하세요**"라고 말하는 듯한 표정인 것이다.

프로방스 지방의 그리모Grimaud 성 안을 거닐 때였다. 따뜻한 초저녁, 언덕 아래 마을의 불빛이 어슴푸레한 가운데 하늘엔 달빛이 교교했다. 저 멀리 지중해의 파도 소리가 속삭이듯 아스라이 들려왔다. 거기서 나는 느꼈다. 저 아래 고속도로의 질주가 아무리 미친 듯해도, 상트로페즈[부자동네] 해변의 바닷물이 아무리 지저분하고 더러워도, 그 유서 깊은 포근함의 마법은 옛날에 비해 전혀 둔해지지 않았음을.

이세레Isère 데파트망[프랑스 남동부]의 코프스Corps 마을에서였다. 라포스트 호텔 주차장에서 내 차의 주차를 도와주던 어느 할아버지 생각이 난다. 주차장 기둥들 사이로 나를 안내하던 그 몸짓에는 예스런 꼼꼼함과 배려가 가득했다. 어느 순간의 잽싼 손짓, 또 다른 순간의 오른팔 돌리기 등을 거쳐, 마치 연주의 마지막 음까지 완벽하게 자아낸 지휘자처럼 득의만만하고도 맥이 탁 풀린다는 듯 두 팔을 툭 떨어뜨림으로써 "이제 차 시동을 꺼도 좋아요"라는 신호를 보내던 그 할아버지.

아주 오래 전 내가 머물며 책을 썼던 사모엥Samoëns의 한 할아버지 친구는 이렇게 말했다. "어찌 보면 우린 늘 변함없이 살고 있지. 크게 더 잘 사는 것도 아니고, 늘 같은 수프를 먹으면서 말이야." 아마 그는 20세기가 시작된 이래 줄곧, 같은 질문을 받을 때마다 같은 대답을 했을 것이다. 똑같이 비딱한 억양으로, 똑같이 얼굴을 찡그리며, 똑같이 브랜디를 채운 컷글라스 잔을 들어올리며 말이다.

하지만 염려했다시피 더 깊이 살필수록 더 많은 차이가 느껴졌다. 심지어 사모엥도 겉모습은 거의 변함없었으나 그 이면의 변화는 퍽 깊었다. 즉 오뜨사부아 지방 특유의 유서 깊은 산악 문화는 이제 거의 죽은 거나 다름없으며, 대부분의 산속 농장은 국경 너머 제네바 사람들의 주말별장으로 바뀌었다. 가령 초록 풀밭 위에서 바느질 하는 아낙네의 모습 뒤로 젖소들이 느릿느릿 지나며 한가로이 풀을 뜯는 가운데 감미로운 공기 가득 딸랑딸랑 소방울 소리 흥건한 그런 계곡길의 익숙했던 정경들이 이제 참으로 드문 구경거리가 되었다. 달라 보인 것은 프랑스의 구체적 면면이 아니었다. 보다 일반적인 것들, 삶의 풍토 혹은 삶의 기후가 달라 보였으니!

무엇보다 프랑스는 예전보다 훨씬 젊어졌다. 바느질 하는 시골 아낙은 워낙 나이 든 여인일 수밖에 없고, 파리의 수위 양반부터 도르도뉴Dordogne의 농부에 이르는 프랑스 특유의 고전적 인물형은 대부분 노인들이다. 이런 원숙함이 이 나라의 매력 중 일부를 이루는 건 틀림없다. 그 괴팍스럽고 가죽처럼 질긴 완고함이 내겐 늘 큰 즐거움이었다.

저렇게 완고하게 살기에도 시간이 모자랄 테니 프랑스는 결코 변화하는 일이 없겠구나 싶기도 했다.

하지만 이제 프랑스는 내가 아는 다른 어느 서유럽 나라들보다도 물리적으로 더 젊은 느낌이다. 봄버진bombazine 차림으로 계산대에 앉아 있는 아줌마도 좀 더 꼼꼼히 뜯어보니 예전 할머니들의 반토막 나이 정도로 젊어 보인다. 못 말리는 포도주 냄새를 풍기던 농부들이 씩씩대는 큰 말을 몰아 긴긴 밭고랑을 가는 모습도 이젠 더 이상 볼 수 없다. 심지어 은행의 매니저도 당신이 기대하듯 매력과 애교가 넘치는 부르주아가 아니라 겨우 30대 초반의 세련된 간부이다. 그에게는 토실토실하면서도 자르르 윤기가 흐르는 아내가 있을 테고, 경제학 학위가 있다고 넘겨짚어도 크게 틀리지 않을 것이다. 엉덩이 쪽이 볼록한데다 잔뜩 주름 잡힌 차체의 꼬마 시트로엥 자동차를 사랑스런 모습으로 느릿느릿 몰고 가던 옛 프랑스 운전자들은 입에 문 담배가 아래위로 춤을 추는 가운데, 화라도 난 듯 무표정하게 앉아 있는 옆자리의 동승자와 수다를 떨었지만, 오늘날 운전석의 프랑스인들은 초현대적인 오렌지빛 광채만을 남긴 채 초음속으로 횡 내달릴 것임에 거의 틀림없다.

이렇게 젊은 프랑스가 나는 당황스러웠다. 1940년대와 50년대의 출산율이 아주 높았기에 이런 날이 곧 닥치리라 짐작키는 했다. 또 지난 여러 해에 걸쳐 젊어지는 프랑스를 무의식적으로나마 관찰한 것도 사실이다. 그렇다 해도 가만히 앉아 그런 프랑스를 떠올리면서 내 주변에 마구 널려 있는 젊은 프랑스의 모습들을 지켜보다가 나는 문득 어리둥절한 느낌에 휩싸이곤 한다. 그것은 마치 런던의 카너비 거리[젊은 패션 중심지]에서 청바지를 사려고 서성이는 할머니를 만나는 느낌과 비슷하다. 꼭 실험실에서 특수 제조된 새로운 세포조직을 만지는 듯한 묘한 화학반응이 내 안에서 일어나는 것이다.

*

물론 젊음과 더불어 새로운 가톨릭 또한 등장했다. 누가 이를 부인하랴. 슈퍼마켓, 쇼핑센터, 텔레비전, 가족용 자동차, 급속 냉장고, 클리넥스 등 이 모든 도저한 변화의 소품들은 우리 모두에게처럼 프랑스에게도 엄청난 영향을 미쳤다. 심지어 경관조차도 지난 5년여 사이에 달라진 모습이었다. 오늘날 프랑스의 건물들은 훨씬 깔끔하게 칠해져 있다. 북부지방의 마을들은 베르됭Verdun과 마른Marne 강 전투[1차대전의 격전지] 이래 마치 안개처럼 자신들 위에 짙게 드리우던 절망의 그림자를 마침내 걷어냈다. 세이지꽃 향기 흩날리는 너무나 고요한 땅이었던 남부의 해안지대도 스페인의 지중해변과 다름없이 저속한 개발의 현장이 되었다. 가장 신성하게 보존된 국토의 중심이라고 할 파리에서조차 고층건물군과 콘크리트 테라스의 물결이 도심 바깥을 휩쓸고 있다. 르코르뷔제[모던한 콘크리트 주거기계를 외쳤던 건축가]는 죽었고, 이제 프랑스 건축은 오랜 마법에서 깨어나기라도 하듯 그의 흔적을 떨쳐내는 중이다. 그 결과는 사회적 도그마로부터 한결 자유로워진 채 더 많은 쾌락을 추구하는 보다 미묘하고 경쾌한 건축이다. (코르뷔제 자신의 작품들은 적어도 위용이라도 갖췄지만, 그를 흉내 낸 후속작들은 거의 해롭기 짝이 없는 불량품들이었기 때문이다.)

이렇게 젊은 프랑스 어디서나 프랑글레이 즉 프랑스 식 영어로 던지는 인사말을 들을 수 있는 것도 새로운 모습이다. 이 합성어법은 마치 광고장이 사내와 유행을 쫓는 젊은이들의 말투를 적당히 뒤섞어놓은 듯한데, 물론 지식인들은 이를 치 떨리게 싫어한다. 이런 말을 들을 때면 내 맘도 퍽 불편해진다. 방갈로, 핫도그, 플레이 코티지, 가든센터, 초코바 등 프랑글레이 표현은 아무데서나 튀어나온다. 내가 그런 말들이 거슬린다고 꼬집으면 사람들은 너무 잘난 척 말라고 대든다. 하지만 웨일스인인 나로서는 언어가 민족성의 진정한 실체임을 날마다 깨달으며 산다. 외래 표현과 적당히 타협하고 재미난 외국말을 덥석 받아들이는 일,

그것이 바로 민족적 정체성을 깎아먹는 일인 것이다! 그래서 나는 프랑글레이의 흔적이 죄다 도무지 싫다. 그래서 오페라극장이나 루브르궁, 마들렌사원 등에서 아주 가까운 한 부동산 가게 창문에 "'프랑스의 파리'로부터 불과 25마일 거리"라고 소개된 걸 보았을 때는, 프랑글레이의 끝 간 데를 봤구나 싶었다. [자기네 나라 한복판에서 굳이 나라이름까지 넣어 영어 식으로 'Paris-France'라고 표기한 게 못마땅한 것이다.]

특히 '프랑스의 파리'에서 나는 프랑스의 기백이 실추되고 있음을 온몸으로 느꼈다. 프랑스는 젊어졌으나 그만큼 대담해진 건 아니다. 첼시나 캘리포니아에 견주어 파리는 한결 차분하다. 그 유명했던, 파리의 번득이는 생기가 나는 그리웠다. 이젠 아무리 엉망으로 운전을 해도 내게 경적을 울리는 사람이 거의 없다. 세느 강 좌안의 멋진 카페들은 [왕년의 활발한 토론문화를 잃고] 교과서에 눈을 꽂고 있는 학생들에게 점령된 지 오래다. 신사스러운 관용[바다 건너 잉글랜드의 특성]이 프랑스의 수도를 주름잡는 건 아무래도 이상하다. 이를테면 튈르리궁의 정원 가득 소나기가 요란한데 코트도 걸치지 않은 파리지엔들이 빈약하기 짝이 없는 점심 식사를 마치고 한여름 비바람에 맞서 잔뜩 허리를 웅크린 채 악착같이 사무실로 돌아가는 풍경에서는 아예 무기력함마저 느껴진다.

어찌 보아 파리는 **억제제 주사**를 맞은 듯하다. 아마 지역지구제 zoning 규제 탓이겠지만, 파리의 도심부는 런던을 거듭나게 하는 데 핵심적이었던 보란 듯한 너른 터전을 갖지 못했다. 같은 날짜의 영국 신문 〈타임스〉와 프랑스 신문 〈르몽드〉를 펴놓고 비교해 보면, 〈르몽드〉가 얼마나 균형과 절제를 앞세우는지 알 수 있다. 손으로 찍찍 갈겨쓴 반정부 구호나 일요일의 시위 현장은 아무리 찾으려고 해도 허사였다. 경찰청 Sûreté의 음침한 지하감옥에서 그 어떤 극악을 떠는지는 모르지만, 파리의 경찰들조차도 당황스러우리만큼 선량해 보인다. 강가에 서서 하릴없이 곤봉을 휘휘 돌리거나 몸이 불편한 할머니를 돕기 위해 잔뜩 허리를 구부린 친절한 경찰들의 얼굴에는 자상한 평온함이 가득하다. 나처럼 파리의 경찰 그러면 습관적으로 새벽녘 소요진압용 트럭에 웅크리고 앉은 가죽 재킷 차림의 모습들을 떠올리는 이들에게, 이렇게 착하디착한 새 경찰의 얼굴은 김새는 일이 아닐 수 없다. 파리는 너무 일찍 다 이뤄버린 걸까? 전쟁과 폭동, 역경과 폭압 이후에 파리는 결국 끌어안고 받아들이는 도시로 자리 잡으면서, 불법적 분노와 눈부신 화려함, 창조의 역량을 다른 도시로 넘겨버렸다.

이런 진단은 일종의 형이상학적 풍문 혹은 본능적 직관일 따름이다. 그저 내가 느꼈던 프랑스의 불임증 징후들에 주목하건대 그 풍경이 왠지 살충제를 뒤집어서 무감각해진 느낌이라는 것이다. 물론 프랑스가 내게 베푼 호의는 예나 지금이나 변함없으며, 늘 그랬듯이 프랑스는 내게 당당한 문명의 보루임에 틀림없어 보였다.

그러나 프랑스는 내 맘에 **불을 댕기지는** 않았다. 프랑스는 이제 더 이상 흥분과 설렘을 자아내지 않는다. 이런 전율의 결핍은 대부분 '찬란함la gloire의 쇠퇴' 탓이다. 물론 이게 프랑스 사람들 탓은 아니다. 프랑스 식 위풍당당함의 양식이 시대에 뒤처지게 되었을 따름이다. 나폴레옹의 검은 대리석 석관을 보라. 곁방 가득 패배한 프랑스의 대장군들이 오만하게 몸을 누인 가운데, 검은 관 바로 위의 높고 둥근 천장에 앉아 있던 비둘기들이 펄럭거리며 날아다니는 모습은 얼마나 장대하게 거만한가. 마구 비대하기만 하고 맛깔스런 구석이라곤 찾아볼 길 없는 베르사유궁은 또 어떤가. 복도 위에 또 복도, 도대체 분간도 어려운 싸움질에 또 싸움질, 번들대는 황금빛, 꼴사나운 거울들, 화려함의 사치, 이제 이런 데서 찾을 건 제왕의 풍모가 아니다. 졸부의 졸렬함인 것이다. 옛 프랑스의 거대함은 오늘날 틀려먹었다. 그야말로 일회용 가치의 시대인 요즘에, 호화롭기 이를 데 없는 프랑스의 거창한 헤리티지와 헤아릴 수도 없이 많은 그림들, 도무지 따라할 수 없는 지긋지긋한 의례들 따위는 이미 설 자리를 잃은 가치의 초라한 유물로서, 애처로워 보이는 지경을 넘어 저속하기까지 하다.

그래도 이 모든 게 프랑스 식 애국심의 표현임에는 틀림없다. 그토록 찬란하던 민족의식이 적당한 수준으로 움츠러들면서, 프랑스스러움의 수준도 낮아졌다. 들르는 곳 어디서나 그걸 맛보던 때는 이미 지난 것이다. 여행 막바지에 다시 불로뉴로 돌아왔을 때 나는 혼자 중얼거렸다. '이 호버크래프트 여행도 이제 그리 완전하지만은 않겠구나.' 프랑스가 건네던 낯설다는 느낌이 이젠 크게 퇴색했고, 좋게든 나쁘게든 프랑스 사람들도 다른 사람들과 크게 다르지 않게 바뀌고 있다. "이제 우리 모두 세계시민이잖아요." 파리에서 만난 다른 친구는, 아마 나를 위로하느라고, 과장 섞인 어투로 그렇게 말했다. 아, 그는 나의 이레덴타 irredentist 성향[24]을 몰랐던 거다.

그런데 흥미로운 일이 벌어졌다. 지극히 색다른 상황 하나가 내 기분을 되살려준 것이다. 영국 쪽 해변에 닿아 진부한 엔진 굉음과 거센 물살 속에 선체가 부르륵 떨리는 가운데 호버크래프트가 문짝을 열었고 나는 차를 몰고 도버 시내로 들어가 찻집에 들렀다. 맙소사, 맙소사! 내가 막 당도한 이 세계는 해협 건너 프랑스와는 완전 딴판이었다. 잉글랜드의 관습은 얼마나 괴상하고, 취향은 너무나 섬나라다울 뿐이고, 공공의 관례는 참으로 우스꽝스러운지! 마카롱 과자랑 인공크림 조각 중 무엇부터 먼저 먹을까를 두고 설전을 벌이면서, 티백으로 우려낸 차를 맛나게 홀짝거리는 도버 찻집의 그 무뚝뚝한 색슨족의 얼굴들은 또 얼마나 득의만만한지!

---

24 쟌 모리스는 웨일스 민족주의자로서 웨일스 땅이 잉글랜드의 정치적 지배 아래 놓여 있는 현재 상황을 극복하고 독립하여 떳떳한 유럽연방체의 일원이 되어야 한다는 정치적 입장의 소유자이다. [역주]

29-4 독일

> 신유럽의 한복판에 자리한 독일은 거듭거듭 내 관심을 끌었다. 하지만 늘 같은 생각을 품고 그곳을 찾았으니, 과거와 현재를 비교하면서 또 미래를 꿈꾸면서 찾게 되는 곳이 바로 독일이었다.

1차대전이 일어나기 직전, 순수하기 짝이 없는 절정기의 소녀였던 내 어머니는 독일의 라이프치히에 도착했다. 70여 년 전에 멘델스존이 세운, 당시 세계 최고의 음악교육기관으로 각광받던 라이프치히음악학교에서 공부하기 위해서였다. 이 유서 깊은 색슨 도시에서 보낸 3년 동안 어머니는 너무나 행복했고, 그 시절을 떠올릴 때마다 어머니의 말에는 깊은 애정이 배어 있었다. 그래서 나는 라이프치히에 대해 희미하나마 결코 지울 수 없는 경외심 같은 걸 가지고 자랐으며, [라이프치히로 대변되는 장밋빛 고대 게르만 유럽이]²⁵ 내 어린 시절의 색깔을 이루었고 그 뒤로도 두고두고 내 사고방식에 크게 작용하였다.

라이프치히라는 도시는 늘 최고의 울림을 자아내는 곳이었다! 라이프치히의 대학은 유럽 최고의 영향력을 자랑했으며, 그곳의 무역박람회는 12세기부터 번성했다. 여기서 프리드리히 실러는 '환희의 송가'[오늘날 유럽연합의 찬가로 쓰이는 시]를 썼고, 바흐는 '마태수난곡'을 작곡했다. 바로 이 도시에서 바그너가 태어났고, 괴테와 슈만이 이곳의 학생이었으며, 말러가 시립오페라단의 오케스트라를 지휘했다.

내 어머니의 시절에도 그곳에서는 거장들이 활약하였다. 어머니가 다니던 음악원Conservatorium 바로 옆의 세계적으로 유명한 콘서트홀에서는 아르티르 니키슈Arthur Nikisch가 저 유명한 게반트하우스 오케스트라의 카펠마이스터 즉 상임지휘자로 일했다. 어머니의 피아노 교

---
25 『잔 모리스의 50년간의 유럽여행』 16쪽 참조. [역주]

수도 로베르트 타이히뮬러Robert Teichmüller였다. 리하르트 슈트라우스는 멀지 않은 도시인 드레스덴에서 '살로메'를 초연 지휘한 뒤 바로 다음 공연을 라이프치히 무대에 올렸다. (처녀들이 보기에 부적절한 오페라[26]라고 해서 관람이 허용되지 않았지만 어머니는 창문으로 기어 나가 기어이 그 공연을 보셨다고 한다.)

그러니까, 불쌍한 내 어머니는 오밤중의 저 종소리를 내내 들어야 했던 것이다. 어머니의 즐거운 회고에 따르면 라이프치히에는 멋들어진 공원들이 많았고, 유서 깊은 광장마다 산뜻한 카페들이 즐비했으며, 어딜 가나 음악이 흘렀다. 물론 라이프치히의 매력적인 색손 사람들을 빼놓을 수 없겠다. 라이프치히에서 사귄 친구들 중 일부는 어머니의 평생 지기가 되었다. 비록 독일과 싸운 두 차례의 전쟁에서 단 하나뿐인 어머니의 남동생이 목숨을 잃었고 남편은 가스 중독으로 거의 죽을 뻔했지만 말이다.

내 생애 처음으로 직접 라이프치히를 찾기 전, 이런저런 자료들을 찾아 읽으면서 나는 소녀의 열정으로 덧칠된 어머니의 라이프치히 진단이 아주 편파적임을 깨달았다. 라이프치히 또한 제2제국의 다른 곳들처럼 군사적 위용이 기세등등하던 곳임을, 그래서 가장 달콤해 보이는 색슨인조차도 세계대전이라는 허영심의 전쟁터로 마구 달려 나갔음을, 어머니는 내게 일러주지 않았다. 그뿐이 아니다. 어머니의 음악원에서 불과 몇백 미터 떨어진 곳에 독일제국대법원인 '아이히스게리히트'가 있었음을, 혹은 그 도시에 13군단 사령부가 자리했음을 얘기해주지도 않았다. 황제 빌헬름1세를 앞에 두고, 꼭대기에는 승리의 미소를 머금은 게르마니아를 올려둔 전쟁기념비가 도심광장에 있었다고 말해준 적도 없었다.

---

26 '살로메'는 세례 요한에 대한 여주인공 살로메의 야릇한 애정과 증오를 그린 오페라이다. [역주]

©Movana Chen

아마 어머니는 몰랐을지도 모른다. 라이프치히가 독일 예술과 음악, 문학, 학술의 전시장일 뿐만 아니라 막 움트던 독일 물질문명의 전시장이기도 함을. 그 무렵 블뤼허 광장에는 유럽 최대의(세계 최대는 아니더라도) 철도역사가 지어질 참이었다. 우람한 철골 구조와 유리로 역사를 세우고 그 아래로 26줄의 선로가 나란히 깔린 거대한 규모의 계획이었다. 전차선로망은 효율성과 근대성의 모델이었다. 어머니의 즐거운 회고담 속에는 동급생 친구들과 함께 그림 같은 야외식당에서 보냈던 길고 즐거운 저녁식사 이야기가 자주 등장했지만, 맨하탄의 아우토마트 레스토랑의 전신인 아우토마티크 레스토랑이 라이프치히에서 이미 세 군데나 성업 중이었다는 사실은 빠져 있었다. 어머니는 순수하게 예술의 향기만을 쫓아 라이프치히에 당도한 순례자인 셈이었다. 어머니와 같은 영국인들에게 게르만 문화는 당시 대유행이었다. 어머니의 유학 생활이 반쯤 흘렀을 때 내 외할아버지께서도 뿌듯한 맘으로 딸을 보러 라이프치히로 건너가셨다. 타이히뮬러 교수에게 드릴 선물로 몬머스셔Monmouthshire 꿩가죽으로 만든 멜빵을 들고서 말이다.

오늘날의 아웁트반호프 즉 중앙역은 아주 붐빈다. 베를린에서 타고 온 내 기차가 막 거기 도착했을 때 16번 플랫폼에서는 프라하에서 파리로 가는 '하인리히 하이네' 특급열차가 출발하고 있었다. 예전에 블뤼허 광장이었던 윌리브란트 광장에 들어서자마자 눈부신 빨간 전차가 미끄러져 들어와 나를 호텔로 데려다 주었다. '옛 라이프치히'는 2차대전을 거치며 홀연 사라진 듯했다. 이 현대도시의 두드러진 천재성은 이제 예술성보다는 물질성 쪽으로 훌쩍 기울어져 발현되고 있구나, 한눈에도 그런 느낌이었다.

오늘날 이 도시의 중심은 아우구스트 광장이다. 세계대전 동안 파괴된 이 광장은, 라이프치히가 공산 동독의 제2도시이던 시절에 복구되었다. 이 정도의 광장 따위로는 내 어머니의 눈길을 전혀 끌지 못했으리

라. 무지막지한 라이프치히대학의 34층짜리 건물이 우뚝 버티고 선 곳. 이 건물이 '칼맑스대학'이라는 옛 이름의 불명예를 털어냈는지는 몰라도, 예의 을씨년스러운 공산주의 대학 건물의 위세는 여전했다. 광장의 북쪽 끝에는 형편없이 복원된 오페라하우스가, 다른 쪽 끝에는 모던 풍으로 새로 세워진 게반트하우스가 서 있다. 거기서 남쪽으로는 거대한 모스크바 풍 아파트단지들이 길게 뻗어나간다. 마땅히 그래야 한다는 듯 지긋지긋하게 늘어선 유리 커튼월 마감의 건물들. 이런 풍경들을 접하자니 삭막하다는 느낌이었지만, 그런 기분은 그리 오래 가지 않았다. 아우구스트 광장에서 몇 걸음 떼자마자 나는 내 어머니가 대번에 알아보고 반색했을 라이프치히의 풍경 속으로 훌쩍 접어들어 있었다.

어떤 건 그 겉모습부터 이미 어머니의 눈에 익은 것일 터. 2차대전의 폭격으로 상처 입은 구도심Altstadt은 그 잔해를 상당 부분 보존한 채로 오랜 기간에 걸쳐 사랑스런 모습으로 복구되고 있었다. 도심광장을 끼고 있는 르네상스 풍의 옛 시청 건물은 마치 새 것처럼 말쑥해 보인다. 으리으리한 부자들의 집이 곳곳에서 눈길을 끌고, 가파른 지붕과 작은 광장 위로 교회 첨탑들이 늘 그렇듯 우뚝 서 있다. 커피나무집 Haus zorn Kaffeebaum도 16세기부터 매일 그랬듯 오늘도 커피를 팔고 있다. 더군다나 옛 도시성곽이 서 있던 자리에 마련된 길에서는 색슨족 특유의 편안함이라고 할 게뮈트리히카이트가 여전히 흘러넘쳤다. 그 옛날 내 어머니를 매료시켰던 바로 그 느낌 그대로 말이다.

이 길가에서 저녁을 먹기로 했다. 나쉬트마르크트Naschtmarkt의 어느 레스토랑에서 셀프서비스로 야외에 나가 먹는 거였다. 내가 자리 잡은 앙증맞은 동네마당을 바로크 풍의 옛 금융시장 건물이 정답게 내려다보고 있었다. 버섯, 감자, 딸기에 백포도주를 곁들인 내 저녁은 제법 푸짐했다. 그곳은 서로 얘기를 나누는 사람들로 붐볐고, 포도주는 썩 잘 넘어갔다. 난 거의 습관적으로 딸기를 두 그릇째 비웠다. 길모퉁이의 길거리 예술가가 아코디언을 연주하는 소리, 내 목덜미를 따뜻하게 덥히던 저녁 햇살, 난 곧 처음 만나는 친구들과 어울려 저녁 자리를 만끽했다. (라이프치히에 머무는 동안 내게 불쾌감을 준 유일한 사람은 어느 콘서트 매표소에서 새치기를 한 남자였다. 난 성공적으로 그의 발을 걸어 넘어뜨렸고, 그는 투덜대며 물러갔으니, 양심적으로 줄 서 있던 우리 모두의 승리였다.)

내 어머니가 그곳을 떠난 이후 라이프치히에 일어난 그 모든 일들에도 불구하고, 어머니가 그곳에 대해 품었던 장밋빛 꿈은 내게서도 확인되었다. 거기, 게르만제국이 등장했다 사라졌고, 나치의 악몽도 지나갔으며, 엄청난 화력과 껌으로 무장한 미국인들도 이 땅을 휘저었고, 으스스한 공산주의자들이 그곳에 자신들의 도그마를 덧칠했다. 이 위풍당당한 옛 도시가 자유스러운 분위기를 다시 누리게 된 건 겨우 5년 전이었다. 그런데도 난 그곳이 너무 편했다. 뜻밖이었다. 스케이트보더들이 콘크리트 포장 위를 휘젓고 다니는 음산한 스탈린 풍 주거단지에서, 그 벽에 휘갈긴 낙서가 '보편적 줄루Zulu 공화국'을 선언하는 그곳에서, 나는 편안했던 거다. 라이프치히는 지금도 머물기에 좋은 곳이다. 1900년대처럼 1990년대에도 토마스 교회Thomaskirche로 걸어들어가 — 아마도 교회 정문 바로 맞은편에 있는 카페에서 시원한 아이스크림을 즐긴 다음에 — 그 교회가 낳은 출중한 오르간 연주자이면서 합창단 지휘자인 요한 세바스찬 바흐와 함께하는 듯한 기분에 홀연 젖어든다는 건 참으로 멋진 일이다. 바흐의 동상은 건물 정면에 서서 아이스크림 빠는 사람들을 묵묵히 살핀다. 토마스 교회의 오르간 연주로 듣는 바흐 음악의 울림은 장쾌하다. 바흐는 그곳 성단소聖壇所의 기념 조각 아래 영원토록 누워 있을 것이다. (부디 그러길 바란다. 이미 한 번 다른 데로 옮긴 적도 있어서 하는 말이다.) 오늘날의 라이프치히에서라면 그 근처의 니콜라이 교회Nikolaikirche가 빚어낸 마술에도 흠뻑 취해봐야 한다. 그곳에 운집한 라이프치히 사람들의 집단의지가 기도와 촛불집회 형태로 표현되어 결국 공산주의의 종말을 이끌어냄으로써, 그 끔찍했던 체제를 무너뜨리고 독일의 통일로 곧장 나아간 힘이 된 것이다.

실러가 '환희의 송가'(베토벤이 곡을 붙여, 유럽연합의 찬가로 쓰인다)를 쓴 작은 집은 라이프치히에서도 특히 무덤덤해 보이는 구석에 서 있다. 아직도 옛 서기장 호네커Honecker나 스타시Stasi[동독비밀경찰] 얘기가 떠돌아다닐 듯한 그런 곳이다. 흉한 빨간 벽돌로 지어진 주거단지 곳곳에 폭탄 떨어진 자리나 깨진 창문, 찌그러진 문들 따위가 방치되어 있다. 하지만 그 집에 내건 기념 명판만은 금장 마감으로 너무나 찬란하게 반짝이고 있어서, 실러의 이 집은 어떤 일이 닥쳐도 기어이 행복을 선포하고야 말겠다는 자세로 거기 서 있다.

내 어머니의 라이프치히는 구도시의 남쪽으로 펼쳐진 라이프치히 대학촌이었다. 빌헬름 치하의 자신감이 드높던 그 열띤 시절 그곳에서는 온갖 종류의 지적 기관들이 우후죽순 자리를 잡았다. 그 가운데 어느 만큼이 전쟁의 시련을 버텨냈는지 나는 모른다. 하지만 음악원과 펠릭스 멘델스존-바르톨디 국립음대Hochschule가 아직 있다는 건 알고 있었기에, 하루는 아침부터 그곳을 찾아 나섰다. 손에는 멋들어진 1913년 바데커 판 『북부 독일 가이드』를 쥐고서. 그런데, 맙소사, 그 멋들어진 옛 자료는 거의 무용지물이었다. 라이프치히의 바로 그 부분은 완전 딴판으로 바뀌어 있었다. 영-미 성공회 교회(지도 4의 B4 위치: 담임 신부 JHM Nodder)는 어디로 갔단 말인가? 쾨니히-알베르트 공원은 어떻게 된 걸까? 겨우 찾아낸 몇 안 되는 건물들 중 하나는 쉬레버Schreber가 수영장/공중탕(지도 1의 B4 위치)이었다. 거기 풀장에서 일광욕 하는 이들에게 닥치는 대로 물어보았다. 다른 건 다 어디 갔느냐고? 한 젊은

이는 자기가 마침 그곳 학생이라며 기꺼이 나를 음악원으로 데려다 주겠다고 나섰다. 난 바데커 안내서를 집어넣었고, 우리 둘은 내 어머니가 거닐던 풍경들 속으로 발을 옮겼다.

여기가 요한나Johanna 공원이구나. 어머니가 정말 소중한 곳이라고 기억하시던 곳이지. 달콤한 색슨의 소나기가 퍼붓던 어느 날, 어머니는 하늘에서 떨어지는 작은 개구리들(물고기였나?)을 보셨다고 했지. 저쪽 어딘가, 수초 우거진 폐허 너머에 어머니의 거처가 있었을 거다. '살로메' 공연을 보려고 어머니는 그곳 창문으로 뛰어내렸고, 할아버지는 그런 어머니를 감시하러 이곳에 오셨을 때 어머니의 샤프롱chaperone[사교계에 나가는 젊은 여성의 여성 보호자] 역할을 해주시는 분에게 "잘 좀 부탁드린다"며 온갖 아첨을 다 떨었을 것임에 틀림없다. 길 건너편에는 토마스 교회 소년성가대 대원들이 다니던 학교가 있었다. 바흐가 지휘하던 그 소년성가대 말이다. 어머니께서 다시 웨일스의 고향 몬머스로 돌아와 교회에서 오르간을 연주할 때, 그 학교로 드나들던 소년성가대원들의 모습을 어머니는 얼마나 자주 떠올리셨을까⋯.

그날의 내 가이드 청년은 알고 보니 토마스 교회 지휘자 중 한 명이었다. 요한 세바스챤 바흐의 직계 후배인 셈. 그와 함께 그 도시의 거리들을 거닐자니 승천의 신비감 같은 게 마구 느껴졌다. 그리하여 니키슈와 타이히뮬러 시절의 라이프치히로 완벽하게 돌아간 느낌 말이다. 티셔츠에 트레이너를 신은 차림이었던 그날 나의 동행은, 내 어머니의 옛 추억을 들으며 내가 떠올리던 바로 그런 학생들의 모습이었다. 하늘에서 개구리가 떨어지는 않았으나, 요한나 공원은 여전히 푸르렀고 젊디젊은 생기로 넘실거렸다. 어디선가 들려오는 희미한 호른 연주가 우리 둘을 반겼다. 어느 널찍한 풀밭에 다다랐을 때 내 동행은 거기가 1940년대에 폭격으로 사라진 게반트하우스Gewandhaus 콘서트홀 자리라고, 선언하듯 얘기했다. 거기서 멘델스존과 내 어머니를 떠올리며, 마땅히 그러해야 한다는 듯 존경심 어린 침묵 속에 잠시 서 있었다.

드디어 왕립음악원에 도착했다. 어머니의 졸업장에 그려진 모습 그대로인 듯 보였다. 음악의 전당이라면 무릇 갖춰야 할 그런 이미지, 음악 세계의 정수요 요체인 느낌. 안으로 들어서니 어김없이 수염 더부룩한 유명 음악가들의 흉상이 즐비했고, 첼로와 악보 끼우개를 든 학생들이 잰걸음으로 오갔으며, 연주회와 리허설을 알리는 공고들이 어머니의 시절부터 지금껏 줄곧 그랬듯이 게시판을 가득 메운 채 나풀대고 있었다. "이제 들어갈 데가 피아노학과입니다." 나의 동행이 근엄하게 속삭였다. 거기, 꼬불꼬불한 계단을 올라간 곳에 1900년대의 음악원이 있었다. 내가 보는 혹은 느끼는 한, 하나도 변한 게 없어 보였다. 문짝 옆에는 교수진의 이름이 길게 붙어 있었다. 그 가운데 타이히뮬러 교수의 이름이 보였어도 난 그다지 놀라지 않았을 거다. 우리 일행이 한 연습실로 들어갔을 때다. 마침 한 여학생이 쇼팽의 어느 전주곡 연습에 한창이었다. 레이스 풍성한 드레스를 입은 그녀가 건반에서 눈을 떼고 우리를 기다리기라도 했다는 듯 젊고 싱싱한 웃음을 머금고 올려다보는 순간, 난 "앗 어머니!"라고 외칠 뻔했다.

또 그 방 창턱에는 〈몬머스셔 비컨〉 신문지로 둘둘 말아 싼 꿩가죽 멜빵 꾸러미도 올려져 있었으리라….

> 옛 독일문화의 또 다른 중심지는 튀링겐Thuringia 지방의 바이마르였다. 그렇기에 바이마르의 길거리는 우아한 옛 이야기들로 넘실거렸다. 하지만 그곳 또한 다른 수많은 독일 도시들처럼 (심지어 1990년대에조차도) 한 꺼풀 아래 섬뜩한 역사의 흔적들을 안고 있었다.

창피한 일이지만 난 베네데토 마르첼로Benedetto Marcello라는 작곡가의 이름이 금시초문이었다. 그래서 어느 악보의 표지에서 그의 이름을 보았을 때 나는 잠시 어떤 학생이 자기 희망을 담아 이런 껍데기를 만들어 붙인 거려니 싶었다. 이제 나는 안다. 그가 17세기의 베네치아 제국이 이스트리아 지역의 폴라Pola라는 도시에 파견한 총독임을. 사실 이 모든 얘기가 뭔가에 홀린 듯 내게 벌어졌다. 바이마르에서의 첫날 아침이었다. 나 홀로 일름Ilm 강을 따라 무성한 풀밭 사이로 거닐다가 심상찮은 거리의 악사들을 만났다. 매력적인 이 학생 악사들은 고풍스런 놋쇠 악보대에 마르첼로의 소나타 악보를 올려놓고, 남학생은 트롬본을 여학생은 첼로를 연주하고 있었다. 어찌나 연주에 몰두하고 있었던지 나나 다른 행인들은 안중에도 없는 듯했다. '아, 진짜 신기하고 재미나구나.' 속으로 난 그렇게 감탄사를 연발했다. 참으로 낭만적인 게르만의 모습이었으니까! 예술과 음악의 도시 바이마르에 이보다 더 잘 어울릴 게 또 있을까! 그 길은 구름 그림자로 얼룩덜룩했고, 나무 아래에서는 풀벌레들이 지절거렸으며, 강물은 우리 뒤쪽에서 찰랑대며 흐르고 있었다. 마르첼로의 선율은 퍽 아름다웠다. 내가 그 악사들의 동전통에 몇 푼을 넣을 때도, 그들은 연주에 열중한 나머지 눈치채지도 못한 것 같았다.

바이마르는 어떤 탐욕의 도시와는 거리가 멀다. 오히려 이 도시의 색깔은 전통적으로 그 우아한 문화에서 비롯되었다. 18세기말 젊은 대공 카를 아우구스트는 자기 도시를 귀족정과 창조적 예술가들의 동맹으로서 일종의 미학정치체제aesthetocracy로 바꾸어놓았다. 아름다움으로 하여금 통치케 하라! 바흐와 화가 크라나흐가 이미 그곳에 예술의 기운을 불어넣었으며, 그 후 천재적 예술가들의 행렬이 끊이질 않았다. 실러, 리스트, 리하르트 슈트라우스, 그로피우스, 토마스 만, 그리고 무엇보다 거기엔 괴테가 있었다. 괴테는 스타를 동경하던 대공에게 궁중철학자wazir 같은 인물이 되었고, 공공건물의 설계부터 대공 소유의 광산 감사까지 온갖 일을 해치웠다. 여러 세대에 걸쳐 바이마르는 독일의 꿈이었다. 드스타엘 부인은 바이마르가 '조그만 도시'라기보다는 '자유와 계몽이 넘쳐흐르는 하나의 큰 궁전'에 더 가깝다고 전했다.

오늘날에 이르기까지 바이마르는 예술가와 왕조가 동급이었던 그 위대했던 시절을 누리며 살고 있다. 카를 아우구스트 대공의 무덤 양쪽에는 생전에 그가 거느렸던 장군들이 아니라 그와 함께했던 두 위대한 시인 괴테와 실러가 묻혀 있다. 다른 예술가들의 이름도 바이마르 곳곳에 새겨졌다. 바이마르에서는 이런 말들을 흔히 듣게 된다. "리스트하우스 뒤에 가시면 분위기 좋은 레스토랑이 있어요." "크라나흐하우스 바로 옆집이 관광안내소랍니다." "버스정류장으로 가려면 괴테하우스에서 오른쪽으로 가세요." "실러하우스 가신다구요? 아주 간단해요. 괴테랑 실러 동상 있는 데서 실러스트라세 길을 따라 쭉 가시면 됩니다." 그 지방에서 나온 한 가이드북에는 바로 이 괴테와 실러의 동상을 '마치 파리의 에펠탑처럼, 세계적으로 유명한 바이마르의 상징'이라고 소개하고 있다.

실제로 실러스트라세를 따라 천천히 거닐다 나무그늘 아래서 아이스크림을 먹노라면, 정말 기분이 좋아진다. 실러가 그 길 12번지의 점잖은 집에 살던 당시처럼 지금도 자동차가 다니지 않는 이 길은 사랑스럽고 부드러운 길이다. 훌륭한 골동품 가게, 분위기 좋은 카페가 그 길에 있다. 관광객들은 대부분 독일 사람들이고 환한 미소로 당신을 반긴다. 거리의 악사들은 그늘에서 기분 좋은 기타 음악을 연주한다. 아이스크림은 아주 빼어나고, 좌우를 번갈아 가며 친애하는 백성들에게 인사를 건네며 서정시인들과 함께 거니는 젊은 카를 아우구스트의 모습이 절로 떠오르는 길이다.

실러스트라세 다음으로는 슬슬 건축학교로 올라가는 길에 접어든다. 이젠 빛바랜 낡은 건물일 뿐이지만 여전히 서방세계의 운명을 뒤흔들 만큼 중요한 곳, 바우하우스Bauhaus의 고향이 바로 거기다. 다시 강가의 초록 공원으로 내려오면 괴테의 가든하우스가 나온다. 바로 그 집 테라스에 유럽 대륙에서 가장 오래 되었다는 셰익스피어 동상이 부서지는 햇빛을 받으며 서 있다. 낚싯대를 든 어린 꼬마들은 얕은 강물 속에

서 첨벙대며 놀고, 첼로-트럼본 콤비의 연주는 아직도 숲속에서 부지런히 흘러나온다.

괴테는 바이마르를 찾는 사람들이 이 도시를 '일련의 아름다운 그림들'로서 감상하기를 바랐다. 이처럼 아름다움이라는 기준을 하나의 정치적 개념으로, 기득권 질서의 일부로 승화시킨 사례를 나는 어느 도시에서도 발견하지 못했다. 그것도 허세와 웅장함을 앞세운 아름다움이 아니라, 아주 아늑하고 즐거우며 마치 실내악 같은 유형의 아름다움이니! 1920년, 단명한 바이마르 공화국[27]의 헌법이 작성된 곳이 바로 바이마르의 극장에서였다. 최초로 자유롭고 또 재미났을 법한 통일 독일의 초석이 마련된 순간이었다.

바이마르에서의 첫 아침을 나는 그런 아늑함에 젖어 보냈지만, 그 뒤로는 슬슬 불쾌해지기 시작했다. 내 포근한 기쁨을 마구 휘젓어 놓은 첫 사건은 도심광장 바로 옆의 성베드로 겸 성바오로 교회에서 일어났다. 이 유서 깊은 교회의 제단 뒤에는 바이마르가 가지고 있는 가장 위대한 미술품이라고 할 루카스 크라나흐의 유명한 십자가 처형 장면 그림이 걸려 있다. 물론 나는 다른 관광객들과 함께 그 놀라운 명작 밑에서 탄성을 터뜨렸다. 아주 역동적이면서 상상이 듬뿍 가미된 그 그림 속에서, 루터와 크라나흐 자신도 당당하게 그 십자가의 발치에 서서 예수의 수난을 목격하고 있다. 하지만 캐묻고 토 달기 좋아하는 내 취향에 비춰 보아 뭔가 꺼림칙한 게 그 장면을 불편하게 하고 있었다. 예수의 몸 오른쪽에 난 상처에서 흘러나온 피 한 줄기가 화면을 둥글게 가로질러 가늘게 흐르더니 크라나흐 자신의 머리 위로 끼얹어지고 있었던 것이다. 왝! 아무리 그 피가 예수의 성혈을 의미하는 알레고리로 그려진 것이었더라도, 이게 무언가 달콤한 바이마르의 감수성에 대해 내가 미

---

27 1차대전 후인 1918년 독일혁명의 결과로 탄생해 1933년 나치 독재정부 수립으로 막을 내린 독일 공화국의 통칭. [역주]

처 몰랐던 어떤 중요한 사실을 말해주는 것은 아닐까, 그런 생각이 꼬리에 꼬리를 물었다.

그런 의아함은 일면 뒤돌아보는 데 따른 생각이었음을 밝혀야겠다. 실러스트라세에서 아이스크림 빨면서 읽은 글에서 나는 이미 알게 되었던 것이다. 카를 아우구스트가 무덤에 눕게 된 이후 바이마르의 계몽 분위기는 예전처럼 그렇게 전면적이질 못했다. 그 도시의 예술감독처럼 활약하던 괴테도 떠나자 이 예술가들의 공국은 그 환희의 기운을 크게 잃어버렸다. 1860년에 지어진 거대한 러시아정교회 교회는 그런 변화의 상징과도 같다. 어느 러시아의 여성 대공이 세운 이 교회는 양파 모양의 황금 돔을 얹은 채 우람한 근육질을 뽐내며 젊은 아우구스트 대공과 그의 시인들이 누운 어여쁜 납골당을 압도하듯 내려다본다.

게다가 비록 대공의 궁전이 적어도 예술 문제에 있어서는 아주 자유주의적이었지만, 그의 신민들은 대개 상스럽고 교양 없는 사람들이었다. 1860년대에 이곳에 와 바이마르 사회를 경험한 극작가 프리드리히 헤벨은 '믿을 수 없을 만큼 좁고 협소하다'고 이곳의 느낌을 표현했다. 말년에 그 도시의 음악감독이 된 리스트도 불쌍하긴 마찬가지였다. 바이마르의 프티부르주아들에게 그의 음악은 너무 전위적인 동시에 너무 귀족적이었다. 대공궁의 참신했던 아마추어리즘도 갈수록 제도화의 틀에 갇혀버렸다.

19세기가 지나면서 바이마르의 체제는 점점 프로이센스러워졌다. 그 모든 기관과 단체, 박물관과 예술학교 등 모든 것들이 빌헬름의 제국만을 둔하게 표현해댔다. 로댕의 몇몇 누드화가 예술공예박물관에 걸렸을 때도 결국 법원의 결정 탓에 박물관장은 자리에서 물러나야 했다. 바우하우스와 관련해서도, 바이마르 사람들이 그 기관과 관련된 모든 것들을 어찌나 멸시했냐 하면 엄마들이 말 안 듣는 아이들을 그곳으로 쫓아 보낸다고 겁을 주는 지경에까지 이르렀다.

　더 나쁜 일도 벌어졌다. 독일 문학의 수도, 영원한 시적 정신의 보고, 자연숭배자와 신화적 몽상가들의 은거지였던 바이마르가 그만 나치의 사랑을 받게 된 것이다. 그에 대한 보답으로 바이마르도 나치를 사랑했고, 그 결과 히틀러가 수상이 되기 훨씬 이전에 나치당에게 덜컥 바이마르 지방정부를 맡겨버리는 일이 벌어졌다. 1932년에 토마스 만이 까칠하게 말한 것처럼, 바이마르에서 히틀러와 괴테가 마구 뒤섞인 모습을 보는 일은 "특히 착잡하다." 도심광장에 엘레판트 호텔이 서 있는데, 일름 강의 물을 다 써도 이 불운의 호텔에 배인 오명을 씻어내기엔 역부족이다. 빼어난 1930년대 건물인 이 호텔은 내부를 번쩍거리는 크롬 스타일로 재단장했는데, 그 장식을 쳐다보노라면 잔뜩 뻐기는 나치의 지방장관들과 그 여인들이 육중하고 시커먼 벤츠에서 내려 들어올 것 같은 인상을 지울 수가 없다. 이런 인상은 한편 사실이기도 하다. 히틀러와 그의 부하들이 이 호텔을 특히 애용했고, 히틀러도 여러 차례 그 발코니에 서서 바깥의 광장에서 열광하는 군중에게 연설을 했다.

　바이마르의 나치 당원들이 얼마나 총애를 받았으면 나치 기념물 가운데 최고로 손꼽히던 게 바로 그 도시에 세워졌다. 바이마르 변두리에는 예전에 괴테가 오크숲에 앉아 사색을 즐기던 곳으로 유명해진 어여쁜 에테르스베르크Ettersberg 언덕이 있다. 나치가 자기네 기념물을 세울 자리로 점찍은 데가 바로 거기였다. 바이마르에서의 마지막 날 저녁, 지금은 바이마르의 관광명소로 자리 잡은 그 언덕의 부헨발트를 썩 내키지 않는 심정으로 방문했다. 아주 사교적인 양반이던 택시 기사는 가는 길 내내 쉴 새 없이 떠들었다. 바이마르에서 재미있게 지내셨어요? 괴테하우스에는 가보셨나요? 음식은 어떠세요? 밀레니엄의 마지막 해인 1999년에 바이마르가 '유럽의 문화도시'로 지정된다는 거 아시나요?

"축하해요. 예술과 음악의 도시가 한 번 더 인정받는 거네요." 내가 대꾸했다. "바로 그거죠." 기사가 그렇게 말하는 순간, 택시는 고속도로를 벗어나 부헨발트가 있는 언덕으로 오르는 길로 접어들었다.

29-5 이탈리아

> 이탈리아의 두 위대한 도시 로마와 나폴리 사이에 놓인 80킬로미터. 내가 보기에 바로 그 거리가 극명하게 대비되는 이탈리아 국민성의 두 갈래를 가장 잘 보여준다. 조니 머서의 분석에 따르자면 이 차이는 '변화 불가의 냉정함'과 '거부 불가의 매력' 사이의 대조로부터 비롯된다. 절대 변하지 않는 것 가운데 로마만 한 게 또 있으랴!

또 다른 한 해를 맞이하는 시점에 걸맞게 짐짓 과장된 감상에 젖은 채, 나는 핀치오Pincio 언덕의 계단 난간에 기대어 성베드로 광장 너머로 지는 해를 바라보고 있었다. 안타깝게도 태양은 지평선에 닿기 전에, 도시 위에 내린 저주인 양 두껍게 깔린 스모그 속으로 숨어버렸다. 그 순간 내 귀에는 스모그가 해를 삼키는 소리마저 들리는 듯했다. 그 소리는 불이 꺼지듯 '피식' 하는 소리가 아니라 '꼴깍' 넘어가는 소리에 가까웠다. 암흑 속으로 사라지는 순간 마치 매연을 전자레인지에 돌린 듯한 유황 내음이 풍기는 것 같기도 했다.

로마는 흐르는 시간을 성찰하기에 아주 좋은 곳이다. 확실성이 생겨났다 사라지는 그런 시간들을. 한 해가 오고가는 것 따위야 그토록 자주 승리하고 그토록 심한 고초를 겪은 이 도시에게는 아무것도 아니다. 그럼에도 불구하고 그날의 석양은 나를 강타했다. 그 해는 아주 엉망진창인 한 해였는데, 로마의 그 푸석푸석한 공해는 좀 더 광범위한 붕괴의 알레고리 같아 보였다. 로마가 끔찍스런 엉망진창이라는 데 이견은 없다. 대기 오염이 극심하고 체증은 진짜 최악이어서 차량2부제를 강제로 시행하고 있는 지경이었다. 너저분한 쓰레기는 바람결에 나뒹굴다 고색 창연한 광장에 널브러지고 분수를 더럽히고 아피아 길가에 늘어섰다. 독극물이 흐르는 강 티베르는 콘크리트 강둑 사이에 추하게 버려져 있었다. 그림 같아 보이던 건물들은 이제 거의 구제불능 상태로 거무죽죽했고, 인도는 깨지고 구멍투성이였고, 도시 곳곳의 복구 및 발굴 작업들은 자금 사정 때문에 중지된 상태였다.

그런 로마를 거닐며 "바로 이곳에서 더없이 훌륭한 정점에 이르렀던 유럽 문명이 이제는 돌이킬 수 없는 내리막길로 접어드는구나", 나는 그런 결론에 도달했다. 그래서 그런지 비아콘도티 길의 번쩍대는 상점들이나 성베드로 광장의 으리으리한 의식도 지독스런 시대착오로만 보였다. 그렇지만 이런 우울한 결론은 차츰차츰 보다 힘찬 결론으로 바뀌었다. 로마가 처한 환경은 늘 병약한 환자 꼴이었지만, 그런 로마에 사는 사람들은 언제나 튼튼하지 않았던가! 스모그야 있거나 말거나 로마 사람들은 이제껏 죽 그래 왔던 그대로이다. 즉, 수많은 방문자들에게 깊은 인상을 남겼던 그 오랜 허풍과 단순함의 조합, 교활과 연민의 조합을 지금도 똑같이 내보이는 것. 불황과 공해, 범죄와 삼중주차 따위는 그들에게 아무것도 아닌 듯 보였다. 난 이런 생각마저 들었다. 만약 도시 전체가 어느 날 갑자기 스칸디나비아처럼 되어버린다 해도, 그러니까 모든 건물들이 말쑥해지고 모든 차들이 반듯반듯 질서를 지키고 부패도 싹 사라진다 해도, 로마 사람들은 아마 아무 낌새도 못 차리리라.

로마에 머무르는 동안 나는 두 명의 전원 풍 음악가들과 몇 차례 마주쳤다. 이들은 이상한 모자와 독특한 신발을 신고서 길거리에서 플루트와 백파이프를 불고 있었다. 이들은 진짜 목축의 신 파우누스 같아 보였다. 그들은 막 저 먼 농경시대의 과거로부터 이 도시를 불러내고 있는 중이었다. 이 중세 풍 인물들은 내게 아주 멋진 이국적 느낌을 선사했으나, 어느 날 밤 이들이 코르소Corso 지구의 어느 가로등 아래서 노

©Movana Chen

심초사 버스시간표를 훑어보고 있는 걸 보고서는 그런 느낌이 산산조각 나고 말았다. 그때 나는 깨달은 것이다. 그들이 이 도시의 엄연한 실상을 통렬하게 예시해 보여주고 있다는 걸. 아무도 거기서 움츠리고 있던 그들을 눈여겨보지 않았다. 주위를 둘러보다 그들은 내게 물었다, 어떻게 집으로 돌아가는 게 가장 좋을지 말이다. 내가 외국인임을 알리자 그들은 마치 영화 속의 이탈리아인들처럼 과장된 배우의 몸짓과 표정으로 "아, 아, 아"를 외쳐댔다.

로마를 '영원한 도시'라고 부를 때의 뜻이 바로 이것이었을까? 로마의 역사에 어떤 일이 벌어지더라도 로마 사람들은 그에 무감하리라고 느끼게 하는 그런 무한한 익숙함 말이다. 분명 로마는 그 어느 때보다 더욱더 자신의 진부함을 팔아먹고 살고 있다. 다른 위대한 수도들도 다 그렇긴 하다. 단 로마는 다른 곳들보다 그럭저럭 헤쳐나가는 데 더욱 익숙하고, 더 잘 외면하기도 하고, 슬쩍 피해버리는 데도 선수이고, 그냥 현상에 잘 만족한다. 로마의 포룸Forum만큼 모든 게 용인되는 역사유적지가 다른 어디에 또 있겠는가. 한때 세계의 중심이었던 그곳의 폐허들은 거의 자연 그대로 방치되어 있으며 길에는 풀들이 아주 그럴듯하게 우거져 있다. 비토리오 에마누엘레 기념관의 근위병은 입장하는 내게 짧디짧은 인사를 건넬 따름이었다. 내 지갑을 털려던 집시 아이들은 눈에 빤히 보이는 수작을 부리다 내게 제지당하고서도 그저 키득댈 뿐이었다. 성베드로 광장에서 스페인 계단까지 날 데려다준 택시 운전사는 자기가 부른 요금의 절반을 내가 깎았는데도 껄껄 웃으며 알았다고만 했다. 신호 대기에 걸린 차들에 덤벼들어 앞유리를 닦아대는 흑인소년들은 차 안의 사람들이 그만두라고 신경질을 부려도 웃으며 춤추는 듯한 몸짓을 할 뿐 아무 행패도 부리지 않았다. "오케이, 오케이, 바베네va bene." 이 도시는 늘 그렇게 얘기하는 듯하다. 네가 얻는 거 이만큼, 네가 잃는 거 이만큼. 그러니까 나빠지는 건 아무것도 없다니까.

짧게 말해, 로마는 얼마나 특별하게 리얼해 보이는지 모른다. 로마의 여경들은 얼마나 자연스러운 인물들인가. 어떤 이는 하얀 모자를 쓴 게 우스꽝스럽기 짝이 없고, 어떤 이는 망토와 모자가 꼭 U보트 선장처럼 생겼다. [바티칸을 지키는] 스위스수비대는 또 얼마나 제대로 땅딸막한가. 특히 깃털까지 꽂은 반지르르한 모자 아래로 안경을 쓰고 있는 모습은 정말 진풍경이다. 피아자 델포폴로에서 나를 쫓아왔던 그 웨이터는 또 얼마나 재밌고 귀여웠던가. "손님, 아마 소수점 계산을 잘못 하셨나 봅니다. 카페 탁자 위에 원래 남겨두셔야 할 팁의 10분의 1만 남기셨더라구요."

트라스테베레Trastevere 지구의 산타마리아 교회에 들어갔을 때다. 가난한 로마인들에게 점심을 대접하는 자선행사가 진행 중이었는데, 그렇게 각양각색인 얼굴들을 본 건 정말 그때가 처음이었다. 신도석 가득 펼쳐진 간이탁자에 포도주를 따르던 아주 침착하고 귀족적인 자원봉사자의 얼굴들. 지긋한 나이인데도 몸가짐은 반듯하던 가난한 사람들의, 멋진 주름살로 가득한 얼굴들. 교회 한쪽 구석에서 조심스레 뚝 떨어진 채 밥을 먹던 집시 가족들의 영리하고 재간 넘치는 얼굴까지.

그래서, 새로운 한해를 맞이하며 내린 내 마지막 결론은 이랬다. 로마의 교훈은 역사의 장대한 행로에만 적용되는 게 아니로구나. 음울한 석양 속에서든 밝고 화창한 아침에든 결코 꺾이지 않을 인간의 탱탱한 활력에도 적용되는 것이로구나. 인간의 활력뿐만이 아닐 수도 있다. 앙상한 로마의 고양이들보다 더 생존력이 강한 동물은 없을 것이다. 그들은 오늘도 로마의 쓰레기 더미들을 뒤지며 이럭저럭 살아간다. 어느 날 오후, 상안젤로 다리의 버팀벽 위에 꼼짝 않고 눌어붙어 있는 작은 도마뱀을 발견했다. 어찌나 별나게 생겼던지, 혹시 늘 그 일대를 감도는 악취나 화학약품 탓에 돌연변이된 것은 아닌지, 꼼꼼히 뜯어보았다. 하지만 웬걸, 걔는 그저 무지 늙은 놈이었을 따름이었다. 믿기지 않을 만큼 늙었으나 너무나 완강해 보이던 도마뱀 한 마리!

> 한편, 모든 게 새롭고 떠들썩하며 온갖 걸 다 받아들이는 곳으로 나폴리만 한 데 가 또 있으랴!

어느 봄날 오후 일행들과 함께 이스키아를 떠나 나폴리로 항해해 갔다. 고요한 하늘빛 바다를 미끄러져 나폴리 항구에 내리니, 그렇지 않아도 악명 높은 교통체증이 마침 벌어진 실업자들의 시위행렬 탓에 거의 지옥 수준이었다. 도시 전체가 배기가스로 꽉 차 들끓고 있었다. 엑셀시오르 호텔은 항구에서 거의 내다보이는 거리에 있었지만, 또 우리들 중 누구도 그 시위행렬 자체는 구경도 못했건만, 부두에서 호텔까지 택시로 한 시간이 걸렸다. 이쯤 되면 택시 타고 가는 길이 지옥 같았으려니 짐작하시겠지만, 실은 섬에서 보낸 평화로운 1주일 뒤에 만난 그 체증은 팔뚝에 주사 한 방 따끔하게 맞는 기분일 뿐이었다.

직업정신이 대단했던 우리의 그 늙은 택시 운전사는 그 사태를 자신의 빼어난 운전 실력을 뽐낼 기회로 삼았다. 지름길이나 자기만 아는 우회도로로 거푸 내달리더니, 급기야 일방통행로를 마구 역행하는가 하면, 노점상들이 늘어선 상점가의 좁은 길을 거칠게 뚫고 지나갔다. 이따금씩은 사람들의 손가락질을 견디다 못해 후진해 되돌아 나오기도 했고, 차가 도저히 다닐 수 없을 것 같은 뒷골목에서는 절박한 T턴으로 빠져나오기도 했다. 우리는 같이 웃고, 같이 몸서리치고, 같이 눈을 질끈 감았다. 간혹 광장으로 빠져나와 저절로 안도의 한숨이 나올 때면 기사 양반은 마치 배우처럼 눈썹께를 쓰윽 한 번 훔치고는, 이내 페달을 다시 밟으며 펄럭이는 빨랫줄 아래를 질주하여 또 다른 슬럼가의 미로로 접어들었다.

"창문 꼭 닫으세요. 밖에 나쁜 놈들이 얼마나 많은지 몰라요." 운전사가 그렇게 경고하던 차창 밖에서는 마치 놀이공원에서처럼 아니면 수족관에서처럼 나폴리의 전설이 전시되고 있었다. 난데없이 코를 줄줄 흘리는 아이들 얼굴이 코앞에 불쑥 디밀어진다. '나쁜 놈들'은 먹잇감을 노리는 맹수처럼 실실 웃으며 내 가방을 노린다. 늙은 노파들은 우리 차가 자기네 과일 좌판을 긁고 지나가자 그야말로 악마의 눈초리로 우리를 쏘아보았다. 비아파르테노페 길에서 우리 차도 어쩔 도리가 없는 체증에 걸려 멈춰섰을 때는, 스쿠터들이 마치 악쓰는 꼬마도깨비처럼 이 차 저 차 사이를, 심지어 인도와 그 너머까지 헤집고 돌아다니며 시커먼 배기가스를 내뿜어댔다. 카스텔누오보 옆의 풀밭에는 몇몇 남자와 개들이 정말 죽은 듯이 드러누워 있었고, 그 주위에 웅성거리며 모여든 사람들 사이에서 경찰관들도 아무 관심 없다는 듯 무심하고 무기력한 모습으로 서 있기만 했다. 처음에 나는 그 광경을 패배의 상징으로 보았다. 나폴리에서는 내연기관이 인류와의 전쟁에서 최초의 큰 승리를 거두었구나 싶었다. 그 속에서 모든 시민들은 자동차가 만들어내는 대혼란 속에서 영원히 살아야 하는 것이려니 싶었다.

하지만 나폴리에서의 여행이 계속되면서 난 궁금해졌다. '나폴리 사람들이 과연 진 걸까?' 도시정부가 일련의 정책을 통해 도시 내 자동차 수를 제한하려 했던 건 사실이지만, 정작 이 악몽 속을 꼬불꼬불 헤쳐나가는 시민들은 전혀 기 죽어 보이지 않았다. 우리 택시의 기사 양반처럼 많은 운전자들은 괴로워하면서도 달콤해하는 나폴리 특유의 방식으로 다들 즐기고 있는 듯했다. 성질을 부려대는 사람은 거의 없었고, 빵빵 경적을 울려대는 일도 드물었다. 완전히 꽉 막힌 곳에서 어쩌다 옆 차 운전자와 눈이 마주칠 때면 예외 없이 찌푸린 표정이 아니라 기분 좋은 인상을 볼 수 있었다. 그 마귀 같은 스쿠터들은 마치 서핑을 하듯 혹은 플라스틱 원반던지기라도 하듯 유유자적 차 사이를 누볐다.

아닌 거다. 만약 자동차가 어디선가 결정적 승리를 거둔다고 해도 그게 여기는 아닌 거다. 나폴리 사람들은 기꺼이 자동차 세상에 동조하는 이들이기 때문에 자동차에 지고 어쩌고 할 일이 없다. 자동차 없는 나폴리는 나폴리가 아니다. 보통 나폴리 사람들은 운전석에 앉았을 때 세상 그 누구보다 더 편안해한다. 자동차 문화에 완벽하게 적응해 몸과 영혼 모두로 자동차를 흠뻑 즐기는 것이다. 게다가 이곳의 자동차는 법정에서 우호적 증언을 해줄 강력한 우군을 거느리고 있다. 이 도시에 깊이 뿌리내린 부패가 자동차 편이며, 이곳 사람들의 화려한 허영심 또한 그렇다. 이전 세대가 파세지아타passeggiata라는 산보를 통해 뼈기고 으스대고 생색을 냈다면, 오늘날 그들은 알파로메오나 피아트 바르체타의 멋진 대시보드 디자인 혹은 이탈리아 예술과 엔지니어링의 환상적인 불가사의라 할 페라리나 마세라티를 자존심의 Ω체로 삼는다.

나폴리의 교통체증은 런던이나 뉴욕의 그것과는 다르다. 이곳의 체증에서는 모순적인 스타일이 묻어난다. 날이면 날마다, 해가 바뀌어도 끊임없이 체증을 경험하다 보면 그런 스타일의 매력이 사실 훌쩍 줄어들 것임에 틀림없겠지만, 막 바다로부터 그곳에 도착한 이방인에게는 그 스타일투성이 체증이 인간적 원기와 적응성의 증표가 된다. 나폴리 사람들은 이런 땜질 속에서 자연스럽게 살아간다. 오랜 세월 동안 그곳을 찾은 여행자들에 의해 나폴리인 특유의 전통적 속성으로 여겨졌던 쾌활함, 편의주의, 뻔뻔스러움, 허세 따위가 이제 자동차 시대를 살아가는 가치로서도 딱 안성맞춤인 것으로 판명된 것이다. 자동차로 꾸며낸 무질서의 달인인 그들은 눈썹께를 쓰윽 훔칠 때도 으레 그렇듯 절망감 때문에 그러는 게 아니다. 그게 바로 극적인 자기만족을 드러내는 몸짓인 것이다.

그런 점에서는 나폴리 사람들 참 멋진걸, 나는 그렇게 생각했다. 낯선 방문객이 한 시간씩이나 교통지옥에 발을 묶인 뒤에도 참 즐거웠다고 할 만한 도시가 세상천지 어디에 또 있겠는가. 문득 어쩌면 그들이 냉철하고 주의 깊은 북유럽 사람들보다 태도 측면에서 한발 앞서 있는 게 아닐까 싶은 생각도 들었다. 모더니티의 불가피한 폐해를 더 기꺼이 받아들이겠노라! 나폴리 시민들은 이미 그렇게 모든 적응을 마친 상태였다. 길거리의 쓰레기가 보기 싫어 떠날 사람들이 아니고, 소음 따위에 아랑곳할 사람들이 아닌 것이다. 그들은 악취 나는 항구에서도 기쁘게 고기를 낚고 신나게 스킨다이빙을 즐긴다. 그들은 이미 오래도록 악덕 정부와 갱들의 강탈에 순응하면서 살아왔다. 그들은 행복하게 일방통행로를 역주행한다. 그 미친 듯한 질주의 한 순간 난 너무 조마조마한 나머지 〈라리퍼블리카〉 신문에 코를 처박을 수밖에 없었다. 거기엔 그곳의 몇몇 성모상이 피눈물을 흘렸다는 기사가 크게 실려 있었다. 이런 초자연적인 것들을 너무나 편안해한다는 점에서 나폴리인은 스웨덴인보다 훨씬 앞선다. 예컨대 더 적극적으로 미래를 수용하는 것이다. 비행접시가 착륙한다면 두 군데 중 어디를 고르겠는가, 나폴리 아니면 [스웨덴의] 예테보리?

그렇게 그 봄날 오후에 나는 마냥 감상에 젖어 나폴리 사람들의 매력에 푹 빠지고 말았다. 내 이전의 많은 방랑작가들처럼 나 또한 나폴리인들에게서 내가 저랬으면, 내가 아는 이들도 저랬으면 하는 모습을 너무나 많이 보았다. 하지만 나는 속속들이 나폴리스러움과는 거리가 먼 인간형이다. 마침내 호텔에 도착했을 때는 흥분과 기쁨, 피곤 탓에 맥이 풀려 흐느적거릴 지경이었다. 엄청난 택시비도 지불했다. 엄청난 거액이었지만 충분히 수긍이 가는 값이었다. 호텔의 체크인 담당자에게 난 너스레를 떨었다. "아, 벌써 집으로 돌아가고 싶어요." 그가 대답했다. "그런 말씀 마세요. 방에 올라가실 때까지만 참아보세요. 그러면 모든

329

게 달라 보일 겁니다."

정말 그랬다. 이제 땅거미가 내릴 무렵, 항구는 작은 고기잡이배들의 불빛으로 점점이 반짝거렸고, 저 멀리 베수비우스 화산이 어슴푸레 내다보였다. 도시 곳곳에 하나둘 불이 켜지기 시작했다. 높다란 굴뚝을 자랑하는 크루즈 유람선과 페리선, 소형 항공모함 〈비토리오 베네토〉호 Vittorio Veneto 등이 부두를 가득 메우고 있었다. 거기 서서 창밖을 내다보는 동안에서 지중해 유람에 나선 〈퀸엘리자베스2세〉호 QE2가 부두를 떠나 너른 바다로 나서는 모습을 볼 수 있었다. 한참 동안 그 배의 불빛을 쳐다보았다. 서쪽으로 서쪽으로 차츰차츰 희미해지던 그 배의 불빛을. 나는 상상했다. 팜코트 Palm Court 풍 진토닉을 마시며 저 멀리 서쪽 '질서의 땅'으로 가는구나, 저 배는….[28]

그런 상상에 젖었다고 해서 불현듯 향수병에 걸렸다는 건 절대 아니다. 프론트 직원 말이 맞았다. 방에 올라가 수화기를 들고 포도주 한 병을 시켜 객실 발코니에 나가 앉으니 그리도 만족스러울 수가 없었다. 우리들 발밑으로는 교통지옥이 쾌활하게 으르렁대고 있었다.

29-6 보스니아

> 지옥의 차량들이 또 다른 방식으로 으르렁대던 곳. 거기는 1990년대의 발칸 지역이었다. 예전에는 유고슬라비아 연방에 참여한 한 공화국이었던 보스니아-헤르체고비나는, 연방이 해체되면서 인종, 이데올로기, 종교, 민족 등의 갈등선을 따라 벌어진 끔찍스런 전쟁의 진앙지가 되었다.

1990년대도 절반이 지났을 무렵이었다. 사라예보에서 아드리아해까지, 난방도 제대로 되지 않는 미니버스에 몸을 싣고 긴긴 겨울밤을 덜

---

28 QE2의 고향 잉글랜드가 이탈리아에서 서쪽임을 상기하시라. [역주]

컹대며 달려가는 것보다 더 암시적인 상황은 좀처럼 상상하기도 쉽지 않다. 공항이 폐쇄되어버려 그 방법이 사라예보를 벗어날 유일한 길이었다. 북쪽에서 날아온 저녁 비행기는 하늘을 맴돌며 공항을 쓰윽 훑어본 뒤 그대로 돌아가 버렸다는 것.

그날 밤 보스니아-헤르체고비나에 퍼부은 눈은 거의 폭설 수준이었고, 길은 문자 그대로 예측불허였다. 불쑥불쑥 난데없이 나타나는 바리케이드 탓에 가다 서다를 반복해야 했다. 산과 산 사이를 도려낸 듯한 골짜기는 어찌나 깊고 어두운지 두렵기까지 했다. 어떤 때는 폭격에 날아간 다리 바로 옆에 놓인 임시 쇠다리를 덜컹대며 건너야 했다. 칠흑같은 어둠 속에서 교차로를 지키는 장갑차 그림자를 보고 화들짝 놀라기도 했다.

유일하게 마주친 차라고는 해안에서 사라예보 쪽으로 끙끙대며 올라가던 거대한 유조차 한 대뿐이었다. 그 차 전조등이 휘어진 산허리께를 멀리멀리 비추던 모습이 아스라하다. 그리고 어둠 속에서도 거듭거듭 창밖으로 떠올랐다 이내 쓸쓸하게 사라지던 박살난 삶터의 모습들이 암시하고 있는 것들 때문에 맘이 얼마나 불편했는지 모른다. 그런 집들에서는 한결같이 생기가 느껴지지 않았다. 아마도 현관께를 비추는 불빛 하나만이, 어쩌면 구슬픈 화롯불일지도 모를 불빛 하나만이 뎅그러니 환했다.

그때 본 폐허들은 통상적인 전쟁의 상처와는 달랐다. 즉 2차대전 때 프랑스, 독일, 이탈리아 마을들처럼 융단폭격과 시가전, 집중포화로 산산조각 난 게 아니었다. 듬성듬성 늘어선 주택들 가운데 유독 어떤 집들만 골라 의도적으로 파괴되어 있었다. 사라예보도 2차대전 때 폭격으로 박살난 유럽의 여느 도시들과는 완전 딴판이었다. 타버려 못쓰게 된 탄피들과 뼈대만 남은 건물들로 꽉 찬 쓰레기더미와는 거리가 멀었던 것이다.

그저 도심부의 건물들 가운데 의도적 파괴가 되지 않은 게 드물 따름이었다. 어떤 것들은 반쯤 허물어져서 구조물과 기초석들이 뒤엉켜 있었고, 어떤 것들은 탄피 조각과 저격수의 총탄 자국으로 얼룩진 정도였다.

이 모든 정황들이 유별난 인격적 증오의 소산이었다. "세상에, 어쩌면 이렇게나 악독하게 파괴했을까" 싶었다. 영문도 모르고 징발되어 전쟁터에 끌려나온 두 군대의 격돌이 아니라, 여러 시민 집단들이 자신들의 '진짜 감정'을 표현하느라 보스니아 전체를 그 지경으로 뒤집어놓은 것이었다. '폭격기' 해리스Bomber Harris의 초토화 작전과는 유형을 달리 하는 사악함이었다. 테일러A J P Taylor[영국 역사가]는 큰 전쟁일수록 더 큰 지지를 받으며 시작된다고 지적한 바 있다. 그러나 내 생각으로는 유고슬라브인들의 왕위계승전[유고 연방 분할 이후의 세력 다툼으로서의 내전을 비꼬는 말]이야말로 인간의 가슴 저 밑바닥에서 우러난 드높은 진정성으로써 수행된 전쟁이었다 싶다.

그 직전 일요일을 나는 자그레브에서 보냈다. 크로아티아의 중심도시이자 열렬한 그리스도교의 도시인 그곳의 교회에서 나는 깜짝 놀랐다. 교회를 꽉 메운 사람들에 놀랐고, 그들의 기도와 찬양, 무릎 꿇고 성체 성사를 받는 열띤 모습에 또 놀랐다. 삼종기도의 종소리가 울릴 때면 장터의 사내들은 좌판 물건에서 눈도 떼지 않은 채 성호를 그었다. 도심으로 들어가는 바위관문 안 기적의 성모상 앞에서 함께 기도하던 젊은이 한 쌍은 특히 감동적이었다. 봉헌을 마치고 서로 감사하며 껴안던 그 모습은 너무나 달콤해 보였다. 그 문 밖에는 거지 아이들 둘이 길의 양쪽에 서서 누가 성소에서 나올 때마다 애태워 우는 듯한 목소리로 구걸을 했다. 감동의 그 젊은 한 쌍은 서로 팔짱을 끼고 환한 얼굴로 걸어나오면서 그 아이들의 애원을 냉정하게 무시했다. 잠시 후 나도 그 바위관문을 나왔고, 그 꼬마들에게 건넬 동전 나부랭이를 찾아 주머니를 뒤적거렸다.

해안을 향해 거친 길을 달리면서 그때 그 순간을 떠올린 나는 얼굴이 붉어졌다. 만약 우리 모두가 별것 아닌 선의를 베푸는 데 그렇게 인색하고 비열하게 군다면, 막상 큰 일이 벌어져 큰 선의를 베풀어야 할 때 과연 흔쾌히 손을 내밀 수 있을까?

그 전 주에는 모스타르에 갔었다. 두브로브니크 출신인 크로아티아 친구와 함께였다. 그런데 이 도시의 그리스도교 쪽 즉 네레트바 강의 서안을 둘러보고 정말 깜짝 놀랐다. 뭔가 미덥지 못한 구석이 있긴 했지만, 그곳은 제법 활기 넘치게 북적대고 있었다! 붐비는 카페가 수십 개도 넘었고, 거리는 쇼핑객들로 넘실댔다. 벤츠와 BMW도 흔했다. 전쟁의 상처를 입은 것이라곤 전혀 눈에 띄지 않았고, 유달리 우중충하거나 낡아 보이는 것도 없었다. 하지만 강 동쪽의 무슬림 지역은 처참하기 짝이 없었다. 건물은 무너졌고, 가게 셔터는 굳게 내려져 있었다. 누더기를 걸친 사람들이 구멍투성이의 질퍽한 길 위를 총총걸음으로 오갔다. 네레트바 강 위로 '헤르체고비나 무슬림들의 자랑'이던 아름다운 터키 다리[29]가 서 있던 자리에는 출렁거리는 임시 다리 하나가 덜렁 걸쳐져 있을 뿐이었다. 그 위를 바삐 오가는 쇼핑객들은 한결같이 눈을 내리깔고 걸었다.

내 동행은 이 모든 광경에 경악했다. "유고슬라비아 내전의 와중에도 수많은 나쁜 놈들은 잘도 먹고 사는군요." 그가 중얼거렸다. 옛 유고슬라비아의 최고 보물 가운데 하나인 그 다리를 누가 부쉈느냐고 내가 묻자 그는 얼버무렸다. "세르비아인들일지도 모르죠. 개종한 무슬림들 짓일 수도 있죠. 외국의 동정심을 끌려고 말입니다." "크로아티아인들일리는 없나요?" "글쎄, 그럴 수도 있겠죠. 하지만 진짜 크로아티아인, 그

---

29 모스타르Mostar라는 도시 이름은 세르보크로아티아어로 '오래된 다리'라는 뜻이다. 『잔 모리스의 50년 간의 유럽여행』, 495쪽. [역주]

333

러니까 두브로브니크의 크로아티아인, 그러니까 저 같은 진짜 크로아티아인들일 리는 만무하답니다."

그 뒤 그와 함께 간 곳은 메주고레였다. 이곳은 1981년 이래 동정녀 마리아가 꾸준히 모습을 드러내고 세계 각지에서 모인 수십만의 순례자들 앞에서 태양이 춤을 추곤 한다는 보스니아의 산간마을이다. 내 동행 크로아티아인은 여기서도 황당해했다. 그는 독실한 가톨릭 신자지만, 그곳의 싸구려 상혼이 적잖이 못마땅했던 것이다. 온갖 성스러운 기념품들을 팔며 번들거리는 가게들, 몇몇 피자 가판대, 형편없는 여관 간판 따위가 즐비했다. 우리는 어린이들이 마리아를 목격했다는 현신의 언덕으로 올라갔다. 성스러운 언덕을 향해 거의 기다시피 올라가는 순례자들이 퍼든 검은 우산의 줄 위로 비는 억수처럼 쏟아지고 있었다. 그날 메주고레의 해는 가장 눈 밝은 이에게조차 아무 춤도 보여주지 않았다. "이 순례길이 진정 성스러운 자비를 구하는 방법이라고 보세요?" 내가 그렇게 묻자, 크로아티아 친구가 대답했다. "뭐 꼭 그렇진 않겠죠. 그렇지만 신은 정말 무서워요."

냉소주의가 오늘날 이 나라의 공기를 뒤덮고 있다. 보스니아-헤르체고비나 땅 곳곳에 세르비아인, 크로아티아인, 보스니아계 세르비아인, 크로아티아계 보스니아인, 무슬림들이 깃들어 살고 있다. 이런 민족들 모두가, 엉망이 된 국토를 이리 저리 조심조심 감시하고 다니는 다국적 군대와 복잡하게 얽혀 으르렁댄다. 외부인들에게는 거의 설명 불가능한 지경인 보스니아-헤르체고비나의 실정은 어느 전쟁에서나 그렇듯 교묘하게 돈을 버는 무리들의 좋은 먹잇감이 된다. 그런 실정이다 보니 외부에서 내미는 인간적 우호의 손길조차 허망하게 내치고 마는 것이다. 나는 궁금해졌다. 만약 이 모든 사태가 우리에게 벌어진다면 우리는 과연 이들과 다르게 처신할 수 있을까?

*

내 고향 웨일스에도 모스타르의 다리와 크게 다르지 않은 다리가 하나 있다. 폰티프리스Pntypridd의 타브Taf 강 위에 아치 하나로 세워진 짐말 건너는 다리가 그것이다. 수채화가들이 즐겨 그리는 다리이기도 하다. 웨일스에도 인종적 편견이 있고, [메주고레 같은] 산간마을들이 있으며, 종교적 광신자들도 있다. 그날 밤 어둠 속을 헤치고 조마조마 나아갈 때 유고슬라비아의 참상이 웨일스에 들이닥치는 경우를 쉽게 상상할 수 있었다. 타브 강의 그 아름다운 옛 다리가 강물 위로 무너져 버리고 기네스Gwynedd와 메이리오니스Meirionydd 마을도 엉망으로 망가진다. 오래도록 억눌려온 우리들의 완고한 옛 신앙심이 대명천지로 미친 듯 불거진다. 많은 사람들은 악랄하게 이윤을 챙겨 BMW를 굴릴 것임을 나는 안다. 아마 적어도 몇몇 사람들은 주저 없이 강 건너에 살고 있는 잉글랜드 출신 주민의 집으로 박격포를 쏘아댈 것이다. 하지만 진짜 웨일스인, 그러니까 햐니스팀두이Llanystumdwy의 웨일스인, 그러니까 나 같은 진짜 웨일스인들은 그럴 리가 만무하다!

그날 밤의 미니버스에는 나 말고도 네 명의 승객이 더 있었다. 스웨덴, 핀란드, 크로아티아, 그리고 잉글랜드인. 또 한 대의 버스가 어둠 속에서 우리 차 뒤를 따라오고 있었다. 새벽 2시경, 우리 버스가 멈춰섰다. 운전사는 내려서 뒤쪽의 텅 빈 어둠 속을 속수무책으로 바라보았다. 그쪽 높은 곳의 길가엔 눈이 둑처럼 쌓여 있었다. "무슨 일이야?" 내 앞의 잉글랜드인이 물었다. "왜 차를 세웠어요?" 운전사 설명으로는 아무래도 뒷차가 길을 잃은 듯하다는 거다. 뒤따라오던 불빛이 어느 순간 사라졌기에, 저 뒤 어딘가에서 큰일이 난 거 아닌가 염려스럽다는 것. 그 잉글랜드인, 늘어지게 기지개 한 번 펴고선, 코트로 어깨를 더 꼭꼭 감싸더니, 다시 잠 잘 채비를 하였다. "아무렴 어때?" 그가 그렇게 곁들인다. 맙소사! 그 사람 아마 농담이라고 한 말일 거야⋯.

29-7 리투아니아

> 동유럽 곳곳에서는 탈러시아의 과정이 한창이었다. 공산주의 이데올로기가 와해됨에 따라 소비에트 제국의 마지막 흔적도 함께 사라져 갔다. 나라에 따라 그 과정이 더욱 급속하게, 절대적으로 일어난 곳도 있었다. 그 중에 리투아니아의 슈라이Siauliai(독일어로는 샤우렌Schaulen)에서 아주 흥미로운 탈러시아화의 과정을 살펴볼 수 있겠다 싶었다. 소비에트 시기에 그곳은 붉은 군대의 공군기지가 위치한 곳으로서 그 전략적 중요성 때문에 외국인의 접근이 일체 불허된 곳이었기 때문이다.

　소비에트 시절에 지어졌고 여전히 소비에트에 소유권이 있을지도 모르는(이에 대해 제대로 아는 이는 아무도 없어 보였다) 촌스러운 고층 호텔에 짐을 풀었다. 줄눈이 죽죽 그어진 콘크리트 건물. 난방은 없고, 전화부스는 관리 부실로 너무나 지저분하며, 두툼한 코트 속에 푹 파묻혀 있던 현관의 안내원 등, 옛 방식을 끈질기게 고집하는 호텔이었다. 텔레비전에서는 모스크바의 토크쇼가 방영되고, 벽에 걸린 안내문은 리투아니아 시민, 구소련 시민, 그리고 나머지, 그렇게 세 가지의 서로 다른 환율이 적용되고 있음을 일러준다. "내가 바라던 딱 그대로구만…." 겁나게 덜컹대는 승강기 속에서 그때마다 움찔거리며 객실로 올라가는 동안 내 입에서는 그런 혼잣말이 절로 나왔다.

　리투아니아가 독립했다는 사실마저 의심되고 아직도 소련의 한 지방이 아닐까 싶을 정도였다. 아침 산책길에서는 10년 전쯤 비교적 윤택한 소련의 어느 지방도시를 들렀을 때와 엇비슷한 느낌에 젖었다. 단지 스탈린이나 레닌의 동상이 없다는 것만 다를 뿐….

　다른 건 모두 갖춰져 있었다. 엄청난 규모의 정부청사 단지가 기념비인 양 서서, 공원까지 거느린 널찍한 내부광장을 굽어보고 있다. 법에 정해진 대로 요란하게 장식된 보행자전용로 빌냐유스Vilniaus 거리가 시내를 관통한다. 이 길가에 여러 문화 관련 단체들이 자리 잡고, 즐거운 노동자들의 소중한 여가시간을 위해 마련된 벤치가 즐비하고, 아낙네들은 바부시카라는 머리수건을 두르고 바나나를 판다. 높다란 첨탑을 이고 있는 성베드로 겸 성바오로 교회는 멋지게 재단장되어 있었다. (아마 무신론 박물관으로 꾸며둔 것일 테지?) 웃기는 토끼 동상, 주석柱石 위에 올려둔 돌로 만든 신발, 고양이 박물관 따위도 눈에 띄었는데, 소비에트 공산주의에다 인간의 얼굴을 덧붙이려고 별 웃기는 짓 다 했구나 싶었다.

도시 외곽의 공장들 대부분은 소비에트 시장을 잃은 뒤 나날이 시들어가고 있었다. 예전의 공군기지는 자유무역지대로 탈바꿈 중이라고 했지만, 그곳을 거닐자니 "글쎄요"라는 의구심만 일었다. 대부분 폐허로 남겨진 그곳의 격납고, 초소 등을 무심히 바라보며 공상에 잠겼다. '스탈린 시대에 내가 이 기지 안을 이렇게 돌아다니다 붙잡혔으면 어떤 대접을 받았을까?'

그도 그럴 것이, 슈라이에서 공산주의자들의 횡포는 지독했다. 이들의 나쁜 짓은 라트비아, 리투아니아, 에스토니아 등 발트해 연안 공화국들에서 두루 자행되었다. 수십 만의 현지인들을 내쫓고, 수십 만의 러시아인들이 이주해 왔다. 그런데 슈라이에서 저지른 나쁜 짓은 특히 상징적이었다. 리투아니아 최고의 성지가 바로 슈라이 외곽에 널찍이 펼쳐져 있기 때문이다. 그 이름이 십자가 동산 Kryziu Kalnas이니, 공산주의자들이 좋아했을 리 만무하다.

십자가 동산은 참으로 묘한 곳이다. 적어도 19세기 초 이래, 아마도 그보다 훨씬 이전부터, 사람들은 이곳을 성스럽게 여겼다. 여러 세대에 걸쳐 사람들은 그 언덕에다 빼곡히 십자가의 숲을 꾸몄다. 나무 십자가, 철 십자가, 새겨 만든 높다란 십자가, 낡은 파이프들로 엮은 십자가, 빼어난 조각품 같은 십자가, 줄지어 선 십자가, 덩어리로 뭉쳐진 십자가, 뒤섞이고 쌓여서 엉망으로 뒤엉킨 십자가. 또 거의 모든 십자가마다 자잘한 십자가와 로자리오 묵주가 수백 개씩 걸려 있다. 리투아니아 방방곡곡에서 이곳을 찾는 끊임없는 순례자들의 발길은 동산 사이사이로 작은 길들을 내놓았다. 언덕 전체가 마치 무수한 상징들이 한 뭉치로 녹아든 뒤 십자가 모양으로 삐죽삐죽 솟구친 용해물 같아 보인다.

십자가 동산은 신비로운 원시성이 묵직하게 도사린 곳이다. 범신주의자인 나에게는 이곳의 그리스도교적 의미보다 이런 추상적 거룩함이 더욱 경외스럽다. 이렇든 저렇든 공산주의자들에게는 혐오의 대상이었다. 이곳이 종교적 신념뿐만 아니라 애국주의의 초점임을 제대로 짚어낸 공산주의자들은, 거기를 없애 버리려고 실로 갖은 애를 다 썼다. 십자가 6,000여 개를 불도저로 밀어버렸고, 십자가 세우기를 금지시키고선, 경비원까지 상주시켰다. 아마 공군기지의 그 초소에서 못마땅한 얼굴로 나를 노려보던 그 경비원들 같았으리라.

물론 이런 조치들은 아무 소용이 없었다. 밤이면 애국주의자와 열렬 신도들이 뚝딱뚝딱 새 십자가를 세웠고, 결국 러시아인들은 십자가 동산을, 나아가 슈라이 자체를 포기하고 떠나버렸다. 공산주의 몰락 이후에도 수천여 개가 더 세워져서 동산 인근의 초원지대로도 퍼져나갔다. 그 가운데 상당수는 러시아로 강제 이주된 리투아니아인들을 기리는 십자가들이다. 심지어 내가 이런 생각에 잠긴 채 근처의 잡초 우거진 자그만 개울가에 서 있던 그날 오후에도, 조용한 전원의 대기를 뚫고 망치 소리가 들려왔다. 우거진 십자가 숲 어딘가에서 누군가가 새 십자가를 세우고 있었던 거다.

다시 한 번 더 독립된 나라에 적응하는 일, 바로 그게 세 발트해 연안국에서 일어나는 일이고, 이곳 슈라이도 그런 과정 중에 있다. 소비에트의 흔적은 끔찍한 기억 속에 남아 있다. 때로는 이런 흔적이 실체를 띠기도 하는데, 가령 수십 만의 러시아계 주민들이 정치지형을 더욱 꼬이게 만들기도 하고, 수많은 전직 KGB 요원들이 아직도 권세를 휘두르기도 한다. 하지만 조금씩, 아주 조금씩, 이 자그만 발트해 나라들은 스스로의 정체성을 되찾고 있다. 이들은 십자가를 두들겨 박고 있는 것이다! 슈라이의 보행자전용로 곳곳에서, 고마운 애국 노동자들의 쉼터이던 그곳에서, 전혀 새로운 양상들이 펼쳐지고 있다.

이제 그 길에서 카푸치노를 마실 수 있다. 부티크는 쿵쾅대는 록음악으로 요란하다. 새로 문을 연 깔끔한 레스토랑에서는 외국인 기업가들이 값비싼 점심을 먹는다. 신용카드도 쓸 수 있다. 미니스커트 차림의 매혹적인 처녀들이 훗날 바부시카의 아낙네로 자랄 리는 없다. 빌냐우스거리 88번지 지하에는 볼링장도 들어섰고, 146번지에 가면 제법 제대로 만든 햄버거도 맛볼 수 있다. 유니버살리네 백화점은 아직도 스탈린 시대로부터 걸어나온 듯 보이지만, 비즈니스 안내소의 소개책자가 열심히 선전하듯 슈라이는 '회상에 잠기기에 참 좋은 곳'임에 틀림없다.

그런데 바로 그 길 끝에 내 호텔이 도사리고 있다. 거기엔 카푸치노도, 컨트리웨스턴 음악도 없다. 슈라이 안내책자의 믿기 힘든 분류에 따르면 이 호텔은 '다른 호텔이 만원일 때 대부분의 사람들이 찾는 곳'이다. 갈색 벨벳 천이 깔린 긴긴 식탁은 아침마다 옛적의 기술지도방문단 같은 20여 명의 젊은 러시아 남자들로 꽉 찬다. 어둠침침한 식당 저쪽 끝에는 한 여인이 홀로 앉아 묵묵히 밥만 먹는다. 안경에다 엄해 보이는 인상, 큼직한 체구, 타래 머리, 길고 두툼한 치마 차림의 그녀는 마치 공산당 통제위원 역을 도맡는 배우처럼 생겼다. 단 한 명의 웨이터가 윗도리도 입지 않고 셔츠 바람으로 이것저것 내놓는다. 진한 블랙커피("우유요? 우유는 다 떨어지고 없는데요."), 구운 계란과 완두콩, 검은 빵, 그리고 대단히 좋은 치즈 등을.

식사를 반쯤 마쳤을 무렵, 웨이터가 코카콜라 한 병씩을 나눠주었다. 남자손님들은 바로 그 자리에서 커피와 함께 콜라를 마셨다. 하지만 나는 눈치챘다. 다른 사람들과 눈을 마주치지 않으려고 애쓰던 통제위원 같던 그 여인이 자리를 떴을 때, 자기 몫의 콜라를 챙겨갔음을.

29-8 헝가리

> 거기서 더 동쪽으로 갔더니, 민족해방, 사회해방의 진도가 훨씬 빨랐다. 공산주의의 기억은 급속히 잊히고 있었다. 내가 부다페스트에 들렀을 때는 냉전의 장막이 막 걷히기 시작하던 무렵이었는데도, 벌써 거기선 제대로 짜릿한 크리스마스를 보낼 수 있었다.

"부다페스트는 어땠어? 정치 상황이 좀 그렇지, 응?" 헝가리에서 집에 돌아왔을 때 한 친구가 보낸 카드는 그렇게 내 안부를 물었다. 정치적 상황이 좀 그렇지 않았냐고? 무슨 정치적 상황? 미안하지만 난 그곳의 정치 상황에 대해 아무것도 모른다. 그에 대해 한마디 물어본 적도 없었다. 부다페스트에서 머문 며칠 동안 정치적 상황에 대해서는 단 한 순간도 생각해 보지 않았다. 그 며칠 간은 어느 도피주의자가 온몸으로 탐닉한 철저한 쾌락으로만 가득했던 거다!

그러나 그 전에 내가 부다페스트에 갔을 때인 1970년대에는 상황이 아주 달랐다. 당시 공산 헝가리가 막 시장경제로 조심스런 첫발을 내디딜 때였기에 누구든 정치적 상황에 관심을 갖지 않을 수가 없었다. 민간 상점이 처음 문을 열기 시작했다. 외국 기업들도 등장했고, 외국 관광객도 찾아왔다. 기쁘게도 힐튼 호텔이 들어서리라고 얘기되던 캐슬힐은, 여름철의 일요일이면 붉은 군대의 어느 군악대가 가끔 뜨악한 표정의 주민들을 위해 연주를 하곤 하던 곳에 아주 가까웠다.

오늘날에도 부다페스트에서 정치적 상황에 귀를 기울이려면 꽤나 독한 맘을 먹고 가야 한다. 유럽에서 별 일 안 해도 마냥 재미난 데로는 부다페스트에 버금갈 곳이 별로 없기 때문이다. 부다페스트는 그저 보기만 해도 좋은 곳이다. 늠름한 다뉴브 강 양안에 근엄하게 자리 잡은 평평한 페스트와 언덕진 부다. 사람 놀라게 하는 의사당(패트릭 리 퍼머가 "미치게 흥분시키는 곳"이라 한 곳)이 강 한쪽을 주름잡고, 건너편 부다 언덕 위의 성채와 기세등등한 마차시 성당이 아래를 굽어본다. 강 위로는 여러 다리들이 기품 넘치게 부다와 페스트를 잇고 있다.

그런데 이 모든 게 공산주의로 덧칠되고 나니 볼품없어 보였다. 도시의 역사 자체가 얼룩지고 어두워 보였다. 헝가리 민족의 최고 상징이었던 성스테판의 왕관도 당시 헝가리에 없다는 이유로만 눈길을 끌 뿐이었다. 2차대전 말엽 미국이 가져간 이 왕관은 켄터키의 포트녹스에 위치한 연방황금창고에 보관되고 있었다.

하지만 이제는 아니다. 국립박물관 내 그 전시실의 육중한 문짝을 밀면 아주 극적으로 삐걱대며 열린다. 방 전체는 흐릿하고, 한쪽 구석의 의자에서 나이 든 관리인 혼자 꾸벅꾸벅 졸고 있는 가운데, 유리상자 안에서 찬란하게 빛나는 성스테판의 왕관이 자기 고향으로 돌아와 성스러운 모습을 보여주고 있다. 황금 고리줄에 주렁주렁 매달린 보석들, 에나멜 처리된 성자들의 모습, 그 위에 새겨진 고대의 문자들, 헝가리의 기상을 너무나 잘 보여주는 왕관 꼭대기의 비스듬한 황금 십자가까지, 정말 지상 어디에서도 볼 수 없는 왕관이다.

꼭대기의 십자가가 왜 삐딱한지는 아무도 모른다. 그래도 어느 콧대 높은 학자, 어느 얼빠진 공무원도 그걸 똑바로 세워야 한다고 얘기하진 않는다. 헝가리의 맛은 그들의 과감한 관습, 즉 딱딱한 의례와 흥청망청 난장판의 묘한 조합에서 나온다. 부다페스트는 내게 늘 '완전 흥분한 빈' 같은 느낌이다. 합스부르크 왕조가 남긴 계급체제의 유산 곳곳에 희한한 말뚝들이 난데없이 박혀 있는 셈이니, 그 말뚝들의 이름은 번득이는 재치나 저항의 몸짓, 혹은 과장의 흔적, 극단에의 암시 등이다.

물론 헝가리 사람들은 이를 마자르족 특유의 기질이라고 말한다. 대평원에서 말을 달리던 최초의 헝가리 군주들이 물려준 거칠고 외향적인 기개 말이다. 더욱이 나는 그런 서사시적 설명을 탐닉하는 인물이다! 부다페스트의 영웅 광장에는 모든 부족장의 우두머리였던 국왕 아르파드Arpad의 896년 도착 장면을 보여주는 청동상 기념물이 서 있다. (이 광장 자체가 1896년에 펼쳐진 '헝가리 밀레니엄 전시회'를 위해 조성된 것이다.) 앞장선 아르파드는 고개를 치켜든 채 단호한 눈길로 도심으로 이어진 안드라시Andrássy 길을 굽어본다. 그의 주위로는 호화로운 장식의 말에 오른 용맹스런 부족대표들이 보디가드처럼 늘어서 깃털장식의 투구 아래로 눈을 이쪽저쪽으로 번득인다. 그 눈빛은 자기편일 때 말고는 차마 상대하고 싶지 않을 만큼 험악하고 공격적이다. 도도하고 냉소적이며 무시무시하게 소름끼치는 그 사내들….

그런 이미지들의 세례를 듬뿍 받은 채, 하루는 비가도 콘서트홀로 오페레타 구경을 갔다. 리스트, 바그너, 말러 등이 공연을 펼친 곳이다. 하지만 그날은 말랑말랑한 대중용 멜로디들로 꾸며진 '베스트 앨범' 같은 공연이었다. 영국인들에게 '길버트와 설리번'이 익숙하듯 부다페스트 사람들 누구나 아는 그런 곡들로 꾸며진 공연 말이다. 성스테판의 왕관과 아르파드의 장사壯士들을 기대한 나에게 그 공연의 레퍼토리는 전혀 그 도시와 어울리지 않아 보였다. 물론 옛 멜로디에는 아직도 거품이 남아 있었고, 집시의 매력도 많이 느낄 수 있었다. 하지만 하얀 타이에 연미복 차림의 젊은이들이 무대를 빙빙 돌며 왈츠를 추면서 합창하는 장면은 어찌나 맥 빠져 보이던지!

그때다. 느슨한 부분으로 접어든다 싶더니, 헝가리 특유의 극적 요소로 꽉 찬 민속음악 차르다시의 격렬한 발 구르기가 시작되었다. 바닥을 쿵쾅쿵쾅 구르며 고개를 뒤로 확 꺾은 채 허벅지를 철썩철썩 때리고 허공으로 팔을 마구 휘젓다가, 어떤 때는 미친 듯 고함을 질러대기도 했다. 흥에 겨운 관객들도 빨라지는 리듬에 맞춰 박수를 쳤다. 그때 나는 보았다. 좋은 쪽으로 돌변한 헝가리인들의 진면목을! 영웅 광장의 말 탄 사내들이 차갑게 비웃는 모습을! 1956년 붉은 군대의 탱크 위에 빽빽이 올라탔던 그 사나이들의 앞뒤 재지 않던 무모함을! 그 헝가리 사나이들은 지독했던 철의 장막에 처음으로 금을 가게 한 인물들이다.

마자르 영웅주의의 맛을 보고 며칠이 지나자 나는 기꺼이 합스부르크의 유산도 맛볼까 싶은 여유를 갖게 되었다. 당시 부다페스트의 길거리에는 눈이 쌓여 있어서, 고급스럽고 진부하고 기름진 이 도시의 측면들이 더욱 매력적으로 보였다. 매일같이 차갑게 비웃으며 차르다시만 춤추며 살 수는 없는 노릇. 이제 전면적으로 자본주의에 맞춰 재단장한 페스트의 거리와 광장을 느긋하게 거니는 건 아주 편안했다. 프란츠 요제프[30]에 대해 생각하며, 당신도 나도 아주 잘 알지만 이름은 잘 모르는 익숙한 가락을 휘파람 불며. 정말, 이 노래가 뭐였더라? 프릿츠 크라이슬러의 노래 맞던가? 혹 '아름다운 로즈마린' 아니던가?

커피숍에서 30분 정도를 보내기에 여기보다 더 좋은 곳은 없다. 촉촉한 케이크를 곁들여 마시는 커피는 5분 정도로 충분하고, 나머지 시간은 뒷맛을 즐기면 된다. 오가는 사람들을 구경하고, 유치하게 철학자인 척하다가, 바로 옆 호리호리한 탁자의 사람들과 두런두런 얘기를 나누는 거다. 합스부르크 왕실의 성채가 있는 언덕으로 푸니쿨라를 타고 10분 동안 올라가는 길은 편안하고 즐거운 게뮈트리히카이트로 넘친다. 조그맣고 예스러운 나무 객차에 앉아 멀어지는 강물을 바라보며 아늑하게 올라가는 길이다. 지난 세기말의 건물들을 바라보기에 부다페스트의 길보다 더 좋은 데는 없다. 찬란한 고딕-르네상스의 혼혈아였다가 절충주의적 뒤범벅의 개가라고 예찬되고 있는, 강가의 '미치게 흥분

---

30 Franz Josef. 1867년 프란츠 요제프 오스트리아-헝가리 제국 황제의 대관식이 곧 하나로 합쳐질 부다-페스트에서 열렸다. 『쟌 모리스의 50년간의 유럽여행』, 520쪽 참조. [역주]

시키는 의사당'도 빼먹으면 안 된다. 또 가장 안락한 합스부르크의 맛을 즐기기에는 동물원 옆의 유명한 옛 레스토랑 군델스Gundel's보다 더 나은 데가 없다. 지난 번 부다페스트를 찾았을 때는 그곳이 시정부에 의해 운영될 때라 생기라곤 찾아볼 수 없는 공간이었지만, 이제는 미국계 헝가리인들의 투자를 받아 불그레한 생기가 넘치는 곳으로 되살아났다. '프란츠 요제프가 즐긴 것'이라고 소개된 수프를 먹지는 않았지만, 거위 간을 채운 '세체니 백작 식 꿩 가슴 구이'(구운 사과를 곁들여 나온다)라는 이름의 훌륭한 궁중음식에는 흠뻑 빠져보았다.

한 도시를 이보다 더 즐긴 적은 없다. 집에 돌아와 오스트레일리아에 사는 헝가리 친구들에게 전화를 해 부다페스트에 다녀왔다고 얘기했다. "아, 그래? 사람 당황시키는 저 밑바닥의 흐름들을 느껴보진 못했어?" 그들은 그렇게 물었지만, 내 얼굴은 티끌만큼도 붉어지지 않았다. 그냥 내 왕관을 좀 더 날렵하게 구부러뜨린 뒤 자허토르테Sachertorte 초콜릿 케이크를 한 조각 더 베어 물었다.[31]

29-9 불가리아

> 불가리아 또한 한번 둘러보기에 아주 기분 좋은 곳으로 알려졌다. 이런 명성은 냉전 시기에 견주어 그야말로 상전벽해였다. 옛적엔 소비에트 위성국가들 가운데 가장 위험하고 호전적인 곳으로 여겨졌던 것!

수도 소피아의 남쪽에 펼쳐진 산악지대로 차를 몰고 들어가 삼림지대의 좁은 언덕길 높이 올라가다 보면 난데없이 릴라Rila 성요한 수

---

31 왕관 좀 더 구부러뜨리기는 '마자르 영웅주의'의 은유, 자허토르테는 '합스부르크 분위기'의 은유이다. 아마 잔 모리스는 새로 거듭난 부다페스트 가게 중 하나인 저보스Gerbeaud's 과자집에서 메테르니히 재상의 직속 요리사 자허가 개발했다는 이 초콜릿 케이크를 사왔을 것이다. [역주]

도원이 나온다. 널빤지로 바닥을 깐 넓은 안마당에 돔이 여럿인 교회 하나가 서 있고, 마치 중세의 여행자 숙소처럼 회랑을 낀 높다란 건물들이 그 주위를 둘러싸고 있다. 멋진 건축 양식의 집합체로서 이 건물은 아주 빼어나다. 게다가 이 집은 단순한 수도원이 아니다. 성스러운 곳으로 공인된 곳이긴 하지만, 요새이기도 하고 그림엽서에 자주 등장하는 유명한 곳이기도 하다. 게다가 불가리아 최고의 국가적 부적 역할도 한다. 불가리아의 표상으로서 이곳은, 오늘날의 불가리아인들에게 에펠타워, 시드니 오페라하우스, 넬슨 칼럼, 워싱턴 모뉴먼트, 브란덴부르크 문, 붉은 광장이다.

불가리아 사람들에겐 이런 국가적 부적이 적어도 하나는 필요하다. 최근의 불가리아 역사가 기나긴 고통과 좌절의 과정이었기 때문이다. 지리적인 조건 때문에 불운한 불가리아인들은 지구상에서 가장 불편한 이웃 둘 사이에 끼어 살아야 했다. 러시아는 전통적으로 불가리아의 보호자였는데, 결국 불가리아에 유난히 지독한 스탈린 체제를 심어주었다. 터키는 수세기 동안 불가리아를 점령하고서 잊을 만하면 학살의 만행을 저지르곤 하던 압제자였다. 누구나 좋아함 직한 매력의 소유자인 불가리아인들이 누구의 눈치도 보지 않을 자유를 누리게 된 것은 1990년대 들어서였다.

그런 지경이니 불가리아 곳곳을 찾아가는 여행길은, 릴라를 중심점으로 해서 퍼져나간 국가적 자존심의 띠를 따라서 이 국가적 성소에서 저 성소로 옮겨다니는 여정이 되고 만다. 불굴의 정신과 민족중흥의 기념물들은 실로 엄청나다! 희생과 혁명을 가르치는 박물관들! 시인과 병사들을 기리는 크고 작은 무덤과 기념비들! 영웅의 동상, 감사의 교회, 제헌의회의 싹을 키워낸 터전들! 세상 어느 애국자가 불가리아인들의 애국심을 능가할 것이며, 불가리아인들의 상징보다 더 상징적인 게 어디 있으랴.

불가리아 역사에서 핵심적인 승리 하나는 결과적으로 민족의 독립을 가능케 한 1876년의 반反터키 봉기였다. 그 뒤 벌어진 온갖 역경들도 그때의 기억으로 견뎌낸 것이다. 봉기 직후의 대학살, 이런저런 종류의 폭정들, 1913년 발칸전쟁에서의 패배, 1차대전에서의 굴욕, 불행하게도 나치와 손을 잡았던 2차대전, 러시아에 의한 1945년의 '해방', 공산 독재의 긴 세월 등을 말이다. 한 세기가 넘도록 누구도 불가리아에서 1876년 승리의 기념물들을 피해갈 수 없었다.

루세Ruse의 다뉴브 강 기슭에는 당찬 할머니 바바 통카의 집이 있다. 루세의 애국 여성들을 이끌고 마을의 터키감옥을 무장 공격했던 여인이며, 그녀의 다섯 아들들도 터키에 맞서 싸웠다. 코즈로듀이Kozloduy에서 다뉴브 상류로 조금 가면 뜨거운 시인 흐리스토 보테프를 기리는 기념물이 있다. 그는 루마니아에 있던 200여 명의 불가리아 이주민들을 규합해 오스트리아 증기선을 납치하고선, 이를 끌고 와서 코즈로듀이 강변을 공격함으로써 '자유 아니면 죽음'이라는 깃발을 내건 봉기에 합류했다.

소피아에는 불행한 '자유의 사도' 바실 레프스키의 처형장소를 알려주는 기념비가 서 있다. 그는 변장을 하고서 전국을 떠돌며 혁명군을 모집했던 걸로 유명하다. 이 모든 기념비들 중 단연 으뜸은 쉬프카Shipka의 '자유의 전당'이다. 여기서 불가리아인들은 가장 유명한 승리를 쟁취했다. (내가 가진 불가리아 역사책에 당당하게 쓰여 있듯이, "그리 많지 않은 러시아인들의 도움을 빌어" 승리한 전쟁이었다.) 쉬프카의 전몰장병기념비로 오르는 어마어마한 894 계단은 참배 학생들의 행렬로 늘 붐비며, 그 기념비를 지키는 불가리아 사자상 또한 다른 어디보다 우람하고 탄탄한 근육질을 자랑한다.

*

불가리아인들에 대해 거의 일방적인 애정을 지닌 나로서는 이들의 이런 정서에 가슴 깊이 동조하지 않을 수 없다. 또 자유의 전당에서, 레프스키와 바바 통카의 이야기로부터, 그 과격한 서정시인과 그의 동료들에 의한 증기선 〈레츠프〉호Retsb 피랍에 대해, 여느 불가리아 학생들과 마찬가지로 내 가슴은 뭉클해진다. 누구든지 자신들에게 닥친 처참했던 기억을 다독거려줄 성공의 순간이 필요한 법이다.

그런데 불가리아의 고난은 아직 끝나지 않은 듯하다. 물론 전원 풍경은 참으로 아름답고, 포도주 맛 또한 아주 빼어나며, 사위가 화사한 꽃 천지이고, 웨이터들은 순박한 웃음을 짓는다. 거위와 염소, 노새는 그림엽서 같은 마을 주변을 거닐고, 트럭 운전사들이 즐겨 찾는 기사식당에서는 맛난 수프를 즐길 수 있으며, 흑해의 단체관광 전문 휴양지들은 문전성시 중이다. 그렇지만 대부분의 사람들은 여전히 지독한 가난에 찌들린 채 살아가야 하고, 정치 상황은 암울하다. 내가 펼쳐든 〈불가리아 경제 뉴스〉 지면은 온갖 근심들(기본 이자율 108%, 경제 규모가 33%나 줄어들었다, 과일 생산이 곤두박질쳤다, 등등)로 얼룩져 있었다. 내무부장관은 자기 휘하의 경찰관 세 명이 총격을 받고 숨진 지 사흘 만에 미인대회에서 모델들과 노닥거리는 게 카메라에 찍히는 바람에 사퇴했다고 한다.

불쌍한 불가리아여! 이곳의 삶은 좀 순조로울 수 없단 말인가? 세상이 이곳을 좀 그냥 놔두면 안 되는 건가? 요즘 터키는 불가리아에게 꽤 우호적이다. 하지만 저 북쪽 국경지대의 주요 교통요충지인 루세에서는 외세의 간섭이 끈질기게 계속되고 있음을 실감할 수 있다. 루세에서 2~3킬로미터 하류로 내려오면 다뉴브를 건너는 거대한 철교 하나가 나온다. 이 다리는 꼭 '사기꾼들의 통로' 같아 보인다. 동유럽의 온갖 신종 사기꾼들이 저 다리를 건너 북쪽으로부터 밀려 내려와 이 조그만 나라 곳곳으로 훔친 벤츠 차를 타고 마구 퍼져나가는 상상이 쉽게 일어나는 것이다. 루마니아 건달, 몰다비아의 기회주의자들, 집시 좀도둑들, 헝가리 야바위꾼들, 러시아 악당 등의 온갖 신종 해악에 맞서 불가리아는 스스로를 굳게 지키고 있다. 아직 유럽의 일원은 아니지만 더 이상 동구 블록의 하나이지도 않은, 인구 900만의 이 작고 쾌활한 공화국은 스스로를 수렁에서 건져내기 위해 애쓰고 있다.

물론 불가리아인들은 상징을 원한다. 누군들 그렇지 않은가? 그런 상징을 찾아 이들은 릴라도 훌쩍 뛰어넘어 아주 머나먼 역사 속으로 여행을 떠나, 기름지고도 몽롱한 원시 불가르인이나 트라키아인, 보고밀인들의 세계를 찾아 나선다. 내게는 이렇게 발굴된 애국의 아이콘들 중 하나가 가장 그럴듯해 보인다. 마치 '아라비아의 로렌스'가 폭파시켰던 헤자즈Hejaz 철도의 한 역사驛舍처럼 생긴 건물을 빠져나가 만났던 마다라Madara 마을, 이 먼지 뿌연 작은 마을을 굽어보는 한 절벽에 고대 인물상 하나가 조각되어 있다. 너무나 오래 되고 많이 닳아서 지는 햇볕이 그 윤곽을 비추어야 겨우 눈에 띄는데, 그때도 그저 희미하게 알아볼 수 있을 뿐이다. 하지만 사진으로 보면 이 마다라의 말 탄 인물상을 더 또렷이 볼 수 있으며, 그 인물이 불가리아라는 나라의 상황에 얼마나 잘 어울리는지도 깨달을 수 있다.

말을 달리는 그에게서는 흐릿하게나마 불굴의 기개가 엿보인다. 발치에는 날렵한 사냥개 그레이하운드 한 마리를 두고, 갓 사자 한 마리의 숨통을 끊어놓고 있는 듯 보인다. 오른손으로는 달리는 말의 고삐를 쥐었지만, 왼손은 머리 위로 높이 치켜들었는데, 그 손에 들린 게 무언지 아시는가? 바로 포도주잔이다! "나즈드라베!" 마다라의 말 탄 인물은 역사를 향해 그렇게 '건배'를 외친다. 그 뒤 수천 년 동안 이 포도주와 자존심, 고난의 나라 또한 충성의 맘을 담아 그를 향해 외쳤다. "나즈드라베!"

29-10 루마니아

> 루마니아의 상황은 조금 달랐다. 루마니아가 경험한 공산주의부터가 색다른 것이었기 때문이다. 25년 동안 루마니아를 지배한 것은 니콜라이 차우세스쿠와 그의 까막눈 아내라는 한 쌍의 미치광이들이었다. 1989년에 이들 둘 다 처형되었다.

부쿠레슈티 사람들은 터널 얘기를 엄청나게 많이 한다. 바람 난 귀족들이 터널을 뚫어 자기 애인들 만나러 갔다더라, 독재자들이 도망갈 터널 다 뚫어놨다더라, 와해된 유대인 지구 아래에서 거미줄 같은 터널망이 발견됐다더라, 등등. 그 도시에서 며칠 지내다 보니 나도 무슨 초현실주의적 미로 속을 더듬대고 있는 듯한 느낌이 들었다.

물리적으로 보아 부쿠레슈티에는 구멍과 굴들이 틀림없이 많다. 도시 상당 부분이 하나의 거대한 건물 신축이나 파괴 공사장처럼 느껴질 정도다. 지하철로 내려가는 계단이 마치 두더지 굴 같은 악취가 나는가 하면, 대법원 안의 어둑어둑한 복도는 피라네시Piranesi의 그림에서처럼 복잡하게 꼬여 있다. 마치 근심에 찬 피고들을 그들의 운명을 결정지을 침침한 방으로 내몰 듯 말이다. 리프스카니Lipskani 지구의 좁은 길들도 마치 터키의 시장을 연상시킨다. 차량들이 바지나 책, 아노락 등의 판매대 사이를 비집고 달리며, 공기는 록과 떨리는 전통 음악 소리로 우중충하게 탁해져 있다. 또 은유적으로 볼 때는 부쿠레슈티의 온갖 음모론들이 떠돌아다니는 수수께끼와 역설의 미로가 거기 있다. 몰도바는 무엇이고 몰다비아는 또 무언가? 철의 친위대와 레종 부대의 차이는 뭔가? 드네스터 저쪽의 문제라니, 대체 무슨 말인가? 제켈 가문은 누구를 가리키는지? 크론슈타트라고 불리던 건 대체 무엇이고?

만약 루마니아 터널의 저쪽 끝에 빛이 있다면 그건 아마 귀신불일 공산이 크다. 저 건물이 왜 반쯤 버려진 거냐고 물어보라. 그러면 틀림없이, 그냥 방치된 거다, 지진 때문에 부서졌다, 혁명 때 망가진 거다,

혹은 짓다 만 거다 따위의 대답을 듣게 될 거다. 하루는 한 박물관에 왜 내가 들어갈 수 없는지, 여섯 가지 이유를 듣기도 했다. (1)지금 재건축 중이기 때문. (2)그 안에서 강도 사건이 일어났기 때문. (3)재고 조사가 진행 중이기 때문. (4)이집트의 무바라크 대통령이 곧 그곳을 방문할 예정이기 때문. (5)투르크메니스탄의 사파무라드 니야조프 대통령이 최근 그곳을 방문했기 때문. (6)지금 문을 닫았기 때문.

정말 상스럽지만 그래도 독실한, 산산이 무너졌으나 여전히 품위 있는 루마니아 사람들. 담배를 꼬나물고 전차를 몰던 여자운전사, 도심의 사람들 물결 속으로 휩쓸려 들어가기 전 성호를 긋던 할머니들, 약초를 파는 장사꾼과 높다란 털모자를 쓴 농부들, 호텔 계단 아래로 사기꾼처럼 사라지던 영화 속 건달 같은 이들, 문을 열고 들어가고 싶어지는 작고 어여쁜 교회와 경탄하거나 혹은 치를 떨게끔 하는 차우세스쿠의 과대망상 기념비들, 바부시카 스카프를 쓰고 낙엽을 쓸던 여인들과 객차의 윗부분을 레이스 커튼으로 예쁘장하게 치장한 기차들. 부쿠레슈티는 루마니아 특유의 라틴 뉘앙스를 풍기면서 결코 억누를 길 없는 '발칸'스러움의 모든 것을 날이면 날마다 공연하는 무대이다.

이처럼 부쿠레슈티 길거리 풍경에서 접하는 암시들이 때로는 완전 다른 시대로부터 유래한 것이기도 하다. 어떤 사람은 말한다, 한때 체임벌린[영국 수상]과 히틀러의 협상으로 매조지된 국경과 소수인종 문제는 정말 터무니없다고. 어떤 사람은 〈루마니아 리베라〉란 신문을 펴들고 확인시켜 준다, 티기나Tighina에서 러시아 말을 쓰는 인간들이 루마니아 학교들을 공격했다고. 또 어떤 이는 말한다, 유럽의 운명은 드네스터 저쪽의 문제를 어떻게 해결하느냐에 달려 있다고. "드네스터 동쪽의 영토는 라틴의 최전방이거든요!" 또 다른 누군가는 말한다, 누군가가 유럽인이 되는 건 "그리스도교가 쌓아온 전통 안에서만" 가능하다고. 이런 지경이니, 누군가가 내게 무바라크 대통령의 임박한 방문이나 니야조프 대통령의 최근 방문이 아니라 터키의 술탄 때문에 내가 그 박물관에 들어갈 수 없는 거라고 했어도 나는 별로 놀라지 않았을 것이다.

다른 한편, 난 유쾌한 지인들과 함께 샹들리에 번쩍대는 육군본부(1912년 건립, 건축가 D 마이마롤루) 식당의 저녁 탁자에 앉아, 스피커에서 쾅쾅 울려대는 밴드의 음악이 귀를 먹먹하게 하는 가운데, 몰다비아산(몰도바가 아니라 몰다비아!) 리슬링 백포도주를 마시며 다뉴브에서 잡아온 농어 요리를 먹었다. 부쿠레슈티 기득권층의 요새라 할 그곳에 가득 울리던 그 터무니없는 음악을 틈타 나는 무사히 몇 차례 코를 후비는 데 성공했다. 루마니아작가연합 본부 건물에 들렀을 때는 어리벙벙해졌다. 나는 그곳이 지난 수십 년 동안 공산주의의 정통성을 심판하는 재판소라고 여겼는데, 세상에, 그냥 어디든 내 맘대로 둘러봐도 좋다는 것이다. 그 수많았던 이데올로기 논쟁의 흔적일 찌든 시가 냄새를 맡으며, 한눈에 작가처럼 보이는 여러 조합원들의 상냥한 목례까지 받아가면서 말이다! 그리고 밀리터리 호텔로 슬슬 걸어들어가면서는 루마니아 해군에서 가장 용맹스런 선장과 금세 친구가 되기도 했다. 그는 금빛 찬란한 유니폼 위에 꼭 U보트 선장 같은 가죽 코트를 걸친 차림이었다.

이런 복합적인 느낌은 아주 괴상하다. 한편으로는 모든 사람이 나를 환영하지만, 다른 한편 누구도 터놓고 솔직하지는 않은 것이다. 여기서는, 심지어 대담한 바다의 선장님과도, 대화를 나눌 때면 음흉한 신중함으로 둘러싼 분위기가 된다. 아니, 아직도 차우세스쿠의 기관원들이 이 나라를 쥐락펴락하는 건가, 자유의 확신이 여전히 임시적일 뿐인 건가 싶을 정도다. 부쿠레슈티의 공산 독재는 바르샤바나 부다페스트, 소피아, 프라하 또는 동베를린과는 그 유형이 달랐다. 그것은 라틴형 독재였으니, 종종 루마니아는 소련과 맞서기도 했다. 그리고 그 지도자들은 통상적 스탈린주의자보다는 동방의 미친 폭군들에 더 가까웠다.

고통으로 가득 찬 역사보다도, 오토만제국 때문에 꼬이게 된 문제들보다도, 혹은 장래에 전개될 유고슬라비아의 끔찍한 사례보다도, 이 질리는 독재자 커플의 망령이 부쿠레슈티의 실태를 더욱 엉망진창으로 만들고 있다. 그들이 사형된 지 이제 겨우 5년, 모든 세대가 그들의 통치 아래 성장했다. "우리는 배우는 사람들입니다. 이제 겨우 시작이라고요." 젊은이들은 내게 그런 얘기를 거듭했다. 정상 세계로 진입하는 길에 이제 막 발을 디뎠다는 뜻으로 한 얘기이리라. 그리고 난 얼마나 걸려야 그 정상 세계가 되겠냐고 차마 물어볼 용기가 없었다. 이 도시에서 이오네스코Ionesco[루마니아 태생 프랑스 극작가]는 자신의 문학적 밑천을 다졌다. 이제 보니 그는 자신의 작품에서 비합리적 희비극의 일반적 양상만을 얘기한 게 아니었다. 자기 고향 땅의 아주 특별한 뒤죽박죽 상태를 글에 담고 있었던 거다.

차우세스쿠의 몰락이, 마치 베를린장벽의 붕괴처럼, 루마니아 역사에서 획기적인 전기가 되지 않을까 기대했었다. 꿈과 악몽이 모두 끝나고, 평범함으로의 길이 열리리라고 믿은 것이다. 여기서 며칠을 보내면서 내 확신은 아연 흔들렸다. 아직도 제대로 된 시설을 갖추지 못한 엄청난 규모의 대로(수많은 분수들도 물 없이 텅 빈 상태였다)가 차우세스쿠의 악명 높은 신 부쿠레슈티의 중심축을 이룬다. 겉모습으로는 그 건축적 값어치가 서구의 웃기지도 않는 포스트모더니즘의 사례들보다 크게 나빠 보이지 않는다. 그리고 그 일부는 이미 도시생활의 온갖 잡동사니들과 어수선함으로 서서히 인간화되고 있는 중인지라, 앞으로 20년만 지나면 이게 바로 부쿠레슈티의 묘미를 결정짓겠구나 싶었다.

이 대로의 정점에 선 거대한 궁전 건물 또한 수수해졌다고는 못 해도 친숙해지고 있는 중이다. 그 규모와 누추함은 도무지 씻어낼 수 없어 보인다. 로마의 비토리오 에마뉴엘 기념비를 20~30배 뻥튀기하면 어떨지 상상이 가시는가? 바로 그게 이 의회궁전의 위용이다. 이 건물의 원래 이름은 인민궁전, 그러니까 차우세스쿠 가문의 궁전이었다. 사람이 들어가 생활하는 건물들 가운데는 워싱턴의 펜타곤만이 더 클 뿐이며, 부피 자체로만 따진다면 케이프 캐나버랄 우주기지의 로켓 조립용 격납고에만 뒤질 뿐이다.

　이 또한 미완성인 상태지만, 관광객들은 그곳을 찾고 으리으리한 실내 살롱에서는 국제회의가 개최되며 곧 한 날 한꺼번에 상하원이 이곳으로 입주할 예정이라고 했다. 1990년, 이곳으로 들이닥친 복수심에 불타는 시위대는 증오와 도취감에 휩싸여 그 양탄자들을 갈기갈기 찢어 놓았다. 어제의 내 관광안내원이 가장 열띠게 소개한 건 그곳 커튼을 수녀들이 만들었다는 것. 그 건물을 나오는데, 세상에나, 의전용 출입문 바로 앞에 늙은 개 한 마리가 몸을 잔뜩 웅크리고 누워 차가운 햇볕 아래서 낮잠을 자고 있었다.

　그처럼, 적어도 이방인의 눈에는, 차우세스쿠의 정신 나간 바보짓들이 이곳에 든든한 뿌리를 내리고 있는 듯 보였다. 모든 것을 죄다 빨아들이기, 그리하여 자신들의 역사적 레퍼토리에 심하다 싶은 것까지 덧붙이고 마는 것, 그게 바로 부쿠레슈티의 속성일지도 모른다. 의회궁전을 나와 대주교 대성당까지 곧바로 걸어갔다. 근처 언덕의 어여쁘고 아담한 건물이다. 동방정교 특유의 은빛 장식들이 등불에 비쳐 반짝반짝 아른거렸다. 안으로 들어가니 성물에 입을 맞추려고 늘어선 순례자들의 줄이 길었다. 이 느긋한 줄 맨 앞에서는 키가 큰 신부가 신자들에게 성수를 방정맞게 뿌려댔다. 그런데 엉뚱하게도 그 무리들 속에는, 성경에 자주 등장하는 그런 미친 여인이 온몸을 푸들푸들 떨며 오가고 있었다. 동정심 많은 신자들은 그녀의 어깨를 이따금씩 다독거려주고….

어둑어둑한 실내를 떠나 다시 환한 밖으로 나오며 나는 놀라웠다. 내가 진짜 20세기 유럽에 있는 거 맞아? 부쿠레슈티의 젊은이들이 유럽의 나머지처럼 되기까지는, 시민들이 자아내는 이런 어리석음의 무대에 막이 내리기까지는, 안타깝지만 아주 오랜 시간이 걸리겠다 싶었다.

29-11 알바니아

> 차우셰스쿠 부부보다 더 제정신이 아닌 인물이 있었으니, 알바니아의 못 말릴 공산주의 독재자 엥버 호자다. 국민들은 그를 '우리 친구 호자'라고 불렀다. 호자는 비가 오게 할 수도 있다네! 호자가 걸어간 곳에는 꽃이 피어난다네! 그는 경악할 만한 쇠락과 전국을 수놓은 80만 개의 콘크리트 토치카를 유산으로 남기고 1990년에 죽었다. "알바니아의 적이 대체 누구냐"고 물었던 적이 있다. 대답은 "전부 다"였다.

공산 체제가 물러난 1992년 당시 수도 티라나에는 자동차가 50대 뿐이었다. 티라나 한복판인 스칸데르베그 광장 사진을 보면, 그 무지막지한 행사장용 광장을 어색하게 얼어붙은 행인 한둘만 가로지를 뿐, 텅 빈 모습이었다. 1996년에 다시 거기에 갔을 때는 4만 대 가까운 자동차가 거리를 가득 메우고 있었다. (그 중 1/3이 벤츠이고, 거의 전부 다 중고품이며, 대부분 독일에서 건너온 장물이었다.) 스칸데르베그 광장도 거대한 소용돌이 같았다. 거기 모스크도 보였고, 시계탑, 박물관, 문화센터, 기능적으로 지어진 현대식 호텔, 국립은행, 분수 두엇, 잡다한 이탈리아 풍 관공서 건물, 10개도 넘는 가판대, 그리고 그 광장 이름의 기원이 된 15세기 영웅 스칸데르베그의 기마상 하나까지. 참, 이동식 유원지도 거기 두 개씩이나 자리를 잡고 있었다. 온갖 나이대의 사내들이 끝없이 나타나 암시장의 환율로 돈을 바꾸라고 따라붙었다. 수많은 어린이들이 유원지의 탈것들을 즐겼다. 광장 주변으로는 수십 개의 카페들이 눈코 뜰 새 없이 성업 중이었다. 거기서 뒤로 돌아가면 거대한 길거리시장이 나온다. 생선이나 고기를 파는 가판대, 야채 수레, 산더미 같이 쌓인 낡은 자전거 등이 뒤섞여 넘실대는 노천시장이다. 마치 그 멋진 마라케시 광장이 아타튀르크,[32] 무솔리니, 스탈린 등의 손을 차례로 거친 뒤에 드디어 코펜하겐 티볼리 정원[33]의 관리팀에게 넘겨진 듯한 꼴이었다.

저녁이면 모든 티라나 시민들이 황혼녘의 파세지아타를 즐기려고 거리로 몰려나와 큰길을 어슬렁대고 분수 주위에 둘러앉고 유원지의 놀이기구들 사이를 정처없이 떠돈다. 그럴 때면 티라나의 자동차가 여전히 50대뿐인 듯 고속도로도 마구 무단횡단하곤 해서 너무 아슬아슬해 보였다. 새로 사서 바로 끌고 나온 듯 서투르게 내달리는 차량 수천 대의 경적, 꼭 실성한 듯한 교통경찰의 호루라기, 그리고 랩, 록, 발칸 포크 등이 마구 뒤섞인 격렬한 비트의 음악 등, 이 무렵 거리를 메우는 소리들이야말로 둘도 없는 알바니아의 소음이었다. 늘 웃을 준비가 된 시민들, 금방이라도 나쁜 짓을 저지를 것 같은 느낌, 무슨 일만 벌어졌다 하면 와글와글 웅성대는 사람들, 죽 끓듯 하는 변덕과 뜻밖의 일들, 이 모든 것들에 깃든 예사롭지 않은 태평함이 나는 너무나 사랑스러웠다. 간혹 누군가가 내 팔에 메마른 키스를 해대기도 한다. 뒤돌아보면 끈덕지게도 돈 한 푼을 구걸하는 집시 아이들이다. 한번은 티셔츠와 청바지 차림의 젊은이를 저리 가라며 퉁명스럽게 쫓아 보냈다. 또 암달러상이려니 했던 것. 그런데 이 젊은이, 쑥스러운 듯 자기는 대통령 경호원이라면서 내가 대통령 관저 정문께로 가는 걸 막으려고 했다는 거다.

어느 날 밤 잉버 호자가 생전에 자기 이름을 내건 박물관으로 지었

---

32 Atatürk. 터키의 국민영웅 무스타파 케말파샤의 별칭. [역주]
33 『잔 모리스의 50년간의 유럽여행』 237~240쪽 참조. [역주]

다는 커다란 피라미드를 둘러보았다. 물론 지금은 보다 세속적인 용도로 바뀌었다. 어둠 속의 조명은 놀라웠고, 한가한 밤 시간을 보내는 사람들로 일대가 붐볐다. 행사용 계단을 오르내리는 이들, 지하 카페를 어런더런 들락거리는 사람들, 아이스크림을 먹는 이들, 시끄럽게 떠드는 사람들, 완만하게 기울어진 콘크리트 벽을 기어올라가 미끄럼을 타고 내려오는 못 말리는 꼬맹이들까지. 이 어수선한 건물, 이 웃기지도 않는 개인숭배의 전당의 메인 홀에서 그날 밤 내가 뭘 보았는지 짐작 되시려나? 바로 네 명의 젊은이가 훌륭한 솜씨로 연주하는 라벨의 현악 사중주였다.

불쌍한 늙은이 호자 같으니! 도대체 그 인간의 머릿속에선 무슨 생각이 오갔던 것일까? 비록 도깨비 같은 인물이긴 했지만, 호자가 죽은 뒤 벌어진 티라나에서의 그의 흔적 지우기는 아쉬움을 불러일으킨다. 어쨌거나 대부분의 외국인에게는 호자가 가장 널리 알려진 알바니아인이니까 말이다. 난 호자의 저택을 찾아갔다. 과거 '블록'The Block이라고만 알려진 채 철저하게 외부와 차단되었던 교외의 그 저택은 호자 생전에는 일반 시민들의 통행이 완전히 금지된 곳이었다. 1996년에 그 독재자의 정원을 거닐 때에도 무장 경호원이 내 뒤를 졸졸 따라다녔다. 갓 개매취 꽃밭에서 꽃 한 송이를 꺾으려고 몸을 웅크리자 뒤에서 (물론 헛것을 들은 것인지도 모르지만) 그 경호원이 총의 안전핀을 발사 위치로 돌리는 쇳소리가 들려왔다. "저, 꽃 한 송이 꺾어도 될까요?" 만약의 경우에 대비해 젊은이에게 물어보았다. 그는 내게 총을 겨누는 대신 활짝 팔을 벌려 허락의 몸짓을 해 보였다. "가져가세요. 그거야 뭐 다 우리 친구 잉버 건데요, 뭘." 그렇게 말하는 것 같았다.

호자의 박물관이 그대로였더라면, 특히 스칸데르베그 광장에 서 있던 호자 동상은 그대로 남겨졌더라면 참 좋았을 텐데…. (그 광장에 가보면 받침돌은 그대로인 걸 볼 수 있다. 앞서 말한 그 이동식 유원지

바로 옆인데, 부모의 눈을 피해 말썽을 저지르는 아이들의 성화에 금방이라도 무너질 듯 기우뚱해져 흔들리고 있었다.) 그래서 누군가 그 동상이 아직 티라나에 있다고 말해주었을 때 나는 꽤나 흥분했다. 처음에 그 동상을 만든 '기념물 공장'에 보존되어 있다는 것. 내가 아는 젊은 알바니아 엔지니어 한 명을 데리고 바로 그곳으로 갔다. 다른 대부분의 알바니아 회사들처럼 이 '기념물 공장'도 망해서 문을 내린 상태였다. 그래도 그곳 경비의 안내를 받아 창문 하나 없이 영원히 문을 걸어 잠근 듯한 창고로 갔다. "잉버는 저 안에 있어요." 그가 말했다.

우리는 이 음산한 무덤 같은 창고를 빙빙 돌며 들여다볼 열쇠구멍이나 문짝 밑 빈틈을 찾아보았다. 마침내 찾아낸 것은 벽돌 사이 좁은 틈이었다. 잉버 호자는 거기 어두운 그늘 속에 드러누워 있었고, 마치 투탄카멘의 무덤에 떨어져 있던 별 볼 일 없는 어떤 물건처럼 황동의 허벅지만 어슴푸레 번들대고 있었다. 그걸로 충분했다. 내 친구 엔지니어가 그 늙은 괴물이 맞다고 '긍정적 확인' 표시를 해 보였다. 어찌 그가 잉버를 몰라볼까? 그 동상이 스칸데르베그 광장에서 제거될 때 그는 학생이었고, 열광하는 구경꾼들 맨 앞에 서 있었다. "그 동상에다 오줌을 갈겼지요." 그는 그렇게 흐뭇하게 회상했다. 이보다 더 긍정적인 게 또 있으랴!

29-12 아일랜드

> 1990년대 내내 북아일랜드는 유럽의 아물지 않은 상처였다. 아일랜드 섬 남부에서 독립아일랜드공화국이 세워진 지 반세기 가까이가 흐른 뒤에도 그곳은 여전히 영국의 일부로 남아 있었기 때문이다.

무언가에 홀린 듯한 이 나라를 다니다 보면 죽은 자들에게 바치는 기념물들을 종종 만나게 된다. 이쪽 혹은 저쪽에 속한 이들이다. 알마 주의 킹스밀스에서는 아일랜드공화군IRA의 총에 맞아 숨진 10명의 개신교도들을 기려, 반짝이는 흑대리석 위에 금박으로 그 이름들을 새겨놓은 걸 보았다. 티론 주의 스트라반에서는 영국 비밀요원들의 매복 저격으로 숨진 3명의 젊은 가톨릭교도들을 기려 그들이 숨진 들판에다 나무십자가들을 세워두었다. 모너핸 주 스코츠타운 마을교회 마당에서 나는 시머스 매켈웨인Seamus McElwain의 묘를 찾았다. 이 젊은 IRA 사나이의 삶은 그야말로 피와 투옥의 연속이었다. 급기야 그 근처 풀밭에서 영국군에 의해 죽음을 맞을 때까지 말이다. 그의 비문은 아일랜드어로 적혀 있었고, 철조망을 뚫고 날아가는 한 마리 새가 새겨진 십자가 위에는 턱시도 차림의 잘생긴 검은 머리 소년 시절의 그의 칼라사진도 붙어 있었다. 그 무덤 앞에 선 내 눈에는 눈물이 차올랐다. (바람이 주변의 나무울타리를 훑고 지나갔다.) 근처에서 일하던 정원사가 물었다. "당신도 매클웨인처럼 IRA 전사였나요?" 나는 이쪽저쪽 둘 다를 위해 우노라고 답했다. "그게 옳지요. 그게 옳은 겁니다." 그는 연신 그렇게 중얼거렸다.

 어떤 곳에서는 이런 대치 상태를 워낙 다반사로 겪고 살다보니, 사람들은 자기 주변 곳곳에서 벌어지는 황당하고 끔찍스런 일들에 무심한 듯 일상사를 행한다. 해괴한 철망으로 단단히 가리고서 도시 곳곳을 누비고 다니는 무장 트럭을 벨파스트 사람들은 짐짓 못 본 체한다. 이따금 자동화기를 들고서 지극히 평범한 벨파스트 거리를 순찰하는 병사들도 주민들의 눈길을 끌지 못한다. 어느 날 저녁, 벨파스트 한복판인 도니골 스퀘어에서였다. 순찰 중이던 한 병사가 총을 겨드랑이에 척 끼우더니 잠시 대열을 이탈해 현금인출기로 가서 돈을 찾는 것이었다. 수많은 시골마을들은 그들의 삶터 한복판에 을씨년스레 자리 잡은 군대 건물들을 못 본 듯 외면하고 산다. 마을 가운데를 차지하고서 높은 담이나 철조망으로 철저하게 마을과 격리된 군부대. 길게 뻗은 안테나는 마을의 지붕들보다 훌쩍 위쪽에서 하늘거린다. 기괴한 느낌의 높은 감시탑이 들판 한복판에 불쑥 솟아 있기도 하고, 국경 주변의 외진 길을 가다 보면 아스팔트 위에 하얀 십자 표시가 그려져 있기도 하다. 늘 그 위의 하늘을 맴도는 군용 헬리콥터들이 그 표시를 보고 위치를 파악한다.

그 중에서도 가장 불행해 보이는 곳은 알마 주 남부의 크로스마글렌 마을이었다. 지난 수십 년간 수많은 살해와 폭탄 투척으로 얼룩진 곳이다. 타블로이드 신문들이 깡패국가 혹은 킬링필드라고 부르곤 하는 곳의 심장부에 위치한 그곳은, 영국 영토 안이지만 아일랜드 공화파 민족주의자들이 거의 거침없이 권력을 휘두르는 곳이다. 그곳으로 가는 길에 한 전신주에 손으로 쓴 커다란 경고장이 붙어 있는 걸 보았다. "누군가 밀고자가 지켜보고 있습니다."

다른 데는 몰라도 크로스마글렌 마을에서는 절대 밀고자로 활약하기 싫었다. 마을 전체가 비밀리에 내통하고 있는 듯한 곳이었기 때문이다. 아주 조용하고 텅 빈 듯한 곳, 서로 얘기를 나눌 때도 다들 자분자분 속삭이는 듯했다. 무장병력은 물론이고 개신교도로 알려진 사람들 또한 마을 주점에 거리낌 없이 드나들기가 힘들다는 귀띔이었다. 햄버거 하나 먹으려고 들른 커피숍에서 사람들은 내 거침없는 질문에 무척 친절하게 대꾸했지만, 신중하게 내 눈을 회피하는 느낌이 드는 건 어쩔 수 없었다.

불쌍한 크로스마글렌! 다른 곳들과 마찬가지로 아주 유쾌해 보일 수 있는 마을인데…. 유쾌한 즐거움이 넘치는 곳이어야 마땅하고 또 언젠가는 그렇게 될 테지만, 당장 그곳은 지독스레 억눌린 곳이었다. 큰 도심광장(거기서 적어도 17명의 영국군 병사들이 살해당했다) 한쪽에는 말할 수 없이 음흉한 갈색의 콘크리트 군용초소가 철조망 장벽 뒤쪽에 10미터도 넘은 높이로 우뚝 서 있다. 그 안에서 눈에 띄지 않는 인물들이 숨을 죽인 채 좁은 틈을 통해 마을을 샅샅이 내려다본다. 아마도 눈길 가는 쪽으로 총구를 겨눈 채 말이다. 이건 마치 공상과학소설의 괴물이나 무슨 로봇 같다. 이 요새 바로 밑에는 주민들이 자신들의 공화파 애국자들을 기리고자 세운 기념물이 서 있다. 거기엔 아일랜드어와 영어로 이렇게 적혀 있다.

> 그대들 모두에게 영광 있으라. 보통 영웅들을 칭송하자.
> 자신들을 내던지고 아일랜드의 자유를 위해 열렬히 싸우며
> 기꺼이 고난의 길을 간 그들을.

나는 묵묵히 거기 서서 그 문구들을 내 노트에 옮겨 적었다. 돌아섰을 때, 초소의 총구멍 안에서 누군가가 내게 잘 가라고 구슬프게도 손을 흔들어 주었다.

ch 30
미국의 빛과 그늘

> 90년대 들어서도 여러 차례 미국을 방문했다. 그 전에 나를 사로잡았던 미국 특유의 오랜 공공적 특성이 해마다 점차 엷어지는 듯해 서운해질 때가 많았다. 군사대국화, 브레이크 없는 자본주의, 국가적 야망, 노골적인 오만함 따위 탓이었으리라. 하지만 어떤 때는 1990년대의 그런 미국 모습이 사랑스러워 보이기도 했다.

30-1 포틀랜드

> 포틀랜드에 들른 것은 강의 때문이었다. 내 이름이 전광판에 뜨는 걸 본 건 거기서가 유일하다. 강의 준비도 다 끝내고 하루 정도 여유가 생겨서 호텔을 나와 그 도시를 어슬렁거리게 되었다. 다운타운 포틀랜드는 문명의 향기 그윽한 기분 좋은 곳처럼 보였다.

포틀랜드는 고층화 열병에 굴복하지 않은 몇 안 되는 미국 대도시 중 하나이다. 비록 마이클 그레이브스가 포스트모더니즘 건축의 시초로 삼은 포틀랜드빌딩이 장차 어떤 게 밀려올지를 음험하게 알려주는 끔찍한 전조로서 거기 서 있긴 하지만, 대부분의 경우에는 물 흐르듯 구불대며 이어지는 거리들을 거리는 일이 퍽 싱그러웠다. 포틀랜드의 한 블록

한 블록은 무척 짧아서 우연하고도 재미난 발견이 거듭된다. 건축물은 아주 싹싹하고, 커피숍들도 아주 많으며, 그 모든 가게들이 카푸치노는 무조건 플라스틱 컵으로만 드린다고 강짜를 부리지는 않는다. 무질서하게 산만한 듯하여 더욱 멋있는 포웰스 시티 서점은 지상 최고의 책방 중 하나임에 틀림없다.

이곳 도심의 대중교통 이용은 공짜이다. 모든 게 깨끗하고 사리에 맞게 잘 짜여 있으며 번영의 기운이 눈에 띄게 느껴진다. 게다가 난 곧 히스먼 호텔에서 늦은 점심을 먹을 참이었으니(아마도 얼룩무늬통돔 요리에 지역 특산 백포도주 한잔을 곁들일 터), 오리건 주 포틀랜드가 세계 일반을 향해 던지는 '문명의 교훈'이 참으로 크구나 싶었다.

하지만 올드타운과 차이나타운을 가리키는 관광안내판을 따라가면서, 으레 그렇듯 새로 설치한 개스등과 용문龍門 등의 순진한 겉치레들을 기대했는데, 번사이드스트리트를 건너자마자 느닷없이 지옥이나 다름없는 풍경이 펼쳐졌다. 갑자기 변두리 아메리카의 사람들이 내 주위에 가득했다. 길가에 널브러지거나 벽에 기대앉아, 혹은 계단에 쪼그리고 앉아, 틀림없이 마약을 하고 있는 사람들, 곧 토할 것 같은 표정을 한 사람들이…. 그들은 죄다 내가 자기들 곁으로 지나갈 때 윽박질러 강도짓을 할까 말까 무심히 생각하는 듯해 보였다. 그들은 온갖 나이대에 피부색도 여러 가지였다. 이들은 특히 호전적이거나 자포자기한 사람들처럼 보이지는 않았고, 그저 멍하게 마비된 상태였다. 마치 인생과 역사가 그들을 저주하여 가난에 짓눌린 영원한 무감각의 나락으로 떨어뜨려 놓은 듯했다.

모든 도시가 저마다의 혐오스런 이면을 가지고 있으며, 미국 도시들은 특히 더 그렇다. 포틀랜드에서의 그 순간이 내게 그토록 충격적이었던 것은, 그곳의 백인과 유색인종 사이는 물론이고, 부유층과 극빈층,

©Movana Chen

전도유망한 사람과 절망한 사람 사이의 분리가 통상적인 수준보다 훨씬 더 극명했기 때문이다. 히스먼 호텔에서 일 주일 머물면서 가끔 시티 서점이나 들르곤 한 느긋한 이방인라면 이 도시에 가난, 범죄, 마약 따위의 문제가 도대체 어디 있다는 건지 모른 채 떠날 수도 있다. 그러면 백인 말고는 아주 세련된 아시아계 시민이나 도심에서 몇몇 구경하고서 떠나게 될 거다. 포틀랜드는 '미국에서 가장 살기 좋은 도시'로 거푸 뽑힌 곳이다. 물론 그곳의 '살기 좋은' 부분에 들어가 산다면, 그건 틀림없는 사실이다.

번사이드에서 물러나와 좀 더 맘이 놓이는 거리로 옮겨 마음을 다스릴 커피 한잔을 마시면서, 나는 역설적으로 아주 딴판인 다른 한 나라를 떠올렸다. 인도에 가면 악다구니를 치며 살아가는 수백만의 가난한 사람들과 더불어 완전히 현대적인 인구들이 살아간다. 이들은 부유하고 세련되며 세속적인 계산에 아주 빠른 이들로서, 만약 이들만 따로 떼어내 어딘가로 가서 딴 나라를 만든다면 아주 강력한 중급 이상의 국가 하나를 이룰 것이다. 이런 생각 끝에 나는 그만 불편한 상상까지 떠올리게 되었다. '고학력 인도인은 소수파지만 문명화된 미국인은 아마 다수파일 거야.' 커피잔 너머로 미국의 중심을 이루는 주위의 친절하고 편안한 얼굴들을 쳐다보며 나는 갸우뚱하고 말았다. '그런데 이게 얼마나 오래 갈까? 또 이들은 얼마나 문명화된 걸까?'

신들은 분명 한때 아메리카를 사랑했으나, 그 신들이 이미 아메리카를 미치게 만들고 있다고 나는 생각한다. 대개 길바닥에 웅크린 그 가난한 무리들에게서 미친 기운을 찾으려 들겠지만, 이 나라를 찾을 때마다 나는 실감한다, 이 나라의 모든 번사이드스트리트들을 넘어 그들 사이에 끼인 평온하던 마을들로까지 신경쇠약증과 편집증이 널리 번지고 있음을. 미국 식 순결한[어울리기를 거부하는] 자본주의의 이런 엄청난 명암 대비와 넘치는 기운 앞에서 역설적으로 공동체의 평화가 마구 찢어짐에 따라, 교외 주민들의 신경은 끊임없이 경련을 일으키며, 도심 행인들의 눈초리도 얼마나 실룩거리는지 모른다.

미국인들은, 심지어 중심부의 그 문명화된 이들조차도, 법치주의나 페미니즘, 정치적 올바름 따위로 인해 이미 반쯤은 미쳐버렸다. 그들의 섹스 집착은 이제 수용소 갈 일만 남겨둔 수준이다. 그들은 광대로부터 흡혈귀에 이르기까지 괴상하고 무시무시한 것들에 발광한다. 그들은 폭력의 유혹에 푹 빠져 혼미해진 나머지 오늘날 미국에는 주유소보다 연방의 허가를 받은 총기판매상이 더 많은 지경이다. 그들이 행하는 끊임없는 자기파괴적 여론조사 중 하나에 따르면 학생들의 절반이 어떻게 총을 손에 넣을 수 있는지 알고 있다고 한다.

포틀랜드빌딩 앞에는 '포틀랜디아'라는 정말 거대한 여인상 하나가 서 있다. 행인 세 명(남자 둘, 여자 하나)에게 그게 누구인지 물어보았다. 여인은 그 동상이 "예쁘다"고는 했지만 누구인지는 모른다고 했다. 남자 행인 둘은 거기에 한번이라도 관심을 기울인 적이 없어 보였다. 너무 신기한 일이었다. 그 작품은 세계 2위 크기의 동상이었으니까 말이다. (세계 1위는 '자유의 여신상'이다.) 하지만 나는 이내, 이런 현상이 일반인들의 무관심을 보여주는 한 징후일 뿐이라는 결론을 내렸다. 만약 포틀랜디아가 피를 뚝뚝 흘렸거나 공룡으로 돌연변이하는 과정에 있었다면 모두가 그녀를 속속들이 알았을 테지만, 그녀는 우악스레 튼튼했고 변함없이 꼿꼿했기에 아무의 눈길도 끌지 못했던 것이다.

신문을 폈더니 한 성형외과 의사 얘기가 실려 있다. 그는 남자 손님들에게 가슴 성형, 복부 지방 흡입, 장딴지 성형 등을 시술하는 데 1만 달러도 안 든다는 것. 그렇게 하면 "헬스장에서 하염없이 시간을 보내지 않아도, 바쁜 당신은 건장하고 우람한 체격의 간부"가 된다는 것이다. 신문 한쪽 구석에 숨겨진 뉴스는, 오클라호마에서 살인죄를 저질러

막 사형이 집행되려던 한 사내가 20년 전 뉴욕에서 저지른 살인의 대가인 20년형을 먼저 치르도록, 그 집행이 잠시 보류되었음을 전한다. 거의 모든 '고민 상담 코너'마다 자기반성, 종교적 광기, 신뢰의 붕괴, 그 밖의 나이, 젠더, 인종, 신분 등에 얽힌 터무니없는 고민들로 가득하다. 심지어 일부 만화조차도 종잡을 수 없는 비현실성의 세계로 빠져버린 느낌이다.

하루 중 어느 시간에 텔레비전을 틀어도 채널을 돌리다 보면 틀림없이, 믿기 힘든 피바다 장면이 연출되거나, 형사법정을 생중계로 연결하거나, 아동학대, 혼인 파탄, 성적인 부정행위, 약탈적 소송 따위를 다룬 토크쇼가 진행되거나 할 것이다. 아무리 자중하는 베스트셀러라고 해도 정사 장면이나 자위행위, 시체 훼손이나 내장 끄집어내기 따위의 구체적인 묘사가 없는 게 없다. 오리건 주 상원의원 한 명이 자기 직원들 중 여러 명을 성적으로 부당하게 다루었다(정치적으로 올바르게 표현했을 때의 이 '성적 부당행위'가 뭘 뜻하던지 간에)고 하여 재판받는다는 데 대해 아무도 특별히 놀라는 것 같지 않다.

미쳤다! 그런데 이 미친 나라가, 오로지 합리적인 것들을 기본 구성 원리로 하며 모든 것의 조화를 목표로 삼는 '위대한 공화국'이란다. 미합중국은 그 첫날부터 인류 보편의 소망들을 실현시켜 왔으며, 자신의 성공 비법을 우리 모두와 공유하고 있다는 것이다. 독립선언문에서 밥 딜런, 할리우드와 존 치버, 드라이 마티니와 정보자유법까지, 미국이 가져온 축복의 목록은 끊임없이 이어진다. 세계 곳곳에서 이를 수용하고 흉내냄으로써 우리의 삶이 크게 개선된 건 사실이다.

하지만 이런 미국의 축복은 더 할 나위 없이 자신만만한 논리적 필연성을 갖춘 문화, 즉 사실은 토마스 제퍼슨과 그의 동료들이 만든 것임을 단번에 알아볼 수 있는 그런 문화의 선물이다. 그런데 지금 미국에서 출현해 전 세계로 막무가내 수출되는 것들은 너무나 산만하고 불확실하여 논리적 응집력이라곤 전혀 없어 보이는 잡다한 철학들의 뒤범벅일 뿐이다. 그래서 무언가 통치의 가치들을 집대성한 것이라기보다는 계속되는 인질 사태에 성마르게 대응하는 조치들을 모아놓은 데 더 가까운 것이다. 내가 보기에 그 중심은 겨우 명맥만 유지할 뿐이며, 그조차 눈에 띄게 피로를 드러내고 있다. 그런데도 이런 미국의 가치가 세계 각국에 본보기로 자리 잡고 있으며, 무분별한 믿음 속에 온갖 곳에서 복사되고 있다. 특히 잉글랜드와 캐나다 사람들처럼 미국인들과 같은 언어를 쓰는 이들에게서 이런 경향이 심한데, 그 결과 이들 고유의 정체성이 희미해지거나 불확실해지고 말았다.

그리고 바로 저 길 건너에, 아메리카 울테리아America Ulteria 아니면 아마도 아메리카 울티마America Ultima라는 이름의 다른 문화가 막 일어나고 있다. 꾸부정하게 목을 꺾고 있는 이 문화의 모습을 보며 미국인들은 불편하게 초조해한다. 자기 고유의 규칙도 아직 갖추지 못한 상태로서, 잃어버릴 건 거의 없고, 새로 얻을 희망도 많지 않은 나라. 이들이 쓰는 말은 딱 절반만 알아들을 수 있고, 그 논리구조는 얼토당토않다. 하지만 언젠가는 마치 인도의 궁핍한 다수 인구들처럼 미국의 이들 또한 예외라기보다는 표준이 되어 버리는 그런 날을 미국과 전 세계가 목격하게 될지도 모른다.

그날 밤 난 히스먼 호텔 바로 옆의 아를렌 슈니처 홀(그곳 사람들은 줄여서 '슈니츠'라고 부르는 듯)이라는 멋진 콘서트홀에서 낭독회를 가졌다. 참으로 즐거운 순간이었다. 청중들은 아주 사리가 밝은데다 아량도 넓고 재미난 사람들이었다. 행사 후의 리셉션 자리에서는 여행이 버지니아 울프의 작품에 미친 영향, 논픽션에서 상상력이 맡을 수 있는 역할 등의 날카로운 질문을 내게 던졌다.

30-2 제퍼를 타고서

> 처음 본 순간부터 나를 매료한 아메리카의 기차들은 아직도 여전히 내 맘을 들뜨게 한다.

"어이구, 맙소사!" 캘리포니아 주 에머빌 역에서 시카고로 가기 위해 암트랙의 캘리포니아 제퍼 기차에 올라탔을 때 침대칸 승무원이 내게 건넨 첫마디가 그거였다. 탑승절차가 완전 엉망진창이었으니, 그 말이 딱 제격이긴 하다. 내 객차에 오르려면 난 다른 객차를 통과해 가야 했다. 수많은 가방들과 어리둥절해하는 승객들 사이를 뚫고 가는 그 길은 두려울 지경이었다. "출발이 늘 이래요?" 내가 승무원에게 물었다. "늘 이렇지는 않죠. 그런데 1분도 안 걸려서 말이죠, 딱 이런 꼴이 되어 버리죠."

그래도 난 개의치 않았다. 옛 아메리카의 풍취를 즐기고자, 이 유명한 기차의 낭만을 즐기고자 이 차에 오른 거니까 말이다. 최근 나는 젊은 캘리포니아의 미래주의적 명품인 인터넷에 감탄한 바 있다. 그 유명한 정보의 수퍼하이웨이 말이다. 나는 그 열정과 창조성에 찬사를 보내는 편이지만, 지금은 뒤로 한발 물러나 잠깐 쉬고 싶은 거다. 안내전단이 내게 약속하듯 나는 기차여행의 끝 간 데를 경험하게 될 것이다. "충족과 기쁨, 기차 안의 숙소를 즐겨보세요." 에머빌에서 시카고까지 3,872킬로미터, 2박 3일의 여정이다. 출발지에서의 그 법석은 나를 조금도 성가시게 하지 않았다. (나중에 설명 들은 바로는, 시애틀에서 오는 코스트 스타라이트 기차가 두 시간 연착하는 바람에 그 소동이 벌어졌다는 것이다.)

물론 거기에 낭만은 있었다. 파랑, 빨강, 은빛으로 빛나는 이층짜리 객차 열 량, 기관차 두 대, 화물차 네 량은 영화 속 모습 그대로 사막

©Amtrak

과 초원, 산골짜기를 번개처럼 질주했다. 가끔 멋지게 굽어달리는 곳에서는 내 창문에서 기차의 앞뒤 끝을 동시에 내다보는 장관도 연출했다. "지붕에서 우리 편과 나쁜 놈이 치고 박고 있지는 않나?" 수순베이 Suisun Bay에서는 퇴역 전투함들 모습도 볼 수 있었고, '지상 최대의 소도시'라고 하는 리노Reno도 통과했다. 우리 기차는 도너 호수 옆도 달렸다. 1846년 그곳에서 조난한 서부개척자들이 제비뽑기를 해서 서로를 잡아먹었던 곳이다. 우리는 베르디와 엘코, 그리고 전략공군사령부 건물도 지나쳤다. 리오그란데의 강기슭을 따라 380킬로미터를 달릴 때는, '주요 하천을 따라 달리는 주요 노선 가운데 세계 최장'이라는 안내방송이 나왔다. 커피포트 모양이라는 네브래스카 주 스탠턴의 워터타워를 지날 때는 하필 어두웠지만, 벌링턴의 다리를 덜컹대며 지날 때 다행히 미시시피 강을 온전하게 볼 수 있었다.

가끔 우리는 긍정의 표시로 힘치게 휘파람을 불었다. 금연 열차인 제퍼는 간간이 아주 적막한 곳에 서서 쩔쩔매는 애연가들 몇몇에게 담배 필 기회를 주기도 한다. 담배를 피워도 아무런 해악도 되지 않는 그런 곳에서 말이다. 덴버의 한 음침한 기차역에서는 한 시간을 서 있었다. 아주 기념비적인 역이지만 이제는 하루에 여객열차 두 대만이 그곳을 지나친다고 한다. 그랜드정션 역의 플랫폼에서는 과일과 바나나를 샀다. 그곳에서 좌판을 펼쳐놓고 우리를 기다린 농촌 아낙네들은 시베리아횡단열차의 바부시카 쓴 여인들을 연상시켰다. 오세올라Osceola, 마운트 플레전트Mount Pleasant, 오투마Ottumwa('드라마 〈M*A*S*H〉의 레이다 오레일리 소위의 고향으로 유명한 곳'이라고 안내전단에 적혀 있다) 등, 미드웨스트의 작은 마을들에 잠깐씩 서기도 했다. 그럴 때면 몇몇 가족이 흥분한 아이들을 데리고 주렁주렁 가방을 들고서 기차에 올랐다. 판자로 짠 나무집과 길모퉁이의 약국 등으로 이뤄진 그런 마을에서는 으리으리한 제퍼조차도 아연 촌스러워 보였다.

그렇다고 해서 올드 아메리카가 예전처럼 잘 작동한다고 주장할 수는 없는 노릇이다. 캘리포니아 제퍼는 체념한 노인들 같은 분위기로 운영되는 듯했지만, 그래도 전반적으로 싹싹하긴 했다. "어이구, 맙소사!" 내 침대가 밑으로 무너졌다고 얘기하자 승무원은 또 그렇게 탄성을 질렀다. 그리곤 식당칸에서 빌려온 달걀 포장 상자 하나로 그걸 받쳐 세워주었다.

내 개인 침실의 스피커가 제대로 들리질 않아 뭔가 방송이 나오면 복도로 나가 귀를 기울여야만 했다. 그래도 난 개의치 않았다. 화장실 문짝에다 베개 하나를 끼웠더니 덜컹대던 소리가 뚝 그쳤으며, 여러 차례 경고의 말을 들었던 것처럼 샤워실 물이 넘쳐 내 침실이 첨벙대는 일도 없었다. 제퍼의 법정 최고 시속은 126킬로미터인데, 그 속도로 달리는 경우는 간간이 있을 뿐이다. 그리고 뭔가 '쿵쾅쿵쾅' 거리리라고 짐작했던 기차의 몸짓은 실제로는 '콩닥콩닥'에 더 가까웠다. 그렇지만 까짓거, 급할 게 무언가?

그리고 어떤 상황에서든 나와 동행한 승객들은 내가 원한 바로 그대로였다. 컴퓨터 전도사도 한 명 없고, 전체를 통틀어 휴대전화를 들고 다니는 사람도 거의 없었다. "아, 창밖의 저 나무들 좀 없었으면 정말 멋진 아이오와 농장 사진 한 장 찍을 텐데…." 어느 날 아침 내 자리의 동석자는 그렇게 말했다. 그녀는 생애 처음으로 기차를 타본다고 했다. 캘리포니아의 프레스노Fresno를 떠나본 적도 거의 없다던 그녀는 1950년대 영화의 등장인물 그 자체였다. "시카고 너무 보고 싶어요. 오하이오주 아크론Akron에 사는 친한 친구도 너무 보고 싶구요. 또, 음…. 앗, 저거 봐요. 어린이야구단 야구장인가 봐요! 정말 **깔끔하다**. 진짜 깔끔하지 않아요?"

그린 베이 패커스라는 프로축구 구단에서 선수로 뛰었다는 사람은 나에게 프로축구에 대해 알아야 할 모든 걸 일러주었다. 몇몇 기차 매니아들은 내게 지금 달리는 노선의 상태를 조곤조곤 들려주었다. 한 여인과는 진화에 대해 뜨거운 얘기를 주고받았으며, 다른 여인은 사형제도에 대해 단호한 의견을 들려주었다. 파리하게 변한 흡연자들의 얼굴을 보면서는 흡연자전용칸이 꼭 있어야겠다고, 그들에게 동감을 표했다. 자기가 있는 오마하의 실버타운에서 함께 지내자고 내게 제안한 어느 친절한 할머니에게는 정중하게 거절의 말을 건넸다. 그들 모두가 난 너무 좋았다. 그들을 보며, 미국이 이랬으면 좋겠다 싶었다. 완고한 수다쟁이들이긴 하지만 근본적으로는 선한 사람들 말이다.

    그러나 이메일과 TGV의 시대에 끙끙대며 동쪽으로 달리는 제퍼 열차가 낡은 시대착오이듯, 그 사랑스런 사람들도 전혀 딴판인 사회가 남기고 간 인물일 수밖에 없다. 아침마다 승무원이 내 객실 문틈으로 아침 신문을 밀어넣는다. (아침 차 한잔을 직접 타서 마실 수도 있었지만, 복도 끝의 기계가 고장 난 상태였다.) 그 신문에 가득 실린 미국의 근심과 불안은 제퍼의 동행들과 함께 여행하면서는 전혀 떠올리지도 못할 내용들이었다. 이제는 아주 미국적인 것이라고 널리 알려진 일상적 폭력의 공포뿐만이 아니다. 사회 전반에 부글부글 들끓는 불신과 불길함의 기운, 그리고 인종적 적대감까지! 그 거대한 소용돌이 속을 지금 위대한 미국인들은 통과하고 있는 것이다. 마치 제퍼처럼 끊임없이 덜컹대며, 때론 이유도 모른 채 연착을 거듭하며 말이다.

    식당칸에서 플라스틱 접시 위에 샐러드를 담아 즐겁게 함께 먹을 때조차도 이런 지독한 기운이 끼어드는 게 느껴졌다. 인종이나 페미니즘과 관련된 예민한 주제가 나오면 우리 얘기는 어김없이 삐걱거렸다. 그 축구선수는 흑인이었고, 오마하의 그 아낙은 정치적 융통성이 전혀 없었다. 물론 그런 얘기는 슬쩍 건너뛰었다. 우린 모두 좋은 사람들이었으니까. 하지만 그런 순간, 에어컨 완벽한 제퍼의 시원한 실내공기 속으로 느닷없이 뜨겁고 오염된 기류가 분출되는 듯 느껴지는 건 어쩔 수 없었다.

우리 모두는 잘 알고 있다. 창문 밖 저 놀라운 풍경 너머에서 목하 벌어지는 사태가 그리 품위 있지는 않다는 걸. 그 너머는 싸움터다. 부자와 가난한 자가, 여자와 남자가, 마약중독자와 제 정신인 자들이 싸우는 곳, 흑인과 백인, 히스패닉, 아메리카 인디언, 한국인, 유대인이 싸우는 싸움터인 것이다. 스스로를 모든 인종의 용광로라고 여기던 이 나라의 실상은 내가 알았던 것보다 더 빠른 속도로 분열되고 있었다. 거기엔 위대한 지도자도, 혹은 하나로 합쳐 보자는 충성심도 없었다. 역할 모델에 정신을 빼앗긴 사람이 우러러보는 건 고작해야 록 스타나 운동선수, 배우, 시시한 유명인사뿐이다. 심지어 '카리스마 짱'이라며 범죄자들을 동경하기도 한다. 그런데도 세상은 그런 제2의 아메리카를 또 하나의 역할 모델로 본다.

나는 '기차여행의 귀공자' 폴 써로우와는 다른 자세로 여행한다. 그는 자신의 작가적 목적에 맞춰 심술궂은 여행자의 역할을 떠맡는다. 그에 비해 나는 극단적으로 애교부리는 캐릭터다. 멍청한 오스트레일리아 비평가들 중 한 명이 최근에 얘기했듯이, 문학계의 메리 포핀스 같은 역할 말이다. 그런 내가 제퍼에서는 한 번 언쟁에 휩싸였다. 내가 산 차표는 음식 메뉴 중 무엇이든 고를 수 있는 것이라고 들었는데, 막상 아침으로 콘플레이크와 계란 스크램블을 시켰을 때는 둘 중 하나만 고르라는 게 아닌가. 둘 중 하나를 고르는 거지, 둘 다 시킬 수 있는 티켓은 아니라는 거다. '써로우라면 이렇게 했겠지'라고 생각하면서, 나는 지배인을 불러 따졌지만, 별 소용없었다. 결국 거긴 옛 아메리카였고, 얘기는 간단명료했다. 내가 잘못 알아들은 거라고 그 직원은 불친절하지 않게 내게 얘기했다. 그의 말을 그대로 옮기면 이렇다. "당신은 이 나라 사람이 아니잖아요. 우리끼리 쓰는 말은 모르잖아요."

하지만 프레스노에서 온 여인은 그 남자지배인이 좀 예의 바르지 못했다고 생각했다. 또 기차 매니아 중 한 명은 자기 계란 스크램블을 나와 함께 나눠먹자고 했다. 뭐 그래도 괜찮겠다 싶었다. 사실 내가 그에게 쿠퍼스 옥스포드 마멀레이드 잼을 이미 권했었으니까 말이다.

30-3 웨스트포인트

> 한번은 미국의 현실이 너무나 실망스러워 무작정 맨하탄에서 차를 빌려 허드슨 강을 따라 몰고 올라갔다. 며칠 간 아무데나 다니며 위안을 찾겠노라는 심산이었다. 그런데 실은 겨우 웨스트포인트까지밖에 못 갔는데, 이 에세이는 바로 그에 대한 해명서라고 하겠다.

  어두워진 뒤 나는 혼자 '플레인'Plain[평원]으로 내려갔다. 이 광활한 운동장은 웨스트포인트의 미육군사관학교 사열용 연병장이기도 하다. 상황이 꼭 미국 소설 같았다. 달이 떠오르고 있었다. 허드슨 강은 저 아래 부드럽고 검게 가라앉아 흐른다. 풀밭 저쪽으로 스컹크 한 마리가 어둠을 뚫고 나와 코를 킁킁댄다. 이따금씩 비행기가 깜박대며 머리 위를 지나갔다. 어디선가 기차의 고함소리도 들려왔다. 예인선 한 척과 그에 딸린 바지선들이 알바니 쪽 상류로 힘겹게 올라간다. 헌병 차량 한 대가 평원 한쪽을 샅샅이 훑고 지나간다. 저 아래 강물이 흐르는 데까지 통틀어 나 말고는 아무도 없었다. 하지만 조명 비추인 채플 타워를 무슨 왕관처럼 쓰고 있는 사관학교의 저 거대한 수도원 같은 건물들 안에는, 수많은 불빛들이 꾸준하고도 고요하게 밝혀져 있다.

  4,400명의 젊은 미국 남녀들이 거기서 열심히 공부하고 있음을 나는 안다. 컴퓨터 모니터 앞에서 성실하게, 탄도학 이론이나 경제학의 원리들, 러시아어 번역, 교차방정식, 혹은 역사적 타당성 따위를 깊이 파고들고 있으리라. 이들은 거기서 엘리트로 양성되고 있다. 세계가 그 어느 때보다 아메리카의 힘과 결정에 더 크게 의존하는 가운데, 이런 팍

스 아메리카나의 세계로 공화국 군대를 이끌고 나갈 장교가 되는 교육을 받고 있는 것이다. 거기 홀로 서 있었던 몇 분의 시간은 내게 거의 초월적 경험을 안겨주었다. 여행을 하다 보면 그런 묘한 진실의 순간을 만난다. 그곳의 역사, 그 장소, 그곳의 분위기 등이 한데 어울려 무언가를 말해주는데, 문제는 그게 무언지 우리가 깨달을 수 있느냐 하는 것이다. 헌병차가 다시 와서 물었다. "괜찮으세요, 부인?" 나는 말했다. "그럼요. 괜찮아요. 그냥 저 스컹크 보고 있어요."

내가 야생 스컹크를 본 게 처음이긴 했지만, 실은 난 스컹크보다는 그 순간에 대해 생각하고 있었다. 내가 다시 미국의 상태에 크게 실망하였음을 부인할 수는 없다. 미국은 너무나 빈번하게 범죄와 부패, 위선의 나라로 빠져들고 있었다. 인종주의에 당황했고, 도를 넘은 자기반성에 맥 빠져 했다. 웨스트포인트는 그 자체로 하나의 세계였다. 아직도 옛 아메리카의 가치가 높이 평가되는 곳으로서, 영예와 의무가 그들의 슬로건이요, 거짓말을 하는 건 자랑스런 전통을 배반하는 짓이다. 또 웨스트포인트는 하나의 장소이기도 했다. 그래서 그날 밤 그곳의 목적이 그곳의 겉모습과 완벽하게 어울림으로써 전체 장면이 하나의 알레고리가 된 것이다.

다음 날 낮에 다시 그곳을 찾았을 때, 92학번부터 95학번까지 미래의 엘리트들을 직접 볼 수 있었다. 매일 정오마다 전체 사관생도가 회색 작업용 유니폼을 입고 아이젠하워와 맥아더 동상 사이에서 사열식을 펼친다. 워싱턴은 한복판의 높은 좌대 위에 서 있다. 1802년 웨스트포인트 사관학교의 개교 이래 이 학교를 거쳐 간 몇몇 숭배할 만한 인물들이 누구나 볼 수 있는 위치에 전시되어 있다. 깃발은 펄럭이고, 군악대는 연주한다. 검이 번득이고, 전통의 '긴 회색 줄'이 연대별로 집결한다. 그리고 그곳 특유의 아주 유명한 볼거리 하나도 공공에게 개방된다.

'플리브' plebes 혹은 프레시맨(웨스트포인트 말고 바깥 세계에서는 프레시퍼슨이라고 부를 테지만) 즉 신입생 대상의 퀴즈는 결코 간단치 않은 의식이다. 거기 야외의 사열용 운동장에서, 상급생들이 1학년 생도들에게 구두로 질문 공세를 퍼붓는다. 대통령 재임기간부터 해서 그날 아침 〈뉴욕타임스〉 기사 내용에 이르기까지 아무거나 말이다. 나는 그걸 쌍안경으로 속속들이 지켜보았다. 군대 특유의 엄격함으로 그런 자잘한 질문들이 던져지고 대답이 이어지는 가운데, 누가 봐도 겁에 질린 신입생들의 반응을 테스트하는 상급생들의 태도는 정말 놀랄 만큼 걱정스러웠다. 어떤 때는 이름을 줄줄이 외워야 했다. 어떤 때는 시나 군사 규정을 외는 거 같았다. 어떤 때는 강제로 노래를 부르게 하기도 했다.

"저게 무슨 애국 민요인가요?" 음악보다는 괴성에 가까운 노래가 연병장 저쪽 끝에서 들려오는 가운데, 나는 한 상급자 생도에게 그렇게 물었다. "부인." 그가 대답했다. (웨스트포인트에서 예의는 몸에 배어 있다.) "부인, 저건 국가라고 생각합니다." 그가 그렇게 얘기하자마자 때마침 악대가 연주를 시작했고, 명령이 부르짖어졌으며, 검들이 어깨 위로 올라갔고, 모든 펄펄 끓는 회색의 무리들이 일제히 워싱턴홀로 행진해 올라갔다. 수수하면서도 고른 영양가를 갖춘 점심식사가 그들을 기다리는 곳으로 말이다.

그들이 고함쳐 부르던 노래가 미국국가의 **2절이었음**을 나중에야 알았다. 모두가 1절은 잘 안다. 하지만 웨스트포인트에서는 모든 게 간단치 않다. 호락호락한 건 하나도 없다. 나중에 그곳을 어슬렁대다 생도들이 수업을 마치고 나오는 걸 보았다. 그런데 생도들은 상급생들을 지나칠 때마다 일종의 주문 같은 걸 외치고 있었다. 그건 이거였다. "루이빌을 꺾읍시다, 선배님." 루이빌은 웨스트포인트의 다음 미식축구 시합 상대였다. 그 사실을 철저하게 기억하게 하는 것, 그리고 캠퍼스를 오가며 끊임없이 이 비밀스런 주문을 거듭 내뱉게 하는 것, 바로 그게 이 사관학교가 신참들을 세뇌하는 여러 교묘한 수법들 중 하나였던 거다. 이는 의심의 여지없는 세뇌이다. '웨스트포인트 시스템'(내게는 저 끔찍한 빅토리아 시대의 형벌 방식을 떠올리게 해서 불편하기 짝이 없는 이름이지만)이라고 끊임없이 불리곤 하는 체제는, 신입생이 백지 상태에서 새로 만들어져야만 한다는 걸 전제로 한다. 건방지게 멋 부리던 고등학교 시절은 박박 문질러 지워버려야 한다. 모든 유치한 자존심도 버려야만 한다. 또한 이 모든 게 교수진이 아니라 바로 몇 년 위 생도들의 끝없는 괴롭힘과 질책에 의해 얻어지기 때문에, 그 과정에서 군대 규율과 위계의 특성을 속속들이 몸에 익히게 되는 것이다. 지금 넌 재수 없게도 졸병이고, 지금 넌 지휘관 신분이다! 어느 쪽이든 이 엄격한 관계의 속성을 깨우칠지어다!

한편 일상생활의 압박 또한 가혹하다. 일처리의 속도는 엄청나며, 모든 기준은 겁나게 높다. 웨스트포인트를 졸업한 생도는 일반 학사학위 하나와 더불어 이론과 실습을 아우르는 군가교육학위도 갖게 된다. 끝도 없는 운동을 통해 완전 변신한 체구를 갖게 됨은 물론이다. 이 캠퍼스에서는 꾸부정하게 걷는다는 게 용납되지 않는다. 오른쪽 왼쪽, 오른쪽 왼쪽, 고개를 꼿꼿하게 들고, 다들 질주하듯 걷는다. 다만 그들의 눈빛은 무언가 생각에 잠긴 듯 약간 흐릿하다. 아마 복잡한 미분방정식을 암기 중이거나 아침 〈타임스〉 신문이 수마트라의 경제 상황에 대해 뭐라고 썼는지를 떠올리는 중일 거다.

웨스트포인트는 아주 힘들고 계산된 체제이다. 어떤 플리브들은 어찌나 피곤해 보이던지, 엄마가 보면 금세 울고 말았을 거다. 하지만 오후 체력단련 시간을 준비 중인 그들의 상급생들을 보라. 상냥해 보이는 거구의 미남 청년들이 축구장으로 뛰어간다. 힘이 펄펄 넘치는 여학생들은 격렬하게 에어로빅을 한다. 땀투성이 거한들은 엄청난 역기를 들어올리고, 운동기구들 사이를 씽씽 날아다닌다. 얼마나 열심히 벤치

프레스를 해대는지 보는 내가 힘이 쭉 빠질 지경이었다. "더 해봐!" "무릎 똑바로 들어!" "공 가져와!" 코치들의 함성이 연신 터져 나온다. 그러다 뜬금없이, 흐느적흐느적 지나가던 내게 친절한 목소리로 "하이"를 던지기도 한다.

    나는 외부에서 그런 모습을 지켜봤을 뿐이다. 하지만 그래도 이 모든 게 내 기분을 아주 좋아지게 했다. 웨스트포인트 입학생 넷 중 하나는 중도 탈락한다. 떨어진 친구들을 손가락질 하려는 건 아니지만, 그 모든 걸 견뎌낸 친구들은 정말 대견해 보인다. 누가 요령을 피지는 않는지, 위선을 떨거나 람보처럼 교만스러운 생도는 없는지, 나는 꽤나 주의 깊게 그들을 살폈다. 하지만, 옛 표현을 빌자면, 그들은 한결같이 레이디요 젠틀맨이었다. 웨스트포인트가 엘리트를 길러낸다면, 그건 아주 매력적인 엘리트다. 게다가 하나의 동질적인 엘리트들도 아니다. 생도들 중에는 흑인, 히스패닉, 아시아계, 유대인들도 있었고, 안경 낀 생도도 많았으며, 키 작고 오동통한 생도도 있었다. 어떤 친구는 저런 체구로 어떻게 벤치프레스를 하나 싶기도 했다. 이들은 갑부의 자제부터 가난한 집 출신까지 성장배경도 다양하다. 그들이 공통으로 가진 것 하나는 바로 그들에게 주입된 강한 헌신성이라고, 웨스트포인트는 (또 나도) 믿고 있다. 그곳에서의 4년 동안, 그들은 미국 건국의 아버지들이 수용했을 그런 원칙들에 강한 애착을 갖게끔 길러진다.

    나는 평화적 무정부주의자에 더 가깝지, 군국주의자는 결코 아니다. 그래서 웨스트포인트를 거닐면서 그 분위기에 그토록 매료되는 나 자신의 모습에 스스로도 놀랄 지경이었다. 물론 그렇게 끌린 것은 바깥 세계의 비루함에 견주어 그곳의 유서 깊은 가치들이 너무나 대조적이었기 때문이기도 하다. 아마 허드슨 계곡의 멋진 경치를 배경 삼아 질서와 전통에 미학적으로 호소하고 있는 그곳의 분위기도 부분적인 이유가 될 수 있다. 하지만 내가 그리도 끌린 것은 데자뷰의 향수 탓이 더 크다. 예전 영국이 세계의 주인이었을 때 우리 또한 나라를 올바로 이끌 엘리트를 의식적으로 길러냈었다. 웨스트포인트는 잉글랜드의 지배 계층을 교육시켰던 학교들과 많은 부분 엇비슷하다. 건강한 신체에 건전한 정신이 깃든다! 이건 지금 이 사관학교에서처럼 영국 지배층의 이상이기도 했다. 영국에서도 신뢰와 충성으로 묶인 하나의 형제들a band of brothers을 교육시킨다고 생각했다. 그리하여 당시 팍스 브리타니카라 부르던 신세계질서에 이바지하도록 말이다.

이런 상상에 흠씬 고취된 나를, 웨스트포인트는 쉽게 내버려두지 않았다. 마치 '긴 회색의 줄'로 하여금 절대 경계의 끈을 늦추지 않게 하듯 말이다. 어딜 가든 트로피와 상징들이 나를 자극했다. 길게 늘어선 포획된 대포들, '위엄', '인내', '책임' 등의 문구나 독수리, 교차된 검 그림 따위가 새겨진 벤치들, 12미터가 넘는 게양대에 걸린 깃발, 생도의 기도("우리를 경솔함과 불손함으로부터 지켜주소서"), 사관학교의 교훈('의무, 영예, 조국'), 33학번이 기증한 해시계("긴 회색의 줄, 거기서 시간과 장소가 비롯되나니"), 웨스트포인트의 대척점에 선 인물이라고 할 나치독일의 장군 괴링이 1945년 '진리의 부대'에게 항복하며 건넸던, 금과 상아로 만든 천박한 야전사령관 지휘봉까지! 플리브들은 웅얼거린다. "루이빌을 꺾읍시다, 선배님." 맥아더 장군의 동상 둘레에는 '의무, 영예, 조국'이 포효하듯 새겨져 있다. 셔먼 장군의 그늘은 "좋은 장교가 되려면, 먼저 좋은 사람이어야만 한다"고 가르친다. 헉헉대는 축구선수들에게 한 코치는 이렇게 말했다. "네가 잘못을 시인하면, 이미 그게 올바른 거야. 아무도 거기다 대고 고함치진 않아."

하지만 가장 멋졌던 건 웨스트포인트에서의 마지막 오후에 보았던 어느 자그마한 카메오였다. 그날은 토요일이었고, 많은 생도들은 외출을 하거나 손님 맞을 준비를 하고 있었다. 어느 힘찬 여생도가 약간 예복 같아 보이는 유니폼을 입고서 숙소에서 나오는 걸 보았다. 그러니까 우리가 보통 웨스트포인트 사진에서 보는 크로스 벨트와 깃털 단 모자의 그런 으리으리한 정장이 아니었던 거다. 회색 바지와 윗도리를 말쑥하게 차려입고 반질반질 뾰족한 무테 모자를 쓴 그녀는, 체구도 조그마해서 더더욱 똑똑해 보였고 더더욱 섹시해 보였다(이런 맥락에서 이런 표현을 감히 써도 된다면 말이다).

난 그녀를 뒤따라 아이젠하워 동상까지 내려갔다. 왼쪽 오른쪽, 왼쪽 오른쪽, 고개는 꼿꼿이, 팔을 흔들며 씩씩하게 그녀를 기다리는 아버지를 만나러 가는 거였다. 그리고 그 놀라운 상징성이란! 그녀의 아버지는 옛 잡지 표지에서 보았음 직한 인상의 친절하고 투박한 시골 사람이었다. 부츠와 늘어진 갈색 모자 차림인 아버지의 얼굴은 자긍심과 행복으로 환히 빛났다. 그녀가 냅다 달리기 시작했고, 무테 모자가 기우뚱 삐딱해지는가 싶더니, 그 듬직한 아메리카의 품속으로 그녀는 풀썩 뛰어들었다.

30-4 맨하탄

> 아, 그리고 맨하탄은 늘 거기에 있었으니….

맨하탄의 날씨가 한동안 거칠었다. 하지만 그에 굴하지 않고 나는 따뜻하게 차려입고서 실컷 그곳을 즐겼다. 콜롬비아의 항구도시 카르타지나Cartagena에는 오래 된 부츠 한 켤레를 거대한 동상으로 만들어두었는데, 그 지방의 어느 시인이 너무나 친근한 낡은 신발처럼 그 도시를 사랑한다고 노래했다는 것. 맨하탄을 알고 지낸 지 어언 40년, 나는 세상의 시궁창이자 동시에 꼭대기인 이 전설적인 곳을 바로 그 시인처럼 사랑하게 되었다.

낡은 부츠를 맨하탄의 상징으로! 웃으실 분들도 있겠다. 그런데 맨하탄이라는 이름의 부츠는 멋진 신발도 아니다. 바닥과 뒤꿈치는 손을 봐야 한다. 약간 새는 것 같기도 하다. 찍찍거리는 소리도 난다. 한 번 닦아주면 그럭저럭 견딜 만하다. 그런데도 이 신발에 그만 정이 들었다. 특히 맨하탄이 걸핏하면 거의 재앙 수준의 대혼란에 빠지곤 하는 겨울철이면 나는 이 신발 동상이 스프레이 낙서로 범벅이 된 채 다정하고 친숙한 모습으로 센트럴파크의 눈밭 속에 우뚝 서 있는 모습을 눈에 선하게 그릴 수 있다. 추위 속의 맨하탄은 늘 그런 감상을 자극하는 곳이다. 34번가에서는 지금도 기적이 일어난다. 하루는 록펠러센터의 아이스링크에서 실제로 한 청년이 자기 애인 앞에 무릎을 꿇고서 반지를 끼워주며 청혼하는 장면을 보았다. 여인은 너무나 기쁜 나머지 스케이트 발끝으로 급선회를 거듭했고, 지켜보던 이들은 느꺼이 환호를 보냈다.

미드타운의 어느 오래된 클럽으로 초대된 저녁이었다. 지긋한 나이의 예의바른 웨이터가 그 클럽 특유의 유명한 칵테일을 시음해 보라고 권했다. 럼으로 만든 칵테일이었고 은제 탱커드 잔에 담겨 나왔다. 나를 초대한 이가 말했다. "내가 조그만 소년이었을 때 아버지를 따라 여기 오곤 했지요. 아버지께서 내게 늘 시켜주시던 거랍니다." 오, 내 가슴을 촉촉이 적시는 '나이 든 뉴욕'이여! 엑시터Exeter 출신 잉글랜드인으로서 하버드를 나온 아버지, 맵시 나게 정장을 차려 입은 아들의 열띤 얼굴, 삼촌처럼 상냥하게 시중드는 웨이터들의 미소, 마치 공모자들의 집단처럼 오래도록 지속되었을 이런 풍경에 깃든 행복감을 떠올리는데, 문득 아들의 어머니는 이런 분위기를 못마땅해 했으리라 짐작되었다. 탱커드 잔을 말끔히 비우고 미련스레 한잔 더 받아 마신 뒤 흐느적대며 49번가로 나서나니, 아 바로 이것이 센티멘탈 아닌가. (또 하나 깨달은 점: 늘 그렇듯이 역시 엄마가 맞았다.)

*

바다 쪽에서 폭풍을 동반한 거창한 기압골이 밀려들지 않는다 해도 이맘때의 미드맨하탄은 온통 스카프와 양털모자, 장갑, 귀마개로 넘실대며 짐짓 '나이 든 뉴욕' 분위기에 젖는다. 그럴 때면 이곳 사람들은 거의 모두 노만 로크웰[34]처럼 행동한다. 물론 발그레한 볼과 얼어붙은 콧수염 너머엔 예의 그 표독함이 도사리고 있다. 물론 소매치기들은 우리의 핸드백을 노리고 있으며, 강간범들은 억지로 욕정을 억누르고 있을 뿐이다. 맨하탄의 정치적 올바름 문화를 틈타 꼴도 보기 싫은 독단론자들이 휘젓고 다닌다. 연쇄살인범은 숨죽이고 자제하고 있을 따름이다. 어느 인종주의자는 꽁꽁 얼어붙은 교차로를 건너다 웃음 짓는 유색인종 가족들을 향해 친한 사이인 양 위선의 미소를 지을 터이다. '저런 썩을 놈들을 죄다 원래 있던 데로 내쫓아야 할 텐데.' 속으론 그렇게 생각하며 말이다. 허나, 적어도 내 눈앞에서는 악이 선에 밀려난다. 바로 지금 여기 맨하탄에서, 험상궂게 생긴 젊은이들이 할머니를 구하러 출동한다. 그들이 중얼대는 주문은 좀처럼 믿기질 않을 정도이다. "괜찮아요, 할머니, 자, 조심해서 가시구요…." (이 모두가 사실이니, 의심하는 그대들이여, 부디 나를 믿으시라!)

지금 나는 맨하탄에서 텔레비전 프로그램 제작을 돕고 있는데, 그 오래 된 부츠가 문득문득 떠오르곤 한다. 제작팀을 따라 눈밭을 헤치고 얼어붙은 담장을 넘어 빌어먹을 장비를 들고서 이곳저곳을 옮겨 다니는 동안 — 따지고 드는 경찰에게 이러하여 저러함을 설명하기도 하며 — 맨하탄이 참 가정적이고 꾸밈없는 곳이라는 생각이 자주 들었다. 하루는 새벽부터 춥고 험악한 날씨에도 불구하고 부두의 예인선에 올라 촬영 중이었다. 어김없이 커피가 끓고 있었다. 엔지니어 보조는 어느 아프

---

[34] Norman Rockwell(1894~1978). 뉴욕 태생 일러스트레이터로서 『새터데이 이브닝 포스트』나 『룩 Look』 등의 잡지 표지를 그린 것으로 유명하며, 1977년에는 "가장 생생하고도 애정이 깃든 미국의 초상화를 그린" 공로를 인정받아 민간인 최고의 대통령훈장인 '자유'메달을 받기도 했다. [역주]

©Movana Chen

리카 부족장의 후손이었고, 갑판 승무원은 참으로 즐거운 인물이었으며, 선장은 무한히 느긋해 보였다. 미처 깨닫지도 못하는 사이에 예인선은 〈퀸엘리자베스2세〉호QE2를 제 정박지로 밀어 넣었고, 나는 맨하탄이 만들어진 이래 이 부두로 배들을 밀고 끌었을 수백의 견인선 사람들과 도선사導船士들이 모두 나와 함께하고 있다는 기분 좋은 상상에 빠져들었다.

헬리콥터에서 촬영하기도 했는데, 조종사는 태연하게 "미안하지만 기름 좀 넣고 오겠다"고 했다. '센트럴파크사냥단'의 연례모임도 촬영했는데, 인온더파크Inn on the Park에 모인 이들은 한결같이 붉은 코트 차림의 신사 숙녀들로서 스터럽stirrup 컵을 들고 있었다. (내가 다정한 인상의 할아버지에게 물어보았다. "뭘 사냥하시는데요?" 그가 외치듯 대답했다. "그야 물론 사람이지.") 시그램Seagram 빌딩의 로비로 촬영하러 갔을 때는 점심시간을 이용해 거기서 콘서트를 여는 직장인 합창단의 기세에 밀려나야 했다.

버스 안에서도 촬영을 했다. 얼마나 꾸밈없이 재미있던지! 어찌나 따뜻하고 신나던지! 단 두 명의 승객만이 카메라에다 대고 뭘 말하는 게 싫다고 했을 뿐이었다. 그 중 한 명은 라틴어로 쓰여진 테렌스Terence의 시를 읽느라 여념이 없는 할머니였고, 다른 한 명은 텁수룩한 야구모를 푹 눌러써서 분필 같은 얼굴에 그늘을 드리운 청년으로서 그가 나를 대한 태도로 짐작컨대 앞서 말한 연쇄살인범이 되고도 남음이 있어 보였다.

이 모든 게 너무나 자연스럽고 꾸밈이 없다. 비록 일시적일지언정, 이는 틀림없는 사실이다. 오래 전 뉴욕의 한 친구는 미국 식 성의와 유럽 식 성의의 차이를 이렇게 설명했다. 유럽의 성의는 참으로 자발적이고 자연스럽지만, 그렇다고 해서 늘 깊고 강하지는 않다는 것. 반면 미국인의 성의는 여러 겹의 계산과 기회주의적 발상 아래 깊이 뿌리내리고 있지만, 거기에서 참으로 심오하게 머무른다는 것. 뉴요커들이 누구보다도 더 미국적이라는 것은 주지의 사실. 그리하여 지독한 계절 겨울이 닥치면 그들은 미국인 특유의 껍데기를 벗어 버리고서 그 아래 감추었던 참된 친절을 베푸는 것일까. 아무튼 최악의 계절이 닥쳐도 뉴요커들은 나머지 서방세계 전역이 오래도록 매달려온 겉치레에 굳이 매달릴 필요가 없다. 즉 그들은 미국인인 척하지 않아도 되는 것이다. 그 어느 뉴요커든 — 피부색이 하얗든 검든, 갈색이든 황색이든 — 야구모를 거꾸로 돌려쓴 게 바보같이 보이진 않는다. 뉴욕의 록 가수는 자신만의 사투리 가사를 노래한다. 다른 누군가의 것을 모방하는 일이란 없다. 길거리의 은어나 속어도 그곳 특유의 갈래에서 생겨난 따끈따끈한 것들이다. 이 도시의 대중문화는 미국 전역과 마찬가지로 자생적이다.

'인종의 용광로'라는 옛 표현에서 드러나듯, 미국이 하나의 인종적 정체성으로 묶일 수 없다는 건 누구나 아는 사실이다. 하지만 국가적 정체성은 별 문제 없이 하나로 묶인다. 죽을 때면 고향으로 가고 싶다는 레바논, 아이티, 자메이카 사람들을 뉴욕의 거리에서 가끔 만나게 된다. 하지만 뉴욕에서 내가 만난 이민자들 대부분은 '용광로'의 성공 여부와 무관하게 미국인이라는 사실에 아주 행복해했다. 이들은 엄청나게 긴 시간 동안 일 하기로부터 사회보장체계의 빈 틈 악용하기, 야구모자 거꾸로 쓰기까지 전통적인 미국인들의 자세를 기꺼이 배우고자 한다.

이들은 결코 미국인인 척하지 않는다. 실제 시민권 소유 여부와 무관하게, 또 때로는 불법체류자이기도 하지만, 진정한 제퍼슨의 가치에 비추어 이들은 **영락없는 미국인들**이다. 이 유기적인 확신이 일부 다인종주의 덕분임은 틀림없는 사실이다. 미국은, 그리고 미국의 가장 눈부신 요약판인 뉴욕은 써먹을 수 있는 전통을 수백 가지나 갖추고 있으며, 그 모두를 성공리에 흡수하여 방문자 누구든 고향을 찾은 듯 편안하게 만든다. 잉글랜드나 독일, 심지어 오스트레일리아 같은 나라들은 '모든 인종이 어울린 한 나라'라는 발상에 익숙해질 시간이 없었다. 그들은 새 이민자들이 불편했을 뿐만 아니라, 스스로에 대해서도 불편했다. 미국은 지치고 가난하고 떼 지어 몰려드는 무리들을 수백 년 동안 한결같이 반겼다. 아무리 끔찍한 인종문제를 지닌 나라라고 하더라도, 미국은 모든 이민자에게 미국이라는 국가에 소속감을 느끼도록 해주었다.

미국이 선사하는 이점에는 더욱 큰 것도 있다. 미국인이 갖는 든든한 느낌, 그것은 바로 '초강대국'의 이점이다. 권력은 흥분제일 뿐만 아니라 진정제가 되기도 한다. 권력 덕분에 사람들은 스스로에게 느긋해진다. 미국 도시들 가운데 가장 위대한 — 내게는 **유일하게 아메리카스러운** 도시인 — 맨하탄은 다른 곳을 흉내 낼 필요도, 또 물리칠 이유도 없다. 요컨대 맨하탄은 맨하탄 그 자체이다. 열 개도 넘는 언어가 쓰이고, 그 말들 모두가 자기 말인 곳. 눈은 내리고, 맨하탄의 자존심은 넘쳐 흐른다. 저 멀고 조그만 나라에서 온 이방인조차도 금세 느끼게 된다. 지극히 넉넉하고 지독하며 멋진, 벅차게 닦달하고 경보를 울려대는, 더러우면서도 스펙터클한 이 메트로폴리스에는 낡은 부츠 한 켤레의 매력이 속속들이 배어 있다는 것을.

ch 31
시드니, 1995

> 1992년에 『시드니』 책을 펴내고 1995년에 다시 그 도시에 들렀을 때 나는 꽤나 신중했다. 기자 시절 내가 썼던 시드니 에세이를 두고서 얼마나 격한 반응이 일어났던지를 잘 기억하고 있었기 때문에….

　내가 시드니의 아주 막강한 언론계 간부 한 명과 즐겁게 나눈 전화 통화를 옆에서 듣던 이곳 오스트레일리아 친구는 로마의 검투사와 그리스도교인 사이의 대결 같았다고 했다. 어느 쪽이 그리스도교인이라는 건지, 그녀는 말하지 않았지만, 난 충분히 짐작이 갔다. 시드니 사람들은 아주 험한 패거리들이다. 더구나 여행 경험이 많고 고학력인데다 똑똑하고 부유한 젊은 하이테크 비즈니스맨의 권력까지 가미된다면, 얼마나 험할지는 불 보듯 뻔하다. 그가 우악스런 장갑을 끼고 쥔 검이 경고의 메시지를 번득거린다고 상상해 보시라!
　이런 사람들과 어울리면서 나는 방심할 수가 없었다. 누군가 언쟁을 벌였다가 그게 마치 사자 우리로 던져지는 것이나 진배없는 결과를 가져올지도 모르니까 말이다. 그들이 무례하단 소리는 절대 아니다. 그들은 무례할 필요가 없는 사람들이다. 이들의 강인함은 잔뜩 웅크린 용

수철 같은 강인함이며, 유사시를 대비해 쥐고 있는 채찍 같은 거다. 어느 순간 맹렬히 공격해야 할 때가 닥치면 이들은 이리 같은 잔인한 매력의 웃음을 흘림으로써 주도권을 쥔다. 누구를 속이려는 웃음이라기보다는 어쩔 수 없이 무장해제 시키는 그런 웃음이다. 그토록 화사하게 사람을 반기는 시민들의 도시를 나는 알지 못한다. 그들이 당신의 용기를 무시한다 해도, 그들은 결코 그걸 드러내지 않는다. 그럼으로써 자신들의 화사한 친절을 망치고 싶지는 않기 때문이다. 간혹 외국인들은 말한다. 시드니를 보면 순수함이 사라지기 이전의 옛 아메리카 생각이 난다고. 내가 보기에 이는 그릇된 해석이다. 사라진 미국의 순수함은 숭고한 이념과 힘에 대한 확신에 의해 지지되는, 지극히 단순한 공정성과 영속성 위에서 자라난 것이었다. 그에 비해 시드니의 분위기는, 응집력이 한결 떨어지는 국가적 정체성을 반영하고 있을 뿐이다.

오래도록 스스로를 '행운아의 나라'라고 즐겨 생각해온 오스트레일리아는, 심지어 경제 불황에 시달릴 때조차도 지상에서 가장 행복한 곳이 거기라고 여긴다. 참으로 즐거운 일 아닌가. 아침마다 난 밥을 먹기 전에 리전트 호텔을 나와 아침 햇살에 반짝거리는 오페라하우스 너머 식물원까지 아침운동을 했다. 항구를 따라 달리는 길인데, 맨리Manly 비치로 가는 여객선은 벌써 핀치거트Pinchgut 섬을 지나 포말을 만들며 바다를 가르고 있다. 사람들을 지나칠 때마다 나는 "정말 멋진 날이네요"라고 인사했다. "정말 멋진 나라네요"라고 한 게 더 많았던 것 같기도 하다. 모두들 "그럼요!"라는 표정이었다. 거세게 달려나가던 건장한 조깅남들도 그랬고, 바다로 낚싯대를 드리운 낚시꾼들도 그랬다. 간간이 우스꽝스런 모자와 고무장화 차림으로 어슬렁대던 별난 사람들도 그랬고, 하루 일을 시작하기 전 거기서 트럼펫을 연습하던 남자도 그랬다. 어디 그뿐인가. 식물원의 무성한 잎사귀들 아래로 호리호리한 몸매를 나풀대며 먹이를 찾던 뽀얀 해오라기들도 틀림없이 그런 표정이었다.

시드니를 좋아하지 않는 시드니 사람들, 오스트레일리아인이기를 기뻐하지 않는 시드니 사람들을 만나기란 아주 어렵다.

이런 점에선 옛 아메리카와 비슷한 게 사실이다. 막 이곳에 도착한 이민자들은 대개 친구들 모임에라도 나온 듯 부러울 만큼 느긋하고 낙관적인 표정들이다. 물론 이들은 고리타분한 오스트레일리아인들의 인종차별에 대해 불평할지도 모른다. 그렇지만 전반적으로는 그런 것쯤 무시하고서, 아마도 아보스Abos[오스트레일리아 원주민]나 폼스Poms[영국인을 가리키는 속어] 등을 겨냥해 자기들만의 자잘한 인종차별을 펼칠지도 모른다. 이들은 자기들만의 인종공동체를 가지고 있을 공산이 크다. 자신을 든든하게 뒷받침하며, 자기들 언어를 쓰고, 자기들 유산을 공유하고, 제대로 된 곳을 찾아왔다는 확신을 들게 하는 그런 공동체 말이다. "그러니까 문제될 건 없어, 느긋하게 생각하구, 뒷짐 지고 즐기셔!" 시드니 택시기사들이 종종 내게 얘기했듯이 말이다.

이번 체류 기간 동안 난 택시를 여섯 번 불렀는데, 그때마다 기사들에 대해 기록해 두었다. 한 명은 베이루트 태생이었는데, 우리 차가 지나가던 길목의 긴 레바논 레스토랑 행렬을 자랑스레 소개했다. 한 명은 뱅거Bangor에서 온 웨일스 남자였다. 한 남자는 자기 태생을 안 알려줬는데, 나중에 보니 에콰도르에서 온 사람이었다. 한 명은 내가 인도의 라호르에서 왔다는 걸 알아맞혔다. 한 명은 잉글랜드에서 거기까지 보조금 적용가로 10파운드를 내고 날아온 사람이었고, 한 명은 시드니에서 태어난 금융가로서 불황 탓에 잠시 딴 일을 하고 있다고 했다. 모두 큰 도움이 되고 즐겁고 캐묻기 좋아하는 사람들이었다. (시드니는 실제로 꼬치꼬치 캐묻는 도시이다.) 아무도 내게 불평하지 않았고, 내가 팁을 주든 말든 개의치 않았다. 전직 금융가는 어느 개인저택의 저녁 파티에 날 내려주며 말했다. 자기 옛 친구인 그 집 여주인에게 자기 안부를 전해달라고.

내게는 이 모든 게 너무 비현실적이라고 느껴졌다. 시드니는 애초부터 자신에 관한 불편한 진실들을 싹 무시하는 데는 완전 능통했던 것일까. 말할 수 없이 멀고 척박한 이 해변에 버려지다시피 한 초창기 정착민들은 가장 우울한 상황에 직면했으면서도 용케 즐거운 구석을 찾아냈다. 채찍질을 당하지 않아도 되니, 이 얼마나 즐거운가! 아마도 이 시민들을 구제불능으로 명랑하게 만든 건 런던토박이Cockney 기질인지도 모른다. 혹은 그들이 처한 상황에 워낙 기막혀한 나머지, 즉 지구 저 아래쪽에서 이 눈부신 도시를 어떻게든 생존시키려고 발버둥 치다 보니, 뭔가 믿기지 않는 실존의 힘 같은 걸 터득했을 수도 있다.

며칠이 지나면서 나는 시드니의 이런 비현실적 분위기에 완전히 적응했다. 정원에서 모이를 쪼고 꽥꽥대는 신비한 느낌의 새들, 밤이면 날개를 크게 펼쳐 날아다니고 과일을 먹는다는 큼직한 검은 박쥐들, 거꾸로 뒤집혀 자라는 듯한 나무들, 고즈넉한 교외를 야금야금 파먹고 들어오는 (마치 코알라나 오리 부리 모양의 오리너구리 가족들이 깃들어 살기에 딱 맞을 듯한) 야생 숲의 흔적들까지! 이 모든 게 이제 완전히 정상상태로 보였고, 현대 유럽 도시의 삶과 편안히 공존하는 듯싶었다.

'유럽도시'라고 말한 것은 오늘날 시드니의 코스모폴리탄주의가 명백히 유럽적인 현상이기 때문이다. 한 세기 전 제임스 브라이스는 맨하탄을 '유럽도시이지만 어느 나라에도 속하지 않는' 곳이라고 불렀다. 이 표현은 이제 시드니에도 꼭 들어맞는다. 물론 시드니의 기층부를 이루는 건 원주민이고, 그 구조는 아직도 영국적이며, 다른 모든 영어권 도시들에서처럼 시드니 길거리에서도 미국적인 느낌이 묻어난다. 아시아계 도시인구의 비중도 점점 높아지고 있다. 하지만 지금 이 순간만은 시드니의 겉모습에서 연한 지중해의 향기가 풍긴다. 이탈리아와 그리스, 포르투갈과 레바논을 닮은 그런 향기…. 굴 요리를 즐긴 뒤 마시는 한잔의 카푸치노, 거리의 카페들, 어둠 속에 하버브리지 아래를 지나는 고기잡이배들의 불빛들. 그런데 이 지중해의 향기는 처음부터 시드니의 큰 부분을 이루었던 아일랜드스러움 또한 머금고 있다.

시드니를 아주 종교적인 도시로 여긴 적은 거의 없지만, 주로 아일랜드인들 때문에 시드니에서는 가톨릭 정신이 두각을 보인다. 에게해에서 맞는 하루 같은 날에 나폴리 풍의 커피 향을 즐기거나, 혹은 프로방스 풍의 식사를 하다 말고 우리는 거기서 느닷없이 더블린에 (심지어 노크Knock에) 있는 듯한 착각에 빠지곤 한다. 바로 어제 내게 그런 순간이 닥쳤다. 블루스포인트와 서큘러 부두 사이를 오가는 낡은 론치여객선ferry-launch을 타고 부두를 가로질러 건널 때였다. 배가 게걸음 걷듯 느릿느릿 물 위를 미끄러질 때 내 옆에 앉은 전형적인 아일랜드 할머니 한 분이 슬프게 말했다. 최근 차를 잃어버렸는데 누가 일부러 절벽에서 떨어뜨려 버렸더라고. "저런, 너무 걱정 마세요. 그래봤자 차 한 대잖아요." 내가 그렇게 말하자, 할머니의 눈에 눈물이 가득해졌다. "그래봤자 차 한 대라고요! 그래봤자 차 한 대! 맞아요, 그렇게 봐야죠. 그래봤자 차 한 대! 나도 그렇게 봐야 한다는 거죠. 신이 당신을 축복하시길. 신이 이런 당신을 정말 축복하시길!" "신이 할머니도 축복하시길 바랄게요." 아일랜드 사람들과 얘기하다 자주 겪는 일이지만, 난 더 나은 말이 떠오르질 않아 그렇게 우물쭈물 대답하고 말았다.

하지만 그 검투사 같은 언론인은 내게 아무런 축복도 건네지 않았다. 실은 바라지도 않았다. 그의 딱딱함을 음미하는 것만으로 족했던 것이다. 그의 매력 뒤쪽에 감춰진 악의의 기미를! 모두가 오늘날의 시드니를 좋아하지만, 누구도 그곳을 능히 '멋지다'고 부를 수는 없다. 오늘날에조차도 시드니가 패배자들을 위한 곳인 건 아니다. 만약 내가 곤경에 처한 방문객이라면 이 행운아의 도시보다는 맨하탄 한복판에서 더 많은 동정의 손길을 받았을 것이다. 시드니에 떠도는 소문에는 결코 용서가 없으며, 신중함 따위는 아예 뒷전이다. 저녁 자리에서 나누는 대화도 완전 어질어질한 폭로투성이인데다 가차 없고 민망한 표현들로 가득해서 마치 롤러코스터를 타는 듯한 어지럼증을 안겨주기 일쑤다.

그래서 시드니는 내 안의 무모함을 끄집어내주는 도시이다. 이는 일면 내가 이곳을 순간적인 곳이라고 줄곧 느껴왔기 때문이기도 하다. 시드니에는 천년만년 가도록 지어진 곳의 느낌이 없다. 그 뜬소문들을 보라. 특히나 일회적이면서 아무 데나 마구 건드리지 않는가. 올 때마다 이 도시의 색깔은 달라지고, 뉴스에 등장하는 인물들의 이름도 바뀐다. 그렇게 새로운 '아이덴티티'('퍼스낼리티'를 시드니에서는 이렇게 부른다)의 등장인물들이 선보이는 것이다.

그렇다. 아이덴티티다! 이 얼마나 경찰서에서나 쓰임 직한 표현인가! 한때는 자기 도시의 원래 쓰임새에 대해 그토록 발끈발끈하던 시드니 사람들은 이제 그 태생에 대해 아연 떳떳해한다. 그렇기에, 이를테면 지극히 공격적인 브로커와 나누는 대화에서나 놀랄 만큼 많은 돈을 버는 똑똑한 변호사와의 저녁 식사 자리에서, 내가 "제게 있어 이 도시의 매력들 중 하나는 아무리 억눌러도 어쩔 수 없이 뿜어져나오는 죄수들의 기운이 손에 잡힐 듯 느껴지는 것"이라고 말한다 해도, 이곳 사람들이 노발대발하는 일은 없으리라.

ch 32
홍콩의 끝

> 1997년 6월 영국은 드디어 홍콩 지배를 포기했고, 홍콩은 150년 만에 공산 중화 인민공화국에게 반환되었다. 홍콩은 앞으로 중국 내 특별행정구역 지위를 보장 받았다. 홍콩 반환은 사실상의 대영제국의 종말이었다. 런던의 〈이브닝 스탠다드〉 신문사의 의뢰로 나는 그 제국의 마지막 페이지를 취재했다. 이 글은 또 내가 신문기사용으로 쓴 마지막 글이기도 하다.

어젯밤 홍콩에서 벌어진 영국 총독 환송식에서 영국국가인 '신이여 여왕을 보호하소서'가 울리던 바로 그 순간, 갑자기 하늘이 활짝 열렸고 우린 금세 물에 빠진 생쥐 꼴이 되었다. 그게 중요한 건 아니다. 점쟁이들은 그게 불길한 징조라고 했지만, 영국인들은 꿋꿋이 그걸 받아냈다. 비가 퍼붓자 단상 가득 우산이 펼쳐졌고 빗물이 우리 목덜미로 줄줄 흘렀다. 하지만 병사들은 당당하게 행진했고, 백파이프 연주자들은 백파이프를 불었고, 노래 부르는 사람들은 노래를 불렀다. 뽀얀 해군제독 제복을 입은 찰스 황태자는 쏟아지는 비를 고스란히 맞으면서도 위축되지 않고 연설을 계속했다.

이 환송식은 쇼 이벤트와 군대행사가 뒤섞인 것이었다. 짐작하시다시피 앤드류 로이드 웨버, '여름날의 마지막 장미꽃', '스코틀랜드 용사들', 약간의 에드워드 엘가, 그리고 '그대를 다시 보리라'[35] 등이 연주되었다. 웨일스 민족주의자이자 공화주의자인 나는 이런 겉치레 행사를 죄다 고리타분하게 여기는 편이지만, 어둠이 짙어지고 비가 억수같이 퍼붓는 가운데 '주께서 주신 날이 다하였나이다'의 장엄한 옛 가락에 맞춰 막상 유니언잭이 가만가만 내려오기 시작하자, 가슴 깊은 데가 뭉클해지는 건 어쩔 수 없었다. 그런 점에서 영국은 단연 으뜸이다. 나도 인정한다. 어느 누가 어젯밤의 행진을 이끌던 군악대장의 번쩍거리고 허세 가득한 걸음걸이를 흉내 낼 수 있겠는가. 어느 누가 어젯밤의 환송식을 마무리하던 백파이프 독주자처럼 한탄 어린 곡조를 그토록 구슬프게 연주할 수 있겠는가. 얼굴 가득 빗물이 얼룩져 있지 않았더라면 나는 어젯밤 눈물을 훔쳐야 했을지도 모른다.

    간밤 행사의 백미이자 가장 멋졌던 부분은 대규모 악단이 연주한 베토벤의 '환희의 송가'였다. 정말 뛰어난 공연이었다. 연주자들 모두가 그게 유럽연합 찬가임을 알았는지는 모르겠으나, 어쨌든 그건 내게 해방을 상징하는 것으로 들렸다. 역사가 남기고 간 제국주의적 유산으로부터 마침내 자유로워졌으니, 이제 영국은 그들의 놀라운 역사적 운명을 수행할 다음 단계로 확실히 나아가야 한다. 그것은 바로 유럽의 다른 나라들과 마침내 화해하는 일이다.

    영국이 홍콩에서 떠난다는 건, 그들에게나 중국에게나 하나의 끝임과 동시에 또 하나의 시작이다. 유니언잭이 내려온 뒤 귀빈들은 항구의 해안선을 따라 컨벤션센터로 이동했다. 그 거대한 유리건물 안에서 중국은 홍콩 특별행정구역에 대한 통치권을 선포할 예정이었다. 그렇지만 나는 반대쪽 해안선을 따라 철벅철벅 걷기 시작했다. 호텔로 돌아

---

35 '여름날…'과 '스코틀랜드…'는 영국 민요이며, 엘가는 영국 고전음악의 대표 작곡가이고, '그대를…'은 노엘 코워드 경Sir Noel Coward이 1929년 발표한 유명한 곡으로서, 1961년 프랭크 시내트라가 편곡해 불러 더욱 유명해졌다. [역주]

가는 길은 아주 힘들었다. 거리로 쏟아져 나온 엄청난 인파들은 잔뜩 흥분한 상태였다. 흠뻑 젖은 채 네온사인 불빛을 받으며 영국이 돈을 댄 325,000파운드짜리 불꽃놀이가 수놓는 밤하늘을 올려다보는 그들은, 요란하게 웃으며 즐거워했고 다들 기분 좋아 보였다. 호텔 방에 도착해 커튼을 열었다. 홍콩 항구의 전경과 더불어, 항구 한복판에 자리 잡은 컨벤션센터도 내려다보인다. 거기서는 지금 전 세계 절반의 나라에서 온 외교관과 귀빈들의 연회가 막 끝나가고 있을 터이다. 영국 여왕과 중국 국가원수를 위해 건배하면서, 자정에 거행될 공식 주권 양도 행사장으로 옮겨갈 준비를 할 게다.

    이 도시는 거대한 텔레비전 같다. 시내의 모든 화면마다 똑같은 장면이 방송되고 있을 것이다. 이따금 방안의 텔레비전에 눈길을 주기도 했는데, 정말 당황스러웠다. 지금은 식이 끝난 뒤 찰스 황태자를 싣고 갈 배인 〈브리타니아〉호Britannia가 비춰지고 있다. 이제는 연회장의 하객들이 샴페인 잔을 들어올리는 모습이 방송된다. 낯선 얼굴, 익숙한 얼굴들이 번쩍번쩍 번갈아 비춰진다. 덩샤오핑의 미망인, 인도네시아 외무장관, 콜롬비아 대통령, 코피 아난, 대처 여사, 리차드 브랜슨, 테드 히스, 아르헨티나 외무장관, 크리스 패튼, 찰스 황태자 등등.

    순간 카메라가 바뀌었다. 여기서는 인민해방군 선발대가 중국 국경을 넘어 홍콩으로 들어오는 모습을 보여준다. 버스와 무개트럭에 나뉘 탄 그들은 로봇처럼 딱딱해 보인다. 다시 바뀐 카메라. 홍콩 민주당의 대표인 마틴 리가 나온다. 입법원 건물의 발코니에서 그는 중국에 충성하는 야당 노릇을 할 것임을 약속한다. 시위대, 군부대, 외교관들, 샴페인, 덩샤오핑의 아내. 홍콩 생활의 모든 것들이 서른 두 개의 텔레비전 채널들 안에서 깜박거리고 있었다. 그런데 나는 적포도주를 마시며 바그너를 듣고 창밖을 내다보며 자정까지 기다리고 있다. 창밖에서는 이 놀라운 도시가, 그 순간을 기다리고 있다. 끝도 없는 인파가 저 아래

길들을 떼 지어 몰려다닌다. 지상 최고의 스카이라인은 불타듯 환하다. 성난 하늘엔 폭풍 머금은 구름들이 도시의 불빛을 받아 불그레하다. 항구 곳곳에는 컨벤션 쪽으로 가려는 배들을 통제하려고 늘어선 경찰선의 불빛이 연신 깜빡댄다. 홍콩 사람들은 저 아래서 대체 무슨 생각을 할까? 지금 저렇게 행복해 보이는 만큼 실제로도 그들은 행복할까? 이제 몇 분이면 영국인들에게 안녕을 고하고 중국을 맞아들이려는 이 찰나에, 우리는 의심을 품어야만 하는 걸까?

그때, 그런 생각에 잠겨 있자니, 영국인들이 남기고 떠나는 이 홍콩은 그리 좋지도 그리 나쁘지도 않아 보였다. 경제적으로 보아 중국과의 통일은 기껏해야 따끔한 주사 한 방 정도의 자극일 것이다. 사회적으로 보자면 이 땅은 자유롭고 대개는 공정할 것이다. 물론 역사가 주로 기억할 것은 이곳의 정치적 상황일 것이다. 이 또한 우리가 주권 이양 후를 염려하던 때보다는 훨씬 나은 듯하다. 다만 우리가 기대했던 것에는 훨씬 못 미친다. 한편으로 보아 영국 지배 아래의 지난 몇 년 동안 주도면밀하게 자리 잡았던 민주주의 체제가 몇 분 후면 막무가내로 무너지고 만다. 그렇지만 다른 한편으로는 자유주의 기질과 기치의 고갱이는 고스란히 살아남을 테고, 이미 노련한 경험을 갖춘 정치사회가 유능하고 단호한 야당 노릇을 할 것이다.

그런데, 가만 있자, 자정이 다 되었군. 〈뉘른베르크의 명가수〉[바그너의 오페라]의 주인공 한스 작스가 부르는 마지막 승리의 아리아를 들으며, 나는 생각했다. 맞어! 제국이 안개 속으로 사라져버린다 해도, 성스러운 예술품은 고스란히 살아남을 거야. 이제 항구 저편의 유리건물 컨벤션센터는 불타는 게 아니라 벌겋게 달아오른 원자로 같아 보인다. 텔레비전 화면에서는 몇몇 연설이 더 진행되고, 몇몇 악단이 더 연주하고, 의장대 병사들의 발 구르기가 몇 번 더 진행되었다. 시계가 자정을 알리자, 유니언잭이 홍콩에서 마지막으로 내려왔고, 중국 국기가 처음으로 올라갔다.

내 창으로도 차량 경적 소리들이 들린다. 거대한 환호도 들려온다. 아래에서는 아직도 사람들이 수천 명씩 무리를 지어 이리저리로 흘러 다닌다. 지금, 저 밤공기 속에 요트 〈브리타니아〉호가 경비함 〈채텀〉호 HMS Chatham 및 영국해군 홍콩소함대 소속 작은 전함들 중 마지막으로 남은 세 척과 함께 서서히 해변을 떠나 바다로 나아가는 게 보인다. 마천루들 아래를, 결국, 아주 멋지게 빠져나가고 있는 것이다.

이제 영국인들은 떠났다.

> 홍콩특별구역이 과연 자유의 땅으로 남을지는 이 책을 펴내는 지금도 확인할 수 없다. 하지만 어쨌거나 그날 밤 보았던 떠나는 거인의 모습은, 내 평생을 두고 그토록 매달렸던 르포 기자 일의 마지막뿐만 아니라 내 인생 반세기의 결론을 상징하는 것이기도 했다.
> 그 모습은 또한 이 책의 밑천으로 쓰인 끊임없는 지구 누비기가 끝났다는 신호이기도 하다. 이런 여행길의 거의 모든 순간순간이 내게는 너무나 즐거웠다. 여행을 업으로 삼아 홀로 여행하며, 내 몸의 모든 안테나를 길게 뽑아올리고 오지 맡은 일만을 생각했다. 인생의 기쁨 중에 이보다 더 좋은 게 또 있으랴.
> 하지만 다른 사람들도 다 그렇게 생각하진 않았나 보다. 영국 섬과 아일랜드 섬 사이 아일랜드 해의 만Man 섬에 취재차 들렀을 때다. 반짝이는 바다 바로 옆의 카페에 앉아 새우요리 한 접시와 기네스 맥주를 즐기며, 거기서 방금 샀던 만 섬의 민속 소개 책자를 넘기고 있었다. 아, 내게 그 순간은 바로 천국이었다. 그때였다. 할머니 한 분이 조그만 전단 하나를 내게 건넸다. "고마워요. 그런데 이게 뭐죠?" 내가 물었다. 할머니는 부드럽게 대답했다. "읽어봐요. 그럼 외로운 사람들 곁에도 하느님이 늘 함께하신다는 걸 알게 될 거예요…."

에필로그

너무나 오래도록
원하던 바를 이루다

> 이렇게 나의 반세기도 저물었다. 인생 대부분을 나는 고향에서 멀리 떨어져 지내야 했다. 로베르트 무질이 한때 얘기한 "역사라는 이름의 달팽이가 남기고 간 번들대는 자취"를 뒤쫓아 다닌 것이다. 그래서 50년간의 세계여행을 마무리하는 지금, 이 세계의 한쪽 구석에 자리한 내 고향에서 벌어진 자그마한 해프닝으로써 에필로그를 시작함이 마땅해 보인다.

75번째 내 생일을 앞둔 2001년의 어느 여름날, 비 내리는 아침이었다. 나는 웨일스 북서쪽 귀퉁이에 위치한 한Llŷn 반도의 한 마을에서 열린 정치집회에 참석했다. 이 지역에 뿌리내린 강고한 웨일스 정신은 어찌나 유명한지 거의 전설 수준이다. 그날 참석자는 200명 남짓. 잉글랜드로부터 밀려드는 이주자들 탓에 웨일스 문화와 웨일스 말이 훼손되는 것을 안타까워하는 사람들이었다.

이런 우려는 새로운 게 아니다. 웨일스 애국자들이 잉글랜드의 침투에 (때로는 격렬하게) 분통을 터뜨린 지도 어느덧 1,000년에 가깝다. 그렇지만 이 집회는 한결 더 심각한 뭔가를 얘기하고 있었다. 마을회관을 가득 메우고 밖의 스피커 앞에 옹기종기 모여 연설에 귀를 기울이는 그들은 극성스런 젊은 민족주의자들이 아니었다. 그들은 멀쩡하고 공손한 웨일스 시골 사람들이었고, 나이대도 다양했으며, 자신들의 유서 깊은 삶의 방식이 사라질 위기에 처했음을 온몸으로 느낀 이들이었다. 귀를 쫑긋 세운 그들의 모습은 심각하고도 처연해 보였다. 순간, 나는 본능적으로 깨달았다. 그들에게 남겨진 헤리티지는 잉글랜드로부터 홍수처럼 밀려드는 퇴직자들이나 휴가용 저택을 웨일스에 마련한 사람들에 의해서만 위협받고 있는 게 아니었다. 그 홍수의 뒤에는 무한히 크고 낯선 동력이 도사리고 있었다. 그들을 압박하고 그들을 그들답지 않게 만들어놓기 시작한 그 엄청난 힘, 도무지 상상조차 하기 힘든 새로운 동력, 그것은 금융, 테크놀로지, 범지구화, 동질화의 힘이었다.

그 이벤트는 참으로 사소했다. 유럽 저 위쪽의 구석진 변방에서, 대부분의 세계인들이 전혀 들어본 적도 없을 언어와 문화에 대해 얘기하는 그 자리에서는, 무슨 대단한 열정보다 맘을 어지럽히는 불길한 예감이 더 크게 작용했다. 그런데 이 사소한 이벤트가 내게는 21세기의 신세계 위에 암울하게 드리운 침침하고 흐릿한 안개의 한 자락을 보여주는 전조라고 느껴졌다. 50년 전 나는 내가 어떤 세계를 살아가는지 잘 알고 있었다. 물론 냉전으로부터 에이즈에 이르는 온갖 공포와 더러움, 참극들로 얼룩진 시대이긴 했지만 ― 안 그럴 때가 어디 있었던가 ― 크게 보아 이 시기는 비교적 곧게 뻗은 길과도 같았다. 그 길 끝에 무엇이 있는지를 잘 아는 약속의 시대였던 것이다. 실제로 20세기의 전성기에 지구 곳곳을 누비면서 나는 제4세계라 부를 만한 실체가 모습을 갖추어가고 있다는 꿈을 꾸기도 했다. 제4세계, 그것은 국경을 가로질러 형성된 하나의 민족이자, 너그러운 사람들의 디아스포라diaspora 혹은 프리메이슨freemasonry 같은 것으로서, 훗날 이들의 선한 가치가 시대를 주름잡으리라 기대했던 것이다.

햔 마을 사람들은 틀림없이 그와 같은 선의의 소유자들이다. 하지만 2001년 7월의 그 물기 머금은 여름 아침에 이들이 금방 우리별 지구를 물려받을 것 같지는 않았다. 오히려 그들의 불안 섞인 주장과 암시하듯 내비치는 절망감을 보면서 나는 깨달았다. 내가 품었던 희망의 시대정신은 21세기가 시작되자마자 마치 독한 술이 날아가듯 훌쩍 사라져버렸음을. 그래서 나는 후다닥 짐을 꾸려 21세기의 시대정신이 무엇일지를 찾아 내 생애 마지막 세계일주 여행길에 올랐다.

여행을 시작한 지 얼마 되지 않아 러시아의 상트페테르부르크에서 어느 퇴역군인을 만났다. 그는 붉은 군대의 공군 대령 출신으로서 안락함과는 아예 거리가 먼 아파트에서 혼자 살고 있었다. 침대도 없는 방에 땟자국 꼬질꼬질한 밥그릇의 그 집은 한눈에도 버려진 채 폐허더미로 바뀌어가는 주택지에 자리 잡고 있었다. 내 눈에 비친 그는 늪 속으로 빠져들며 허우적대는 사람 같았다. 이제는 사라진 20세기의 소비에트 제국, 바로 그것이 자기 인생의 반석이었다는 게 그의 설명이다. 그의 인생은 힘든 오르막길투성이였다. 그 길을 오르며 붉은 삼각건을 두른 소년단원은 우스꽝스레 축 늘어진 모자를 쓰다가 붉은 군대 공군의 장교복을 걸치게 되었다. 내리막길 또한 힘들었다. 국가적 우월감과 명예에 젖어 있던 그에게, 황량한 안마당을 내려다보는 높은 아파트의 엉터리 침대로의 추락은 너무도 갑작스러웠다. 그는 거기 남겨진 채 노대체 자신에게 무슨 일이 일어났던 것인지 의아해하고 있었다.

나는 곧 그와 같은 사람이 수두룩함을 깨달았다. 어딜 가든 모든 사람들이 그와 마찬가지로 한치 앞을 내다보지 못하고 심란해하며 배신감에 떨고 있었다! 세상 곳곳은 마치 열병熱病 전야처럼 대기 속에 뜨거운 기운을 머금고 있었다. 자기가 원하는 건 무엇이든 저지를 유일한 강대국 미국의 등장은 무척 위협적이고 해악일 수밖에 없다. 과학의 발달은 불길하기 짝이 없다. 어떤 의미심장한 결과를 초래할지 알지도 못하면서 마구 땜질만 거듭하는 상황이지 않은가. 어느 이집트 학생은 인류가 생명 창조의 신비까지 주무를 날이 그리 멀지 않았다고 힘주어 말했다. 인터넷 세계는 또 어떤가? 뭔가 영험한 심령체 같은 것이 이 집 저 집으로 꾸물꾸물 침투해 들어가는 형국 아닌가!

"도대체 남자는 뭘 하란 거죠? 우리가 왜 만들어졌는지 얘기 좀 해주세요." 트리에스테에서 만난 한 남자는 그렇게 나를 다그쳤다. 그를 사로잡은 당혹감은 남자와 여자 사이 관계의 엄청난 변화에서 비롯된 것이었다. 여성들과 마찬가지로 그 또한 자기 앞에 닥친 새로운 상황 앞에서 어찌할 바를 몰라 했다. 샌프란시스코의 어느 카페에서 옆자리에 앉았던 한 여인은 이렇게 말했다. "저야 물론 그리스도교 신자죠. 그런데 잘 모르겠어요, 예수님 이야기 그거, 다 믿을 수는 없겠더라고요." 인생의 절반을 보낸 뒤에 그녀는 순진함을 잃어버린 자기 자신의 황폐함을 깨달은 것이다. 잉글랜드에서 만난 어린 소녀는 묻는다. "대체 개구리들은 다 어떻게 된 거예요?" 그 아이는 그렇게, 인생의 그 이른 시간에 벌써 자연이 망가지는 모습을 제 눈으로 확인하고 있었다.

세상 사람들이 서로 어울려 사는 게 한때는 참 행복하고 경이로운 일이었으나, 이제는 서로를 짓누르는 일처럼 느껴지기 시작했다. 하와이에서 들었던 말인데, 자기 선조가 그 섬에서 100년 넘게 살았음을 입증하면 해변에 카누를 올려놔도 된다고. 오스트레일리아에 당도하니 450명의 아시아 망명자들을 가라앉는 배에서 구해낸 뒤 강제 송환시킨 직후였다. 〈시드니 데일리 텔레그래프〉 신문에 투고한 'A 프리지빌라'(진짜 이런 이름이었음) 씨는 "오스트레일리아인들은 참을 만큼 참았다. 여기는 세상의 억압받는 인간들을 갖다 버리는 쓰레기장이 아니다"라고 투덜댔다. 무엇보다 부자와 가난한 자 사이의, 잘 먹는 자와 배고픈 자 사이의 간격이 날이면 날마다 점점 벌어지고 있다는 사실은 새 시대의 기운을 그 근본부터 헷갈리게 만든다. 이미 넉넉한 자들은 장차 더 많이 가질 것을 기대하는 데 반해, 가진 게 거의 없는 자들은 보다 나은 상태를 아예 꿈도 꾸지 못하니, 이런 체제는 우리를 좌절케 한다.

여행을 계속할수록 "우린 모두 불안해하고 모두 자신 없어 한다"는 생각이 강해졌다. 그러다 문득 이런 생각도 들었다. 이런 상황이 우리의 날카로운 생각들까지 무디게 만들며, 심지어 우리의 말 또한 갈수록 흐릿하게 만들고 있다고. 미국에서 만난 누군가는 한 텔레비전 시리즈에 대해 쓴 최근의 평가 기사를 얘기해주었다. "이 시리즈가 너무나 오래도록 원하던 바를 이루어 주었다는 거예요." 뭐라고, 너무나 오래도록 원하던 바를 이뤄? 한참이 걸려서야 나는 깨달았다. 이 구문이 틀린 데는 없지만 그 뜻이 뭔지 딱 꼬집어 확실치는 않다는 걸.

줄기차게 따라다니는 제국주의의 불명예, 기술의 미스터리, 인종적 반감들, 균형 상태의 변동, 진보에 따르는 당혹감, 돈과 권력에 좀먹고만 마음들, 이 모든 게 일종의 어두운 클라이맥스로 우리를 내몰고 있는 것은 아닌가? 지난 세월 동안 나는 우리 세계가 파산의 길을 가리라고 우리를 윽박지르는 고리타분한 얼간이들에게 코웃음을 치곤 했다. 그런데 이제는 그 등신들의 경고가 결국 다 맞아떨어지는 게 아닌가 싶어 두렵다. 내가 세상을 돌며 느낀 게 파국으로의 돌진은 아니었다. 그보다는 아주 불연속적이고 상호모순적인 힘들이 우리에게 동시에 작용함으로써 우리를 쥐락펴락 오락가락하게 만들어 극도로 혼란스러워진 상태에 더 가까웠다. 그건 마치 유동성 가스들의 부야베스bouillabaisse로부터 우주 자체가 빙글빙글 형성되어 나왔다고 얘기 듣곤 하던 그 상태와 엇비슷했다.

나이가 들면서 난 보다 분명히 깨달았다. "대체 이게 무슨 조화지?"라는 너무나 궁극적인 질문에는 해답이 없으며 있을 수도 없다는 걸 말이다. 역사 속의 퍽 진실하고 꽤 똑똑한 사람들이 이 문제를 슬쩍 피하려고 온갖 알쏭달쏭한 소리들을 총동원했다. 성베드로 대성당의 대미사로부터 요란법석을 떨며 외치는 마법사들의 주문에 이르기까지 모든 게 다 그런 술책들이다. 그렇다면 최고의 방법은 그 수수께끼를 외면하는 게 아닐까? 우리는 한 시대에서 다음 시대로 넘어가고 있으니까 말이다. 그럼에도 불구하고 우리가 꼭 지켜야 할 단 하나의 계율이 있다면 그것은 바로 "서로에게 친절하라"이다. 이 단순한 명령문은 모든 종교 최고의 가르침들을 죄다 포괄한다. 이 계율은 또한 자유의지와 인간적 연약함을 인정할 정도로 유연하지만, 그 알맹이는 화강암만큼 옹골지고 단단하다. 성베드로의 반석처럼 든든하고, 카바Kaaba의 검은 돌처럼 신비롭고, 스톤헨지처럼 단순하고, 부처의 '깨달음의 나무'처럼 꾸밈없으며, 그 어느 모세의 율법만큼 권위 있는 것이다.

 그렇다, 친절함이다! 나는 여행을 마치고 집으로 가는 마지막 비행기에 오르면서 스스로에게 타일렀다. 친절함이야말로 우리를 끝까지 보살펴주는 하나의 원칙이다. 친절함은 너무나 단순명쾌한 삶의 법칙이기에 우리 모두 그게 무슨 뜻인지 잘 안다. 그걸 설명해줄 신학자가 따로 필요할 리가 없다. 이 단순한 법칙을 자분자분 곱씹으면서 난 떠올렸다, 상트페테르부르크의 퇴역군인을, 카이로의 학생을, 하와이의 카누 주인을, 미스터 프리지빌라를, 넌더리를 치던 트리에스테 남자를, 어디론가 사라져버린 개구리들을, 잃어버린 믿음을, 내 고향 바로 근처 햔 마을의 근심 어린 얼굴들을. 모두가 헌신적으로 친절해진다면 그것으로 어떻게 이들 모두의 근심을 어루만져줄 수 있을까를 곰곰이 상상하면서 나는 2001년 9월 10일에 웨일스의 내 집으로 돌아왔다.

 바로 그 다음 날, 저 멀리 나의 그리운 친구 같은 맨하탄에서, 다음 시대정신이 자신의 모습을 드러냈다[9/11사태를 말함].

트레반 모리스, 2003

찾아보기

①, ②는 1권, 2권을 가리키며, 굵은 쪽수는 해당 항목을 별도 장이나 절로 보여주는 부분을 가리킨다.

가나(Ghana) ①**268~75**, 277
〈가디언〉(Guardian) 런던 신문 ①10, 18, 80, 94, 102, 113, 133, 137, 164, 175, 178, 195, 207, 215, 217, 230, 237, 252, 268
공화주의(Republicanism) ②174, 240, 244, 293, 394
기차 ①27, 29, 32, 37, 41, **43~4**, 54, 76~7, 87, 118, 124, 173, 180, 228, 245, 253, 263, 286, 326, 332, ②47, 152, 189, 196, 231, 274, 297, 309, 350, **368~74**
나이지리아(Nigeria) ①**276~81**
나치(Nazi) ①115, 164, ②250~1, 271~3, 311, 318, 320, 346, 397
나폴리(Naples) 이탈리아 ①27, ②149, 321, **326~30**, 391
남아공(Republic of South Africa) ①**94~101**, ②**90~107**, 245
뉴욕(New York) 미국 ①37, 41, 111, 214~6, 259, 312, 334, ②17, 32, 38, 54~5, 158, 192, 223, 328, 366 → '맨하탄' 항목 참조
다르질링(Darjeeling) 인도 ①**330~41**
다윈(Darwin) 오스트레일리아 ①**252~6**
대학살 ①137, 173, 203, ②38, 160, 187, 345~6
델리(Delhi) 인도 ①**342~52**
독일(Germany) ①81, 89, 119, 122, 164~7, 170~3, 189, 196, 201, 285, 329, ②158, 171, 249~50, 285~7, 290, 294, **306~21**, 331, 336, 354, 379, 385 → '베를린' '바이마르' 항목 참조
드골(Charles de Gaulle) 프랑스 정치가 ①122, **131~3** ②285
디킨스(Charles Dickens) 잉글랜드 소설가 ①35, 178, 271, ②26, 139, 287
라이프치히(Leipzig) 독일 ②**306~14**
라파스(La Paz) 볼리비아 ①**230~7**
러시아(Russia) ①27, 81, 111, 117, 162, 170, 172, 176~7, 214, 218, 221~3, 317, ②69, 80, 186, 207, 237, 279, 319, 336, 338~9, 345~8, 350, 374, 400 → '모스크바' '레닌그라드' '오데사' 항목 참조
런던(London) 잉글랜드 ①20~4, 41, 77, 80, 89, 114, 119, **124~31**, 151, 197, 214~5, 247, 285~6, 317, 324, 346, ②**16~42**, 78, 120, 143, 157, 190, 192, 211, 223, 289, 291, 303, 328, 390, 393
레닌그라드(Leningrad) 소련 ①122, **195~201**, 221~4 → '상트페테르부르크' 항목 참조
레바논(Lebanon) ①**57~64**, 90, ②74, 148, 177, 385, 389~90
로마(Rome) 이탈리아 ①346, ②17, 21, 186, 289, 296, **321~6**, 353, 389
로스앤젤레스(Los Angeles) 미국 ②**43~59**, 65~6
루마니아(Romania) ①83, 172, ②274, 346, 348, **349~54**
리마(Lima) 페루 ①**237~40**, 241, 245
리우데자네이루(Rio de Janeiro) 브라질 ①230, 257, ②129, **134~40**, 190
리투아니아(Lithuania) ①40, ②74, 187, **336~40**
맨하탄(Manhattan) 뉴욕, 미국 ①**26~33**, 287~91, ②54, **59~89**, 129, 158, 163, 186, 190, 309, 374, **380~6**, 390~1, 403
모스크바(Moscow) 러시아 ①48, 96, **178~94**, 195, 197, 202, 273, ②17~8, 186, 190, 231~2, 271, 274, 310, 336
미국(USA) ①7, 9~10, **24~44**, 64, 80, 92, 110~2, 118, 133, 177~8, 188~94, 217~21, 288, 298, 335, 341, ②13, 34, **43~89**, 97, 103, 151, 174, 190, 200,

212, 230, 279, 290, 311, 341, **361～86**,
390, 400, 402
바르샤바(Warsaw) 폴란드 ①112, **212～7**,
②274, 351
바베이도스(Barbados) ①**107～9**, ②30
바우하우스(Bauhaus) ①90, 283, ②86, 316
바이런(George Byron) 잉글랜드 시인 ①67,
96, 100
바이마르(Weimar) 독일 ②**314～21**
뱅쿠버(Vancouver) 캐나다 ②188, **199～201**
범죄 ①30～1, 33, 39, 84, 164, 170, ②66～
77, 79, 99, 127, 156, 162～3, 192, 194,
293, 322, 364, 373, 375
베네치아(Venice) 이탈리아 ①**155～9**, 178,
333, ②61, 315
베를린(Berlin) 독일 ①**113～8**, 140,
②**263～75**
보스니아(Bosnia) ②**330～5**
불가리아(Bulgaria) ②71, **344～8**
불교 ①7, 143, 145, 197, 326～7, 338,
340～1
브라질(Brazil) ①255 → '리우데자네이루' 항
목 참조
빈(Vienna) 오스트리아 ①227～8, ②**240～
56**, 285, 341
상트페테르부르크(St Petersburg) 러시아
①201, 239, ②400, 403
샌프란시스코(San Francisco) 미국 ①256～
9, ②43, 53, 55, 95, 202, 212, 401,
126～33
성전환 ①5, ②**10～5**
세인트존스(St John's) 캐나다 ②**201～11**
셰르파(Sherpa) 족 ①20～4, 244, 334, 339
소련(Soviet Union) ①18, 80, 110～2, 113,
175, 178, 188, 193～5, 201, 207, 217,
②336, 351 → '소비에트' 항목 참조
소비에트(Soviet) ①45, 189, 199, 200, 204,
212, 216, 221, 223, ②189, 270, 280,
337, 344

쇼핑 ①27, 39, 43, 85, 233, 338, ②27, 147,
192, 202, 302, 333
수에즈(Suez) 사태 ①**80～6**
스리랑카(Sri Lanka) ①**324～9**
스위스(Swiss) ①241, ②115, 244, **288～95**
스페인(Spain) ①110～1, 189, 233～4,
243～4, 333, ②44～5, 47, 260, **280～4**,
286, 302
시드니(Sydney) 오스트레일리아 ①**257～62**,
②95, 129, **141～69**, 192, 289, 345, **387～
92**, 401
CIA ①188, 193, 324, ②80, 179
시카고(Chicago) 미국 ①29, **37～42**, 199,
②46, 55, 85, 368, 371
싱가포르(Singapore) ①294, **315～24**, ②8,
85, 125
아울라드바(Y Wladfa) 아르헨티나 ②**257～
62**
아일랜드(Ireland) ①27, 108, 176, 215～6,
287～8, 314, ②35, 142, 152, 202, 204～
6, 208, 391 **357～60**, 397
아프리카(Africa) ①45, 49～50, 59, **94～
101**, 104, 132, 184, **268～86**, 294, ②8,
59, **90～107**, 274, 382
알바니아(Albania) ②244, **354～7**
애틀랜타(Atlanta) 미국 ①**34～7**
앨리스스프링스(Alice Springs) 오스트레일리아
①**263～7**
에베레스트(Everest) 산 ①**20～5**, 26, 334,
338
에티오피아(Ethiopia) ①59, 72, **281～6**
영국(Great Britain) ①9, 18, 45, 61～5,
70, 73, 80～6, 96～7, 107～9, 132～4,
150～5, 162, 175～8, 199, 208, 215, 224,
255～6, 274～7, 291, 297～8, **315～52**,
②21～2, 35, 65, 91, 111, 152, 178, 199,
205～6, 247, 288～9, 292～5, 303, 309,
342, 357～60, 379, 389～90, 393～7
예루살렘(Jerusalem) 이스라엘 ①**70～2**, 88,

405

93, 164, ②18, 243, 250
오데사(Odessa) 러시아 ①**201~7**
오만(Oman) ①**77~80**
오스트레일리아(Australia) ①**252~67**, 320, 328, ②143~7, 149, 152~3, 156~7, 159, 161~9, 192, 344, 373, 385, 387~9, 401
오타와(Ottawa) 캐나다 ②**170~82**
옥스포드(Oxford) 잉글랜드 ①10, 215, **246~51**, 285, 325, ②89, 115, 117
요르단(Jordan) ①**64~9**, 70, 92, ②33
웨스트포인트(Westpoint) 미육군사관학교 ②**374~80**
웨일스(Wales) 영국 ①4, 11, 244, 332~3, ②28, 38, 43, 71, 122, 125, 239~40, 246, **257~62**, 287, 293~5, 302, 305, 313, 335, 389, 394, 398~9, 403
웰스(Wells) 잉글랜드 ②**112~25**
유대(인) ①54, 60, 70~2, 81, 88~93, 94, **164~74**, 201, 204, 274, 284, ②71, 234, 250, 255, 349, 373, 378
유럽(Europe) ①7, 31, 49, 88~9, 104, **113~36**, 151, 175, 197, 207, 213~4, 223~5, 243, 259~60, 283, 294, 326, 335, ②9, 28, 54, 70, 83~4, 120, 147, 151~2, 159, 166, 171, 216, 240, 258, 274~5, **280~360**, 384, 394, 399
UN ①7, 80~3, **175~8**, 226, 298~9, ②78, 255, 293
이라크(Iraq) ①48, 64, **86~8**, ②279
이란(Iran) ①**73~7**
이스라엘(Israel) ①18, 45, 48, 58, **70~2**, 80~3, **88~92**, **164~74**, 321, ②67, 255
이슬람(Islam) ①7, 45~7, 54, 61, 70~5, 105, 132, 279~81, 298, 344, ②12, 33, 248, 279, 333~4
이집트(Egypt) ①39, **45~57**, 59, 64, 80~3, 85, 204, 226, 280, ②18, 59, 350, 400

2차대전 ①7~8, 18, 26, 90, 107, 119, 122, 129, 131, 155, 162, 174, 225~6, 246, 298, ②28, 41, 46, 51, 81, 153, 207, 240, 263, 309~10, 331, 341, 346
이탈리아(Italy) ①30, 40, 63, 72, 119, 155, 255~8, 241, 255, 260, 281, 286, ②56, 58, 74, 149, 194, 244, 290, 294, **321~30**, 331, 390
인도(India) ①18, 59, 77, 95, 98, 104~5, 128, 185, 296, 298~9, 325~8, **330~52**, ②30, 100, 364, 367
인종문제 ①34~8, 94~5, 104, 132, 167, 254~5, 294, 325, 334, ②9, 34, 42, 74, 90~8, 106~7, 147, 186~7, 259, 293, 330, 350, 372~3, 385~6, 389, 402
일본(Japan) ①18, **137~50**, 294, 315~6, 318~21, ②9, 34, 54, 207, 216, 237, 271
1차대전 ①64, 130, ②153, 242, 285~6, 302, 306, 318, 346
잉글랜드(England) 영국 ①4, 23, 37, 57, 68, 72, 99, 106~8, 118~24, 126, 135, 152~3, 185~6, 194, 200, 213, 246~51, 260, 271, 286, 307, 318, 320, 338, 346, ②16~7, 21~4, 26~30, 41, 53, 112~3, 118~9, 123~5, 151, 190, 208, 257~8, 288~9, 305, 335, 367, 385, 389, 398~9, 401
전차 ①63, 138, 149, 199, 216, 217, ②47, 185, 193, 199, 232, 240~1, 247, 249~50, 253~6, 309, 350
제6함대(Sixth Fleet) 미해군 ①**217~21**
제국주의(imperialism) ①7, 20, 45, 59, 64, 77, 86, 90, 102, 115, 118, 128, 141, 151~2, 172, 185, 208~10, 226~7, 268, 274~5, 296~7, 315~52, ②39, 100, 111, 123, 148, 153, 190, 205~6, 241, 251, 274~5, 288, 311, 336, 352, 394, 402
중국(China) ①18, 40, 104, 110, 111, 150~4, 179, 184, 203, 220, 255, 275,

406

298, 320~1, 351, ②75, 148, 194, 202, **212~39**, 248, 279, **393~7**
중동(Middle East) ①18, **45~93**, 226, 294, ②111
처칠(Winston Churchill) 잉글랜드 정치가 ①93, **133~6**, 162, 177, 225, 318, 348, ②17, 21
체코슬로바키아(Czechoslovakia) ①111, **207~12**, ②251
카슈미르(Kashmir) 인도와 파키스탄에 걸친 분쟁지역 ①**296~306**
캐나다(Canada) ①37, 314, ②**170~211**, 259, 367
코크니(cockney) ①114, 126, ②22, 23, 30, 34, 36, 192
쿠바(Cuba) ①**110~2**, ②273
쿠스코(Cuzco) 페루 ①**240~5**
〈퀸엘리자베스2세〉호(QE2) ①287~92, ②330, 384
〈타임스〉(The Times) 런던 신문 ①10, 20~5, 26, 45, 54, 57, 64, 70, 73, 77, 80, ②12, 13, 30, 32, 72, 303, 377
테러리즘(terrorism) ①57, 291, ②96, 101, 111, 281, 403
토론토(Toronto) 캐나다 ②170, **183~99**, 211
트루빌(Trouville) 프랑스 ①**307~14**
트리니다드(Trinidad) ①**102~7**
트리에스테(Trieste) 이탈리아 ①162, **225~9**, ②242, 401, 403
파리(Paris) 프랑스 ①30, 40, 41, 89, **118~24**, 149, 203, 313, 335, ②17, 37, 46, 78, 149, 186, 274, 297, 300, 303~5, 316
페루(Peru) ①234, **237~45**, ②75
포도주 ①24, 64, 97, 130, 196, 262, 299, 341, ②95, 117, 156, 219, 246, 267, **280~8**, 297, 301, 310, 325, 348, 362, 395

포틀랜드(Portland) 미국 ②**361~7**
프랑스(France) ①57, 61, 80, 118~23, 130~3, 172, 189, 202, 215, 224, 241, 307~14, 333, ②10, 14, 32, 52, 172, 178, 207, 220, 275, 285, **295~305**, 331
프로이트(Sigmund Freud) 오스트리아의 정신분석학자 ②65, 249, 251, 255
한국 ①294, ②373
헝가리(Hungary) ①59, 111, 226, ②166, 197, 246, 251, **340~4**, 348
헬싱키(Helsinki) 핀란드 ①**221~5**
혁명 ①50, 54, **66~9**, 86, 97, 123, 131, 177, 188, 196, 204, 230, 239, 352, ②36~9, 99, 106, 153, 167, 216, 220, 236, 266, 318, 346, 349
홍콩(Hong Kong) ①**150~4**, 257, 294, 298, ②129, 143, 148, 177, 212, 213, **393~7**
히틀러(Adolf Hitler) 독일 나치 정치가 ①89~90, 116~7, 170, 172, 329, ②251, 266, 272, 320, 350

©Movana Chen